수필문학추천작가회

연간사화집 2022 / 30호

이제야 알게 된 이야기

발간사

서로의 풍경이 되어주는 문학

글쓰기란 참으로 근사한 일입니다. 마음을 흔들고 달아나는 생각을 머물게 할 수 있으니까요. 쉴 새 없이 나타났다가 사라지는 상념과 심상의 조각들…. 우리는 그러한 감정이 밀려오면 조심스럽게 모아서 마음 창고에 분류해 놓습니다. 그리고는 망각이라는 강물에 경험과 기억이 쓸려나가지 않도록 글을 씁니다. 일상을 지나며 느끼고 경험한 이야기들이 마음의 체에 걸러지고 문학으로 승화되는 순간입니다.

다산 정약용 선생은 '사람이 글을 쓰는 일은 나무에 꽃을 피우는 것과 같다.'고 했습니다. 저는 동인 여러분의 글을 모두 읽었습니다. 한 구절의 문장에도 가슴이 뛰고 따뜻한 위로가 되었습니다, 기억 한편에 자리 잡은 어느 날의 상처, 그럼에도 사랑할 수밖에 없는 존재로 현재를 열심히 살아가는 모습이 선명히 떠올랐습니다. 누군가의 삶을 통해 뿌리내린 글의 힘은 독자들의 가슴을 울리는 생명력으로 피어나며 흉내 낼 수 없는 향기를 지닌다고 믿습니다.

수필문학추천작가회 동인 여러분.

문학은 멈춰 있는 듯해도 움직임을 보고, 보이지 않는 곳에서 표정을 발견합니다. 결이 다르고 시선이 다르다고 해서 대상의 본질이 변하지 않듯 마음속에 살아 있는 것들은 사라지지 않습니다. 그렇기에 삶의 모든 순간에 서로의 풍경이 되어주는 문학은 누군가에게 분명 삶을 견디게 하는 힘이 될 것입니다.

수필문학추천작가회 사화집 제30호 『이제야 알게 된 이야기』가 우리의 마음 숲을 지나 세상을 향해 나아갑니다. 모든 글은 제 몫의 사명을 가지고 태어납니다. 어떤 식으로든 나름의 가치를 가지고 있으며, 그 가치에는 당연히 등급도 없습니다. 우리의 글이 그러합니다. 균형감과 항상성을 가지고 공존할 때 우리의 문학도 온전함을 갖는다는 사실을 늘 기억하시기 바랍니다.

추천작가회와 마음을 함께하며 사화집 제30호가 무사히 출간되도록 물심양면으로 도와주신 월간 『수필문학』 강병욱 대표께 감사한 마음을 전합니다.

수필문학추천작가회 동인 여러분, 수고 많으셨습니다.

한 해를 행복하게 마무리할 수 있어 기쁩니다. 사랑합니다.

2022년 11월. 늦가을에

수필문학추천작가회 회장 강 미 애

차례

차례

차례

수필문학추천작가회

연간사화집 2022 / 30호

행복은 세월 앞에서

허학수
1989. 7. 천료

행복과 불행은 한 지붕 밑에 살고 있다. 방은 따로지만 서로의 나들이가 무척이나 심하다. 어느 때 행복의 문이 열리면 불행의 문은 일시적으로 닫힐 뿐이다.

나는 지금도 행복과 불행을 혼돈하고 있다. 행복이 무엇이고 불행이 어떠한지 구분하기 어렵고 궁금하기 짝이 없다. 한숨과 눈물, 고뇌와 번민, 슬픔과 괴로움이 수없이 교차되어도 지나고 보면 운명이 가져다준 과거사에 불과하다.

인생사 주머니가 채워져서 어깨가 올라가고, 지갑이 비었다고 꼭 처지는 것은 아니다. 환희와 박수가 절정으로 치달을지언정 그것은 무한정 지속되지는 않는다. 환락의 밤은 비애의 아침을 동반한다고 했다. 웃음이 결코 행복의 전초전이 될 수 없듯이, 눈물도 반드시 불행의 후속편은 될 수 없다.

세세히 따져보면 사람 사는 세상에는 정말로 행복하고 진짜로 불행한 사람도 없다. 행복한 것처럼 살아가는 세인들과 불행해 보이는 개인들이 흩어져 있을 따름이다. 실상, 어디에 금을 그어 너는 행복하고 나는 불행하며, 이 집은 불행하고 저 집은 행복하다고 단언할 수 있으랴.

지난날 나는 나만의 불행 속에 두루 헤맨 적이 있다. 젖먹이 동생을 두고 모심다가 먼 길 가신 어머님은 고사하고, 외로움을 이겨내지 못하여 스스로 생을 당기신 아버님을 회상해 본다.

천붕의 불운도 어디가 모자랐던가. 인생 이순을 못 채운 그 사람을 떠올리면 아직도 그날의 비통이 회한으로 남는다. 살아온 젊은 날이 너무도 서러워서 하루라도 더 살아야겠다는 당신의 애원과 몸부림을 어찌 외면할 수 있었으랴.

반 십 년을 하루같이 일구월심 간호에 매달렸건만, 주야로 골몰한 내 소원은 끝끝내 허사가 되고 마지막 가는 길은 그 누구도 막을 수가 없었다. 아마도 생사의 길은 천명으로 다스릴진대, 올 때는 순서가 있어도 갈 때는 차례를 두지 않는 것이 우리 인생길이었나 보다.

새삼스럽지만 나는 그 시절 비로소 내 삶의 불행을 조금은 맛보았다. 때로는 흐르는 눈물을 하늘에 맡기면서 자신을 극기하는 인내도 길렀고, 현재를 다독거리느라 고개 숙인 남자도 되었었다.

사는 것이 왜 이렇고 살아봐야 뭐기에. 헛된 독백도 서슴지 않았다. 퇴근 후의 발걸음은 무겁기만 하였고, 비어 있는 아파트는 소용없는 공간이 되고 말았다. 긴긴 겨울밤이 무서워 눈 내리는 거리를 밟고 밟으며 혼자 헤맨 적은 그 몇 밤이며, 포장마차 나무 의자에 걸터앉아 대폿잔에 얼굴을 파묻은 때도 몇 번인지 모른다.

행복과 불행은 인력으로 만드는 것이 아니라, 오가는 세월 속에 생멸되는가 보다. 먹구름은 비를 뿌리는 대신 뙤약볕을 가리고, 서산에 지는 해는 어둠이 아니라 동녘을 잉태한다. 만상이 그러하듯 오르면 내리고, 음지가 있으면 양지가 있는 법 아닌가.

사람 팔자 시간 문제라는 말이 또다시 실감난다. 오늘따라 색즉시공이요 공즉시색의 오묘함이 인생의 전광판 위에 횃불처럼 우뚝 선다. 가진 자는 항상 가진 자이고, 없는 자는 언제든지 없는 자는 아니다. 고대광실 부귀영화도 그것 역시 요행을 넘나드는 일시적 희화일 따름이다.

이제 내가 바라보는 행복의 척도는 많이 달라졌다. 돈이 너무 많아도 탈이고, 생각이 너무 깊어도 오히려 그릇될 때가 많다. 행복과 불행은 비교되는 것이 아니라 세월 앞에서는 순간일 뿐이다. 장님의 나라에서는 애꾸가 행복하듯이, 자기만이 측정하는 무형의 심증이 아닌가.

나는 지금 행복도 절반이요 불행도 절반이다. 다시 만난 이 사람! 늘씬하게 길지는 않아도 맵시 있고 세련된 얼굴이다. 오늘도 도마질에 신이 나서 메아리처럼 흥얼거리고, 구멍 난 식탁을 그림처럼 메우고 있다.

사랑의 무게는 행복을 가늠할까. 삼경에 불러도 대답이 선명하고, 추야장 낙엽 소리도 정감이 아름답다. 어차피 인생길 혼자라고 하지만, 가는 길 끝까지 걸음 맞추고, 가슴 열고 손잡으면 작은 행복 아니겠는가.

이제 여생이 틀에 박힌 듯 종착점이 확연하다. 인생사 희로애락이 몇 번이고 눈물과 웃음이 겹친들 가는 세월 당할까 보냐. 만남과 헤어짐이 이생의 인연이라면, 행복도 내 몫이고 불행도 내 몫일 수밖에 없다.

셈하고 살피면 행복의 의자는 비워 있는 쉼터가 아니고, 시시각각 탐하는 불행의 자리이기도 하다. 지는 달 뜨는 해도 볼 때마다 다르듯이, 행복과 불행의 모양도 세월 따라 달리한다.

인생! 나는 지금에야 행복의 울타리를 거닐고 있다. 삶이 복잡하고 찌들 때면 오솔길 풀냄새를 즐겨 맡는다. 살아야만 행복을 붙들고, 건강하고 힘 있어야 잡을 수 있다.

생각하고 또 생각해도 행복은 고달프게 찾아온 손님과 같고, 불행은 조용히 왔다가 요란하게 지나가는 바람과 같다.

한 치 앞도 모르면서

오경자
1990. 3. 천료

바깥출입을 못한 지가 한 달이 훌쩍 지나갔다. 분주하게 다니던 일상이 사라졌어도 세상은 여전히 아무 일 없이 잘 돌아가고 있다. 내가 없어서 무슨 일이 안 되는 구석은 어느 곳에도 없다. 아아, 이런 거였구나. 어찌 보면 모든 것이 나를 위해 보냈던 시간이었던 것을 무슨 큰 일이나 하는 것 같은 착각 속에서 나름대로 사명감 같은 것에 사로잡혀 정신없이 다닌 것임을 깨닫게 되었다. 어떤 소명의식을 갖고 하는 일들도 모두 생각해 보면 자신을 위한 일인 것이다. 그런 일들이 모여 세상은 돌아가고 역사는 만들어지는 것인지도 모르겠다.

문학기행을 따라나섰다가 전혀 위험할 것 없는 평지에서 미끄러져 다리를 다쳤다. 건너편 그늘에 앉으려고 길을 건너는데 얕은 밭고랑 같은 둔덕에 오른발을 딛고 왼발을 딛는 순간 뒤로 미끄러지며 벌렁 나가 넘어졌다. 순식간의 일인데 몸이 절반은 땅에 닿아 있고 절반은 공중잡이가 된 것 같은 자세였다. 왼쪽 다리가 안쪽으로 땅에 찰싹 붙어 있는 형국이었고 발은 완전히 꼬여 있었다. 부러져서 발목이 돌아가 버린 것이다.

구급차를 타고 정형외과에 가서 가벼운 깁스를 하고 서울로 이송되었다. 깁스를 할 때 다리를 잡아 빼고 좌우로 흔들고 주무르고 하는 과정이 어떻게 아프다고 말할 수 없을 지경이다. 그래도 그 과정에서 접골이 잘 되었던 것 같아 오히려 기분이 좋았다. 다친 순간 몸의 다른 곳이 아무 탈 없음을 알고 얼마나 감사했던지. 하나님은 그 순간 나를 붙잡으셨다고밖에는 설명할 말이 따로 없다.

세브란스 병원에서 수술을 하고 나흘 후 작은 병원으로 옮겨 입원 치료를 2주간 받고 다시 세브란스에 가서 실밥 뽑고 진단 받고 정식으로 통깁스를 하고 1달 후에 와서 풀자는 진단을 받고 집으로 와서 요양 중이다. 고약하게 그리고 많이 다쳤는데 수술 잘 되었고 아직까지 경과는 좋으니 조심하고 있다가 오라는 집도의의 당부를 뒤로 하고 집으로 왔다. 수술 후 처음에는 완전히 한 발밖에 못 쓰니 아들을 기둥처럼 붙들고 발을 옮겨 화장실 출입도 해야 하는 고충은 이루 말로 하기 힘들었다.

감사하다가도 암담하기도 하고 과연 사람 구실하고 살 수 있을까 하는 생각이 밀고 올라오면 도리질을 치며 아니야, 하나님께 온전히 맡기기만 하면 돼, 하나님 선하게 인도해 주세요, 하는 말이 저절로 입을 밀고 올라왔다. 믿음이 좋아서가 아니라 불안이 극에 달하니까 걱정을 하면 그 걱정이 현실이 될까 두려워 도리질을 치면서 애꿎은 하나님만 찾는 것이다. 그렇게 날을 세어도 안 가던 날짜가 이제 한 자릿수로 떨어지고 단 1주일 앞으로 다가왔다. 드디어 다음 주 오늘이면 세브란스에 가서 깁스를 풀고 판정을 받는다. 제발 좋은 판정을 받아 일상으로 돌아가기만 바랄 뿐이다.

누워서 생각하니 분명 하나님의 섭리가 있을 것인데 이 난관을 극복해 가는 과정에서 무엇을 해야 할 것인지가 궁금하나 생각이 떠오르지 않는다. 하나님의 섭리 없이는 참새 한 마리도 땅에 떨어지지 않는다고 하셨는데 무슨 깊은 뜻이 있는 것인가? 아무리 생각해도 얼른 답이 떠오르지 않는다. 하도 바쁘게 다녔으니 몸을 좀 온전히 쉬라시는 것이라고 모두들 격려와 위로의 말들을 전해 온다. 그래 맞는 말이다. 이번 기회에 자신을 철저히 돌아보아야겠다고 생각했는데 아직 아무 생각도 못해 봤다.

세상을 떠나는 일도 이렇게 불현듯 다가올 테지, 이왕이면 덜 후회하며 떠날 수 있게 살아야 할 텐데 자신이 없다. 이런 와중에서도 하나도 달라지지 않고 여전히 내 모습 그대로이다. 마음으로는 달라져야겠다고 다짐하는데 무엇을 어떻게 달리 할지 아무 생각도 떠오르지 않고 머릿속이 새하얘진 것만 같다. 방송을 보면서도 여전히 시시비비를 따지고 흥분하고, 미운 것은 밉고 용서는 온전히 되지 않고 마음속은 여전히 흙탕물이다.

내가 돌아다니고 상관하지 않아도 세상은 아무 일 없이 잘 돌아가는데 만용을 삼가야 한다는 생각을 주문 외우듯 하면서 시간을 보낼 뿐 건설적인 생각은 떠오르지 않으니 역시 구제 불능에 가까운 속물인가 보다. 그동안 잘 살도록 보호해 주신 하나님께 감사하는 이 마음을 계속 간직하도록 역사하시는 성령님을 내게서 거두어 가지 말아 주시라는 기도만 드릴 뿐이다. 오늘도 나는 집에만 있는데 세상은 여전히 역동적으로 돌아가고 있지 않은가. 한 치 앞도 모르면서 버둥거리는 일상도 여전히 버려지기 쉽지 않을 것 같다.

골탕

박순혜
1990. 7. 천료

모임에 나갔다가 들어온 남편, 술 냄새가 조금 난다. 곱지 않으나 밉지도 않다. 이 세상의 냄새 중에서 술 냄새가 제일 싫다며 평소 술 마시고 온 날의 그에게 관대하지 않던 내가 변했다.

공무원으로 첫 직장을 산간벽지로 발령받아 가서 살 때 그를 일러 '술 안 마시고 담배 안 피우는 얌전한 OOO'이라고 주변 사람들이 말했다. 그런데 알고 보니 그는 술을 썩 잘 마셨다. 승진되어 다른 타지로 발령받아 가서 살 때 그걸 알았다.

그 직장 상사는 남편과 술 마시기를 좋아했다. 우리가 고향에 가지 않고 집에 있는 주말이면 옳거니 싶었는지 대낮부터 직접 찾아와서 그를 데리고 나가기도 했다.

토요일인 그날도 불리어서 나갔는데 밤늦도록 오지 않았다. 데웠다 식혔다 한 연탄불 위의 찌개 냄비를 내려놓고 어린 딸을 업고 자는 아들을 확인한 다음 술집을 찾아갔다. 차마 안으로 들어가지 못하고 밖에 서 있노라니 남편과 그 상사는 '하하하' '허허허' 웃으며 아주 신바람이 나 있다. 그런데 이게 뭔 소리인지? "딴 딴 따 따" 웨딩마치 소리가 나지 않는가.

술집 여자와 결혼식 하는 흉내를 내나 보았다. 신랑은 당연히 나이 많은 상사가 아니고 젊은 남편이다. 술을 늦도록 마시는 것도 못마땅한데 뭐 결혼식? 아무리 장난으로라도 술집 여자와 결혼식이라니.

남편이 그렇게 끼가 많은 줄 몰랐다. 발걸음을 되돌렸다. 배는 고프다 못해 쓰렸다. 술에다 안주에다 배부르게 먹으며 세상 살맛 나듯 행복한 시간을 보내는 사람을 배에서 '쪼르르' 소리 나도록 굶으며 기다린 게 바보 같고 억울했다. 골탕을 먹이리라.

어렸을 적 닭들에 골탕을 먹은 적이 있다. 씻어서 마당에 널어놓은 밀을 닭이 못 먹게 감시 감독을 맡았다. 마루 끝에 앉아 닭 보는 일은 지루하고 싫었다. 닭들은 내가 한눈파는 사이 멍석의 밀을 마구 쪼아 먹었다. 빠짝 말려 밀가루가 될 밀에 두 발로 뻗고 똥까지 찔끔 싸 놓아 내가 닭을 살 안 본 증서를 남겨놓곤 했다. 그때 그 닭들에게 내가 먹은 골탕의 몇 배로 남편에게 골탕을 먹이기로 했다.

부엌문 안쪽으로 커다란 고무통을 놓고 물을 가득 담아 놓았다. 좀 이따 전개될 일을 상상하니 부글부글 끓어오르는 화가 좀 사그라졌다. 이윽고 남편이 방문 고리를 당긴다. 지금이 몇 시인데 아직도 안 잘까 보냐는 듯 문을 열지 않았다. 다시 뜰로 내려가 부엌문 여는 소리, 풍덩 발 빠지는 소리.

"히히히 고소해라." 그는 부엌과 방 사이 메주 틀보다 조금 더 클까 말까 한 창문을 열고 머리부터 들이밀고 다이빙하듯이 획 몸을 날리듯 들어왔다. 그 문으로 음식을 들여 밀 때 그거 받아서 상에 놓으며 "나는 이 창문 봉하는 게 소원이야" 몇 번이나 말한 그 창문을 아주 유용하게 사용했다.

그런데 이튿날 아침 물에 푹 젖어 있어야 할 남편의 운동화는 멀쩡

하고 내 털신이 푹 젖어 있지 않는가. 마루를 내려갈 때 내 털신과 바꿔 신을 수도 있음을 왜 생각하지 못했을까? 남편 골탕을 먹이려다가 내가 오히려 골탕을 먹은 것이다.

그곳에서도 다시 고향으로 와서도 그의 '술 안 마시고 얌전…' 어쩌고는 호랑이 담배 피우던 옛이야기다. 그가 술을 마시고 오면 나는 골탕 먹일 생각은 뒷전이고 행여 간이 나빠질까 염려되어 꿀물에 인삼에 술국 등을 해 주며 "이건 이거고 골탕은 언제고 한 번 된통 먹이고 말거다" 독백하며 벼렸다. 퇴직 후엔 모임도 많아 술 냄새는 여전히 풍겼는데 어찌어찌 골탕을 먹이지 못한 채 세월은 흘렀다.

그런데 지지난해 어느 날 남편이 복통을 호소했다. 몇 번의 장염 때 효험 본 약과 민간요법을 썼으나 이번엔 듣지 않았다. 뒤늦게 간 병원에서 맹장이 곪았다고 하였다. 의사는 CT 사진을 보이며 일찍 병원에 오지 않음을 나무랐다. 상태가 심하여 수술이 어려워질 수도 있다며 사뭇 심각한 얼굴이다. 아들에게 연락까지 하라지 않는가.

진료실을 나와 아들과 통화를 하는데 의사가 나와서 내 핸드폰을 낚아채듯 하여서 들고 진료실로 들어가 문을 닫고 아들과 긴 통화를 한다.

결국 남편은 구급차에 실려 대구의 영대 응급실을 향해 갔다. 코로나19 확진자가 날로 늘어나고 특히 대구에서 대량 발생하는지라 아들은 나를 못 오게 하였다. 링거를 꽂은 채 구급차에 누운 새까매지고 살이 쏙 빠진 얼굴의 그의 모습이 살아 있는 마지막 모습이 아니기를 복막염으로 돌아가신 외삼촌 생각을 하며 간절히 기원했다.

24시간 돌보는 간병인을 쓰나 아들은 보호자로서 병원에 들락거리니 코로나19에 감염되지 않을까 그것도 신경 쓰여 하루하루 내 마음은 불안했다.

그때 나는 결심했다. 앞으론 남편에게 골탕 먹일 생각을 하지 않기로. 골탕에의 미련조차도 버리리라고.

한 남자가 여자를 하도 좋아해 아내가 남편을 많이 미워했다 한다. 그런데 남자가 죽자 그 아내가 여자 좀 좋아하게 놔둘 걸 괜히 미워했다며 울더라 하였다. 내가 남편한테 기어이 골탕을 먹였고 그가 나보다 먼저 가면 나도 골탕 먹인 것을 후회하지 않을까?

사람이 하고 싶은 말 다 못하고 산다는 말을 어머님이 가끔 하셨다. 하고 싶은 행동 역시 마찬가지 아니겠는가.

골탕을 먹이겠다는 마음을 버리고 나니 그에게서 술 냄새도 아주 적게 나고 그마저도 극히 드물다.

해피나무 꽃

박 종 숙
1990. 7. 천료

생명을 가진 것들은 기다림 속에 커간다. 기다림은 희망이고 설렘이고 꿈이다. 살아가는 일에 기다림이 없다면 얼마나 삭막할까? 피난 시절 월북한 아들을 평생 가슴에 묻고 살아가던 어머니에게 기다림은 희망이었다. 그분에게 기다림이 없었다면 살아갈 일이 아득했을 것이다.

기다릴 수 있는 사람은 웬만한 고통쯤 별것 아니라고 생각한다.

식물도 땅속에서 발아한 씨앗이 싹을 틔우고 꽃을 피우기까지 고통의 시간을 겪어야 열매를 맺는다. 마을 입구에 서 있는 보호수도 비바람을 견디면서 몇백 년을 사는 동안 늠름한 형태를 갖추지 않던가. 사람도 나무도 기다림의 시간을 지나야 꽃을 피울 수 있다.

집집마다 베란다 한쪽 옆에는 세월을 묵힌 화분 몇 개쯤 놓여 있을 것이다. 시장에서 풍란을 사다가 석부작을 만든 문우는 정성을 들여 길렀더니 5~6년쯤 되어 꽃을 피웠다고 한다. 또 한 분은 행운목을 심은 지 10여 년이 넘어 꽃을 보자 그렇게 신기할 수 없었다고 했다. 그들은 정성을 쏟으며 기다린 덕에 꽃을 본 것이다. 하루아침에 대나무 자라듯 쑥쑥 크지 않는 다육도 눈에 보이지 않게 새끼를 치고 곁가지를 내미니 신통하지 않은가. 기다림의 시간은 드러나지 않는 속에서 내공을 쌓고 열매를 맺는다. 사람도 식물도 그 속에서 성숙해 간다. 그래서 기다림은 위대한 것이다.

8년 전이었다. 강남문화원에서 한국화를 배운 사람들이 전시회를 가졌는데 나 혼자 부스전을 하던 날 남편 친구분들이 해피나무를 축하분으로 보내왔다. 일주일간 전시를 하고 끝나던 날 용달을 불러 작품을 정리하는데 남편이 나무가 너무 크니 화분을 그곳에 놓고 가자고 했다. 나는 고집을 부리며 비닐로 몇 겹 둘둘 말아 화분의 흙이 쏟아지지 않도록 눕혀 가지고 차에 실었다. 집에 도착해서 운전기사의 도움을 받으리라 내심 계산을 했다.

다행히 액자를 모두 올린 다음 화분을 3층까지 올려 달라고 했더니 남편과 기사 아저씨는 젖 먹던 힘까지 쏟아부어 현관에 놓아주었다. 해피나무는 꺽다리처럼 천장에 닿을 듯했지만 외출 시 문을 열 때마다 늠름한 자태로 "잘 다녀오십시오" 하고 인사를 하는 것 같았다. 마치 문지기처럼 서로가 눈인사를 나눈 때문인지 해피나무는 주인 보라는 듯 건강하게 쭉쭉 가지를 뻗었다.

화원에서 팔 때 아래쪽에다 비중을 두려고 문주란을 함께 심어 놓은 것이 조금 눈에 거슬렸지만 해피나무는 아랑곳하지 않았다. 좁은 화분 안에서 비비덕 거리며 영역 싸움을 할까 봐 걱정되어 분갈이를 해 주려고 해도 화분 다루기가 어려워 그냥저냥 세월을 흘렸다. 마침내 기름칠한 듯 싱싱하던 나뭇잎이 이상하게 하나둘 떨어지면서 자꾸 시들시들 변해 갔다.

아무래도 병이 든 모양이라고 투덜거렸더니 남편은 화원에 가서 누런 잎을 보이며 처방전을 물었는데 특별한 게 없다며 덜레덜레 빈손으로 돌아왔다. 숯이 무성하던 나뭇잎은 몇 년 새 2/3가 떨어지고 가지가 드러나면서 엉성해졌다. 아무래도 올봄엔 큰맘 먹고 화분을 교체해줘야겠다고 다짐하던 날 남편이 저것 좀 보라고 손짓을 했다. 나는 깜짝 놀라 눈을 동그랗게 뜨고 입을 다물지 못했다. 누런 잎이 떨어진 마른 가지에 꽃봉오리가 하나둘 맺혀 있는 것이다. 내 눈을 의심하며 가까이 다가가서 들여다보니 그건 분명 꽃봉오리였다.

신기하게 연 미색 작은 나팔꽃이 여기저기서 툭툭 불거져 있는 걸 보니 그놈이 저를 해체하려는 걸 알고 선수를 친 것 같았다. 그동안 해피나무는 꽃을 피우기 위해 기나긴 시간 고민하며 자구책을 마련했던 모양이다. 잎으로 갈 영양분을 모두 단절시키고 그 양분을 축적했다가 개화를 서두른 것이다. 해피나무는 꽃말이 행운인데 그래서인지 신기하게도 그즈음 나에게 행운의 폭탄이 쏟아졌다. 몇 가지 생각지 않았던 일들이 터진 것이다. 딸들이 내 건강을 위해 세라젬을 사서 보내 주고 저희들 미래를 위해 공방도 차리고 머리털 나고 처음으로 내 이름의 아파트도 분양 받고 창작금도 두 차례나 지원을 받았다.

피그말리온 효과라고 할까? 꽃말처럼 해피나무가 행운을 가져온 것이라고 믿으니 그 나무가 새삼 신비스럽게 보였다. 인터넷을 찾아보니 해피나무는 '녹보수'라는 나무와 모양이나 생태가 비슷한데 둘은 같아 보여도 엄연히 다른 종이라고 했다. 해피나무는 두릅과에 속하는 중국 남부, 필리핀 쪽에 사는 열대성 기후의 나무여서 물을 많이 주지 않아도 된다고 했다. 잎사귀 둘레가 톱니처럼 된 것은 녹보수고 해피나무는 매끄러우며 줄기 표면이 거칠다고 했다. 상태를 보니 우리 집 나무는 분명 해피나무였다.

기다림의 결과가 행운을 만든다는 진리를 깨우치며 원로 원예가가 주장하던 말이 생각났다. "이 세상에서 꽃을 피우지 않는 나무는 없다"

고. 멀쑥한 키의 해피나무가 우리 집에 온 지 8년 만에 꽃을 피워준 것은 인내로 버텨온 세월이 그만큼 중요하다는 것을 가르쳐 준다. 만약 성급하게 분갈이를 한다고 화분을 해체하고 두 생명을 갈라놓았더라면 스스로 복을 내치는 결과가 왔을지도 모른다. 마치 기다림의 시간이 우리의 인연을 오래오래 이어 주었던 것처럼 앞으로도 은근과 끈기로 버텨가면 더 많은 행운을 안겨줄 것만 같아 해피나무가 퍽 대견해 보였다. 나는 그 옆으로 다가가 조그맣게 말했다. 우린 오래오래 기다리는 걸 잊지 말자고.

다정한 친구

류홍석
1991. 5. 천료

세상을 살아가면서 진정한 친구가 과연 몇 명이나 될까? 단, 한 사람이라도 다정한 친구가 있다면 성공한 사람이라고 평가한다.

공자님께서도 '한 사람의 진정한 친구를 얻는 것은 성공한 사람'이라 말했다.

친구의 사전적 의미는 오래 두고 가깝게 사귄 벗이라고 하는데, 참다운 벗이란 우정의 믿음 속에 존경하는 마음이 있어야 한다.

요즘 같은 물질만능시대는 그런 따뜻하고 정감이 넘치는 친구가 잘 보이지 않는다. 저마다 여러 친구가 있겠지만 그중에서도 인간적이고 서로 간 우정을 오래 간직할 좋은 친구가 있는가 하면 반대로 무덤덤하고 별로 도움이 되지 않는 이익에 집착하지 않고 상대방을 이해하고 존중하면서 인내와 상대방이 어려울 때 사심 없이 도와줄 수 있는 것이 진정한 친구가 아니던가.

오늘날과 같이 각박한 현실 속에서는 이 같은 따뜻하고 인간미 넘치는 사람을 보고 싶다.

좋을 때 친구가 되어 주고 웃음을 나눌 수는 있지만 어려운 일을 당했을 때에는 자기를 희생해 가면서 상대방을 도와준다는 것은 쉬운 일이 아니다.

우리 주변에서 보면 친구 잘 만나 성공한 사람도 있고 반면에 나쁜 친구를 만나 인생을 망친 친구도 있다.

빚보증을 잘못 섰다가 패가망신했다면 이런 악연이 어디 있겠는가.

나도 한때는 친구 빚보증을 잘못 섰다가 낭패를 보고 후회한 적도 있다.

친구 잘못 만나 재산적 손실을 당한 후부터는 절대로 빚보증을 서지 않기로 결심했다. 나쁜 친구를 사귀는 것보다는 차라리 친구를 사귀지 않는 것이 좋다고 하는 것은 이런 경우를 두고 하는 말인 듯싶다.

학창 시절 선생님께서 우연히 친구에 대한 일화를 소개해 주었는데 너무 감동 받아서 오랜 시간이 지났는데도 그 얘기는 나의 뇌리에서 떠나질 않는다.

영국 수상 '윈스턴 처칠'과 '알렉산더 플레밍'의 우정이 그것이다.

부유한 귀족의 아들인 '처칠'은 수영을 하려고 호수에 뛰어들었다가 물에 빠져 죽을 상황이 되었는데 한 농부의 아들이 그를 구해 주었다.

구해 준 그 아이와 친구가 되었고 13세가 되었을 때 그 아이에게 장래 무엇이 되고 싶으냐고 물었다. 그때 농부의 아들은 집안이 가난하고 9명의 형제가 있다고 말하며 앞으로 의사가 되어서 집안을 돕겠다고 하였다.

귀족 소년은 농부의 아들이 의대에서 공부할 수 있도록 아버지께 부탁하였고 결국 그 시골 소년은 런던의 의과대학에 다니게 되었다. 그 후 처칠은 정치가로 26세의 어린 나이에 국회의원이 되었고, 그 무렵 불치병이었던 '폐렴'에 걸리고 말았다.

그때 '알렉산더 플레밍'이 만든 '페니실린'이 급송되어 폐렴에 걸려 있는 '처칠'의 생명을 건질 수 있었다. 이렇게 시골 소년이 도와준 사람은 다름 아닌 민주주의를 굳게 지킨 '윈스턴 처칠'이다.

그때 들려준 아주 짧은 일화는 지금까지도 잊히지 않는다.

우연히 알게 된 귀족 소년이 빈농의 아들을 무시했다면 '노벨 의학상'을 받을 수 없을 것이고 귀족의 아들인 '처칠'도 두 번이나 살아날 수 없었을 터이다. 교만과 자만하지 않고 무시하지도 않고 서로 아끼고 존중하면 그 우정은 영원할 것이다. 진정한 친구 한 명을 얻는다면 세상을 다 얻는 것과 같다는 말이 있듯이 돈 주고도 살 수 없는 친구, 사랑과 우정이 영원할 수 있다면 더 무엇을 바라겠는가.

세상을 살아가면서 사회에 봉사하고 남을 도와주고 낮은 자세로 살려고 노력하는 인간미 넘치는 따뜻한 사랑의 감동을 받을 사람이 얼마나 될까. 오늘따라 다정한 친구의 소중함을 느껴본다.

구름다리 저편에 무엇이 있을까?

김길자
1991. 9. 천료

꽃인 듯 눈물인 듯, 어쩌면 짧은 이야기인 듯. 그대는 어디서 오는 바람일까, 내 곁을 스쳐간다.

흔들흔들 출렁출렁, 심술궂은 바람은 공중에 매달린 다리를 흔드는 것인지 나를 흔들어 대는 것인지….

가만히 있어도 공중 외나무다리는 출렁거려 어지럼증을 일으킨다.

두 팔을 쫙 편 채 몸의 중심을 잡고 출렁다리를 건너지만 술 취한 사람의 걸음인 양 바람에 휘청거리면서 묘한 스릴을 맛보기도 한다.

마치 빙판 위를 걷듯 아슬아슬하고, 무서움에 긴장되어 앞만 보고 가만가만 고양이 걸음으로 걷는다. 바람도 참 얄궂기도 하지. 하필 이 시간에 이렇게 불어댈게 뭐람. 그러나 삶의 여로에 어찌 쨍쨍 햇빛 나는 날만 있으랴. 흐린 날과 비오는 날도 많거늘 오늘따라 예고 없이 부는 바람을 탓해서 무엇하겠는가.

동행한 문우는 그래도 신이 난 모양이다. 벌벌 기

는 내 모양새가 우스웠던지 내 어깨를 툭 치며 씽끗 웃는다. 우리는 함께 소리 내어 웃지만 마치 다리 난간을 잡고 있다가 떨어질 뻔한 듯 너무 놀라서 머리가 어질어질해진다.

오늘따라 바람은 수그러들지 않고 온 산을 흔들고, 나는 아직 다리 중간쯤도 못 왔는데… 우리는 다시 걷기 시작하고, 다리 아래로 보이는 검푸른 나무들이 바람에 일렁인다. 아래를 내려다보면 천길만길 아득한 낭떠러지 계곡이다.

점점 바람은 세게 불고, 세상의 모든 것을 흔들어 놓을 듯하다. 그래도 바람 소리가 상쾌한 쾌감도 맛보게 한다.

바람 소리가 정신을 맑게 하고 우리에게 쾌감을 맛보게 하는 것은, 그 바람 자체가 가시가 없고 모가 나지 않기 때문이란다.

바람이란 모든 것에 영향을 주는 세상일을 가리키기도 한다.

구름다리 위가 조금은 위태롭고 무섭기도 하지만 내가 택한 이 길을 나는 끝까지 완주하리라 오기가 생긴다. 가슴 깊숙이 맑은 바람을 들이마신다.

내가 사는 고장 증평 좌구산 명상구름다리는 증평읍 율리 야생화단지에서 거북바위 정원을 잇는 길이 230m, 높이 50m, 폭 2m로 조성되었다. 이 중 출렁다리 구간은 130m로 야간에는 아름다운 조명도 설치가 되어 있다.

구름다리 건너면 오색 무지개가 보일까? 내가 못 가 본 그곳에 대한 강한 호기심으로 명상구름다리는 누구나 건너보고 싶은 곳이다.

증평 좌구산은 거북이가 앉아서 남쪽을 바라보고 있는 형상이며, 좌구산은 한남금북정맥 154km 구간 중에서 가장 높은 산이다.

우리 증평군에서는 자연을 만끽할 수 있는 다양한 길과 공원, 하룻밤을 쉴 수 있는 숙박 시설이며, 어드벤처 시설이 좌구산을 중부권 최고의 휴양레저타운으로 만들었다.

여러 종류의 시설 중에 좌구산 천문대의 천체관측실에는 국내 최대인 365mm 렌즈를 장착한 초대형 굴절망원경이 있다. 이 망원경은 기존 반사망원경보다 선명해 천체를 최대 700배까지 확대해 볼 수 있고, 640km 떨어져 있는 사람도 알아볼 수 있다.

가을 밤하늘의 별이 가장 빛날 때 이곳 천문대에서 가슴 가득 별을 품어 보라. 고된 일상 중에도 마음 가득 행복이 넘친다. 초대형 망원경을 들여다보고 있으면 혹시 달에서 방아 찧는 토끼 모습이 보일 듯하여 호기심도 일고, 구만리 창공으로 내 몸이 둥둥 떠서 별무리에 휩싸여 별이 나인 듯, 내가 별인 듯 신비스럽기 그지없다.

'천체투영실' 관람관에서 올려다본 무수히 반짝이는 별을 보며 나도 우주 속에 하나의 작은 별이지 않을까 하는 착각도 인다.

미세먼지가 하늘을 가리고 공해가 심각해도 좌구산 숲에 들면 공기가 청정하여 밤하늘의 별도 흐드러지게 반짝인다.

그리고 숲 명상의 집에 들면 세상사 잊은 수 있는 힐링을 위한 여러 치유실을 운영 중이다.

'꽃길만 걸으세요.' 축복도 나누고 누구나 금빛 찬란한 인생길을 소망하지만 어디 뜻대로 되는 일이던가.

지금 내가 건너고 있는 다리처럼 인생길이 때로는 넘어지고 흔들리기도 하면서 운명처럼 가야 하는 길. 삶의 여로야말로 굽이굽이 험난한 여정이다.

정부 양곡 보관사업을 하던 우리는 벼농사가 연년이 흉작으로 특급창고 수백 평이 벼 수량이 없어 텅텅 비고, 미처 갚지 못한 은행 빚에 그 큰 건물 몇 동이 경매에 붙여질 지경이 되었다. 하늘만 바라보고 풍년 들기만을 기다리기엔 상황이 너무나 급박하게 기울고. 그날도 은행에 재대출을 구걸했으나 대부계장의 냉담한 눈초리와 함께 휴지조각이나 다름없는 서류 뭉치를 들고 눈물로 범벅된 초라한 모습으로 바람

길인지 허공인지 헤맨 적이 있었으니, 내 나이 사십 초반쯤이었다.

내가 걸어온 인생길을 한번 되돌아본다. 나는 과연 어떤 모습으로 살아왔던가. 만약에 내 인생을 다시 살아보라고 해도 나는 이제 그럴 용기가 없고 자신도 없다.

인생이란 산마루를 넘는 것과 같다고 했던가. 이루어 놓은 것 없이 해는 서산에 걸리었다. 강도 건너고 다리도 건너보니 짧고도 긴 인생길 굽이굽이 그립고 아쉽기만 하다.

영원한 천지에 비해 인생은 짧고 다시 되돌릴 수가 없다. 지금 생각해 보니 하루 한 시간의 의미가 크다. 남은 시간 허송하지 말고 삶의 의미를 깨닫고, 때로는 향기도 느껴보면서 하늘의 별도 품어 보고, 유유자적 그렇게 하리라 마음먹어 본다.

6·25전쟁 일화

최중호
1991. 11. 천료

전쟁은 인류에게 큰 불행을 가져다주었다. 그런 불행 중에도 따뜻한 정도 피어났다. 여기에 따뜻한 6·25전쟁의 일화 몇 개를 소개해 보기로 한다.

6·25전쟁이 발발하자 국군은 3일 만에 서울을 포기하고 후퇴를 거듭하였다. 이에 딘 소장은 워커 중장의 명령에 따라 대전을 방어하려 했으나, 대전은 이미 북한군에게 포위된 상태였다. 딘 소장은 대전 시내에서 몇 차례 시가전을 벌였으나 속수무책이었다. 그는 대전 방어를 포기하고 영동으로 후퇴하기 위해 대전 시내를 빠져나갔다. 그는 옥천 쪽으로 간다는 것이 방향을 잘못 잡아 금산 쪽으로 갔다.

가는 도중 그는 북한군의 기습공격을 받자 차를 버리고 산속으로 들어갔다. 이때 함께 탈출하던 부상병이 산속에서 물을 달라고 하자, 물을 떠다 주려고 계곡을 내려가다 그만 절벽에서 굴러 정신을 잃고 말았다. 그곳에서 그는 일행과 떨어져 홀로 남게 되었다. 그 후, 산속을 계속 헤매던 그는 낙오병 타보 중위를 만나 동행을 하게 되었다. 그들은 금산,

진안을 거쳐 미군이 있는 대구로 가기 위해 동남쪽으로 걸었다.

어느 날 저녁 작은 마을을 발견하고 조심스레 그 동네로 들어갔다. 동네 사람들이 나와 그들을 둘러쌌다. 동네 사람들은 찬물에 미숫가루를 타 주고 달걀까지 갖다 주었다. 하지만, 그곳 주민의 밀고로 북한군에게 포위되자 그는 타보 중위와 함께 초가집 뒷문으로 도망쳐 나왔다. 여기서 그는 타보 중위와 헤어져 다시 홀로 되었다.

그 후, 그는 무주군 적상면 방이리의 외딴집 박종구 씨 집으로 들어갔다. 그는 배를 만지며 배가 고프다는 시늉을 했다. 박종구 씨는 친절하게 그에게 닭곰탕에 삶은 감자까지 내어 주었다. 그 집에서 3일을 지냈다. 그는 박종구 씨의 후한 대접에 고마움의 표시로 손목에 차고 있던 시계를 풀어주며, 고맙다고 인사를 하고 나왔다.

그는 다시 길을 걷다가 중년 남자 한 씨를 만났다. 그는 한 씨에게 대구로 가는 길을 안내해 주면 크게 사례하겠다고 하였다. 한 씨는 손짓과 발짓으로 대구로 가는 길을 안내해 주겠다고 하였다. 그를 따라가다 20대 청년 최 씨를 만났다. 그는 그들을 따라가다가 10여 명의 청년과 마주쳤다. 그들은 그의 두 팔을 등 뒤로 묶은 후 파출소로 끌고 갔다. 그리고 북한군에게 넘겨주었다.

그 후, 그는 북한군 포로가 되어 북한에 억류되었다가 1953년 10월 4일 포로 교환으로 풀려났다.

전쟁이 끝난 후, 3만 원을 받고 딘 소장을 북한군에게 넘겨준 한 씨와 최 씨는 무기징역을 선고받았다.

이 소식을 들은 그는 이승만 대통령께 편지를 보내, 북한군에게 넘겨준 두 사람을 관대하게 처리해 줄 것을 청원하였다. 그래서였을까? 그들은 전향자로 감형되어 1957년에 석방되었다. 그는 밀고자로 인해 그동안 군에서 쌓았던 명예와 전공(戰功)에 치명적인 타격을 입었고, 3년간 포로 생활을 하면서 겪었던 고초와 치욕을 잊고 그들을 용서했다.

다음은 워커 장군의 이야기이다. 샘 워커는 미 8군 사령관 워커 장군의 외아들이다. 그는 아버지와 함께 6·25전쟁에 참전하였다. 인천상륙작전의 성공으로 국군과 유엔군은 압록강까지 북진하였다. 하지만, 중공군의 개입으로 다시 후퇴할 때, 워커 장군의 아들이 큰 공을 세워 은성무공훈장을 받게 되었다.

아들의 무공 소식에 감격한 워커 장군은 자신이 직접 아들에게 훈장을 달아주고 싶었다. 그는 아들에게 훈장을 달아주기 위해 지프를 타고 가다 맞은편에서 오던 한국군 병사가 운전하던 트럭을 피하려다 교통사고로 사망하였다.

6·25전쟁 중 미 8군 사령관의 사망은 아주 큰 사건이었다. 따라서 이승만 대통령은 한국군 운전사를 사형시키려 했으나, 미군 참모들과 워커 장군 가족의 적극적인 만류로 징역형을 받게 되었다.

곤경에 빠트렸던 사람을 용서하기란 결코 쉬운 일이 아니다. 하지만, 딘 수장이나 워커 장군의 가족과 참모들은 상대방의 잘못을 너그럽게 용서했던 것이다.

이번엔 제임스 밴 플리트(James A. Van Fleet) 미 8군 사령관과 아이젠하워 대통령의 이야기다. 밴 플리트 사령관의 아들 지미 밴 플리트 공군 중위는 자원해서 6·25전쟁에 참전하였다. 그는 압록강 남쪽의 순천 지역을 폭격하기 위해 비행기를 몰고 출격했다가 행방불명이 되었다. 이때 미 공군에선 어떻게 해서라도 밴 플리트 사령관의 아들을 찾으려 했다. 하지만 밴 플리트 사령관은 자기 아들을 찾기 위해 미군 병사들이 나섰다간 북한군의 공격을 받아 희생될 것 같아 아들을 찾지 말라 명령하였다. 그 후, 그는 한동안 아들을 잃은 슬픔에 빠져있었다.

그 무렵 미국의 대통령 선거에서 당선된 아이젠하워가 6·25전쟁 상황을 살펴보기 위해 미 8군 사령부를 찾았다. 밴 플리트 사령관은 아이젠하워 대통령 당선인과 미 8군 및 한국군 장군과 각국 기자들 앞에서 전쟁 상황을 설명하였다. 조용히 설명을 듣고 있던 대통령 당선인이 질문하였다. "사령관, 내 아들 존 아이젠하워 소령은 지금 어디에서 근무하고 있습니까?" 대통령 당선인의 개인적인 질문에 밴 플리트 사령관은 얼굴을 붉히며, "존 아이젠하워 소령은 전방 미 3사단 정보처에 근무하고 있습니다."라고 대답했다. 그러자 대통령 당선인은 "사령관, 내 아들을 후방으로 빼 주시오."라고 부탁을 하였다. 그 자리에 있던 모든 사람이 의아스러운 눈으로 대통령 당선인을 바라보았다. 이어 대통령 당선인이 조용히 말했다.

"내 아들이 전투 중에 사망한다면 슬픈 일이지만, 나는 가문의 영광으로 생각하겠습니다. 그러나 내 아들이 북한군의 포로가 된다면 북한군은 내 아들을 볼모로 미국과 협상을 하려 할 것입니다. 나는 결코 그런 불리한 협상은 하지 않을 것입니다. 하지만, 미국 국민들은 대통령의 아들이 적군의 포로가 되는 것을 원치 않을 것입니다. 미국 국민들은 대통령의 아들을 구해야 한다며, 북한군이 미국과 한국에 불리한 요구를 하더라도 들어주라 할 것입니다. 나는 그러한 상황을 원치 않습니다. 그래 사령관님께 내 아들이 포로가 되지 않도록 해 주시라고 부탁하는 것입니다."

그제야 밴 플리트 사령관은 밝은 표정을 지으며, "내, 바로 조치하겠습니다. 각하!" 하고, 우렁찬 목소리로 대답하였다.

참으로 훌륭한 대통령 당선인이요, 사령관이라 할 수 있겠다.

이러한 일화들을 남기며 1,129일 동안 지속된 6·25전쟁에서, 미군 장성의 아들은 142명이 참전해서, 35명이 전사하였다.

한국은 요지경

오형칠
1993. 11. 천료

P가 2주간 보이지 않았다. 어디에 갔을까. 찬양 지휘도 다른 분이 맡았다. 의문은 풀렸다. 그동안 미국에 머물렀다고 한다.

우리가 가난하고 못 살 적에 아메리칸 드림을 안고 찾아가던 미국, 세계 일류 국가가 아닌가.

조금 실망스러운 소식을 들었다. 지휘자가 미국을 다녀와서 한 말이다. 미국은 미국인데 왜 이 말을 발설했으며, 무엇을 보고 그랬을까.

"미국, 살고 싶은 나라가 아니에요, 한국이 최고예요."

지금 미국이 어떤 나라인지 매스컴을 통해 알고 있지만, 20일 전에 미국 갔다 온 그에게 더 생생한 소식을 듣고 싶었다. 카톡을 열었다.

'안녕하세요.

미국 갔다 오셨다지요.

미국에 살고 싶은 생각이 없다고 하는데 어떤 점이 실망스러웠는지 알고 싶습니다. 몇 가지만 말해 주세요.'

잠시 후 핸드폰 벨이 울렸다.

그는 담담하게 말했다. 자기가 80년대 미국에서 유학할 때 그곳은 천국이었으나, 지금은 뉴욕, 워싱턴에 노숙자와 마약 중독자가 많았으며, 도로에 노숙자 천막이 즐비하고, 한국에서 6천 원 하는 순두부 한 그릇이 4만 원이며, 주차할 만한 곳에 차를 댔는데, 금방 주차위반 문자가 날아오는 나라라고 했다. 그리고 노숙자에게 거처를 마련해 거주하도록 했지만, 적응하지 못하고 뛰쳐나온다고 했다.

"지금 미국은 엉망입니다."

전화는 여기서 끝났다. 전에 유튜브에서 미국 노숙자들이 공원이나 인도에 천막을 치고 사는 광경을 본 적이 있다. 한 유튜버는 걸어서 그들이 사는 곳을 지나가지 못하고 자동차로 이동하면서 그곳 사정을 설명해 주었다. 황량한 거리 모습이 지금도 머리에 남는다.

지금은 지휘자 말을 이해하지만, 한국이 원조받고 살 적에 미국은 환상적인 나라요, MADE IN USA는 모두 세계 최고라고 생각했다. 미국 X도 최고라고 여겼다.

오래 전, 미국에 자주 드나드는 분이 미국은 아이를 혼자 학교에 보내면 처벌을 받는다고 했다.

'선진국은 무엇이 달라도 다르구나.'

부모가 아이를 사랑하기 때문이라고 생각했다.

세월이 한참 흐른 후에 혼자 학교에 가면 안 되는 이유를 알게 되었다. 위험하기 때문이라는 말을 듣고, 헛웃음이 나왔다. 치안이 불안해 그런 줄 모르고 좋게 평가했으니 어찌 쓴웃음이 나오지 않겠는가.

지금 외국인들은 한국은 살기 좋은 나라라고 한다. 이런 말도 들었다.

미국 공원에는 낮에는 백인들이, 밤에는 흑인들이 차지한다고 하며 밤 10시 이후 밤거리를 다닐 수 없으며, 새벽에 안심하고 다닐 수 있는 나라는 별로 없다고 한다.

요즘 한국을 자랑하는 외국인 유튜버는 화장실, 고속도로, 치안, 인터넷 속도 등등 세계 최고라고 한국을 치켜세운다. 맞다. 10대 경제 대국, 유엔 분담금 9위, 공업 대국 5위, 복지 14위, 군사 6위란다.

세계 최고가 아니면 좋겠다고 싶은 것들도 많다. 저출산, 이혼율, 가계 부채, 물가 상승, 국가 부채 국민 1인당 1,800만 원 정도, 전쟁 위험도 등은 최고가 아니면 좋겠다.

한국은 정말 극과 극으로 달리는 나라지만, 장래는 밝다. 희망을 품고 살자. 하지만 명심할 일은 과거를 잊지 말았으면 한다.

빡빡머리였던 어린 시절, 달걀 한 알, 김밥 한 줄, 쇠고기 국밥은 1년에 한 번, 목욕을 추석과 설에 한 번씩 하던 때도 있었다.

할머니는 큰형이 서울에서 공부하다가 여름방학에 내려오면 집 뒤뜰에 키우던 암탉을 잡았다. 닭 뼈나 국물이라도 조금 얻어먹으려고 안달했다.

조금 전 인도 뭄바이 빈민촌을 유튜브로 보았다. 빈민가에서 쓰레기통이나 다름없는 환경 속에서 사는 사람들을 보니 옛날 생각이 난다.

이제 여름이다. 여러분 건강 잘 챙기고 우리나라가 잘 되기를 기도하자.

역사는 반복된다고 한다. 과거를 잊으면 과거가 보란 듯이 찾아온다. 우리가 정신 차리지 않으면 언제 우리나라가 역사의 뒤안길로 사라질는지 모른다. 1천 년 이상 세계를 지배했던 팍스 로마제국, 19세기 해가 지지 않는 대영제국도 해가 지는 나라가 됐고, 가장 넓은 영토를 지배했던 몽골 제국도 멸망했지만, 한국은 영원히 번창하기 바란다.

GOD BLESS YOU ALWAYS!

우즈베키스탄 일 년 살아보기

허남오
1994. 3. 천료

예전부터 꼭 해 보고 싶은 버킷리스트가 있었다. 혼자 일 년 살아보기, 그것도 해외, 나아가 오지에서였다. 평소 내가 아무것도 혼자 못한다고 구박하는 아내 보란 듯이 나는 떠나고 싶었다. 그래 혼자 살다 돌아오면 이젠 그런 말 못할 거다. 난 번번이 다짐했었다.

몇 번을 시도하고 또 연기하다가 드디어 길을 찾았다. 코이카 봉사단으로 떠나는 거다. 내 나이에 가능할까 걱정이 앞섰지만 다행히 나이 제한을 없앴다는 희소식을 듣게 되었다. 웬 떡이냐. 무려 2년 걸려 한국어 교사 자격증을 땄다. 선발 시험도 몇 번을 낙방하고서야 겨우 붙었다. 우여곡절 끝에 우즈베키스탄행에 올랐다. 지금부터 4년 전 일이었다.

무엇보다 해외 봉사한다는 일념으로 떠났다. 그러나 모든 것이 생소하다. 살게 될 '사마르칸트'는 실크로드의 중심지로서만 알고 있었고, 우즈베키스탄 수도 '타슈켄트'조차 생소했다.

그러나 첫발을 딛자마자 곧 코리안 드림이 하늘을

찌르는 땅이라는 것을 알게 되었다. 한국어 열풍이 도를 넘어 한국에 가기 위한 토픽 시험은 원서 접수마저 힘든 나라였다.

다행히 봉사지로 부임하게 된 사마르칸트 외국어대학교는 20여 년 전부터 한국어학과가 설치된 명문대였고 학생들도 열심히 수업을 들었다. 대학 당국에서도 많은 배려를 해 줘 외국인 교수로서 세미나와 강연에 참여하고 방송에도 자주 나가곤 했었다.

그러나 괜찮은 봉사라고 위로하기에는 힘든 일이 너무 많았다. 우선 먹는 것부터다. 평생 밥해 먹은 일이 거의 없었던 대부분의 일상을 보낸 처지라 전기밥솥만 믿기에는 너무 허술하다. 영양이 과하지 않은지 또는 부족하지 않은지 알 수가 없다. 무엇보다 반찬으로 뭘 먹어야 할지 시장에 가서 뭘 사야 하는지조차 모르기 일쑤다. 나는 빈 박스 테두리에다 조목조목 쓰기 시작했다. 간혹 되돌아보며 달걀이 몇 개 남았는지 토마토는 언제 사야 하는지 등을 메모하곤 한다. 무엇보다 쌀과 물이 우선이었다.

하루 일상도 루틴화 되어 간다. 일어나서 전기밥솥을 꼽고 아침 운동으로 달리기를 한다. 공원에서 핸드폰으로 서울의 가족이나 친구들께 안부를 묻는다. 여기 아침이 거긴 낮이니 알맞다. 집에 와서는 바로 세탁기에 옷을 던진다. 샤워를 하고 반찬을 만든다. 식사하면서 오늘 할 일을 정리한다. 특히 외식할 곳을 정한다. 누군가 같이 먹기도 하지만 혼자서 샤슬릭과 보드카를 곁들여도 좋지.

이런 몫이 예전에는 내가 할 일이 아니었다. 아내 몫이었나? 아, 고맙구나. 이렇게 하루 반나절이 가버리다니, 주부 몫이 얼마나 큰일이었는지 다시 한번 깨닫는다. 돌아가면 이제 내가 밥도 해 볼까?

그보다 일상생활에서 많은 것을 다시 보게 되었다. 중앙아시아를 우리는 거의 몰랐었다. 이슬람이 90%가 넘는 것은 물론 소련 시절의 이곳과 현재를 거의 모른 채 살아왔다. 서구 일변도의 우리네 사고를 다시 돌아보는 계기가 되곤 한다.

탈레스전투가 있다. 서기 751년, 고선지 장군이 이끄는 당 병력이 튀르키예에서 지원 온 병력과 맞붙어 진 전투다. 그로부터 이슬람권이 된다. 그리고 100년 후, 혜초 스님이 여기 왔을 때는 '중 하나가 제멋대로 예불을 드리고 있다'라는 글을 남길 정도였다.

세월이 흘러 티무르 제국이 이곳 사마르칸트를 중심으로 한때 대제국을 건설하였으나 곧 쇠퇴하면서 수십 개의 오아시스 왕국으로 연명되어 왔다.

자, 또 세월이 흐른다. 영국이 인도를 점령하며 북상하자 러시아가 남방정책으로 내려온다. 아무 저항 없이 여기 중앙아시아를 다 집어넣어버렸다. 170여 년 전이다.

자, 30여 년 전. 서울올림픽 덕분에 냉전이 사라지고 소련이 해체될 때 여기도 5개국으로 각자 독립한다. 그러니 지금도 여긴 러시아말이 거의 공용으로 쓰이고 러시아도 자국 영향권으로 아예 치부하고 있다.

그런 우즈베키스탄의 역사와 문화를 알고자 나는 자주 여행을 다녔다. 다행히 객지에서 혼자 고생한다고 한국에서 많은 분이 위로차 방문했다. 이들을 안내하면서 함께 미지의 땅으로 떠날 수 있었다. 옛 오아시스 왕국답게 부하라, 히바, 페르가나 그리고 테르미즈 등 역사가 숨 쉬는 고장이었다. 그들의 역사와 문화를 속속들이 알아간 여행기를 나는 대화체로 남겼다.

이제 귀국하고도 3년이 지났다. 다시 돌아보면 이 모든 것이 티무르의 별처럼 밤하늘에 맴돈다. 아직도 간혹 연락 오는 학생과 선생들 그리고 한국에서 다시 만나는 그들의 꿈을 조금이라도 도와주고 싶은 마음이다. 우즈베키스탄 일 년 살기는 현재진행형이다.

살던 동네

강정희
1994. 7. 천료

초가을 비가 내리는 날 살던 동네를 가 본다. 계획에 없었던 혼자만의 한 시간 남짓 본 살던 동네는 정말 옛날 그대로다. 도시계획으로 집 밑으로 지하도로가 생겨 집이 있던 곳까지는 못 갔지만 그 부근의 작은 찻길로 높은 건물이 없는 고만고만한 건물들, 막내가 다닌 초등학교, 그 건너편 엇비슷이 있는 은행, 음식점들, 낯익은 거리다.

결혼 후 가장 오래 살았던 그 동네서 30년 가까이 살며 애들 키우고 공부시키며 결혼까지 시킨 영원한 마음의 동네다. 추적추적 내리는 비에 우산을 쓰고 회한에 젖어 여기저기 거리를 누비며 보고 또 본다. 급기야는 늘 다녔던 슈퍼에 들어가 본다. 추석이 가까워서 그런지 식품, 과일 등이 가득가득 쌓여 있다. 거의 매일이다시피 들락인 곳이다. 상가 옆 빵집도 여전하다. 빵을 유달리 좋아해 수시로 가기도 했다. 빵집 밑엔 맛있는 우동집도 있었지. 길 건너편 시장의 통영 생선을 팔던 단골집은 아직 있을까.

누구에게나 살았던 동네는 있으리. 좋은 시절도 많았고 고뇌의 시간도 있었겠지. 그 모두가 다 저 멀리 있고 세월의 흐름만 절실히 다가온다. 시골길도 개발되어 엄청 변하고 변두리에 아파트가 즐비하게 들어서 살던 곳이 깡그리 변한 곳도 많은데 내가 오래 살던 이 동네는 그대로의 모습들이 간직되어 있다. 그러기에 낯익고 따스하다. 아! 살던 동네는 결코 나를 외면하지 않았다. 그 길지 않은 시간, 빗속의 그 소중한 시간에 반가운 이웃 사람도 만났으니. 그와는 같은 모임에도 있었다. 슈퍼로 가는 길이라고 했다. 거리도, 슈퍼도 있고 이웃 인연도 이어진 듯하고, 그래도 살던 동네는 안타까움, 아쉬움 속에서 묵묵히 나를 만나주기만 한 걸까.

하필 비 오는 날 살던 동네에 와서 주어진 시간을 보내게 된 사연이라면 사연이 있다. 강산이 여러 번 변했지만 살던 동네의 거리는 그 틀이 큰 변화는 없듯이 이곳을 향한, 이곳이라기보다 살던 동네 목욕탕에 있던 이발소를 향한 마음이 변하지 않은 한 사람이 있기 때문이다. 살던 동네를 떠난 지도 오래된 긴 날들도 마다하지 않고 이발 그 한 가지 일을 보기 위해 해운대서 온천2동으로 찾아간다. 그 사람은 나처럼 살던 동네를 그리워하는 그런 맘은 별 없어 보인다. 오직 이발 하나 마음에 든다고 전에는 지하철을 갈아타고, 요사이는 버스가 내려서 덜 걷는다고 버스를 탄다.

제발 집 가까운 곳에서 이발하라고 옮기라고 해도 막무가내다. 머리만은 마음에 드는 데서 해야 한다나. 가끔 함께 가서 이발하는 동안 부근 백화점도 들르고 살던 동네 기웃거릴 틈도 별 없었는데 비 탓이었을까. 비는 확실히 노년의 사람에게도 어떤 실루엣을 던져주는 건지.

살던 동네를 보며 옛날을 그리워해 본 시간, 그러던 중 크게 변하지 않은 살던 동네, 그리고 수십 년을 한 사람에게 머리를 맡기는 끈질긴 연을 이어오는 사람, 어떤 공통점이 있을 듯한 살던 동네! 언제 회상해도 그립기만 한 기억들과 함께 변하지 않는 거리는 또 하나의 마음의 거름으로 자리매김하듯 소중한 시간이 되지 않았나 싶다.

「에필로그」 살던 동네를 찾아 윗글을 쓴지도 적잖은 날들이 흘렀나 보다. 이발하러 다니던 사람은 요새 인기 트롯 가수가 부른 찐! 찐! 찐! 할아버지가 되어 거동도 불편해 살던 동네의 이발에서 멀어졌다. 그 좋아하던 이발을 하러 가지 못하고 같이 늙어가는 이 할머니가 두 달에 한 번 조그만 가위로 깎아주는 데 만족해야 한다. 이발 할머니! 세월은 어쩜 이리도 흘러 이발 할머니로 거듭난 나를 본다.

피서유감(避暑有感)

지교헌
1994. 7. 천료

밤낮없이 폭염이 기승을 부린다. 대낮에는 일사병으로 쓰러지는 사람들이 있고 밤에는 열대야(熱帶夜)라는 말이 회자되고 있다. 더위를 먹어서 입맛을 잃고 시름시름 앓는 사람도 많을 것 같다. 문득 지혜로운 피서법이 없을까 궁리해 보기도 한다. 먼저 옛날 어른들은 어떻게 더위를 이겼는지 궁금하여 살펴보았다.

대자리에서 바둑 두기, 송단(松壇)에서 활쏘기, 누각에서 투호(投壺)놀이하기, 느티나무 그늘에서 그네뛰기, 연못에서 연꽃 구경하기, 숲속에서 매미 소리듣기, 비오는 날 시(詩) 짓기, 달 밝은 밤에 발 씻기 등, 정약용(丁若鏞)이 말하는 '소서팔사(消暑八事)'가 대표적인 것이고, 산수화(山水畵) 감상하기, 모여서 술마시기, 냇물이나 저수지에서 멱 감고 헤엄치기, 찬물로 등 멱 감기, 밤에는 죽부인을 끼고 자기, 대청마루나 마당에서 잠자기 따위가 대세였던 것 같다. 그러나 국민소득이 증가함에 따라 요즘은 에어컨이나 선풍기의 찬바람을 쐬거나, 아니면 너도나도 산으로 강으로 바다로 달려가고, 어린 아이들은 가까운 물놀이장을 찾아가기도 한다.

피서 방법은 그야말로 가지가지였다. 자기의 신분에 따라, 환경에 따라 적절한 비결이 있는 것이다. 옷을 입는데도 삼베옷이나 모시옷을 입기도 하고 더러는 등나무 줄기로 만든 등걸이도 옷 속에 걸쳤다. 등나무 등거리는 매우 이색적이기도 하여 1970년대에 한국의 어느 교수가 미국 여행 중에 그것을 입었는데 미국의 출입국관리 공무원이 꼬치꼬치 캐묻는 바람에 서툰 영어로 설명하느라고 진땀을 뺐다는 이야기가 있다. 평소에 입던 옷도 될 수 있는 대로 얇게 입고 합죽선(合竹扇)을 들고 다니기도 하였다.

요즘 어떤 노인들은 피서하기 위하여 지하철을 타고 일정한 목적지도 없이 돌아다니고 더러는 시원한 식당이나 다방이나 카페를 찾아 찰거머리 노릇을 하다가 주인이 쫓아낼 때까지 몇 시간씩 버틴단다. 나의 주변에서는 에어컨이 가동되고 선풍기가 돌아가는 사랑방(노인회관)을 찾아 텔레비전도 시청하고 잡담도 나누고 바둑이나 장기를 두고 시원한 아이스크림도 먹는데 더러는 냉방병 증세를 보이기도 한다.

나는 어렸을 적에 냇물과 봇도랑과 둠벙을 찾아다니며 멱도 감고 물고기도 손으로 움켰다. 청주국제공항 북편을 통과하여 미호천으로 흘러드는 석화천 북쪽 제방 옆에는 '이월샘'이라는 작은 둠벙이 있었는데 깊이는 한 길 남짓하고 넓이는 10미터 미만이었다. 그런데 그 물이 얼마나 차가운지 땀띠가 심한 아이들은 이를 악물고 뛰어들기도 하지만 금방 밖으로 나와 추워서 발발 떨기도 하였다. '이월샘'이라는 이름도 얼음이 풀리기 시작하는 이월처럼 물이 차다는 데서 유래한 것이었다. 한밤중에는 공동 우물에 가서 두레박으로 물을 퍼서 머리부터 쏟아붓기도 하였다.

나도 혈기가 왕성할 때는 산과 강과 바다를 찾고 때로는 해외여행으로 더위를 피하였지만 이제는 심신이 쇠약하여 밖으로 나갈 용기가 나지 않는다. 그렇다고 무료히 지내는 것은 더욱 따분한 일이라 책을 읽거나 글을 쓰거나 아니면 사랑방엘 찾아가거나 해가 질 무렵이면 산책을 나간다. -어느 해는 부삽이 모두 헐기도 하였다.- 거실 구석을 차지하고 있는 에어컨이 잠자고 있는 지도 벌써 몇 해가 되었다. 특별한 손님이 오기 전에는 사용하지 않는다. 그리고 반드시 청소를 하고 나서 가동해야 한다는데 어느 누구에게 청소를 부탁해야 하는지도 모른다. 제습기도 있지만 사용법을 몰라 그대로 포장된 채 여름을 넘기고 있다. 근검절약과 인내가 몸에 배기도 하였겠지만 자칫하면 냉방병이 나기도 하니 행동하기가 쉽지 않다. 그러니 어찌하면 좋을까.

이러쿵저러쿵 날마다 덥다고 투덜대는 동안에 벌써 입추(立秋)와 말복(末伏)이 슬며시 찾아오고 시원한 소나기도 쏟아지니 이제는 '피서'라는 생각이 거의 사라지게 되었다. 결국 나의 피서는 인서(忍暑)나 투서(鬪暑)나 극서(克暑)로 끝나게 된 것도 같다. 참아 내고 싸워내고 이겨냈으니 말이다. 『주역』의 계사전(繫辭傳)에도 '한서상추(寒暑相推)' '서왕한래(暑往寒來)'라는 말이 있지 않은가. 추위와 더위가 서로 밀고 당기며 더위가 가면 추위가 온다는 대자연의 기미(機微)가 서서히 나타나고 있는 것이다.

오늘은 새가 날고 물고기가 뛰어오르는 탄천으로 나갔더니 뜻밖에도 검고 두꺼운 겨울 방한복에 머리에는 후드를 뒤집어 쓴 노숙자(?)가 묵직하게 보이는 비닐봉지를 들고 지하도 앞을 맴돌고 있다. 봉지에 든 물건은 도대체 무엇일까. 혹시 먹다 남은 음식일까. 만일 음식이라면 먹어도 탈이 나지는 않을까 궁금하다. 인정 많은 K선생이 한참 동안이나 그에게서 시선을 떼지 않고 바라보다가 말하였다.

"저 사람… 덥지 않을까요?" 우울한 어조였다. "…." 나는 얼른 대답이 나오지 않았다. '속대발광욕대규(束帶發狂欲大叫)'라는 말도 있는데, 홀

딱 벗어버려도 시원찮은 판에 한겨울 옷을 입고 있는 그가 덥지 않을 까닭이 없을 것이다. 나는 노숙자의 정체가 궁금하였다.

그의 집은 어디이며 가족은 누구이며 어디에 있을까. 혹시 누구에게 사기를 당하여 저 꼴이 된 것은 아닐까. 장애인은 아닐까. 부당해고의 피해자는 아닐까. 멸사봉공을 표방하는 공직자들의 눈에도 저 사람이 보이는 것일까.

'가난구제는 나라에서도 못 한다'는 속담이 전하고 있다. 실지로 국민 개개인의 가난을 정부에서 완전히 해결해 주기는 쉽지 않다. 개개인은 모두가 근면하고 검약하고 성실한 것은 아니기 때문에 아무리 도와주어도 소용이 없을 수도 있다. 그러나 아무리 그렇더라도 한 마디의 속담이 결코 정치인이나 공직자의 타락을 옹호하는 방패가 될 수는 없지 않은가.

나는 K선생의 물음에 대하여 한마디도 대답할 것이 없었다. 노숙자를 바라보는 순간부터 폭염은 벌써 어디론지 달아나고 없었다.

기쁨꽃 피우며

김상환
1994. 11. 천료

'진정한 유머는 남을 웃기는 것이 아니라 세상을 긍정적으로 해석하는 즐거움에서 온다'고 한다. 긍정이 최고 유머라는 것을 알게 되면서 유머에 관심을 갖게 되었다. '신사는 우산과 유머를 가지고 다녀야 한다.'(영국속담)고 했다. 인생 후반기 이제사 감사하면서 유머를 가지고 다니며 편안한 마음으로 근심 걱정 없이 여유롭게 살고 싶은 마음이 간절하다.

김삿갓이 나룻배를 탔는데 그 배의 사공은 처녀였다. 이에 김삿갓은 "여보 마누라 노 좀 잘 저으소" 하면서 처녀를 바라보았다.

"어째서 내가 댁의 마누라요?" 처녀 뱃사공은 예쁜 얼굴에 열이 솟았다.

"내가 그대의 배를 탔으니 내 마누라가 아닌가." 강물도 웃는다.

배에서 내려가는 김삿갓을 보고 처녀 뱃사공은 정답고 따뜻하게 "아들아, 잘 가거라" "안녕" 하며 손을 흔들면서 기쁨꽃을 피웠다.

"내가 어찌 그대의 아들이요?"

"내 배 속에서 나갔으니 내 아들이 아닌가."

처녀 뱃사공에게 달려가 기쁨꽃 한 다발을 가슴에 안겨주고 싶구나.

조지 부시 대통령이 자신의 모교인 예일대 졸업식장에서 "우등상과 최고상을 비롯하여 우수한 성적을 거둔 졸업생 여러분 진심으로 축하드립니다. 그리고 c학점을 받은 학생 여러분들은 이제 미합중국의 대통령이 될 수 있는 자격을 갖추었음을 알려드립니다."라고 연설하며 졸업식장을 완전 뒤집어 빛냈다고 한다. 특히 c학점을 받은 학생들의 가슴에도 눈에도 기쁨꽃이 활짝 피었으리라. 완전히 새 마음으로 새 사람으로 출발하게 되었으리라.

늦었지만 지금도 그대들의 마음에 큰 박수를 보낸다.

뽀빠이가 107세 할아버지를 찾아가서 "할아버지, 안녕하세요?" 고개 숙여 인사했더니 "할아버지가 어딨어 형이야 이념아" 하셨다. "형님 오래 사시는 비법을 알고 싶어요"라고 여쭈어보니 "안 죽어서 그려-"라고 하셨다. 뜻밖의 비법에 웃음꽃이 피었다. "형님, 지금까지 살아오면서 씹고 욕하고 비난하는 사람도 많았을 텐데, 어떻게 오랫동안 참고 살아왔어요?" 하면서 귀도 마음도 기울이며 큰 기대를 하고 있는데 "간단해! 냅뒀더니 다 뒈져버리데." 큰소리로 웃음꽃을 피우면서도 감동 받은 것 같다. 돌아오는 길에 스승님에게 듣고 온 귀한 지도 말씀처럼 가슴에 새기면서 "나는 행복합니다"라고 만족했다.

살아가면서 자기를 욕하고 비난하는 자들에게 상관하지 말고, 신경 쓰지 말고, 그냥 그대로 두면서 살아가길 간절히 당부하고 있었다.

'냅뒀더니 다 뒈져버리데' 이 말을 도자기에 새겨놓고 매일 아침 출근하면서 보고 있단다. 여유로운 삶, 마음 편안한 삶이 최고라고 강조했다.

인내라는 것, 사람으로서 최고의 보배이다. 다툼은 한쪽이 참으면 일어나지 않는다. 두 손이 마주쳐야 소리 나는 것과 같다. 우리는 '그러려니' 하면서 살아야 한다. 인욕은 어떤 사바세계의 폭풍우를 만날지라도 지지 않는 마음이다. 흔들리지 않는 마음이다, 두려워하지 않는 마음이다. 내 인생에 어려움이 닥칠 때 가장 큰 무기는 '그래도 괜찮아' 이 한마디, 내 인생의 만병통치약은 '그래도 괜찮아' 이 한마디로 기쁨꽃을 피운다.

가왕 나훈아는 '니나노-얼씨구 좋다' 노래를 부르다가 잠깐 멈추고 말했다.

"인생이 딱 두 번만 있으면 얼마나 좋겠습니까? 한 번은 법대로 조심조심 살고 다른 한 번은 마누라 15명과 같이 살아보고, 여자는 남편을 20명쯤 두고 살아보면 어떨까요?" 방청석에서는 방긋방긋하게 서로 얼굴을 맞대고 웃음꽃이 만발했다. 다시 노래하며 장내 분위기를 조정하고는 그러나 인생은 단 한 번밖에 없다는 것을 강조했다. 그리고 "무조건 행복해야 합니다. 그러면 행복이 뭣고? 나한테 묻는다면 나도 잘 모릅니다. 꼭 대답을 하라고 하면 많이 웃고 사는 사람이 행복한 사람입니다. 많이 웃고 사는 사람이 최고로 행복한 사람입니다. 무조건 행복하세요."라는 말에 방청객들은 크게 공감했다. 그리고 노래를 부르다 멈추고는 "마음 아플 때는 무조건 노래를 부르세요. 지 신세하고 비슷한 것을 골라 부르세요." 노래를 같이 부르면서 환호하며 박수도 치면서 신나게 노래하기로 다짐도 하며 기쁨꽃이 만발하고 있다.

손녀가 다쳤다는 소식에 시골에서 급히 올라오신 할머니는 "우리 손녀가 대꿀빡이 뽀사지지 않고 팔이 부러져서 감사합니다. 또 다리몽댕이가 부러지지 않고 팔이 부러져서 감사하고 궁둥이뼈가 다치지 않았고 또한 밥 먹는 팔이 아니라 왼쪽 팔을 다쳐 감사합니다." 하셨다.

눈물을 삼키고 있던 모녀는 포복절도로 웃음보가 터져버렸다.

천지 만물을 보고 기쁨꽃 피우며 살고 싶다. 기쁨을 찾아낼 수 있는 사람, 모든 것을 기쁨으로 바꿀 수 있는 사람 그런 사람이 되고 싶다.

어떤 일이 있어도 기뻐할 수 있는 긍정적인 삶, 푸른 잔디밭을 보고도, 까치들의 노래 듣고도 기뻐하고, 느티나무 푸른 잎의 흔들림에도 기쁨꽃을 피우고 즐겁게 살고 싶다.

마장동 마을

박순철
1994. 11. 천료

이런 산골에 마을이 있을 것이라곤 꿈에도 생각하지 못했지만, 골마다 들앉은 집은 충분히 문명의 혜택을 누리고 사는 집들로 보였다.

어제, 저녁 식사는 다행히 숙소 주인 할머니가 끓여낸 청국장이 옛날 어머님이 해 주시던 맛과 비슷했다. 고추를 썰어 넣긴 했어도 진혀 맵지 않아서 맛있게 먹을 수 있었다.

"이 산을 넘어가면 어디가 나옵니까?"

"여기서는 넘어가지 몬합니더."

"그럼, 여기가 동네 끝인가요?"

"어데예."

이 위로도 동네가 많으며 고랭지 채소를 하는 작목반이 있어서 지금 한창 바쁠 때라고 했다. 내가 숙소를 정한 곳이 해발 600미터 정도라고 하니 꽤 높은 곳에 와 있는 셈이다. 의외의 대답이었다. 뜻하지 않게 좋은 오지마을 구경거리가 생긴 셈이었다.

아침에 잠에서 깨자마자 길을 나섰다. 급경사와

급커브, 거기에 좁은 길, 교행이 어려워 기다렸다가 가야 할 정도로 위험한 곳도 있었다. 더구나 전날 밤에 내린 비로 말미암아 뿌연 안개와 흘러내린 토사 때문에 더 위험했다. 나는 비상등을 켜고 조심조심 가고 있는데 백미러를 보니까 택배차량 같은 화물차가 바짝 따라오고 있었다. 전혀 망설임 없이 커브를 꺾어 도는데 앞서가기가 무서웠다. 조금 넓은 길이 있어서 피해 주었더니 쌩하고 달려나간다. 뒤에 따라오는 탑차와 봉고차들에게 세 번이나 양보해 주어야 했다.

얼마를 달렸을까. 커다란 화강암에 '마장마을'이라 새긴 표지석이 보였다. 비닐하우스가 온통 산비탈을 점령한 거대 농장이 눈앞에 나타났다. 앞서 달리던 차량은 모두 그곳에 멈춰 있었다. 화물차로 알았는데 사람이 가득 실려 있었고 60대 초반 또는 그보다 나이 많은 여자가 대부분이었다. 다른 차에서는 외국인으로 보이는 젊은이들이 내렸다.

마장동 마을 사람으로 보이는 사람이 나서서 내린 일꾼들을 다시 자기 차에 태운다. 내 옆에는 50대 초반으로 보이는 여인이 서서 자신의 차례를 기다리고 있었다.

"어디서 오셨어요?"

"대구에서 왔어요."

"하루 일하면 얼마나 받아요?"

"그런 것은 말하기 싫어요."

이런, 가장 아픈 곳을 찌르는 실수를 범했다. 정말 가슴이 찡했다. 가냘픈 몸매는 농사일에 익숙해 보이지 않았고 메이커 등산복을 입고 있었다. 꾸미고 나서면 여느 사모님 못지않을 미모였다.

"아! 미안합니다." 나는 급 사과를 했다.

아련히 떠오르는 어린 시절! 어머님 혼자서 남의 일 해 주고 받아오는 식량 가지고는 여러 식구 입에 풀칠하기가 어려웠다. 당시 쌀 한 말 갖다먹으면 나흘을 일해 주어야 했다. 보릿고개 넘기느라 이집 저

집에서 품 쌀을 가져다 먹고 일철이 되면 어머님 몸은 열 개라도 모자랐다. 모심기철에 이집 저집에서 일은 해 달라 하고 몸은 혼자이고 졸리기가 그보다 더할 게 없었다. 보다 못한 내가 뒷집 보리 베는 일을 가겠다고 나섰다. 일은 해 보지 않았지만, 잔심부름은 할 수 있는 나이였다. 우리 사정을 잘 알고 있는 옆집 아저씨가 베어 놓은 보릿단 주워 나르는 일을 시켰다. 어렵게 하루해를 넘기긴 했지만, 돌이켜 생각하기도 싫은 기억 중 하나이다.

저 여인도 코로나 사태로 하던 업종을 멈추고 하루 얼마라도 벌기 위해 나서지 않았나 싶다. 이곳 사정을 좀 더 알고 싶었다. 나는 일꾼들을 나누어 받는 사람에게로 다가가 수작을 걸었다.

“혹시 민박할 수 있는 집이 있나요?”

“이곳에는 그런 집 없어요.”

“그래요. 인력이 많이 필요하신가 본데 제가 좀 도와드리면 어떨까요?”

“아니요.”

“품삯 받지 않고 그냥 해 드릴게요.”

“호호호 싫어요. 오늘 일꾼이 40명이에요.”

그 사람은 내 물음이 귀찮다는 듯 일꾼들을 차에 태우고 휭하니 그곳을 떠난다. 닭 쫓던 개 지붕 쳐다보는 신세처럼 허전했다. 공짜로 일을 해 준다고 해도 싫다고 한단 말인가. 내 모습을 지켜보고 있던 작달막한 남자 노인이 내게 다가왔다.

“어서 왔수?”

“청주에서 왔어요.”

“저 외국 사람들이 그래도 국산보다도 잘해, 그리고 노동법도 잘 알아서 함부로 못해.”

이곳은 경남 합천군 가야면 치인리 마장마을이며 해발 800여 미터에

40여 가구가 살고 있다. 옛날에 초지가 많아 말을 기르기 좋은 조건이어서 말을 많이 길렀으며 그래서 마장동이라고 불린다고 했다. 인구는 60여 명, 논 500여 두락(마지기) 밭 800여 두락에 집집마다 차량은 한두 대씩 보유하고 있다고 자랑한다. 옛날에는 버스가 마을 앞까지 왔었으나 지금은 다니지 않아 불편하긴 해도 참고 살아가고 있다고 했다.

요즘은 쌈채소 가격이 좋아서 그렇지 가격이 하락할 때는 인건비도 나오지 않는다고 했다. 비쌀 때는 1박스(2kg)에 3만 원 가까이 간 적도 있지만 쌀 때는 2천 원, 3천 원 할 때도 있었다고 했다.

"저 사람들(일꾼) 하루종일 작업해야 15박스 정도밖에 못 따. 쌈채소 가격이 쌀 때 같으면 본인 품삯도 안돼. 주인이 보태주어야 해. 그래도 그 잎을 따줘야 달린 것이 크니까 할 수밖에 없어. 어디 그뿐인가. 농약비며, 농지 임대료며 밑질 때도 있어."

마침 '마을구판장'이라는 간판이 보였다. 우리 지역에서는 오래전에 사라진 반가운 이름이기도 했다. 약주 할 줄 아느냐고 물었더니 전혀 하지 못한다며 손사래를 친다. 노인은 올해 여든넷으로 이곳에서 태어나 자란, 그야말로 토박이라고 했다.

옛날에는 날씨가 추워서 논에 벼를 심으면 잘 되지 않았고. 제대로 여물지 못해서 주식(主食)이 감자, 고구마, 옥수수 등이었다고 했다. 요즘에는 거의 논을 메우고 밭으로 해 먹으며 그곳에 상추나 배추 파프리카를 심는다고 했다.

내가 주변에 잘 지어진 비닐하우스 쪽으로 눈길을 돌리자 저만한 하우스 1동 짓는 비용이 1억 가까이 들어간다며 힘주어 말한다.

"이제는 모두 살만해. 우리 같은 세대나 헐벗고 굶주리고 자랐지. 요즘 젊은 사람들은 참으로 좋은 시대에 태어났어."

구판장 유리창을 통해 보이는 마을 뒷산으로 자욱하게 내리는 안개를 등진 채 앉아 음료수를 마시는 노인의 모습은 한 폭의 그림 같았다.

누리던 봄날은 떠나가고

임정순
1996. 3. 천료

봄이 막바지라는 말에 화들짝 놀랐다. 아직 봄놀이가 남아 있어 17가지 말고 더 먹을 수 있는 봄나물을 만나러 시장에 나서 볼 참이다.

올봄에 처음 먹어 본 나물은 멀리 울릉도에서 온 부지깽이나물이다. 이름도 특이하고 몇 년 전 가 본 울릉도의 추억으로 먹었다. 그렇게 시작한 것이 봄나물을 적으면서 찾아 먹는 것이 은근 재미있다.

눈 속에서 캐낸 냉이는 뿌리가 실해 된장국에 넣으면 달짝지근한 것이 향이 좋다. 달래는 오이하고 새콤달콤 무쳐 먹고, 애기 쑥은 콩가루에 살살 머물러 쑥국으로 먹어야만 봄을 먹는 거다. 봄은 눈으로 보고 입으로 먹는다 하지 않은가.

곰취는 살짝 데쳐 집 간장에 참기름을 한 방울 넣고 조물조물 무치면 향이 좋아서 더 이상 겨울 김치는 안녕이다. 강원도에서 왔는지 어디서 왔는지 알 수 없지만 먼 곳의 이야기도 숨어 있는 맛이다.

삶은 것을 한 무더기씩 놓고 파는 홑잎 나물을 만나는 날 가볍게 놀랐다. 아니 벌써? 덥석 들고 오는 날은 이른 봄도 집안까지 따라 들어왔다. 홑잎은 참기름에 깨소금 하고 약간의 간만 해서 너무 여린 순을 먹는다는 미안함으로 천천히 입안에서 뇌로 전달될 때까지 '봄이다, 봄'을 조용히 읊조리며 눈을 감고 먹어야 한다.

홑잎나물에 놀란 입맛에 시장을 순방하던 중에 만난 여린 비름나물과 머위는 비빔밥에 좋은 나물이다. 비름나물은 고추장에 무치고 머위는 데쳐서 쌈으로도 먹지만 된장과 고추장을 넣고 들기름으로 무친다. 머위만의 독특한 향과 식감 때문에 안 먹는 사람들도 있지만 입에 쓴 것이 몸에 좋다는 말에 봄에 몇 번은 꼭 먹는 나물이다. 방풍나물은 한 번만 먹어도 풍이 안 걸린다는 말은 정말 맞는 말일는지.

입으론 봄을 먹고 눈에는 꽃을 찾느라 바쁘다. 그곳에 가야만 볼 수 있는 나만의 봄꽃이 있다. 적어도 언제쯤 만개 될지 몰라 몇 차례 사전 답사가 있고서야 만나는 미선나무와 영춘화다. 사진을 찍어 여기저기 봄소식을 전해 주고 덤으로 보랏빛 제비꽃과 샛노란 민들레꽃도 저장해 둔다.

남쪽에서 벚꽃 만개 소식과 벚꽃엔딩 노래가 울려 퍼지면 오로지 벚꽃만을 보기 위해 가장 화사한 옷을 입고 꽃 나들이를 한다. 해마다 단 한 해도 거르지 않고 벚꽃이 만개하면 무심천엘 간다. 일부러 늘 혼자 간다. 벚꽃하고 얘기를 나누기 위해 천천히 가까이서 또는 멀리서 파아란 하늘을 올려다보며 꽃 속에 얼굴을 묻는다. 그 많은 꽃송이를 달고 있는 나무들이 경이로워 맘껏 고맙단 인사를 한다. 뚝 아래 샛노랗게 핀 개나리와 초록빛 풀까지 봄 빛깔이 싱그러워 설레는 마음이 붕 떠오르는 풍선 같다.

일찍 만난 미선나무와 영춘화에 잎이 피어오를 때 만난 나물은 엄나무순과 오가피순이다. 이 두 가지 맛을 알게 된 것은 그리 오래되지 않았다. 묘하게도 쌉싸름한 맛이 은근 중독성이 있다.

하지만 옻 순만큼은 금물이다. 오래전 세상에서 제일 맛있는 나물이라고 권하기에 팔랑 귀는 여지없이 사지 않았겠나. 초고추장에 무친 옻 순을 먹고 의사한테 혼쭐난 뒤로는 한여름에도 옻닭은 근처도 안 간다.

봄나물 중 금(金) 나물이라고 하면 단연코 두릅이다. 인삼 못지않은 영양가와 효능만 보더라도 보약 같은 두릅은 땅두릅, 개두릅, 참두릅이 있지만 실한 두릅을 만나려면 부지런해야 된다. 가시로 온몸을 휘감고 나무 꼭대기 순이다 보니 비싸다. 초고추장에 살짝 찍어 먹으면 봄이 입안 가득 채워져 산 기운이 온몸에 퍼져 기운이 절로 난다. 두고 오래 먹는다고 장아찌를 담아 냉장고 구석에 모셔 본들 이미 봄기운이 빠져 별로다.

18번째 알게 된 눈개승마라는 나물은 처음 들어 본 이름이다. 얼마나 귀하면 몇 군데 물어봐도 헛일이다. 나물에서 소고기 맛이 난다니 한 가지쯤은 남겨 두면 내년 봄이 기다려질 것이다. 디래순은 정월대보름날 묵나물로 먹어야 부드럽고 더 맛있어 봄나물 품목에서 살짝 뺐다.

제철 음식인 봄나물로 입만 호강하다 보니 벚꽃의 그 멋진 꽃비가 지나가는 줄도 몰랐다. 햇고사리 한 줌 넣고 매콤하게 끓인 조기 매운탕에 참취나물 무침에 데친 두릅 옆에 쪽파 강회로 마지막 만찬을 먹으면서 누리던 봄날을 보낸다.

정녕 봄은 또다시 오리라….

그 젊은이의 이(齒)

리철훈
1997. 9. 천료

누구나 이(齒)에 대한 추억은 비슷하다. 돌이켜보면 알면서도 소홀히 했던 일들이 너무 많다. 생각할수록 안타깝다. 뭐든지 정상적일 때는 모르고 지낸다. 그러다 뒤늦게 깨닫고 후회를 한다. 음식을 먹을 때마다 느끼는 것이지만 이가 그렇게 중요한지 모르고 지냈다. 연세가 드신 분들은 더 말할 필요가 없다.

지금은 아침에 일어나 이부터 닦는다. 그것뿐이 아니다. 식사 후에도 닦고 취침 전에도 닦는다. 칫솔질도 모자라 워터 픽으로 쏘고 나야 개운하다. 그렇게 철저히 관리를 하는데도 가끔 고장이 난다. 비용도 만만치가 않다. 나의 경우 단연 1위가 치과 비용이다. 건드렸다 하면 거금이다.

얼마 전까지만 해도 돈 때문에 참고 지내는 사람들이 많았다. 그러나 요즘은 다르다. '인생 뭐 있어? 먹어야 살지.' 하는 생각으로 이부터 해 박는다. 이제는 돈보다 건강이다. 치아가 부실하면 건강할 수 없다. 아무리 좋은 음식이라도 치아가 약하면 맛있게 먹을 수가 없다. 먹지 못하는데 어찌 즐겁고 행복하겠는가. 치아 문제는 건강 상식의 기본이다.

신문이나 TV 광고를 봐도 전과 다르다. 대부분이 건강에 관한 것들이다. 목 건강, 다리 건강, 허리 건강 등등…. 건강식품 또는 건강약품들이 너무 많아 눈살을 찌푸리게 한다. 그중에는 이(齒) 건강도 빼놓을 수 없다. 지나칠 정도로 약한 마음을 유혹한다. 사실 건강을 위한 것이라면 돈이 문제가 아니다. 때문에 알면서도 혹시나 하는 마음으로 이것저것 구입을 한다. 그러나 노년의 치아는 아무리 좋은 것을 복용해도 효과가 그저 그렇다. 한 번 망가지면 철저히 관리를 해도 생각처럼 튼튼해지지 않는다.

생각해 보면 그럴 수밖에 없다. 하루도 쉬지 않고 사용하는데 어떻게 온전할 수 있는가. 그것도 수십 년 동안 짜고 맵고 쓰고 달고 가려본 적이 없다. 게다가 찬 것, 뜨거운 것, 질기고 딱딱한 것, 할 것 없이 닥치는 대로 씹어 먹었다. 특수 재질의 강철로 만들었다 해도 온전하게 남아 있을 수가 없다.

오래전에 있었던 일인데도 가끔 떠오르는 에피소드가 있다. 십 년도 훨씬 넘었다. 아산온천에서 있었던 일인데 아직도 그 젊은이의 이가 생생하다. 그때 나는 탕 속에서 조용히 눈을 감고 있었다. 그런데 어디서 갑자기 요란한 칫솔질 소리가 들렸다. 눈을 떠보니 맞은편 기둥 옆에서 젊은이가 이를 닦고 있었다. 무식하다 싶을 정도로 심하게 이를 닦는 것이다.

'계속 저런 식으로 닦으면 머지않아 곧 닳아 없어질 텐데….'

나는 속으로 그런 걱정을 하면서 아래위를 훑어보았다. 그 순간 치과에서 듣던 간호사의 말이 떠올랐다.

"선생님, 이를 너무 세게 닦지 마세요. 어금니가 많이 닳았어요."

사실 나는 이를 세게 닦는 편이 아니다. 골고루 구석구석 세밀하게 닦을 뿐이다. 그런데도 많이 닳았다고 한다. 그 소릴 들으면서 가슴이 뜨끔했다. 그렇잖아도 많은 비용이 들어가고 있는데 또 이를 해 박아야 하는 것은 아닌가 싶어 얼마나 긴장을 했는지 모른다. 그런데 이 청년은 나와 비교할 수가 없다. 얼마나 심하게 닦는지 그 이가 가엾어 보였다.

"쓱-쓱, 쓱-쓱-쓱-쓱…."

저만하면 됐다 싶은데도 멈출 줄을 모른다. 철 솔로 쇠를 닦는 것처럼 귀가 아릴 정도다. 깨끗한 것도 좋지만 일단 이가 성해야 될 것 아닌가. 피부색도 하얗고 치아 색깔도 그렇게 하얄 수가 없다. 피부나 이가 하야면 깨끗해 보이면서도 어딘가 약해 보인다. 그런 이를 그렇게 심하게 닦을 필요가 있는가 싶었다.

얼마나 힘을 주어 닦는지 몸 전체가 심하게 흔들렸다. 머리카락은 머리카락대로 나머지 한쪽 팔과 가운데 거시기까지 장단이라도 맞추듯 신나게 흔들리고 있었다. 차마 눈 뜨고 볼 수가 없었다. 나는 참다못해 탕에서 나와 노천탕으로 피해가고 말았다.

가끔 치과에 누워 진료를 받고 있으면 그 젊은이의 이가 떠오른다. 십 년이 넘었는데 그 이가 성하게 남아 있을까 궁금하기도 하다. 아마 얼추 닳아서 망가졌을 것이 뻔하다. 지금쯤은 치과에 누워 한숨을 짓고 있지 않을까 싶다. 이제는 이를 닦는 모습보다도 치과에 누워 있는 모습으로 떠오른다.

사실 젊을 때는 모른다. 병뚜껑도 따고 철사도 끊고 다 이로 해결했다. 그러나 한 번 망가지면 다시 솟아나지 않는다. 이가탄, 인사돌, 인사포르테, 죽염, 잇치, 센소다인 등등, 아무리 좋은 것을 써 봐도 과거와 같은 튼튼한 치아는 되찾을 수 없다. 평범한 말 같지만 건강은 건강할 때 지키라는 것이 진리다. 튼튼하지 못해 골고루 씹어 먹지를 못하는데 어찌 힘이 날 수 있는가. 힘이 없으면 운동도 못하고 독서나 여행도 생각뿐이다.

우리 몸을 들여다보면 하나도 중요치 않은 부분이 없다. 하지만 그 중에서도 하나를 짚는다면 치아가 아닌가 싶다. 하루도 쉬지 않고 써야 하기 때문이다. 특히 먹는 문제를 해결하는 부분이 치아다. 사람은 먹어야 힘이 생기고 그 힘으로 생명을 유지한다. 치아가 바로 그 동력의 에너지원을 끊고 씹는 유일한 부속품이다. 생명이 유지되어야 수명도 연장된다. 우리 몸에서 수명 연장의 일등공신을 찾는다면 말할 것도 없이 치아라 생각한다.

이를 닦을 때마다 그 젊은이를 생각한다. 그리고 조심하게 된다. 아무리 바쁘고 급해도 치아에 관한 한 절대로 서두르지 않는다. 닦는 것도 천천히 씹는 것도 천천히 즐긴다. 그 젊은이를 통해 얻은 교훈이다.

언제든 돌아가리라

안 숙
1998. 5. 천료

수류(水流), '물 흐르듯'이 인가, 류수(流水), '흐르는 물이듯'이 인가.

아침 강에 물안개가 피어오른다. 바람이 살짝 강물을 건드리자 건반 위 도레미송처럼 자르르 물주름이 일어난다. 납작한 돌을 주워 힘껏 물수제비를 뜬다. 핑그르르 튀다가 그대로 물속에 퐁당 빠진다. 어렸을 때 강가에서 물수제비뜨는 놀이를 즐겨했다. 돌로 물을 뜨면 널뛰기하듯 몇 번씩 치고 나갔다.

흐르는 물을 좋아한다. 참새목을 축일 만큼 졸졸거리는 실개천이든, 동네 어귀를 구석구석 휘돌아 나오는 그랑(도랑)이든 흐르는 물이면 좋았다. 물살이 빠르게 여울지는 여울목도 좋았고 멀리 수평선 너머 무량히 펼쳐지는 망망대해도 좋았다.

흐르는 강물을 보고 있으면 어느 사이 내 몸도 하염없이 함께 떠간다. 닿는 대로 지향 없이 떠가는 풀잎에 눈을 실으면 호수처럼 마음이 잔잔해진다. 끝없이 이어지는 미지의 세계로 떠내려가듯 무아경에 드는 이 상념이 좋아 물을 좋아한다.

날마다 물을 바라보고 살 수 있다면 얼마나 좋은가. 손톱 끝의 생채기에도 냄비 끓듯 하는 마음이 싫고, 사유에 거슬리는 언어가 싫고, 정한에 집착하는 온갖 유정이 벅차서 흐르는 물을 그리워한다. 그 물에 모난 마음이 깎여서 동그라지면 또 얼마나 좋은가. 이처럼 '물과 노는' 것을 좋아하는 것은 철들기 전부터이지 싶다.

내 고향은 낙동강 700리 중허리쯤에 이르러 삼각주가 병풍처럼 둘러싸고 돌아가는 고장이다. 섭섭하게도 우리 동네를 가까이 흐르는 강은 없었지만 대구로 가는 남쪽 길목 외에는 어디를 가든 배를 타야만 외지로 출입을 할 수 있었다. 그래서인지 나는 뱃사공이 노를 저어 건네주던 강을 더 좋아했다.

방학을 하고 집에 갈 때는 언제나 배를 타고 강을 건넜다. 뱃전에 앉아 삐걱삐걱 삐-걱- 물살 가르는 노 소리를 들으면 객지에서의 고단했던 시름도 봄눈이듯 녹았다. 빠르지도 느리지도 않게 떠 있는 배가 고향의 니른 가슴이듯 편안했다.

1950년대 중반은 거의 다리가 없던 시절이어서 강을 건너려면 배를 타야만 했다. 배로 도강을 하는 것이 유일한 교통수단이었다. 그러나 도강비는 외지인 아니면 거의 외상이었다. 일 년에 봄가을 추수기가 되면 뱃사공이 이 동네 저 동네를 찾아 뱃삯 추렴을 다녔다. 얼마를 달라는 금도 없이 알아서 봄에는 겉보리, 가을에는 타작마당에서 나락(벼)을 요량해 됫박으로 쟁여서 주는 것이 상례였다. 궁핍한 시절이었지만 넉넉한 인심을 살던 때였다. 이제 삐걱삐걱 삐-걱- 노를 저어 유유히 떠가는 배의 모습은 먼 기억 속에 남아 있는 세시풍속이 되었다.

배를 생각하면 아득한 세월 그림자에 자글자글 주름진 할머니의 예쁘장한 얼굴이 떠오른다. 할머니는 두레 밥상머리에 모여 앉아 식사를 할 때면 식구들의 올라가는 밥숟가락 내려오는 숟가락을 세며 식사 시간이 조금만 길어져도 어떻게 배 옆구리까지 밥알을 꼭꼭 채울 수 있느냐고 성화를 치셨다. 하나 추수기가 되면 뱃사공을 기다렸고 배 값은 후하게 쳐주셨다. 고모네나 외가를 갈 때면 꼭 배를 타야 했기 때문에 항상 그들의 노고를 고마워하셨다. 타작마당에 자루를 들고 웃으며 들어서던 검게 탄 얼굴의 뱃사공들은 흘러가는 세월에 실려 갔어도 아름다운 세시풍경은 아직도 기억 속에 아련하다.

강은 언제나 정(淨)하고 늘고 줆이 없다. 사람의 얼굴이 마음의 그림자이듯 강의 얼굴 역시 어제의 강물이 오늘의 강물이 아닐지라도 유구히 흘러간다. 강이나 바다처럼 흐르는 순리대로 삶을 살아가는 것이 인간의 아름다움이 아닐까. 사람들은 아무리 퇴색한 세월이 쌓여가도 추억할 지난날들이 있어 행복할 수 있는지 모른다.

내 고향 '흔전(欣田, 행정명, 欣孝里)'은 흔전만전 지명이 말하듯 남향으로 논밭이 널려 있고, 가까이 강은 없지만 마을 동쪽에 어두운 골(골이 깊어) 산을 막아 축성된 대흥(大興)지 못이 있다. 산비탈에는 강남 갔던 제비 오는 삼월 삼짇날 화전놀이하던 옛스러운 정자가 서 있다. 약속이나 하듯 여름 저녁은 못으로 몰려가 개헤엄도 치고 등물도 했다. 깔깔한 밤바람 마시며 못 둑에 누워 하얗게 튀밥처럼 부풀어 오르는 은하별을 헤던 밤. 하늘에 꼭꼭 밝힌 그 많던 별들은 어디로 갔을까. 나는 꿈꾸듯 헤맨다. 장마철에 앞 도랑물 철철 넘치고, 무성한 감나무가지에서 맴맴맴 바리톤으로 떼창하던 매미 소리 그리워진다.

대학 시절 노천명 시인의 수필 『설야산책雪夜散策』에 나오는 "회색과 분홍색으로 된 천장을 격해놓고 이 밤에 쥐는 나무를 깎고 나는 가슴을 깎는다"를 좋아한 나는 그의 수업을 들을 수 있어 기뻤다. 좋아하는 노천명의 시 「고향(故鄕)」의 일부이다.

언제든 가리라
마지막엔 돌아가리라

시인 노천명은 언제나 꿈꾸는 듯한, 정연한 얼굴인 듯한, 그 모습대로 기억에 남아 있다. 이북 장연(長延)이 고향인 그는 다시 고향에 돌아가지 못하고 세상을 떠났다.

고향을 그리던 노천명 시인처럼 고향 하면 강이 생각나 언제나 내 눈물샘을 자극한다. 방학 때마다 기를 쓰고 고향으로 달려갔던 추억들이 눈물겨운 향수로 남아 늘 그리움을 안고 살아간다. 나는 어쩌자고 큰 어른이 되어서도 고향을 못 잊는지 참 맹랑한 일이다.

수류(水流), '물 흐르듯'이, 류수(流水), '흐르는 물이듯'이 흘러가는 물에는 그리운 내 유년 시절이 함께 흘러가고 있다. 언제든 마지막엔 고향으로 가고 싶다.

내 자존심의 무게

이웅재
1998. 7. 천료

국수 공장은 시장통에서 조금 떨어진 외진 곳에 있었다. 그곳에는 한쪽에 국수를 널어 말리는 건조대, 그리고 그 앞쪽 공터에 평상이 있었는데, 거기에는 언제나 노인네들 서너 분이 모여서 장기를 두고는 했다. 노인들 중에는 국수 공장집 할아버지도 있어서 겸사겸사 널어놓은 국수를 지키는 일도 하고 있었던 것이 아닐까 싶었다. 나는 늘 그곳엘 찾아가곤 했다. 노인네들의 장기 두는 걸 훈수하기 위해서였다.

여남은 살쯤 먹은 어린애가 주제넘게 노인네들의 장기 훈수를 두다니? 노인분들이 그걸 어떻게 용납하고 계셨을까?

전라북도 삼례(參禮)였다. 나는 6·25 이전에는 북한 땅이었던 철원(지금은 남한 땅)에서 인민학교 2학년인가를 다니다가 1·4후퇴 당시 누나, 형과 함께 이곳으로 왔다. 부모님은? 당시에는 철원 읍내에서 기차를 이용하여 피난민들을 후송하였는데, 그놈의 기차는 움직일 줄을 몰랐다. 너무 오랜 시간을 그렇게 꼼짝도 하지 않는지라 부모님께서는 미처 가져오지 못한 귀중품들을 챙겨 오시겠다고 잠깐 집엘 가셨는데, 이럴 수가? 영영 움직이질 않을 것 같던 기차가 뿌우뿌우-! 경적 소리를 길게 내뿜더니 움찔움찔 움직이기 시작하는 것이 아닌가? 우리 삼형제는 놀라서 기차에서 내리려고 하였다. 그랬더니 관계자들이 그냥 타고 가라고 했다. 지금 떨어진 식구는 나중에 또 기차로 후송시켜 주는데, 같은 곳으로 간다는 것이었다. 어린애들이 무얼 알 수가 있다는 말인가? 그 말만 철석같이 믿고 고향을 떠나왔는데, 도착한 곳이 삼례, 거기 피난민 수용소로 보내는 것이 아닌가? 그런데 하루가 가고, 이틀이 가고, 열흘이 가고 한 달이 가고, 아무리 기다려도 부모님은 오시지를 않는 것이었다. 배급으로 주는 쌀로는 간신히 허기만 면할 수 있을 뿐, 나는 늘 배가 고팠다. 그래서 여기 노인분들의 장기 훈수를 두게 되었던 것이다. 말하자면 널어놓은 국수에서 바람이라도 불던가 하면 몇 오라기 국수가 땅으로 떨어지는데, 기실 그것을 주워 먹기 위한 것이었다.

하루는 어쩌다가 조금 일찍 그곳으로 가게 되었다. 아직 노인네들의 장기판이 벌어지기 전이었다. 할 일도 없고 해서 옆쪽에 있는 화장실로 들어가서 일을 보고 있는데, 노인네들이 모여들기 시작하고 곧 장기판이 벌어졌다. 노인 한 분이 말했다.

"아직 꼬맹이는 오질 않았구먼. 그런데 거, 주인 영감, 그 꼬맹이는 꼭 자네 장기에만 훈수를 두는데, 왜 비키라고 하지도 않고 가만히 두는가?"

주인 영감이 말했다.

"그놈, 꽤 괜찮은 훈수도 가끔 두지 않던가?"

"그럼, 계속 그놈 훈수를 받겠다는 말인가?"

"그런 게 아니여!"

"그런 게 아니라면?"

"이런 맹탕들을 봤나?"
"그게 무슨 소리여?"
"놈에게 이곳에 올 수 있는 언턱거리를 만들어 준다는 말이지."
"이곳에 올 수 있는 언턱거리? 놈이 이곳에 왜 와야 하는 건데?"
"정말 못 말리겠구먼. 그놈, 꼬라지를 보지 않았나?"
"봤지, 그런데, 왜?"
"그놈, 전에는 보이지 않던 놈인데, 최근에 보이기 시작하지 않았나?"
"그렇지, 그런데 왜?"
"생각해 보라구. 저쪽에 새로 생긴 피난민 수용소에 있는 놈 같은데…."
"그래서?"
"그래서는 무슨 그래서야?"
"나 참, 답답해서…. 피난민 수용소에 있는 아이가 어째서?"
"이런, 인정머리 없는 늙은이들 같으니라구…."
"인정머리가 없다니?"
"그렇잖구? 한 번 생각해 보게. 저 어린 나이에 얼마나 배가 고프겠나?"
"그래서?"
"그래, 바로 저 건조대 아래로 떨어지는 국수 오라기라도 주워 먹으면 조금쯤 낫지 않을까 싶어서일세. 장기 훈수도 웬만큼 둘 수 있는 놈인데다가, 국수 오라기도 땅에 떨어진 것만 주워 먹는 걸 보면, 몹쓸 놈은 아니고 그래도 심지는 바른 놈 같아 보이더란 말이지."
그 소리를 들은 나는 온몸에 힘이 쭉 빠져나가는 것을 느꼈다. 그래서 나를 야단치지도 않았구나. 그래서 내 훈수도 받아주는 척했구나. 그런 생각을 하니 갑자기 내 몸에서 모든 힘이 쪼옥 빠져나가는 느낌이었다. 아니, 아니었다. 그것은 내 자존심, 자존심이 빠져나가고 있는 것이었다. 저절로 앞으로 고꾸라지려는 몸을 간신히 지탱하였다가, 시간이 조금 지난 후, 나는 아무도 몰래 살금살금 그곳에서 도망쳐 나왔다. 주인 영감의 말 몇 마디에 허공에 뜬 것처럼 가벼워지는 내 몸, 그게 나의 자존심의 무게였었다.

그때부터 나에게는 자존심이 없었다. 그렇다. 나는 지금도 자존심이라는 말을 싫어한다. 흔히들 말하지 않는가? '알량한 자존심은 있어 가지구, 어쩌구…', '자존심이 밥 먹여 주냐?' 그렇다. 자존심은 밥을 먹여 주지 않는다. 오히려 국수 오라기나마 포기하게 만든 게 자존심이다. 그렇다. 그래서 그 이후로 나는 웬만해선 '자존심'이라는 말을 사용하질 않는다. 사실 누구에게서라도 '자존심'이라는 말은 긍정적으로 쓰이는 경우가 거의 없지 않은가? 그 말을 꼭 써야 할 경우라면, 나는 대신 '자존감'이라는 말로 대치한다.

그렇게 나는 무게를 느낄 수 없는 '자존심'이라는 말과는 결별을 하였지만, 지금도 생각한다. 그 국수공장 주인 영감님이야말로 얼마나 훌륭한 배려심을 지니신 분이었던가 하고.

운정(雲井)

남민욱
1997. 8. 천료

연못은 아직도 해동 중이다. 해토머리 무렵 봄비가 내릴 때 거의 풀렸다 싶더니 우수 지나 찾아온 끝 추위에 얼고 녹기를 반복해 왔다. 겨우내 빙판 위에서 놀던 아이들도 빙질을 확인하고는 아쉬운 듯 돌아선다. 얼음이 모두 녹으면 아이들 대신 구름이 내려와 머물 진정한 운정이 될 것이다.

이사 오기 전부터 나는 운정(雲井)이라는 이름에 먼저 이끌렸다. 두레박 가득 솜사탕이 담겨 올라올 것처럼 운치 있는 지명이 아닌가. 어렸을 때 우물을 들여다보던 나의 뒷배 속에 있던 풍경이 연상되며 막연한 동경심을 불러일으킨 때문이다. 그리하여 늦가을에 이삿짐을 들인 후 구름 우물을 찾아보리라는 기대를 가지고 긴 겨울을 보내며 봄이 오기를 기다렸다.

나는 신도시라서 좋을 것 같았지만 의외로 모든 것이 새것인 운정에 쉬 정이 들지 않았다. 호수와 넓은 공원도 낯선 땅에 정착한 이방인 같은 헛헛함을 다독여 주지는 못했다. 그래도 출판문화의 도시답게 마을마다 도서관이 있어 큰 위로가 되었다. 도서관 순례를 하며 삭막한 겨울을 그런대로 잘 보내고 봄을 맞자 벼르던 구름우물 탐사에 나선다.

빌딩들이 즐비한 대로변을 벗어나 에코로드를 따라 우물이 있을 만한 지형으로 들어갔다. 얼마 지나지 않아 조선 시대 세력가의 즐비한 무덤 군락이 나타났다. 조금 더 들어가자 선사시대 세력가의 것이었을 고인돌 몇 기도 나타난다. 조선 시대든 선사시대든 세력가들도 물은 마시며 살았을 터, 그러나 이곳은 물이 필요한 곳이 아니라 지수화풍! 물로 돌아가는 곳이었던 셈이다. 나는 구글 지도에도 찍히지 않을 우물의 번지수를 잘못 짚었음을 깨닫고 곧 발길을 돌려 죽은 자들의 영지를 벗어난다. 그리고는 산책로를 따라 전원마을로 내려가 이곳저곳을 기웃거렸다.

결국 우물 탐사에는 실패한다. 아날로그 태생이 디지털 시대를 살아가려면 발상의 전환이 필요한 것을 간과한 탓이었다. 답은 탐사가 아니라 탐색에 있었던 것을, 나는 SNS의 바다에서 드디어 운정의 유래를 찾아내는 데 성공한다.

옛날 파주 땅에 물 잘 나오는 우물 아홉 개가 있어 구우물이라 불리던 고을이 있었다. 어느 날 이곳을 지나던 목마른 나그네가 물을 얻어 마시며 묻는다.

"동네 이름이 무엇이오?"

"구우물이라 하오."

"구름우물이라!. 좋은 이름일세."

그럴듯한 스토리가 담겨있을 줄 알았는데 완전 허무개그 수준이다. 나는 원래부터 없는 걸 찾아다닌 꼴이었다. 그랬어도 호수공원 어디쯤에 운정의 상징을 지닌 우물 한 개쯤은 만들어 놓아도 덜 섭섭했을 것이다.

그날 기운을 소진한 채 집으로 돌아와 무심히 창밖을 내다보다 무릎을 쳤다.

유레카! 아파트에 둘러싸인 연못이 깊은 우물 같다는 느낌이 든 것이다. 구우물을 모아 놓은 것만 한 연못에 구름이 드리운 풍경은 영락없이 내가 찾아다닌 구름우물이었다. 업은 아이 찾아다닌다더니 창 앞에 있는 것이 바로 운정이었다.

이제껏 무심히 바라보던 곳에 의미를 부여하자 모든 것이 새롭게 느껴졌다. 구우물이 구름우물이 된 것에 비하면 나의 발상은 기발하지 않은가. 뜬구름 잡는 식이 아닌, 연못에 비치는 구름을 제대로 포착한 후의 전환인 것이었다.

그날 이후 나는 책상에 앉아 구름우물을 내려다보며 사색하고, 음악을 듣고, 커피를 마신다. 벚꽃이 피면 구름이 있던 연못에 벚꽃이 피어난다. 낙화로 뒤덮일 때도 구름은 연못에 내려오지 않는다. 잎이 돋으면 잎이 피어나고, 단풍이 들면 연못에도 단풍물이 든다. 구름은 사이사이 모습을 드러낼 만큼 드러내며 뒷배를 장식하는 역할에 충실할 뿐이다.

곧 개구리와 두꺼비가 울고, 여름에는 분수도 피어오를 것이다. 얼마 전에 누군가 금붕어를 연못에 방류했다. 또 얼마 후 메기 한 마리가 수염을 늘어뜨린 채 돌아다닌다. 처음에는 메기의 입이 너무 커서 금붕어를 먹으면 어쩌나 걱정했는데 이제 삼킬 수 없을 만큼 자라서 안심이다. 어항에 있던 금붕어는 대양을 헤엄치는 느낌일 것이다. 새들도 물을 마시며 재잘거린다. 나도 산책길에 구름우물을 들여다보며 그 옛날 우물에 비치던 어릴 때의 나를 생각한다. 아이야! 참 멀리도 와 있구나. 흐릿한 시선이 그림자를 응시한다.

메기, 금붕어, 소금쟁이, 잠자리, 소나무, 수국, 벚나무…. 나를 포함한 온갖 생명체들은 바람이 하늘에서 구름을 흩듯이 저마다 자신의 그림자로 연못에 비치는 구름을 흩고 모으며 예술놀이를 한다. 구름우물의 사계를 지켜보는 나도 글을 쓰고 그림을 그리며 운정 사람으로 살아가고 있다.

그리운 부지깽이

황 장 진
1999. 11. 천료

여름 한철은 마당 한가운데에 커다란 무쇠솥을 걸었다. 여기다 국수를 끓일 때 벌건 아궁이의 땔감을 뒤적이기 위해서는 부지깽이가 한몫 톡톡히 했다. 어머니와 형수님은 할머니께서 정지-부엌-에서 써오던 부지깽이를 늘 가까이하셨다.

부엌 아궁이에 땔감을 쑤셔서 넣고 뒤저일 때는 항상 나무막대기 부지깽이가 있어야만 했다.

부지깽이는 일꾼이 산에서 해 온 땔감 가운데 단단하게 생긴 팔뚝 길이 나무다. 필수 부엌 지킴이였다. 이걸로 아궁이에 땔감을 넣고 뒤적이면 공기가 들어가 불이 확 달라붙었다. 이때 쓰는 불쏘시개는 부엌 한 귀퉁이에 모셔둔 바싹 마른 불그레한 갈비-마른 솔잎-가 제일.

보리밥 · 조밥 · 옥수수밥 · 강냉이죽으로 끼니를 때던 시절이다. 나무를 베다가 장작으로 패든지 갈비를 긁어와 네모반듯하게 매만져서 먼 길을 지게에 지고 5일 장에 내다 팔던 시대였다. 이러니 산에 가도 갈비를 만나기는 가물에 콩 나듯 했다.

부지깽이는 불붙은 땔감을 3시 3끼 넘게 뒤적이니 주둥이가 타서 의당 까맣게 되었다. 쑤셔서 쓸수록 키가 줄어들기 마련.

보리, 밀을 거두기에 앞서 여름철 저녁 한 끼는 멀건 수제비나 칼국수로 때우기 십상.

마당에 멍석을 넓게 깔아 놓고 생솔가지나 짚으로 모깃불을 여기저기에다 듬성듬성 피운다. 여기저기서 하얀 연기가 훨훨 춤을 춘다. 여름밤의 모깃불은 모기가 매캐해 연기를 피하여 도망을 가는 줄만 알았다. 그게 아니다. 모깃불을 피워 놓으면 모기가 연기를 좋아하여 그쪽으로 몰려간다는 것이다.

애호박을 넣은 칼국수를 사기그릇에 담아서 한 그릇씩 돌리면 훌쩍 비우고 나서 더 먹는다. 뱃구레가 기름기 없는 푸성귀로 많이 커졌기에 그만큼 많이 들이켰다. 질 위주가 아니라 양 위주로 배를 채우던 시절이었다.

이제는 부지깽이를 쓸 일도 국수를 마당에서 삶아 먹을 일도 드물다. 아련한 추억 속에 남아 있을 뿐이다. 부지깽이를 쓰던 코흘리개 시절이 그립다.

저녁 준비하는 연기가 집집의 굴뚝을 통해 온 마을에 퍼질 때 한 마리의 개가 짖으면 덩달아 온 동네 개가 따라서 짖어댄다. 좁은 골짜기가 개들의 컹컹 소리로 가득 차고 만다.

참새들과 물새들은 일찍부터 제집을 찾아 들었는지 보이지 않고 제비들의 춤사위만 잿빛 하늘에 그림을 그려댄다. 둥근 달이 빙그레 웃음 지으며 따스한 빛을 내려보낸다.

별들은 어찌나 많은지 그 수를 헤아릴 수 없다. 넓은 하늘을 가득 채우고서 반짝반짝 정담을 나눈다. 들판과 개울에서는 개구리 합창이 지휘자도 안 보이는데 개골개골 잘도 울려 퍼진다.

마구간의 암송아지는 어미 젖을 다 빨았을까? 쭉쭉 소리 안 들린다.

이때쯤 부지깽이도 마당 바닥에 배를 붙이고 만다. 오늘 하루 임무가 끝났으니….

어려서 철모르던 시절이 그립다. 누런 베적삼 저고리 입고 코딱지 달고 살던 시절이다. 아련히 떠오른다. 부지깽이로 아궁이의 감자를 뒤지고, 부엌 가까이 오는 멍멍이 고양이 쫓던 어른들이 보고프다. 부지런한 어머니, 알뜰하신 형수님, 입이 무거운 아버지, 사랑채에서 담뱃대를 재떨이에 콩콩 두드리시던 할아버지가 참으로 보고프다.

어두컴컴한 부엌에서 아궁이 불 지피느라 묵묵히 헌신하던 부지깽이가 새삼 그립다.

박리다매(薄利多賣)의 생존전략

설복도
2000. 5. 천료

택시 기사가 묻지도 않았는데 오늘 기온이 33도라고 한다.

옛날 같으면 파김치가 되어 한 발짝도 움직이기 싫은 날씨다. 사람의 성향도 때에 따라 변해 가는가 보다. 다들 적응해 가는지 요즘엔 이런 날씨쯤이야 예사다.

나의 생각은 20년 전을 더듬고 있다. 2003년 매미 태풍 이후 생업을 접고 안정에 있는 한국가스공사 시공 현장에서 일할 때다. 탱크 1기의 넓이는 장충체육관 한 배 반이나 된다고 하고 높이도 32m이다. 이 시설물의 안팎을 에워싼 철물 구조물이며 파이프라인 등 할 일이 많았다. 곤돌라를 타고 위아래로 오르내리기도 하고 직경 100m가량 되는 내부 바닥을 모래를 깔고 청소하기도 하고… 특히 하절기에는 기온이 30도만 되면 무조건 작업 중단이었다. 27~29도 정도 되면 식염도 준비해 놓고 얼음을 띄운 수박 화채로 땀을 식히게도 했다.

그때는 그렇게도 여름을 나기가 어려웠는데 요즘

은 나도 적응이 됐는지 그렇게 심하게 느끼지는 못한다.

여름 하면 보양식 아닌가. 복날이 3번이나 끼이고 호객행위도 예나 지금이나 여전하다. 덩달아 '하모회'도 인기가 대단하다. 며칠 전 지인 몇 분과 고성 삼산면 두포리 두모마을에 하모회 시식회를 가졌다. 하모란 장어는 잔뼈가 유독 많다. 요리사는 이 잔뼈를 자라나온 것과 달리 역으로 손질해서 잘게 썰어야 한다. 그래야 뼈도 씹히지 않고 맛있게 즐길 수가 있다. 5인이 중급 8만 원짜리 하나와 샤브샤브 8만 원으로 실컷 먹고 왔다.

이리로 안내한 사람에게 내가 뜬금없이 물었다. 내 고향 통영에도 있을 건데 왜 여기까지 비싼 기름 때고 왔느냐고…. 그런데 통영에는 턱없이 양도 적고 비싸단다. 하기사 대내외로 널리 소문난 곳이 아니던가. 구한말 자유당 때는 밀수가 성행하여 서울 다음으로 유행을 빨리 받아들인 곳이고, 소비 도시로 물가 또한 타지역보다 비싼 곳이었다. 두어 가지만 살펴보자.

첫째, '충무김밥'이다. 손가락 세 마디도 안 되는 김밥 1인분이 8개, 6,000원, 그것도 1인분은 안 판다. 2인분을 사 먹어도 장골은 허기를 느낀다. 차라리 2인분을 1인분으로 하고 12,000원을 받으면 좋겠다. 이 고장 사람들은 특별한 경우를 제외하고는 김밥을 잘 사 먹지 않는다. 그 돈으로 식당에서 정식을 사 먹는 게 훨씬 낫기 때문이다. 김밥은 주로 유명세의 이름 때문인지 외부 여행객들이 고객이다.

둘째, '뱀장어'다. 서호시장에서 판매하는 장어는 그때그때 시세가 변한다. 지난해에는 1kg에 15,000~20,000원을 오르내리더니 올해는 24,000~25,000원을 오르내리고 있다. 1kg을 마리 수로 살펴보면 중급 크기 2~3마리 정도다. 2마리가 1kg이면 한 마리에 12,000원 정도이고 3마리이면 한 마리에 8,000원 정도 된다.

이렇게 분석해 놓고 보면 엄청나게 비싼 것임을 알게 된다. 만일 한 마리에 만 원 정도 주고 사 먹으라면 누가 대뜸 사 먹겠는가. 그래도 시민들은 멋모르고 사고 있다. 어가 하락을 빌미로 비싼 기름값에 출어를 제한시킨다고 들었는데 많이 잡아 와서 기피하고 있는 시민들에게 싼값에 제공하고 그만큼 많이 팔면 이익 창출도 늘릴 수 있지 않겠는가? 수협 냉동창고에 가공한 제품을 쌓아 두고 보양식이 어쩌니저쩌니 비싼 광고비 들여 선전해 봐도 창고는 비워지지 않는다. 학교급식이다. 군대에 군납한다고 해 봤지만 실효성이 있었는지 모르겠다. 이럴 바에는 상술의 전략이 더 효과적이지 않을까? 파격이다, 박리다매(薄利多賣) 전술, 내가 알기로는 구운 고깃값 받아가며 장사한 사람 성공한 것 못 봤다. 막걸리에 빈대떡 구워 빌딩 산 사람 있다는 말 들어봤고 자잘한 단추 장사해서 성공한 사람 있다는 말은 들어봤다. 물량 확보 유치 전략, 유통구조, 판매 기술 등 특단의 조치가 필요한 시점이다.

내가 만일 젊음을 되돌려 받고 모든 조건이 갖추어져 있다면 대박낼 자신이 있다. 파격적인 가격 인하와 품질제고, 유통구조 확보까지 완벽해야 한다. 김밥과 꿀빵, 장어집, 이렇게 삼위일체로 운영되면 더욱 효과적일 것이다. 김밥은 한 개의 양을 조금 더 두껍게 하여 훨씬 저렴하게 팔고 그 옆에 꿀빵은 오미사 꿀빵과 제휴, 진품만 판매하여 그 위상을 높인다. 그리고 장어집도 가격이 저렴한 장어구이와 탕으로 거듭나보면 어떨까? 남이 깨닫지 못할 때, 아니면 시행하지 않을 때 불쑥 나타나 보는 것이다.

실속을 차리고 저렴하다면, 그리고 믿을 수 있는 상품이라면 먼 길 마다않고 어디든 달려가는 세상 아닌가.

한참 쉬었으니 이번에는 배둔의 '세꼬시회'가 생각나는구나. 그리고 하모회도 철 지나기 전에 한 번 더 먹어야겠다. 곧 또 가을 전어가 몸을 부풀리고 있다.

시드니엔 봄이 찾아드는데

최 옥 자
2000. 11. 천료

코로나 19 여파로 외출 5km를 넘지 못하게 정부가 이동제한을 해 꼼짝 못하고 갇혀 지냈다. 시드니 북클럽(Sydney Book Club)에 소속되어 있는 나는 이 기회를 호기로 삼아 정해진 프로그램에 따라 도스토옙스키 작 『카라마조프가의 형제들』(1, 2, 3권)을 한 날 동안 완독할 수 있었나. 그리고 의욕내로 회원들의 독후감을 동영상으로 만들다 보니 눈이 너무 혹사를 했는가? 시야가 가물가물하고 눈이 침침하다. 이동제한이 풀린 후 안경원에 찾아가 시력을 체크하고 좀 나빠진 시력에 맞게 안경을 새로 맞추었다.

한 편의 시나 글을 대할 때 받는 서정, 심금을 울리는 음악을 만날 때 나는 동영상을 만들 충동감에 빠진다. 나의 메시지를 동영상에 담아 유튜브에 띄우기도 하는데 이러한 행동들이 눈에 무리를 가했나 보다. 처음 지인의 시 한 편이 음악을 곁들여 제작된 동영상을 대하며 얼마나 가슴이 뛰었던가.

코로나라는 감옥 안에 수인이 된 나는 독서나 컴퓨터에서만 머물 수 없어 눈과 머리를 식힐 겸 봄비가 내리는 정원에 자주 나갔다. 겨울 잔해가 가는 봄비에 말갛게 씻겨 내리고 텃밭엔 열무, 배추, 상추, 쑥갓, 돌나물, 쪽파, 부추, 들깨, 고추, 호박 등이 초록빛 얼굴로 반기었다.

> 봄비는 은정(恩情)을 내리는 조서(詔書)와 같고
> 여름비는 죄를 사면해 주는 사서(赦書)와 같고
> 가을비는 죽은 이를 애도하는 만가(輓歌)와 같다.

봄비가 내리는 정원을 바라보며 유몽영(幽夢影/장조 지음)에 나오는 시 구절이 생각났다. '봄비는 은정을 내리는 조서와 같고'라는 대목에서 고개를 크게 끄덕인다. 정원으로 나설 때마다 밭에 더불어 나오는 풀을 호미로 솎아주고 흙 비료(Mushroom Compost)나 소똥을 풍성하게 주니 그들이 날로 푸르러 갔다. 염증을 억제하고 산화 산소 발생을 예방하는 효과도 있다고 하여 산책길에 수과를 훑어와 잔디밭에 흩뿌린 민들레도 봄 잔치에 끼어들었다. 텃밭엔 쇠비름나물도 덩달아 얼굴을 내밀고 아주까리가 듬성듬성 싹이 터 자란다. 작년에 어린잎을 따서 나물을 해 먹고 한 그루 남겨놓았더니 맺힌 씨앗이 잔디밭에 떨어져 또 싹을 틔운 것이다. 하나도 허투루 버리지 않고 갈무리 차원으로, 남과 나누고도 여유가 넘치는 김치는 만두를, 미나리나 부추는 버섯과 해물을 섞어 부침개를, 쑥은 쑥빵이나 쑥떡을 해 먹었다. 어린 쑥은 쑥차를 만들었다. 간암에도 좋다고 하는 민들레는 김치를 만들어 간암 투병 생활을 하고 있는 이웃과 나누었다. 비파나무 한 그루가 집 안에 있으면 만병을 치유할 수 있다고 하는 비파잎으로는 비파차를 만들고….

도시에서 태어나 도시에서 성장하여 농촌 생활에 어두운 나는 흙의 정기와 햇빛과 빗물을 받아 자라는 이 모든 생명들이 너무나 경이롭다. 좁쌀보다도 작디작은 씨앗이 움터 나날이 크게 자라는 생명들의 자연 현상이 어쩜 이리도 신비롭던지. 내가 쏟는 정성에 비례하여 작물들이 풍성해짐을 바라보며 '땅은 정직하다.' 늘 들어온 이 말이 새삼스럽게 마음을 울린다. 농부들이 가을 추수 때 하늘에 감사하고 땅에 감사하는 것이 이러한 마음일까?

테라스에서 멀리 보이는 로즈(Rhodes)에는 최신식 높은 아파트가 편리와 문명을 자랑하며 우뚝 서 있다. 아이들을 키우며 나도 한때에 편리하게 문화생활을 즐길 수 있는 아파트를 선호하여 실제로 산 적이 있다, 그러나 요즘 텃밭에 꽂힌 마음은 오두막이라도 정원이 넓어 텃밭을 일굴 수 있는 집이 더 좋다는 생각을 하게 된다. 자연과 더불어 사는 단순한 생활을 추구한다고나 할까?

일찍 일어나는 아침형인 나는 아직 여명이 트지 않은 어두움 속에서 어서 빨리 머리맡 들창이 밝아오기를 기다린다. 오늘은 밑이 든 총각무를 뽑아 김치를 할 요량에서다. 햇빛이 따스하게 퍼지는 잔디밭에 나앉아 총각무를 다듬고 시래기 감도 고른다. '재재' '짹짹' '까악~'하루를 여는 새들이 허공을 나른다. 햇빛이 부서지는 소리, 바람이 흩어지는 소리와 어울려 자연의 하모니를 이룬다.

이 평화로움 속에 나의 모든 번뇌 망상은 침잠한다. 팬데믹은 나의 생활 패턴과 리듬을 바꾸어 놓았고 바뀐 생활 패턴과 리듬은 나의 생활 가치관을 바꾸었다. 바야흐로 시드니엔 따스한 봄이 찾아 드는데 전 세계를 꽁꽁 얼어붙게 한 팬데믹은 언제나 풀리려나.

만년필이다

서 대 화
2001. 3. 천료

기억해야 할 정보가 많은 세상에 필기구 하나는 꼭 가지고 다녀야 한다. 길에서나 혹 어떤 모임에서라도 급하게 기록할 일이 생겼는데 주머니에 볼펜 하나 없다면 쓰기를 포기하거나 그 누구에게라도 빌려 써야 한다. 그런데 그 누구라는 이가 바로 나 본인이어서 도움을 줄 수 없다면 크게 결례라도 한 것처럼 미안하고 부끄럽기까지 하다. 나는 소위 글을 쓰는 수필 작가라 하면서도 볼펜도 없이 외출을 했다가 기록해야 할 일이 생겼을 때 곤욕을 당한 적이 많다.

볼펜이 나오기 전에는 연필이나 펜으로 필기를 했다. 중학생만 되어도 펜을 사용하던 시절 어린 나이에 잉크병 관리가 미숙해 책가방 겉으로 새어 나오는 경우도 흔했다. 그때를 살아온 이들이라면 손이나 교복 바지에 퍼런 잉크 자국을 묻히고 다닌 적이 많았을 것이다. 60년대 초반 국내에 처음으로 볼펜이 보급되면서부터 편리한 시절이 시작되었다. 필기구로써 획기적이었던 볼펜은 물속에서도 쓸 수 있다는 신비로움과 미세한 볼이 자유롭게 움직여 매끄럽게 필기할 수 있다는 장점으로 필체도 향상되는 이점을 얻은 이도 많다.

그러나 고급 필기구는 만년필이다. 만년필은 19세기 초 영국에서 처음으로 특허 등록을 했다. 그렇지만 잉크의 흐름이 불완전하여 활용하지 못하다가 1884년 미국의 보험 외판원인 워터맨(LE Water man)이 모세관 현상을 이용해 재발명한 것이 만년필의 효시가 되었다. 국내에는 1897년 일본을 통해서 워터맨 만년필이 수입되었다는 기록이 정설로 남아 있다. 잉크병을 가지고 다녀야 하는 불편한 펜에 비하면 얼마나 편리한 필기구인가. 이 발명품은 잉크가 연못에서 샘솟듯 끊임없이 이어진다 해서 파운틴 펜(Fountain pen)이라는 이름이 붙여졌고 지금까지도 그렇게 불리고 있다. 그런데 뚜껑을 열어둔 채 잠시만 방치하면 잉크가 말라서 빨리 회복되지 않는 불편함도 있다. 편리함을 누리기 위하여는 그에 상응할 만한 대가는 뒤따른다.

만년필은 필기구 이상의 의미가 있다. 오래 사용해서 손때가 묻어 애정이 담긴 만년필은 내 분신처럼 소중하게 취급된다. 귀하게 사용하던 만년필을 혹시 그 누군가 주인 몰래 채 갔거나 분실하게 되면 내 영혼을 잃어버린 듯 허탈감에 빠지기도 한다. 전후(戰後) 어지럽던 시절에는 주머니에 있는 만년필을 몰래 뽑아가는 쓰리꾼이 많아 이것을 찾으러 온 시내 중고시장을 헤매던 사람도 있었다. 세계 여러 나라에서 생산되는 만년필의 질과 가격은 천차만별인데 쓰는 이의 습관이나 관리 방법에 따라 수명도 질도 달라진다. 고급 만년필은 그 누가 사용하더라도 인품과 지적 수준까지도 돋보이게 하는 필기구다. 한 세대 전만 해도 결혼식 선물로 신랑에게 만년필을 선물하는 경우가 많았고 입학이나 졸업식에 빠지지 않는 축하 선물 목록 중 하나였다. 또한 가까운 친구에게나 아쉽게 이별하지 않을 수 없는 정인(情人)에게 마지막 정표로 가지고 있던 만년필을 선물로 주면 받는 이, 주는 이 모두 애틋한 마음이 오래간다.

김소운의 「외투」라는 수필에 외투 대신 만년필을 선물하는 장면이 가슴을 울린다. 북만주에서 농장을 운영하다가 금전적인 문제가 있어 잠시 귀국했던 청마 유치환이 뜻을 이루지 못한 채 다시 추운 나라로 떠나가는 날 경성역에서 그를 배웅한다.

기차 떠날 시간이 가까웠다.

내 전신을 둘러보아야 청마에게 줄 건 아무것도 없고, 포켓 속에 꽂힌 만년필 한 자루가 손에 만져질 뿐이다. 내 스승에게서 물려받은 불란서제 '콩 쿠링'-요즈음, 파카니 오터맨 따위는 명함도 못 들여놓을 초고급 만년필이다. 당시 16원이라던 이 만년필은 일본 안에도 열 자루가 없다고 했다.

"만년필 가졌나?" -불쑥 묻는 말이 무슨 뜻인지도 모르고 청마는 제 주머니에서 흰 촉이 달린 싸구려 만년필을 끄집어내어 나를 준다.

그것을 받아서 내 주머니에 꽂고, 콩 쿠링을 청마 손에 쥐여주었다.

만년필은 외투도 방한구(防寒具)도 아니련만, 그때 내 심정으로는 내가 입은 외투 한 벌을 청마에게 입혀 보낸다는 기분이었다.

김소운의 「외투」 중 일부

최근에 만년필 한 자루를 선물 받았다. 이름 있는 명품으로 알려진 이 만년필을 나에게 내밀면서 그는 비싸지 않은 물건이라며 겸손하고도 수줍은 표정을 짓는다. 60대 가까이 되었을 고상한 인품의 이 남자는 내가 소속된 합창 모임을 주관하는 리더(Leader)다. 합창단이 결성된 지는 내후년이면 40년이다. 30대에서 80대에 이르기까지의 남성으로만 구성된 전 단원 중에서 최고령에 가까운 나는 살아온 세월만큼 남은 날들이 많지 않다. 그러나 여러 단원들과는 프라이버시에 저해되지 않는 수준에서 친밀한 관계를 유지하는 편이다. 한 세대 이상을 함께하는 동안 친근했던 여러 단원들이 생활환경의 변화로 우리와 헤어지기도 했고 형제처럼 지내던 동료들이 그만 세상을 떠난 것을 돌아보면 인간적 슬픔으로 가슴 아플 때가 많다. 오직 합창음악이 좋다는 이유 하나로 초창기부터 합류했던 나는 음악적 기여로 인해서 보람 있는 만년을 살아가고 있다.

80여 명의 단원들에게 생일 축하 엽서를 보내는 관례는 오래되었다. 그러나 생일이 그달 초순이건 말건 한 달에 한 번 무더기로 발송하는 엽서는 내용까지도 인쇄되어 천편이라도 일률적이다. 이와 같이 영혼 없는 메시지로 받는 이들을 감동시킬 수 있을까. 회의를 느끼는 단원이 나뿐만이 아니었지 싶다. 각자의 처지에 맞는 생일 축하 메시지를 손글씨로 작성하면 좋겠다는 생각을 했다. 형편과 처지를 알아 적합한 내용을 작성할 때도 있고 그 이름자를 기본으로 삼행시를 쓸 때도 있다. 그러나 한 번이라도 그 누구와 중복되는 내용은 배제하기로 원칙을 세우니 그것도 쉬운 작업은 아니다. 축하 내용을 구상하고 볼펜으로 옮겨 쓰다 보면 나 자신도 축하받을 만한 내 세상의 문이 열리는 것 같아 행복하다.

정작 나 자신은 생일 축하 메시지를 받은 적이 없다는 사실을 리더가 알아냈을 것이다. 내 생일이 돌아오는 어느 날 나에게 한 장의 우편물이 도착한다. 나 역시 생후 처음으로 받아 읽는 리더의 손글씨로 적은 축하 내용이 마음을 감동케 한다. 그날 내게 전달된 또 다른 선물인 만년필은 축하 엽서를 작성하기 위해서 내가 장만하려 했던 꼭 필요한 필기도구다. 생각을 읽을 줄 아는 능력이 리더답다.

감사한 이에게 선물로 드리기에 좋은 만년필. 북만주로 떠나는 청마의 손에 프랑스제 콩 쿠링을 쥐여주던 김소운의 선물만큼 내가 받은 만년필이 나에게 따듯한 외투가 되기를 바란다. 그리하여 모든 단원들의 마음에 더 따듯한 글을 전할 수 있으면 좋겠다. 하지만 미천한 문장력으로 인텔리 단원들의 지적 수준을 다 채울 수가 있을는지. 내 육신과 정신이 소진되기 전 그만 손에서 펜을 놓을 때가 되는 날 내 주머니 속의 파카 만년필은 뒤를 잇는 후배 청마에게 기꺼이 선사하리라. 펜촉을 길들이고 다듬어서 진정한 명품 만년필로 만들어 그에게 물려주리라.

꿈에라도 겪지 말아야 할 전쟁

김학인
2001. 5. 천료

새벽 미명 생소한 소리에 잠이 깼다. 천둥소리 같기도 하고 무엇인가 폭파하는 소리 같기도 했다. 불길한 여운이 남는 소리. 이불 속에서 귀를 세우고 잔뜩 긴장한 내게 그 소리는 점점 가까이 울려왔다. 어머니는 라디오의 볼륨을 높이셨다. 아나운서의 다급한 목소리가 계속 들렸다. “휴가 중인 장병 여러분! 즉시 부대로 복귀하십시오!”

만주에서 살던 우리는 8·15 광복의 기쁨을 안고 조국에 왔다. 북한에서 2년 머문 후 밤배를 타고 남한 땅을 밟았다. 부모님과 팔 남매, 우리는 대가족이었다. 나그네와 피난민이었던 우리는 천신만고 끝에 서울에 정착, 후암동 언덕바지 아담한 주택에 자리를 잡아갔다. 아버지는 공직에, 어머니는 교직에 몸을 담은 맞벌이 부부였다. 어머니는 자녀들의 재능을 길러 주기 위해 노력하셨다. 바로 그 6월 25일 일요일은 개성에서 이름난 서예가에게 내가 개인지도를 받기로 한 첫날이었고, 수학 방면에 뛰어난 오빠는 한 달 전부터 저명한 물리학자 서울대 이태규 교수에게 개인지도를 받아왔다.

우리는 어머니가 시킨 대로 자기 소지품을 챙기기 시작했다. 중학교 3학년이던 나는 서성이다가 앨범에서 사진들을 떼어 봉투에 넣고 읽던 책갈피에 끼웠다. 두 살 아래 동생은 먹을 것을 챙기는 모양이고 어린 동생들은 장난감을 찾기도 했다. 날이 밝아 큰길에 나가봤다. 거리엔 공포에 질린 사람들이 이리저리 밀려다니고 있었다. 저마다 보따리나 작은 가방을 들고 우왕좌왕하는 사람의 물결, 난생처음 보는 이 광경은 나를 극심한 공포로 몰아갔다. 문득 미 제국주의자들 아래 신음하는 남한 동포를 해방해야 한다는, 북한에서 배운 말이 떠올랐다. 그러나 실제로 남침할 것이라 곤 상상도 못했다. 한강 다리가 폭파되고 이제 남으로 가는 길이 막혔다고 사람들은 울부짖었다. 인천에서 근무하시던 아버지는 전투부대에 합세하셨다.

파죽지세로 후퇴하는 국군의 소식은 중학교 5학년이던 오빠의 애국심에 불을 당겼음에 틀림없다. 어머니가 언니를 데리고 잠시 외출하신 어느 오후, 오빠는 나를 불렀다. "국군이 돼서 올 거야." 오빠의 결기 찬 모습에 가슴이 울렁거렸지만 말릴 엄두는 안 났다. 어머니는 며칠 동안 부서진 한강 다리 아래서 떠내려오는 시신들을 보며 오빠의 이름을 부르다가 지쳐서 돌아오시곤 했다. 이렇게 기둥 같은 아버지와 오빠가 집을 떠난 후 남은 식구들은 전쟁터가 된 서울을 피해 후퇴하는 난민들처럼 무작정 남쪽으로 내려갔다. 어머니는 여덟 아이들을 이끌고 친구네, 때론 낯선 집에 며칠씩 묵으며 지칠 즈음 마침내 사람 좋은 주인이 내어준 허름한 빈 곳간에서 지낼 수 있게 되었다. 다행히 유엔군의 참전으로 전세가 역전되어 9.28 수복으로 삼 개월 만에 서울에 돌아왔다.

감격의 서울 탈환! 폭격에 무너진 건물에서는 아직도 매캐한 연기가 배어 있었다. 거리에 깔린 인민군 소년의 시체를 넘어 발걸음을 옮겨야 했던 참혹함! 학교 소집이라는 전갈을 받고 모인 교실에는 60명 중반 정도의 친구가 초췌한 얼굴로 서로 쳐다보고 울먹였다. 음악 선생님과 국어 선생님이 납북되셨단다. 네거리에서 만나 손잡고 등교하던 절친 인제는 행방불명, 앞집의 혜자는 부모님 두 분이 다 돌아가셨고, 1학년 필순이는 폭격 맞은 방공호 속에서 살아남지 못했다. 안타깝고 슬픈 소식은 끝없이 들려왔다. 아버지가 계신 곳은 알았지만 열일곱 살 오빠는 연락 두절, 오빠가 빠진 식탁에서 어머니는 식욕을 잃으셨다.

서너 달이 지난 어느 날, 군사엽서 한 장이 오빠가 유엔군에 입대하여 함경도까지 진군했다가 지금은 무사하다는 소식을 전해 왔다. 전쟁은 우리 군에 유리하게 돌아가 곧 승리의 개가를 부를 기세였다. 그때, 서울대 학생이었던 용감한 언니는 학도 의용군의 일원으로 북진하는 대열에 참여했다.

승전가를 부르기엔 너무 일렀다. 뜻밖의 중공군 개입으로 압록강까지 진군했던 국군이 밀리기 시작해 우리는 한겨울에 또다시 피난길에 올랐다. 이번엔 한반도 최남단 부산까지 내려가 영도에 사는 외사촌 언니네 집 2층 단칸방을 거처로 삼았다. 아! 잊을 수 없는 그곳. 우리의 자랑스러운 어머니가 누적된 피로로 천막 교실에서 수업 중 쓰러지셨다. 피난지 부산의 서울대병원 임시병동에 입원하시고 6개월, 병간호를 맡은 나는 어머니와 가까이 지내는 행복은 누렸지만 날로 쇠약해지시는 어머니를 보는 것은 고통이었다. 그러던 어느 날 어머니는 놀라운 말을 들려주셨다. 젊은 시절, 교회를 열심히 다녔고 교회학교 교사까지 하셨다는 것, 아버지와 결혼 후 하나님을 잊고 살았다고 하셨다. 그리고는 내게 교회에 나가 어머니를 위해 기도해 달라고 당부하셨다.

어머니가 원하시는 대로 나는 성경을 읽어드렸고 기도를 배우지 못했지만, 새벽이면 가까운 교회의 바닥에 꿇어앉아 '하나님, 어머니를 살려주세요.' 하며 기도했다. 그러나 어머니는 철없는 딸의 마음에 믿음의 씨앗을 심어주고, 한두 살씩 터울인 8남매를 세상에 남겨둔 채 하늘나라로 가셨다. 52년 3월, 눈물 같은 봄비가 땅을 적시고 있었다. 하나님의 사랑은 죽음을 앞둔 마흔여섯의 어머니를 통해 내 가슴에 스며들었다. 3년 반 동안 어린 병사로 전쟁에서 마음과 몸이 굶혀 피폐해진 오빠는 어머니의 죽음이란 충격으로 병을 얻어 우리를 떠났다. 아, 다정한 어머니, 든든한 오빠, 따뜻한 보금자리, 꿈 많던 친구들, 내 모든 것을 앗아간 6·25 희망이 사라진 후에 어머니가 남기신 믿음이 내게 세상의 격랑을 헤쳐가는 동력이 되었다.

6·25는 우리 민족사상 최대 참극인 전쟁이었다. 또한, 우리 가정이 무너지는 원인을 제공했고, 다시는 있어서 안 될 동족상잔의 기록으로 남은 전쟁이었다.

이에노 기노사, 꽃을 피우다

강미애
2001. 5. 천료

선연한 가시. 그 가시 틈에서 꽃이 피었다.

키우던 식물의 생명이 사위는 것을 바라보는 것은 개운치 않은 경험이다. 동물의 경우 맥이 끊어진다거나 호흡이 멎는다거나 하는 명징한 죽음의 순간이 있는데 식물은 그렇지 않기 때문이다. 잎사귀가 떨어지고 온 줄기가 메말라도 완전히 죽었는지, 아직 숨이 남아 있는지 판단하기 어렵다. 그렇다고 생명을 함부로 처분할 수 있겠는가. 죽음의 기운이 너무 강렬해져 차마 볼 수 없을 지경에 이르러야 눈을 질끈 감고 화분을 정리한다. 마른 뿌리를 뽑아내고 흙은 세상에 흩어 보낸다.

어느 해 가을, 식물 농장을 운영하는 지인에게 화분 몇 개를 선물로 받았다. 모두 다육식물이다. 통통하고 동글동글한 잎이 떡잎 모양처럼 올라오면서 줄기가 여러 방향으로 뻗는 코틸레돈, 청포도 알갱이같이 앙증맞은 리톱스, 흙 대신 물에서 키울 수 있는 이오난사와 가는 잎이 시원하게 뻗어 있는 스트릭타이다. 자그마한 잎사귀들이지만 식물이 들어

오자 집안에 생기가 더해졌다. 공간 한구석에 옹기종기 모아 놓으니 작은 정원 같다. 다육식물은 식물 스스로가 잎과 줄기에 많은 양의 수분을 저장하기 때문에 건조한 환경에서도 잘 자란다. 반가운 마음에 잘 키워보겠다며 선뜻 받았다.

많이 신경 쓰지 않아도 돼요. 잘 자라니까.

고백하자면, 나는 그동안 많은 화초를 사지로 몰았다. 바쁜 업무를 핑계로, 집에 들여온 식물 여럿을 노랗게 말려 죽였다. 사막을 견디는 선인장마저 뿌리째 흙에서 빠져나와 모로 누웠다. 물을 주지 않아서 죽이고, 안타까운 마음에 물을 많이 주어서 죽였다. 그런데 유일하게 살아남은 녀석이 선인장 '이에노 기노사'다.

모든 화분을 정리하고 한 달쯤 지났을까. 아니 두 달이 지났는지도 모르는 어느 날, 우연히 나를 바라보는 선인장을 발견했다. 빈 도자기 화분을 쌓아둔 구석진 곳. 유일하게 살아남은 식물이라 이마저도 곧 버려야 할 것으로 생각했니 보다. 그곳에 선인장이 있는지도 몰랐다. 얼마나 나를 기다리고 있었던 걸까. 어떻게 견디고 있었을까. 서둘러 물을 흠뻑 주었다. 살아 있는 걸까. 며칠이 지났다. 선연한 가시를 비집고 여린 연둣빛의 잎이 보였다. 그렇게 이에노 기노사는 살아났다.

'시시포스의 신화'에서 카뮈는 현대인들의 일상을, 시시포스의 무용하고 희망 없는 형벌과 같다고 했다. 시시포스의 형벌이 가혹한 이유는 굴러떨어질 것이 분명한 바위를 끊임없이 산 정상으로 밀어 올려야 한다는 사실보다, 힘들여 밀어 올린 바위가 정상에 오르자마자 산 아래로 굴러떨어진다는 절망적 사실에 있다. 흘린 땀과 노력, 나아가 삶 전체가 무의미한 것이 되기 때문이다. 습관처럼 살아가는 그 어느 틈에 불현듯 깨닫는 삶의 무의미성. 판에 박힌 듯 일상의 조건에 순응하며 살다가도 문득, 도대체 왜? 무엇 때문에 살고 있지? 이러한 의문과 맞닥뜨리게 되는 그 느닷없음. 어느 순간, 비합리적인 세계의 모순이

도드라지며 결국에는 삶의 의미가 사라지고 삶에 대한 무관심으로 나와 일상을 연결해주던 끈이 끊어져 버리는 그 순간의 권태가 부조리의 실체인 것이다. 그것은 하고 싶은 것도, 할 수 있는 것도 없는 공허의 세계이며 희망 같은 것은 존재하지도 않는 세계다.

그렇다면 어떻게 할 것인가. 이 부조리에 대항하는 유일하고 일관성 있는 태도는 반항이다. 반항이란 사막에서 벗어나지 않은 채 그곳에서 버티는 것이다. 여기서 사막은 삶의 터전으로서 부적절한 것을 의미한다. 삶과 세계의 무의미한 부조리 앞에서 자살과 같은 회피나 포기가 아니라, 그럼에도 불구하고 그 견딜 수 없음을 견뎌내는 것이며 지탱하는 것이다.

그나마 다행인 것은 무의미한 듯 보이는 무한반복의 일상에서도 우리는 각자 자신만의 삶의 의미를 발견해 낸다. 그 삶의 의미로 인해 우리는 반복의 따분함을 감내하며 지금, 이 순간에도 각자의 삶의 터전에서 고군분투 중이다. 존재한다는 이유로 끝까지 살아가야 하는 우리의 숙명 역시 우리를 거친 삶 속으로 거침없이 뛰어들라고 등을 떠밀고 있다.

퍼시 애들론 감독의 영화 「바그다드 카페(1897)」는 사막에 핀 선인장 꽃을 연상케 한다. 캘리포니아의 사막 한가운데서 남편에게 버림받은 야스민(마리안 제게브레히트 분). 그녀가 모텔 바그다드 카페에 도착하면서 벌어지는 이야기다. 바그다드 카페는 사막 한가운데 자리 잡은 초라한 곳이다. 커피머신은 고장 난 지 오래고 카페에는 먼지만 가득하다. 하지만 카페 주인 브렌다(C.C.H. 파운더 분)와의 불편한 동거는 뜻밖의 반전을 보여준다. 야스민의 등장으로 카페는 깨끗해지고 피아노 소리가 들리고 아이들의 웃음이 살아난다. 황폐했던 사막의 카페는 생명력을 되찾는다. 카페는 사람들로 북적이고 야스민의 소소한 마술쇼는 손님들에게 웃음을 선물한다. 고통의 늪에 빠져 허우적대는 것보다 주어진이 시간을 어떻게 의미 있게 살 것인가를 생각하는 것이 삶을 견디는 유일한 방법이라고 영화는 말하고 있다. 사막에 꽃을 피우는 방법도, 바람의 길목을 지키는 방법도 그것뿐이라 것을.

견딜 수 없음을 견디어 낸 선인장 이에노 기노사.

깨달음은 이렇게 뒷북을 치면서 다가온다. 이 우둔함을 어찌할까.

기대되는 필즈상

하 기 식
2001. 10. 천료

2022년 핀란드의 수도 헬싱키에서 개최된 국제수학자회의에서 한국계 수학자 허준이 프린스턴대학의 교수가 필즈상을 수상하였다. 국제수학자회의에서 수학계의 세계 최고권위의 상인 필즈상(Fields Medal)이 처음으로 한국계 수학자인 허준이 교수에게 수여되었다. 4년에 한 번씩 개최되는 국제수학자회의에서 지난 4년 동안 괄목할 만한 미해결 문제를 해결하고 수학발전에 획기적인 업적을 남긴 40세 미만의 수학자에게 제안자 필즈의 이름을 딴 수학상인 필즈상이 수여된다. 오랜 준비 끝에 1936년 핀란드의 헬싱키에서 개최된 국제수학자회의에서 처음으로 필즈상이 수여된 이후 오늘까지 한국인의 수상 기록은 찾아볼 수 없었다.

어떤 때는 기대를 해 보기도 하였다. 2013년에 새 정부가 출범하고 '창조경제'라는 말이 회자되었다. 그래서 창의성이 생명인 수학과 연관을 지으려 정부가 주동이 되어 2014년을 '한국수학의 해'로 정하고 1월 13일에 선포식을 가졌다. 수학이 한국에서 이렇게 각광받게 된 것은 드문 일이었다. 그래서 창의성을 제고하는 수학과는 불가분의 관계가 있음을 인식하게 됨으로 입시를 위한 도구로만 생각하던 수학에 대하여 그 중요성을 깨닫게 된 것이다. 마침 대한수학회에서는 4년마다 개최되는 '국제수학자회의'를 115년 만에 처음으로 한국에 유치하여 정부의 적극적인 지원으로 8월에 개최하게 되었다. 여기에 발맞춰 개최국인 우리나라가 초청하는 개발도상국가의 수학자 1,000명을 포함하여 100여 개국에서 5,000여 명의 수학자가 참가하는 국제수학자대회와 함께 '한국수학의 해'가 더 풍성하고 알차게 성공적으로 마무리가 될 수 있게 되었다. 이를 계기로 정부가 계획하는 창조경제가 소기의 목적을 이룰 수 있을 것으로 기대했다. 특히 이번 필즈상 수상자가 극비에 붙여진 가운데 필즈상을 개최국의 대통령이 수여하는 전통이 있다고 하니 더욱 뜻깊은 일이 아닐 수 없다. 여기에 발맞춰 이를 계기로 정부가 계획하는 창조경제가 소기의 목적을 이룰 수 있을 것으로 기대되었다. 더욱이 이번의 필즈상의 수상자가 한국인 수학자가 아닐까 기대하는 사람도 많았다. 결국 그 기대가 어긋났지만….

'한국수학의 해' 선포식과 함께 열린 '수학과 창조경제'의 강연회에서 프랑스 응용수학연구소장 마리아 에스테반이 초청되었다. 그는 여성 수학자로 그의 '미래산업의 돌파구, 수학'의 강연에서 실제로 항공기에서 휴대폰에 이르기까지 신기술 개발에서 직면하는 많은 문제를 수학으로 해결하고 있다고 했다. 그는 물리학과 기계공학에서의 모든 방정식은 수학적인 식으로 표현되는 것은 당연한 것이라고 생각할 수 있지만 이것들을 넘어서 경제 금융 보험 범죄학 등 사회과학에서도 수학이 응용된다고 한다. 그래서 어떤 현상이던 모델링과 시뮬레이션 그리고 최적화 과정을 통하여 수학이 세상을 변화시킬 수 있다고 했다. 구체적으로 수학은 신기술의 발전에, 많은 서비스 기관에, 신약과 치료전략의

디자인에, 등등 모든 분야에 적용이 되고 또 적용이 되어야 한다고 했다. 그리고 한 매스컴과의 회견에서 수학이 산업발전과 기술개발에 이용이 되면서 수학의 순수 및 응용을 구분하는 것이 없어졌으며 순수수학의 정수론은 정보의 암호를 만들어 해커로부터 정보를 보호하는데 이용이 되었고 미분기하학의 공식으로 만든 애니메이션은 그림의 크기를 자유롭게 할 수 있어서 제작 기간과 비용을 절약할 수 있다는 것이다. 스티브 잡스의 애니메이션 만화 영화 「토이스토리」도 그렇게 만든 것이라고 했다. 그래서 새로운 산업기술개발에서 부딪히는 새로운 문제는 새로운 수학이론을 필요로 하기 때문에 수학과 산업은 '서로 발전시키는 관계'에 있다고 했다.

이어서 행한 '스카이레이크인베스트먼트'의 김화선 사장은 창조경제의 도래와 부흥을 위해서 창조적 사고로 신 성장 동력을 도출하고 정부와 기업이 적극적으로 수학을 응용해야 하고 양질의 수학교육으로 장기적으로 고급인력을 양성해야 한다고 주장했다. 따라서 학교에서 고등수학 교육을 강화하고 대학의 수학연구소 등에는 적극적인 국가지원이 요청되며 산학협동에 높은 수준의 수학적 연구와 응용이 있어야 할 것을 강조하였다.

국제학술회의는 괄목할 만한 미해결 문제를 해결하고 수학발전에 획기적인 업적을 낼 수 있는 계기가 되는 장소이다. 국제수학자회의의 규모에는 미치지 못하지만 그것에 버금가는 90여 개국에서 1,300여 명이 참가한 비선형해석학자연맹이 주관하는 국제학술회의가 있었다. 2000년 7월에 이태리 시칠리아섬 카타니아에서 개최되는 국제학술회의였다. 이태리 로마까지 가 본 일은 있어도 그 남쪽으로 가 본 일은 없었는데 이번에는 로마를 경유하여 남쪽으로 아름다운 시칠리아섬까지 가게 되었다. 이번 국제학술회의에서 나는 중요한 역할을 위임 받았다. 국제학술회의 조직위원회의 위원으로 위촉이 되었으며 '한 시간 강연자

(One-hour Speaker)'로 초청을 받았고 또 한 분과를 조직하여 운영하는 분과조직운영자(Session Organizer)로 위임받았다. 우선 분과 이름을 '비선형편미분방정식과 응용'으로 정하고 한 시간 강연으로는 '바나흐공간에서 비선형함수발전방정식의 연구'의 논제로 강연했다.

앞으로 국제학술회의를 매개로 하여 한국계 수학자 중에서 제2, 제3의 필즈상 수상자가 속속 배출되기를 기대해본다. 충분히 가능성이 있다. 그 하나는 우리 학생들이 참가했던 2022년 7월 노르웨이의 수도 오슬로에서 개최된 국제수학올림피아드에서 6명 전원 메달 획득으로 국가 종합 순위 2위를 차지했으며 또 국제수학연맹이 전 세계 국가들을 5개 그룹으로 나누었는데 한국은 다른 11개국과 함께 세계 선진국 등급인 5그룹에 속해 있다.

인생 필살기

손미경
2001. 11. 천료

가을이 익어가는 햇살 좋은 날 단풍이 예쁘게 물들면 여행하기 더없이 좋은 계절이 다가왔다. 삶도 함께 익어 그리움이 피어나는 계절이다.

숨 막혔던 한여름의 무더운 열기가 끈적끈적한 농부들의 땀방울로 조금씩 식어간다. 고된 농민들의 수고로 잘 익은 고추가 새색시 다홍빛 치마처럼 빛깔이 곱다. 뜨겁게 달궈진 도로 위에 고추가 알몸으로 열을 맞춰 일광욕이다.

결실의 계절 가을이 밤마다 사부작사부작 여린 감수성을 뒤흔든다. 아침에 눈 뜨면 코끝에 스치는 공기가 어제와 오늘이 달라 놀랍다. 따스했던 기억을 더듬어 회상해 본다.

싸늘해진 어젯밤에는 홑이불 한 자락이 나의 위안과 체온을 지켜주지 못했다.

서늘한 가을비가 추적추적 진종일 내린다. 우산도 없이 비를 맞으며 어둠 속으로 쓸쓸하게 아무도 기다리지 않는 빈집으로 돌아왔다. 가을비는 내 감정을 세척하고 영혼을 위로해 주는 카타르시스를 느끼기에 충분했다.

지난한 삶의 소유자인 나는 쌀알의 힘을 통해 살아온 과거의 허례허식과 기만을 내려놓자 평화가 찾아왔다. 인간이란 미물은 길 위를 헤매거나 미궁에 처하기 마련이다. 그것은 필연이며 당연한 귀결이다.

가을의 정취를 물씬 느끼는 이즈음. 설레는 마음도 뒷전이며 그저 무덤덤 다가오는 추운 계절을 준비하는 시간이다. 무뎌진 자신을 익숙하게 담담히, 힘들었던 날들을 운명이라 치부하며 초연하게 숙명인 양 받아들였다. 많은 욕심들을 내려놓고 보니 목말랐던 갈증도 해소가 된 듯하다.

누구와 누구의 저울질 따위도 무의미하다. 덤덤해진 일상을 긍정으로 애쓰자 따뜻한 에너지로 평화가 머문다. 오늘처럼 내 마음속 풍경을 끌어올려 글을 쓰는 순간들이 가장 행복하다. 지나온 세월의 더께 속에 남이 알세라 가슴앓이의 수고는 덜 터이다. 주일 오후 동그마니 쪼그리고 있다가 툴툴 털고 아파트 뒷길로 나갔다.

무더위에 길섶 흙먼지를 뒤집어쓴 개망초가 웃으며 살랑살랑거린다. 늦더위가 기승을 부리는 풍경에 매미들의 울음이 내 텅 빈 마음을 두둥실 노래하게 한다. 주변을 기웃거리며 걸었다. 사람의 발길에도 기척 없이 자빠진 누렁이의 모습이 놀랍다. 풋감 떨어진 감나무 아래서 누렁이가 아랫도리를 다 내놓고 심드렁하게 젖통도 보이고 배를 내밀고 자는 모습, 개팔자 상팔자가 틀림없다. 하늘을 올려다보니 불안한 먹구름이 오락가락 소나기가 올 것 같았다.

삶이 고달파 떨쳐버리고 싶을 때도 있지만 가족이란 얽히고설킨 굴레. 가정이란 화두부터가 얽히고설킨 고약하게 꼬인 실타래를 풀어야 할 내 삶의 몫이다.

고통이 깊은 만큼 수행의 기간도 길어 사람다운 면모를 닮아가는 깨달음의 심오한 과정 그 자체이다. 오늘은 무슨 희망의 그물로 해답도 없이 막연하게 세상으로 던져볼까나. 이런 마음이 곧 내 마음이다. 외로움이란 그물에 걸릴까 봐 심히 염려된다. 추락한 자존감을 길러 세파를 잘 이겨낼 수 있는 힘이 많이 생긴 듯하다. 항상 어두운 긴 터널만 있는 것이 아니다.

사람들이 나를 모르는 산속으로 숨어들어 살고 싶었었다. 맘이 이끄는 대로 내키는 대로 글을 쓰듯 갖가지 언어로 표현을 해야 족할 것 같다. 헛된 욕망들이 바람에 다 부서져 산산조각이 나고 없다. 강렬하던 석양이 사뿐히 내려앉는다.

새들은 노을을 물고 둥지로 들건만 수평선 저 너머로 먹구름이 몰려온다.

염치는 죽음의 문턱을 넘어 마침표를 찍고 청천벽력 같았던 세월을 뒤돌아보니 속절없는 그 세월이 참 야속하기 그지없다. 삶의 가치를 값지게, 적어도 지탄받는 자는 되지 말아야겠다며 얼마나 나를 다잡으며 살아 냈는지 그분만이 아실 것이다.

인생은 일기 예보와 같았다. 비가 오고 바람 불고 폭풍우 치는 날이 있다가도 어느새 쨍하고 화들짝 해를 비추듯, 내 마음도 그랬으며 가장으로서의 역할을 충실히 단단해야겠다며 주문을 외듯 알차게 걸어왔다.

어미의 존재는 온갖 지식을 두루 섭렵했다 해도 이래서도 저래서도 안 되는 것이 더 많았다. 혼자만의 너털웃음 안에 까맣게 멍울진 진창의 과정을 겪어 수치를 달게 받아 인내를 마다하지 않고 견뎌왔다. 파도 타는 경험을 수천 번을 해야 비로소 고요한 평화가 찾아오는 경험은 참으로 파란하다. 나의 인내가 아마도 당신께서 아셔서 하늘에 상달되었을 법하다.

참된 사랑이란 두 손 맞잡고 하모니가 잘 맞아야 사랑을 지킬 수 있는 것이 내공의 결과이다. 혼자라는 이유는 구심점이 부실하여 진짜 힘이 없는 외짝이다. 돈도 귀히 여길 줄 알아야 돈이 통장에 모이듯,

‘언어의 소통’이 안 될 경우 관계의 시련은 끝없이 응달진 시린 인연으로 끝나고 만다.

인내와 웃음은 내 가정을 지키기 위한 삶의 필살기였다. 사소한 것에 목숨을 걸 필요는 없었다. 누구든 게으른 자는 용서할 수 없는 나의 인생 ‘철학’이다. 부와 명예 행복도 다 내가 만드는 것이었다. 삶에 대한 열정의 한계를 넘어 가능성만 있을 뿐 성취는 아주 미약했다.

세월이 약이라 했던가? 노부부가 나란히, 벤치에 앉아 이가 다 빠지고 성글어진 웃음으로 소곤소곤하는 모습은 석양의 노을처럼 아름답다. 가을날 함께 해로한 노부부의 웃는 모습이 진정 낭만적인 인생 여정길. 나도 홀로 삶을 아름답게 갈무리할 수 있겠지.

황혼(黃昏) 부부의 뒷모습

임종선
2002. 5. 천료

양쪽 발목의 통증으로 지팡이에 의지한 아내의 간병을 위해 시작한 걷기운동은 비록 30여 분간의 짧은 시간이지만, 건강관리 등 일석이조(一石二鳥)로 회피할 수 없는 일과가 되었다.

신혼 후 솜털처럼 보송보송하고 부드러웠는데, 어느덧 거칠고 메마른 나무쪽 같은 아내의 손목을 잡고 아파트 담장 길을 걷고 있으면, 남녀노소 할 것 없이 부러움과 격려의 인사를 받을 때마다 흐뭇하고 보람이 있었다.

아파트 주민뿐만 아니라 낯모른 행인들에게까지 "안녕하십니까?" "잉꼬부부 같습니다." "참 보기 좋습니다."라는 다정다감한 인사를 받을 때면 "감사합니다." "건강하세요."라고 답례하고 나서는, 아파트 내에서 우리 부부가 어떤 유명인 같이 느껴져 우쭐할 때가 있었다.

간 폐암과 투병 중이면서 아내를 간병하고 있는 황혼 부부이지만 자위를 할 때도 있다. 손을 마주 잡은 황혼 부부의 앞모습이 과연 애정이 넘친 사랑스럽고 아름다운 모습으로 보여서일까?

보통 부부뿐만이 아니라 남녀노소 노사관계 등 사회의 모든 각계각층에서 손을 마주 잡는 모습은, 화합과 용서 이해 화해 소통은 보기 좋고 아름다운 모습으로 보이기 때문이리라.

한편 우리 사회가 윤리 도덕 예절 준법 효성심 등 인간의 기본이 어느덧 메말라 버린 것 같은 아쉬운 현실에서, 황혼 부부의 앞모습이 정겹고, 아름다운 모습으로 비춰진 것이 어쩐지 부담이 될 때도 있었다.

며칠 전에는 낯모르는 청년이 아파트 길모퉁이에서 "70대에 돌아가신 우리 부모님 모습입니다."라며 우리 부부를 보고 "두 분이 낮에 추어탕이라도 사 잡수세요." 하면서 2만 원을 억지로 내 손에 쥐여준 뒤 돌아서 간 뒤에는, 그의 모습은 아직까지 기억할 수 없었다.

또한 엇그제는 갑자기 내린 비를 맞고 산책 중에 있는데, 건너편에서 어린 여학생이 노란 우산을 주고는 길 건너로 사라져 버려, 주인 없는 노란 우산은 비가 올 때마다 현관에서 눈물을 보이고 있는 것 같아 안타까웠다.

지난 5월 21일 '부부의 날'에도 변함없이 아파트 담장 길을 걷고 있었다. 그날은 초로인생의 무상함을 다시 깨닫게 하는 느낌을 받았다. 빨간 립스틱을 짙게 바른 장미화가, 아파트 담장을 걸터앉아 봄바람 따라 서로 시샘하듯이 손을 흔들면서 뭇 사람들을 유혹하고 있었다.

그러나 봄바람과 함께 작심이라도 한 것처럼, 우리 황혼 부부에게는 눈길이나 손짓 한 번 주지 않고, 고개 숙인 채 외면해 버려, 낙조를 향한 우리 부부의 뒷모습이 더욱 처량하고 애처롭게 생각되었다.

신혼 때부터 가난한 가정에서, 네 남매(2남 2녀)의 교육과, 지극 정성으로 3대 조상님 봉사하면서도 불편한 기색 한번 없이 가정을 지켜 왔던 아내를, 항상 고맙게 생각하면서 간병에 최선을 다하고 있다.

이제 건강하고 행복한 여생을 보내야 할 때, 아내의 투병 생활이 안타깝고 요즘에는 투병 중인 아내가 가끔 통증을 호소할 때마다 더욱 애잔하게 생각되었다.

그러나 기약할 수 없는 염라대왕님의 호출이 올 때까지, 우리 부부는 삭막하고 메마른 현 사회에서도 건강 유지하면서, 낙조를 향해 뚜벅뚜벅 웨딩마치 하고 있다.

초로인생이 보람 있고 자랑스러운 존경받는 인생 여정이었는지, 되돌아보게 하는 황혼부부의 뒷모습이, 오늘따라 더욱 처량하게 보일 것 같다.

수인선 꼬마열차

서부길
2002. 6. 천료

유정(酉庭) 선생님 장례식장인 시화병원에 갔다. 경기도 시흥시 소재로 예전에 '군자'라고 불리던 곳이다. 내비게이션을 켜고 조심스레 달려본다. 뇌리에 박혀 있던 어촌마을이 아닌 고층 빌딩과 사통팔달 뚫린 널찍한 도로, 그 낯선 도심 한가운데를 이방인처럼 헤매인다. 이곳이 정녕 어린 시절 망둥이 낚시를 왔던 바닷가란 말인가? 마침 유정 선생께서 '수인선 전철 조기 착공 추진위 공동대표'였던 기억도 따라와 옛 생각이 절로 난다.

새벽 4시 반경 어둠을 뚫고 남인천역에서 수원행 첫차인 협궤 증기기관차를 타고 낚시를 간다. 한 시간쯤 지나 군자역에서 내려 약 2㎞ 정도 염전 둑길을 걷는다. 이윽고 동녘 해가 떠오르고 '오이도' 앞 제방에 앉아 이스트로 부풀린 밀가루 빵으로 아침 요기를 한다. 어머니가 만들어 주신 간식용인데 아무것도 넣지 않아 누런 설탕을 찍어 먹거나 오이나 김치 같은 것을 곁들여 먹는다. 드디어 웃옷을 둑에 벗어 놓고 갯내음 물씬 나는 썰물을 따라 망둥이 낚시를 하다가 밀물을 따라 나온다. 반나절 정도는 쉬지 않고 걸어야 하니 어린 나이에 쉽지 않은 일이었다. 아버지와 함께 기차 타고 놀러가는 것만 해도 다른 애들은 부러워할 만했지만, 실상은 고생하는 놀이(?)였다. 그러나 며칠 지나면 또다시 가고 싶은 중독성이 있으니 희한한 노릇이었다.

해가 서해바다로 숨어드는 석양 무렵, 철로 옆 실 같은 좁은 길을 걷는 마음은 서글프기 짝이 없었다. 다리도 아프고 허기지고 노을은 붉게 물드는데….

지친 몸을 이끌고 기차역에 이르면 서로 승차하려고 밀치다 겨우 컴컴한 '곳간차' 한편에 자리를 잡는다. 조마조마했던 마음은 사라지고 왁자지껄 소리에도 아랑곳하지 않고 눈은 스르르 감겨온다. 당시 수인선 열차는 여객칸 두 동을 제외하고는 곳간차라는 화물을 싣는 칸을 달고 다녔다. 전기는 물론 의자도 없고 어떤 곳은 널빤지에 구멍이 뚫려 철길의 자갈이 보이기도 했다. 지금 생각하면 여객운임 내고 짐짝 취급당하던 시대의 억울한 '양들의 침묵'이었다. 그러나 만원 차에 승차할 수 있는 것만 해도 얼마나 다행인가? 더구나 수인선 열차처럼 좁은 공간에서는 더 말해 무엇하랴.

수인선 열차의 옛 풍경 중에는 어느 글 속에서 공감했던 이런 것도 있었다. '차장'이라고 쓴 완장을 찬 승무원이 검표를 할 때 무임승차한 노인이나 아낙들이 껌이나 과자를 건네주면 눈을 감아 주기도 했다. 조금은 허술해 보이면서도 인정으로 통하는 것이 열차 내 인심이었다.

남인천역을 출발한 기차는 지금의 인하대 앞 일본인 전기회사 히다치(日立)가 있던 곳부터 숨을 헐떡이기 시작한다. 오르막길에서 증기를 뿜어내는 소리가 거칠어지기 때문이다. 조그만 기차는 제 몸 하나 끌고 가기 힘들어 헐떡거리는데 승객은 만원이다. 기차가 힘이 들어 속력을 내지 못하는 것을 누구보다 잘 아는 사람이 통학생들이다. 그중에는 월말이나 월초에 패스(통학증) 교환 시기에 무임승차하고 기차가 언덕을 오르거나 커브를 돌 때 서행하면 능숙하게 뛰어오르거나 내리기도 했다. 즉 통학생의 경력을 말해주는 것이다. 자칫 초보자들이 잘못 흉내를 냈다가는 큰일 날 수도 있는 치희(稚戲)가 아닐 수 없었다.

해안가를 달리는 차창 너머 염전 저수지에 빗방울이 떨어지면 물방울이 튀기던 '비꽃'이 장관을 이뤘다. 빨리 달리는 열차라면 이런 광경이 눈에 들어왔을까? 눈 내린 새벽은 또 어떤가. 달빛을 받아 푸른빛에 빛나던 세상, 눈은 기차 레일 위에 소복이 쌓여 있다. 밤새 열차가 다니지 않기 때문에 볼 수 있던 이색 풍경이었다.

수인선(水仁線)은 1937년 3월 19일 협궤(762㎜) 증기 열차로 개통되어 58년간 인천과 수원 구간(52㎞)의 운송을 담당했다. 느긋하게 지금의 곱절인 1시간 40분 정도 소요됐다. 일제강점기 먼저 개통한 수려선(1930~1972 폐선)이 여주, 이천의 품질 좋은 쌀 운송이 목적이었다면 수인선은 인천과 시흥 염전의 소금을 인천항으로 반출하는 게 목적이었다. 이러한 연유로 수인선 역사(驛舍)에는 소금창고가 많았다. 특히 남동, 소래, 군자역은 창고가 나란히 있어 소금 가마니를 쉽게 곳간차에 실을 수가 있었다. 그래서 열차 안은 항상 소금의 짠 내, 새우젓과 생선의 비릿함이 떠날 날이 없었다. 그러던 중 1977년 국도 42호선 포장을 계기로 운송기능이 도로 교통 쪽으로 이동하여 1995년 12월 31일 폐선 될 때까지 바닷가를 끼고 도는 열차의 운명은 갯냄새와 함께 할 수밖에 없었으리라.

그러구러 2012년 6월 30일 폐선 된 지 17년 만에 화객(貨客) 수요가 급증함에 따라 광역 표준 궤간(1,435㎜)으로 다시 운행을 시작했다. 2016년 2월 2단계(송도~인천역) 구간에 이어 2020년 9월 3단계까지 전 구간이 완전 개통되었다. 시골 마을의 논, 밭을 지나 갈대밭을 스쳐 달리던 꼬마열차가 최신식 복선 전철로 새로 태어난 거다. 그 많은 사연과 애환을 추억 속에 간직한 채….

길상사에서

강기재
2003. 1. 천료

경자년 늦가을 어느 날 서울 성북동 삼각산 자락의 길상사를 찾았다. 평소 꼭 한 번은 가 봐야 하겠다는 염원을 간직한 사찰이었다. 모처럼 아들집에 이삼일 머무르는 기회라 자식 내외를 졸라 길을 나섰다. 이 절에 유독 관심을 가진 연유는 십여 년 전 읽었던 언론기사 한쪽이 머릿속에 남아 있기 때문이다.

한 시간여 달려 일주문을 들어섰다. 손녀의 손을 잡고 뜰 안을 걷는 발등 위로 엷은 바람이 인다. 향 내음에 피어오르는 염불 소리가 사바세계를 정화시키는 듯 뜰 안 가득 스며든다. 여느 절에서 보는 고색창연함은 느껴지지 않는 듯하나 도심 속 밀집된 주택가에 자리한데도 맑고 향기로운 불심의 도량으로 마음을 여미게 한다.

먼저 진영각에 들러 법정 스님의 초상화에 묵례를 올리고 유품을 주의 깊게 살펴보았다. 무소유를 실천한 스님의 맑은 영혼과 소박함이 온몸을 씻어 내는 듯하다. 방문을 나서니 제법 많은 사람들이 저마다 불심에 젖어 기도를 드리거나 낙엽을 밟으며 사색을 즐기고 있다.

극락전을 지나 칠층탑 앞에서 합장을 하며 우리 가족의 건강한 삶을 기원하고 손자와 손녀를 앞세워 몇 번의 탑돌이를 하였다.

이곳저곳을 둘러보다 공덕비 앞에 발을 멈추었다. 내가 십여 년 전부터 이 절을 찾아보고 싶었던 바로 그 감동적인 이야기가 축소되어 적혀 있다. 비문을 읽은 후 기억에 어렴풋이 남아 있는 길상사 창건과 관련된 그때 읽었던 기사를 되살려본다.

이야기는 일제 강점기 시대로 거슬러 올라간다. 기생 진향의 본명은 김영한이다. 어려서부터 시문에 재주가 뛰어났으나 가세가 기울어 나이 열여섯에 함흥에 있는 기생양성학교인 조선권번에 들어가 가무와 기예를 배워 기생이 되었다. 그러던 어느 날 함흥영생고보 교사들의 회식자리에서 영어교사 백석(본명 백기행)과의 운명적인 만남이 이뤄졌다.

진향의 미모와 재능에 한눈에 반한 백석은 즉석에서 사랑을 고백하였으며 이 날 이후 두 사람의 불같은 사랑이 시작되었다. 그러다 둘은 서울로 올라와 단칸방을 얻어 맑은 물 한 그릇 떠 놓고 맞절을 하며 부부가 되어 청진동에 신방을 차렸다. 이때 백석의 나이 스물여섯, 진향은 스물둘이었다. 하지만 그들의 사랑은 순탄치 않았다.

이를 안 그의 부모는 자식을 고향으로 불러내려 다른 여자와 강제로 결혼을 시켰으나 초야를 치르기만 하고 서울로 달려가 둘만의 사랑에 빠져들었다. 이때 백석은 진향에게 '자야'라는 아호를 지어주었다. 또한 둘만의 사랑을 영원히 계속하기 위하여 만주로 떠나기로 결심하고 아내를 설득하였으나 거절당하였다. 남편의 앞날을 가로막는 두려움 때문이었다. 결국 그는 부모의 낙향 종용의 성화를 피하기 위하여 사랑하는 자야에게 시 일백 편을 써 오겠다는 말을 남기고 만주로 떠나갔다. 이것이 둘 사이의 영원한 이별이 될 줄 그 누가 알았으랴.

어느덧 세월이 흐르고 세상도 변하여 해방이 되었다. 백석은 서둘러

서울을 향하여 달려왔으나 이 무슨 운명의 장난인가, 삼팔선에 가로막혀 이북 땅에 주저앉을 수밖에 없었다. 이후 북한의 대학에서 국문학을 강의하였다고 한다. 그는 여든세 살의 나이가 되어 그토록 사랑하는 자야를 끝내 만나보지 못한 채 북녘땅 어느 초라한 산골 마을에서 쓸쓸히 죽음을 맞이하였다고 전해진다.

한편 자야는 갖은 노력 끝에 성북동에 있는 청암장이란 한식당을 사들여 이를 요정으로 꾸며 '대원각'이라 이름 짓고 열심히 삶을 가꾸어 일천억 원에 이르는 엄청난 재산을 소유하게 되었다. 요즈음에 비하면 일조 원의 가치에 상당하리라 여겨진다. 그런 가운데서도 그녀는 단 하루도 백석을 잊은 적이 없었다. 노년에 이르러 백석의 시를 읽는 것을 가장 큰 기쁨으로 여겼으며 팔순의 나이가 될 무렵 오랜 기다림의 열망을 담은 『내 사랑 백석』이라는 책을 출간하였다. 또한 창작과 비평사에 현금 이억 원을 출연하여 백석문학상을 제정, 해마다 수상자를 선정하여 상금 일천만 원이 지급되고 있다.

어느 날 자야는 법정 스님의 『무소유』 책을 읽고 너무 큰 감명을 받아 이승에서의 아름다운 생을 마무리하고자 자기 재산을 보시하기로 결심하였다. 법정 스님에게 대원각을 시주할 테니 사찰을 만들어 달라고 부탁드렸다. 스님은 대지 칠천 평에 건물이 마흔 동이나 되는 너무 큰 재산에 놀라 줄곧 사양을 계속하다 십여 년 만에 뜻을 받아들여 조계종에 등록하여 사찰로 꾸몄다. 작은 책 한 권이 질곡의 삶을 살아오면서 엄청난 부를 이룩한 한 여인을 감동시켜 이토록 아름답고 위대한 자비를 실행할 수 있음에 고개를 숙이지 않을 수 없다.

요정 대원각이 길상사라는 사찰로 바뀌어 창건 법회를 하는 날, 자야 김영한은 법정 스님으로부터 염주 하나와 길상화라는 법명을 받고 불제자가 되었다. 그리고 이 년 후 초겨울 어느 날 자기가 시주한 길상사에서 가슴속에 품어온 영원한 사랑 백석을 다시 만나지 못한 채

천상재회하길 바라며 조용히 눈을 감았다. 나이 여든셋이었다. 백석보다 네 해 늦게 태어나 네 해 늦게 숨을 거두었으며 죽을 때의 나이가 똑같이 여든세 살이었으니 참으로 기이한 인연이라 하지 않을 수 없다.

일천 억 원대의 대원각을 시주하면서 "나의 재산은 백석의 시 한 줄만도 못하다"는 말을 한 길상화 보살 자야 김영한. 한 서린 생애의 마지막 순간을 무소유의 깨달음으로 승화시킨 위대함은 부처님의 자비를 본받았음인가.

나도 한때 『무소유』를 몇 번이나 읽고 큰 감화를 받았다. 하지만 아직도 사회나 이웃을 위하여 조그마한 보시 하나 제대로 베풀지 못하였다. 이제라도 지나온 삶을 되돌아보며 남은 생애나마 주변을 돌아보며 살아가라는 계시를 내려주시는 듯하다.

무소유를 설파하여 길상사를 창건하신 법정 큰스님의 고매한 인격과 조용한 가르침이 잔잔한 염불 소리와 함께 가슴을 파고든다.

문학관의 향기

박건오
2004. 10. 천료

통영에는 공립의 청마 문학관과 사립의 한빛 문학관이 있다. 망일봉 산자락 언덕에 자리 잡은 청마 문학관은 청마 유치환(1908~1967) 시인의 문학정신을 보존 계승 발전시키기 위해 2000년 2월에 건립됐다.

당초 청마 문학관은 통영시 산양읍 한려수도 에메랄드빛 바다가 내려다보이는 당포항 산 언덕에 지으려고 하였으나 엄청난 토지보상금 요구로 무산되고, 시내 정량동 망일봉 시유지에 국도비 10억여 원으로 준공됐다. 준공식에는 김춘수, 문덕수, 서우승 시인 등 문학인과 수많은 사람이 문학관 개관을 축하했다. 특히 청마 선생의 큰딸과 둘째 딸이 참석해 청마 선생의 의미를 더했다.

부지 4천38㎡에 관리동, 전시관, 생가, 소공원 등 친환경적으로 건립된 청마 문학관의 전시관에는 청마의 생애, 청마의 문학, 청마의 발자취로 꾸며졌다. 청마 선생의 일대기를 그린 문학관은 개관 후에는 관광객들의 발길이 이어졌다.

청마 문학관은 통영시에서 시내 태평동 552번지 생가를 복원 관광명소로 삼고자 하였으나 도시 계획상 도로에 편입되어 포기하고, 통통배가 드나들고 통영 앞바다가 보이는 망일봉 산자락에 지어 시작(詩作)의 산교육장으로 후세에 길이 전하기 위해 마련됐다.

청마는 1908년 음력 7월 14일 아버지 유준수 어머니 박우수 사이의 8남매 중 차남으로 태어나 1967년 불의의 교통사고로 타계하기까지 연희전문학교(지금의 연세대학교)를 나와 경주여자중·고등학교 교장 등 평생을 교직에 몸담아 오면서 현대시의 새 지평을 열었다. 그는 1931년 시 「정적」을 『문예월간』에 발표, 문단에 등단한 이래 『청마 시초』를 비롯하여 다수의 시집과 여러 권의 시선집, 수필집, 수상집을 펴냈다.

청마 문학관 전시관에는 1945년 30대 후반 나이에 김춘수 윤이상 유치환 정윤주(작곡가) 전혁림(화가) 등이 미륵산 계곡에서 놀다 찍은 사진이 발길을 멈추게 한다. 이때가 통영은 문화의 르네상스였다. 이 시기에 통영에서는 청마 유치환을 회장으로 김상옥 정윤주 김춘수 등이 통영문화협회를 결성하여 한글강습회, 농촌 계몽운동, 연극 공연 등 다채로운 문화 계몽운동을 전개하였다. 한때 청마 문학관은 청마의 딸 3명이 통영시 청마 문학관 안내판에 적힌 부친 출생지를 삭제하라며 제기한 소송에서 대법원 민사소송 상고심 재판부는 "청마의 출생지를 거제라고 단정할 수 없다"는 선고를 내려 결국 통영시가 승소한 바 있다.

청마 문학관에 이어 사립인 한빛 문학관(관장 차영한, 시인 1938년 8월 17일~)은 미륵산을 배경으로 자리하고 있다. 그는 공직생활 가운데서도 문학 활동을 이어가다가 정년퇴직 후 사재를 털어 2015년 4월에 문학관을 준공했다. 한빛 문학관은 통영시 봉수 1길 9에 대지 400㎡, 연건평 262㎡(1층 142㎡, 2층 120㎡)의 2층 건물로, 1층에는 장서 3천500권이 보관되어 있고, 연구 자료실이자 좌담회 등을 진행할 수 있도록 테이블 스피치 석으로 구성돼 있다.

또한 방문객이 머물 수 있는 공간과 레지던스 연구실 2곳이 배치, 초현실주의 아방가르드 전문 연구실과 해양문학과 청마 문학을 연구할 수 있다. 2층은 시 창작실, 강연, 포럼, 컨퍼런스 등이 가능한 넓은 세미나실과 옥상에는 시낭송회, 문학 콘서트 등 다양한 문화 행사를 열 수 있는 열린 공간으로 만들어졌다.

특히 한빛 문학관에서는 1920년대에 발간한 통영지역 시조동인지 『참새』 영인본과 신현중 선생의 수필집 『두멧집』 2권이 소장되어 소중한 자료로 활용하고 있어 문학관의 가치를 드높인다. 『두멧집』은 초간본이 1954년 10월에 재판본은 1993년 10월에 발간된 수필집이다. 초간본을 소장하게 된 경위는 신현중 교장 선생님의 부인이 통영중학교 학생인 차영한에게 읽어보라고 주신 것으로 귀중한 서적이다.

한빛 문학관은 문체부와 한국문학관협회에서 지원하는 상주 작가 지원사업에 선정돼 2019년에는 제1회 바다 사랑 전국백일장대회를 도남동 트라이애슬론경기장 주변에서, 2020년에는 2층 전시실에서 청마 고향 시가 갖는 의미 초청문학 강연 및 시 낭송회를, 2021년에는 향토 출신 작고 문인 추모시 공모전을, 2022년에는 통영의 소매물도 등 보석 같은 섬 유·무인도 570여 개를 주제로 섬 사랑 시 공모전을 개최, 문학인 등으로부터 좋은 반응을 얻기도 했다. 아울러 통영시의 지원으로 전국 현역 통영 출신 문인 육필 모음집을 발간한다. 이 사업은 전국 최초인 사업으로 추측되며 후일 문인들의 발자취 기록은 물론 문학사의 귀중한 자료가 될 것이다. 평소 글쓰기를 컴퓨터에 의존한 문인들은 육필은 처음이라 2번 3번으로 어렵사리 썼다고 한다. 또 시 짓기 기법 강의 등 인문학 교양 무료강좌를 수년간 실시하여 후학들을 지도했다.

이렇듯 상주 작가 지원사업을 비롯해 시 짓기 기법 강의 등으로 문학관은 문학의 산실이 되고 있다.

키예프에서 민스크까지

유기섭
2004. 11. 천료

키예프에서 벨라루스의 민스크행 밤 열차를 탔다. 우크라이나의 수도 키예프는 얼마 전부터 '키이우'라고 불러 달라는 우크라이나 정부의 요청이다. 최근 러시아와의 전쟁에서 주요 공격 목표가 되어 수도로서의 기능이 마비된 가운데 피난민 행렬이 줄을 이어 도시가 공동화하고 있다는 외신을 접하니 안타깝다. 몇 년 전 찾았던 도시는 평온하고 활기에 찼었다.

구소련 연방 체제에서 독립하였다는 선입견이 있었지만 자유롭고 평화로운 거리마다 오고 가는 시민들은 밝은 표정에 아무런 거리낌 없는 서유럽 국가의 어느 거리를 거니는 것 같은 인상에 마음이 놓이고 훈훈함을 느꼈던 분위기를 잊을 수 없다. 같은 동유럽 국가이지만 수년 전 동유럽의 어느 국가에서 느꼈던 감정과는 딴 느낌이다. 그 나라의 호텔에서는 직원인지 분간이 되지 않는 군인 복장의 직원들이 꼿꼿이 서서 너무나 사무적인 응대를 하며 냉랭하던 분위기는 낯설기만 하였는데 이곳은 그때와는 딴판이어서 같은 동유럽 국가에서도 우리가 느끼는 감정은 전혀 달랐다.

키예프 호텔 바깥에는 우크라이나 국기와 EU기가 걸려 있다. 국기의 위쪽은 파란색 아래쪽은 노란색의 두 가지 색으로 파란 하늘 아래 기름진 옥토를 예찬한다. 건물 주변에는 시티은행을 비롯한 높은 건물이 즐비하다. 옛 소련의 모습을 찾기가 쉽지 않다. 1986년 체르노빌 원전사고 참사와 소련의 지배에 대한 불만이 독립운동으로 점화되었다. 1991년 구소련연방의 해체로 완전 독립하였지만 여전히 러시아와 터키 유럽의 영향권의 교차로에 위치하고 있다. 비옥한 흑토 기름진 농지 미인의 나라로 알려져 있는 우크라이나. 유럽에서 세 번째로 긴 드네프르강이 수도 키예프를 가로지른다. 러시아에서 발원하여 벨라루스와 우크라이나 3개국을 거쳐 흑해로 들어간다. 강을 중심으로 키예프의 서편은 우크라이나어를 사용하고 동편은 러시아어를 사용한다. 현재 친러시아 국가는 아니나 언어 등 소련 지배하의 구 사회적 관습에서 완전히 벗어나지는 못하고 있다. 도시 전체가 세계문화유산으로 등재된 1500년 역사의 고도 키예프는 민주화의 길로 이끈 오렌지혁명이 일어난 지역이다. 당시 시위자들이 오렌지색 옷을 입고 오렌지색 깃발을 든 시민혁명이다.

울창한 숲 언덕 위에 우람하게 서 있는 조국의 어머니상. 오른손에는 칼 왼손에는 방패가 들려 있다. 조국과 어머니를 외치며 전쟁 승리를 상징하는 어머니상 앞에서 조국에 대한 애국심을 다시 되새겨본다.

키예프에서 불과 100킬로미터 북쪽에 떨어진 곳에서 발생한 체르노빌 원자력발전소 폭발 사고. 당시 북쪽으로 바람이 불어서 키예프는 다량의 방사능 오염을 피할 수 있었는데 오히려 인접국인 벨라루스가 엄청난 피해를 입었다. 아직도 아픈 역사의 흔적이 아물지 않고 남아 있다고 한다. 무거운 발걸음으로 키예프 기차역에서 벨라루스의 민스크행 밤 열차를 탑승했다. 몇 해 전 인도의 뉴델리에서 갠지스강이 있는 도시 바라나시로 가던 야간침대열차를 탔던 기억을 더듬어본다.

우크라이나 국경선에서 여권 검색과 출국 수속 1시간 후 벨라루스로의 입국 절차를 마쳤다. 구소련군인 복장 차림의 남자 직원은 근엄한 모습으로 사무적이다. 얼마 지나지 않아 벨라루스의 아침 풍경이 전개된다. 고운 햇살이 기차 안으로 들어와 눈이 부시다. 가장 적은 비용으로 가장 큰 교육의 효과를 얻는 것이 여행이라는 말을 실감하며 벨라루스의 시골 마을 풍경에 마음을 맡긴다. 지붕이 뾰족하다. 눈이 많이 오는 나라의 지붕 모습임을 알 수 있다. 철도 도로변에는 울창한 침엽수림과 갈색의 중후한 집들이 이국적인 향수를 머금고 있다. 밤새 달려온 기차가 민스크역에 들어선다. 한때는 백색 의상을 좋아하는 깨끗한 민족으로 백러시아로 알려지기도 했다.

중심 도로인 독립대로를 걸으며 조식 후 54킬로미터 떨어진 하틴마을로 향했다. 러시아 흔적이 많은 나라답게 민스크는 러시아와 유럽을 이어주는 교통의 중심지로 940여 년의 오랜 역사를 지녔다. 제2차 세계대전으로 도시의 80퍼센트 이상이 파괴되었다. 전쟁의 폐허를 딛고 새롭게 눈뜨는 도시. 외모로 보아서는 전쟁의 아픔이 보이지 않고 육중하고 활기찬 도시라는 인상을 받는다. 러시아풍의 독립대로와 시가지 모습에서 소련식 도시계획의 전형을 보여준다. 인구의 30퍼센트 정도가 사망한 제2차 세계대전에서 전승한 독립기념탑 곁에는 전사자들의 넋을 기리는 꺼지지 않는 영원한 불이 타오르고 있다.

들녘에 유채 농사를 짓는 길을 따라 산속에 위치한 하틴마을에 도착했다. 독일의 나치군에 의하여 마을 전체가 학살을 당한 곳이다. 마을 입구에 들어서자 할아버지가 죽은 손자를 안고 울부짖는 동상 모습에 숙연해진다. 과거의 뼈아픈 역사를 잊지 말자고 다짐하는 종소리가 울려 퍼지고 후손들에게 전쟁의 참혹성과 조국애를 상기시키는 꺼지지 않는 불을 켜두고 있다. 민스크 눈물의 섬에는 러시아와 아프가니스탄 전쟁 때 희생된 벨라루스 참전용사들을 추모하는 기념비 앞에서 자식을 잃은 어머니의 통한의 심정을 헤아려본다.

독립은 했지만, 러시아의 그늘을 완전히 벗어나지 못한 흔적을 지닌 속에서 최근에는 러시아의 영향을 받아서 러시아의 우크라이나 침략전쟁에 의용군을 보내 전투에 참여하게 한다. 몇 년 전만 하여도 벨라루스와 우크라이나 두 나라 간에는 간단한 열차 안 점검으로 국경선을 통과하였는데 지금은 그렇지 않을 것이다. 키예프에서 민스크까지 가는 밤 열차도 멈춰 섰겠지. 동병상련의 처지인 두 나라 사이에 금이 가고 급기야는 러시아의 편에 선 벨라루스의 젊은 병사가 우크라이나군을 향하여 총부리를 겨누는 기구한 운명에 처하고 있다. 그때 자유로이 달리던 밤 열차의 달리고 싶다는 소박한 꿈이 하루속히 이루어지기를 소망한다. 완전한 자유를 갈망하는 국민의 자발적인 뜻이 아닌 슬픈 현상이 키예프와 민스크의 하늘을 흐리게 하고 있다.

환장허것네

안규금
2005. 4. 천료

「봄날은 간다」란 시제가 '백설희'의 노래 가사가 아니다. 섬진강 시인 '김용택'의 시 제목이다. 첫 번째 시 '진달래'를 감상하면서, 어쩌면 이렇게 마음에 와닿는 시를 우리 사투리로 맛깔스럽게 썼는지 감탄했다.

'염병한다 시방/ 부끄럽지도 않냐/ 다 큰 것이 살을 다 내놓고/ 훤헌 대낮에 낮잠을 자다니/ 연분홍 살빛으로 뒤척이는/ 저 산골짜기/ 어지러워라 환장허것네/ 저 산 아래 내가/ 쓰러져 불겄다 시방//

진달래꽃에 흠뻑 빠져 있는 모습을 잘 드러내고 있다. 이렇게 짧은 시가 '환장허것네'란 시구로 정점을 찍고 오랫동안 긴 여운을 남겼다. 쓰러져 불겄는 것이 벚꽃뿐인가? 자운영밭이나 청보리밭, 아니 하얀 찔레꽃이 흐드러지게 핀 언덕에 쓰러져 보지 않는 사람이 얼마나 될까? 친구들이나 이성 간이든 한 번 쯤 그런 유혹을 벗어나기 어려웠음을 우리는 안다. 그 무렵이 되면 우리는 환장할 만큼 들떠서 밤을 새우기도 한 빛나는 청춘이었다.

'환장'이란 말이 '마음이나 행동 따위가 정상적인 상태를 벗어나 제정신이 아닌 듯한 상태로 되거나, 무엇에 빠져 제정신이 아닐 정도로 몰입함'이라 했다. 센말로 '미치고 환장하겠네'란 말도 쓰고 있다. '정신과 마음이 정상적인 상태에서 벗어나 뒤집혀 있는 상태'라며 마음에 정신까지 포함해 강조하고 있다.

봄이 되면 환장할 장면들이 많이 쏟아진다. 움트기 시작한 매화꽃 봉오리에 환장하고 만발한 노란 산수유꽃에도 환장한다. 나도 벚꽃 유혹을 못 이겨 걷거나 차를 타고 온통 벚꽃 향기를 흠뻑 들이마셨다. 4월 첫 주, 이 무렵이면 비가 오는 해가 많기에 혹시나 하여 서둘러 월요일부터 벚꽃 구경에 나섰다. 첫날은 섬진강 변을 따라 구례읍까지 달렸다. 수요일에는 남구 노대동에서 '칠구재터널'을 지나 '도곡 앵남리' 삼거리까지 십 리 길을 두 번이나 오가며, 가로수는 물론이고 산까지 하얗게 피어난 벚꽃에 취했다. 시오리 보성 대원사 왕벚꽃 길도 해마다 빠지지 않는다. 또 무등산을 넘어 무돌길 1구간 중 금곡마을에서 무돌 쉼터가 있는 평촌 반딧불 마을을 지나 가사문학면 소재지까지 달렸다. 가사문학면 초등학교의 아름드리 큰 벚나무에 구름처럼 뭉실뭉실 활짝 피어난 꽃봉오리에 반하고 진한 향기에 취하기도 했다.

이제 남쪽 진해에서 시작한 벚꽃은 우리 고을뿐 아니고 여의도 윤중로까지 다 달았다. 활짝 핀 벚꽃을 보고 어느 기자는 '환장할 봄, 가슴에 불붙었다'라며 사진을 찍어 올렸다. 연두색 이파리가 돋기 시작한 노변의 가로수와 어울려 나들이를 자극하고 있다. 그래 꽃 소식만 들어도 마음이 들뜨는 데 사진으로 확인까지 하니 정말 환장할 만했을 것이다.

우리는 쉽게 환장할 감성을 타고난 국민인가? 기쁘고 즐거움만 아니고 억울하고 슬픈 일이 닥쳐도 미치고 환장하는 사람이 많다. 특히 억울할 때는 더한다. 누구에게 하소연하여도 들어주지 않을 때 혼자서 마음을 다스리지 못하고 미치고 환장하여, 물불을 가리지 못하고 울부

짖으며 몸부림친다. 몸과 마음이 기뻐서 또는 즐거워서 환장해도 모자랄 판에 억울한 일을 당할 때의 황폐해지는 마음은 당해본 사람만이 알 수 있다. 가까이서 지켜보며 위로하고 함께 억울함을 해결할 수 있는 방법을 찾아보자. 조용하게 지나갈 수 있도록 한 편이 되어 주기를 서슴지 말고 그 환장한 마음을 좀 나눠 가지면 평온해지지 않겠는지.

젊은이들은 환장이란 말을 좀 더 긍정적으로 생각해서 신조어를 많이 만들어 내고 있다. 바로 '환장 케미'라는 말이다. 이들은 서로 어울려 맛집을 찾거나 영화관을 찾고, 숲길을 걷고 노래에도 빠진다. 무슨 일에서나 서로 간에 진하게 호흡을 맞출 수 있으면 케미란다. 케미가 '사람들 사이의 조화나 주고받는 호흡' '궁합, 끌림'이라는 뜻풀이가 있으니, 차라리 우리가 널리 쓰고 있는 '짝'이나 '궁합' '조합'이라는 말을 쓰면 어떤가? 그리고 환장이라는 말 대신에 '환상'이라고 바꿔 써서 '환상 짝이나 환상 궁합'이란 말이 더 쉽게 이해된다. '환장 케미'보다 말맛이 틀리고 세련되지 못해 너무 촌스럽다 한다. 또 환상보다 환장이 속되게 느껴진다지만, 어울린 사람에게는 더 강한 결속력을 느끼게 하니 좋다고 한다. 젊은이들과 우리는 생각에 차이가 있음을 인정한다. 그래도 오랜 시간 우리 말에 익숙해진 말이 우리는 더 좋다. 아름다운 우리말을 속되지 않게 골라 쓰는 지혜가 필요하다.

어쨌든 매화꽃, 진달래, 벚꽃에서 눈을 돌려 '환장할 봄날'이 다 가기 전에 섬진강 강가 기차마을 언덕의 철쭉 숲을 찾아보련다. 나도 '환장허겠네'란 감탄사가 절로 나올 만큼 아름다운 풍경이 펼쳐지고 있을지 모르겠다. 유유히 흐르는 섬진강 물길 따라 걷다가 쉬며, 화사한 철쭉꽃 속에 묻혀 꽃 같은 마음을 닮아보고 싶다. 아니 '환장허게' 아름다운 꽃이 아니라면 어떤가? 들길에서 피고 지는 이름 모를 어떤 들꽃이라도 다 좋다. 나도 꽃이 되고 너도 꽃이 되어, 꽃처럼 예쁘게 어울려 피는 세상을 가꿔 가면 더더욱 좋겠다.

한글[訓民正音]이 세계문자 대회서 금메달

김재귀
2005. 5. 천료

세계문자학회는 2020년 10월 1일부터 4일까지 태국 수도 방콕에서 열린 제2회 세계 문자 올림픽 대회에서 대한민국의 한글이 1위(금메달)에 올랐다고 발표했다. 이번 세계 문자 올림픽 대회는 세계 27개국 문자: 한국의 한글, 영어, 러시아어, 독일어, 우크라이나어, 베트남어, 폴란드어, 터키어, 셀비아어, 아이슬란드어, 에티오피아어, 몰디브어, 우간다어, 포르투갈어. 그리스어, 스페인어, 남아공어, 인도어, 울드어, 말라야람어, 구자라티어, 문재비어, 말라시, 오리아, 뱅갈리, 캐나다 등 27개 국어가 경합을 벌였다. 각국 대표들은 대회에서 30여 분씩 자국 문자 우수성을 발표하였다.

세계 문자 올림픽 심사 기준을 보면 ① 문자의 기원 ② 문자의 구조와 유형 ③ 문자 수 ④ 문자의 결합능력 ⑤ 문자의 독립성 및 독자성 등이다. 문자 응용 개방성 기준도 평가했다. 세계 문자 올림픽은 ① 가장 쓰기 쉽고 ② 배우기 쉽고 ③ 가장 풍부하고 다양한 소리를 표현할 수 있는 문자를 찾아내기 위한 취지로 개최되고 있다.

우리 한글이 16개국이 경쟁한 지난 2009년 대회에 이어 다시 한번 금메달(1위)를 차지하여 한글의 우수성을 세계적으로 인정받게 되었다. 이번 세계 문자 올림픽에서 1위는 대한민국의 소리문자(표음문자), 2위는 인도의 텔루구 문자, 3위는 영어 알파벳이 차지했다. 마지막 날 참석한 각국 학자들은 '방콕선언문'을 발표하고 자국 대학에 한국어 단기반을 설치하겠다는 등 한글 보급에 적극 노력하겠다고 선언하였다. 이날 채택된 '방콕선언문'은 인구 100만 이상인 국가들과 유네스코에 전달할 계획이라 한다.

2009년 제566돌 한글날(10월 9일) 제1회 세계 문자 올림픽 대회에 이어 제2회 세계 문자 올림픽 대회에서 연속 금메달을 획득하여 세계 만방에 한글의 우수성을 알릴 수 있는 좋은 기회가 되었다.

「한글날 노래」: 국가 경축 노래를 참고로 첨부한다.

우리 겨레가 해마다 '한글날'에 부르는 「한글날 노래」는 세종대왕의 한글 창제와 반포를 기념하기 위해 제정된 국가 경축 노래다. 이 노래는 국어학자 최현배(崔鉉培, 1894-1970) 님이 가사를 쓰고 작곡가 박태현(朴泰鉉, 1907-1993) 님이 작곡한 것이다. 가사는 삼 절로 이루어져 있고 마지막 악절인 21~24마디는 후렴으로 반복된다. 곡조는 사(G) 장조로 되어 있고 4/4박자의 보통 빠르기(Moderato)로 부르며 구성은 24마디의 세도막(A B C) 형식이다. 「한글날 노래」의 가사는 한글의 아름다움과 뛰어남을 매우 적절하게 묘사하였고 한글이 겨레의 자랑이요 문화의 터전이 되는 것과 나라의 힘의 근본이 됨을 노래하고 있다.

「한글날 노래」

〈1절〉
강산도 빼어났다 배달의 나라
긴 역사 오랜 전통 지녀온 겨레
거룩한 세종대왕 한글 펴시니
새 세상 밝혀주는 해가 돋았네
한글은 우리 자랑 문화의 터전
이 글로 이 나라의 힘을 기르자

〈3절〉
한겨레 한 맘으로 한 데 뭉치어
힘차게 일어나는 건설의 일꾼
바른길 환한 길로 달려나가자
희망이 앞에 있다 한글 나라에
한글은 우리 자랑 생활의 무기
이 글로 이 나라의 힘을 기르자

약손

김수돌
2005. 6. 천료

나는 어릴 적부터 할머니 손은 약손이라는 말을 들으며 자랐었다.

배탈이라도 나면 어머님은 나를 업고 마을의 약손 할머니 댁으로 찾아가곤 했었다. 그 할머니께서 내 배를 어루만져 주면 통증은 사라지고, 어머님과 도란도란 나누는 이야기 소리를 들으며 나는 신기하게도 잠이 들었다. 한잠 자고 나면 언제 그랬냐는 듯 말끔히 나았다.

40대 후반에 허약한 체질을 개선하려고 단전호흡을 배웠다. 그것이 내 몸에 맞았던지 빠르게 건강이 회복되었고, 자세를 바르게 취하고 기공체조를 하여 24년 동안 앓아오던 허리 디스크가 선원에 나온 1개월 만에 신통하게 나았다.

그 무렵에 말로만 듣던 '기(氣)'의 실체를 스스로 감지하게 되었다.

원장님이 식물에 기 실험을 권유하여, 옥엽(玉葉)이라는 열대성 식물의 가지를 두 개의 화분에 같은 크기로 꺾꽂이하였다. 물은 같이 주되 하나는 자연 그대로 자라도록 하고 남은 화분의 옥엽에는 하루에 두 번에 걸쳐 10분씩 기를 쏘았다. 달포쯤 지나자 기를 쏜 화분의 옥엽이 자연 그대로 자란 옥엽보다 갑절이나 커져 있었다. 원장님께 가져갔더니 기 수련을 열심히 하였음을 이 나무가 여실히 보여준다고 하였다.

다음은 감기 환자나 소화 불량한 사람이 있으면 기를 쏘도록 하였다. 주의할 점은 하루에 한 사람에게 한 번만 하고 치료 시간은 15분 이내로 제한을 두었다. 감기에 걸린 학생부터 멸치 회를 먹고 급체한 아주머니까지 원장님이 지시한 대로 기 치료를 하여 성공하였다. 앞으로 기공 수련을 하여 하단전에 기가 가득할 때만 기를 쏘라고 했다. 재미있다고 자주 하면 단전에 기가 줄어들어 몸을 해칠 수도 있다고 주의를 환기했다.

몸이 건강해진 나는 자영업을 시작하였고, 원장님은 대도시로 선원을 옮겼다. 혼자서 수련하였지만, 몸이 좋아지자 맹렬한 열의는 차츰 식었고 수련 시간은 자연히 줄어들어 기 치료도 중단하였다.

어머님이 당뇨합병증을 앓아 7년 동안 병시중하며 마음을 차츰 비우게 되었다. 어머님이 영면하신 뒤 간병일기를 책으로 발간하여, 예상외의 반응에 깊은 감명을 받아 우리 부부는 간병인 자격을 따서 전국 1호 부부 간병사가 되었다.

노인병원에 입원한 어르신들은 신경통이나 관절염에서 자유스러울 수가 없다. 특히 날만 조금 궂으면 심한 통증을 호소했다. 그럴 때는 단전호흡을 배우며 익힌 스포츠 마사지를 해 드렸다. 어르신들에게 마사지와 기 치료를 할 수 있도록 동료들에게 기공체조를 가르치기 시작하였다. 동료들의 반응이 좋아 매일 아침 잔디밭에서 상쾌한 기분으로 열심히 하던 중, 갑작스럽게 퇴직했다.

통영에도 요양원이 생겨 개원이 임박한 소식을 접했다. 손꼽아 기다리는 일이라 다음 날 현장으로 찾아갔다. 내 이름을 불러서 어떻게 기억하시는지 여쭸더니 어머님의 간병일기 『눈물의 노래』 책을 보내주어 잘 읽었다며 반가워했다. 조심스레 이력서를 내밀자 접수자의 대부분이 무자격자여서 불안하였다며 흔쾌히 받아주었다.

요양원에서 근무하던 어느 날, 할아버지 한 분이 입소하면서 체했을 때 손가락 끝의 피를 뽑는 사혈침과 소화제 화풍단을 가지고 있었다. 사연을 듣고 예전의 나와 같은 체질이라는 것을 알았다. 며칠 뒤 사혈침을 이용한 치료를 요구하여 동병상련이라고 기 치료를 하였더니 트림하였다. 그날 이후 체할 때마다 나를 찾아서, 환자들에게 기 치료를 하려고 기공 수련을 다시 시작하였다.

스포츠 마사지나 기 치료는 단순한 치료 행위를 넘어 따뜻한 마음과 정성이 깃던 손길일 때에, 서로의 마음이 통하고 믿음이 쌓여야 치료의 효과가 증대됨을 체험하였다.

어릴 적 배앓이 하면 약손 할머니를 찾았던 것처럼, 주변에서 불편을 겪는 사람들을 언제나 도울 수 있도록 기공체조와 단전호흡으로 약손을 꾸준히 단련하고 있다.

전적지 찾아 춘천으로

이범찬
2005. 8. 천료

오래간만의 즐거운 나들이다. 코로나의 기세가 꺾이자 기다렸던 전적지 순례의 연락이 왔다. 아름다운 풍광의 도시 춘천이라니 전적지의 정보보다 삼악산 케이블카와 닭갈비부터 떠오른다. 그러나 더 설레게 하는 것은 유공자회의 역전의 전쟁영웅 선배들을 만나 뵐 수 있고, 오각의 누런색 배지와 '6·25참전유공자'란 글씨가 박혀 있는 모자를 쓰고 나선다는 자부심이다.

나는 춘천을 여러 번 다녀왔지만, 부끄럽게도 에티오피아 파병군의 6·25참전현충탑과 한국전 참전기념관이 있다는 것을 몰랐다. 편안한 28인승 리무진버스는 춘천 시가지를 벗어난 근화동에 예정대로 안내를 했다.

먼저 6·25참전현충탑에서 참배를 하고, 대로 건너편에 세워 놓은 한국전 참전기념관으로 갔다. 돔 모양의 거대한 지붕 세 개가 나란히 연결된 건물이다. 아프리카에라도 찾아온 듯한 이색적인 분위기를 느낀다.

머나먼 땅 저 끝에서 서둘러 달려와
젊음 바쳐 싸워준 전쟁영웅 수천 명
그 공로 잊을 길 없어 하늘 높이 세웠네

기념탑 건너편에 돔 모양의 색다른 집
친구 나라 살림살이 풍물도 보여주니
고마움 가슴에 새겨 두고두고 갚으리 (에디오피아 한국전 참전기념관)

1층에는 에티오피아군이 참전하게 된 배경과 전투 상황 등을 설명하는 참전기념실과 아프리카의 위치와 현황을 설명하는 영상물을 관람하는 다목적실이 있다. 2층에는 아디스아바바시(에티오피아의 수고)와 춘천시와의 교류를 알 수 있는 교류전시실과 에티오피아의 문화 종교 생활 풍습을 소개하는 풍물전시실이 있다.

6·25전쟁이 일어나자 에티오피아는 서둘러 강유부대를 파병하여, 화천, 철원, 양구, 가평 지역에서 전투를 하였다. 강뉴(Kangnew)는 적에게 결정적 타격을 주거나 궤멸시킨다는 뜻이라 하는데, 후퇴를 모르는 용감한 부대로 명성이 높았다. 단 한 번의 패배도 없이 승전보를 알리기도 했다.

서둘러 달려와 준 강뉴부대 육천여 명
주둔한 춘주 근교 휴전까지 지켜내니
그 용맹 후퇴를 몰라 전사에 빛나리라 (용맹스러운 전사들)

참전용사 고 맥코터 씨는 "단 한 명의 중국인도 우리의 참호에 들어오지 못했다"고 회고를 했으며, "한국 땅에 묻어달라"는 유언까지 남겨 부산 유엔기념공원에 안장되기도 했다. 또 쉬퍼로우 게브레 볼드 참전용사는 "내 비록 온몸에 총탄이 박히고 팔, 다리를 잃었지만 한반도의 자유를 위해 싸운 자부심으로 한 평생을 살아왔다"라고 한국전을 회상하기도 했다. 기록을 보면 에티오피아의 파병 인원은 6,037명이고, 인명 피해 657명(전사 121명, 전상 536명)이다.

한국전 참전기념관이야말로 자유와 평화를 위해 피 흘린 강뉴부대의 전공과 희생정신을 기리며 그 고마움을 상기시키는 산 교육장이 아닌가.

2004년 5월에 춘천시는 아디스아바바시와 자매결연을 맺었고, 자매결연 기념 보훈사업의 일환으로 에티오피아에 한국전 참전용사회관과 한국전 참전기념탑을 건립했으며, 컴퓨터와 소방차 등을 지원해 주고 있다. 참전 16개 우방의 협조와 희생 덕에 한국이 폐허를 딛고 일어나 오늘의 번영을 일궈냈으니 결코 그 고마움을 잊을 수 없고, 그 보답을 하는데 앞장서야 하리라고 다짐해 본다.

전적지 참관을 마치자 소문난 춘천 닭갈비와 막국수로 점심을 마치고 관광에 들어갔다.

의암호와 삼악산이 어우러져 보기 드문 절경이 눈앞에 전개되었는데, 더 놀라운 것은 삼악산 정상까지 케이블카로 오르내리며 발아래로 내려다 보는 입체관광을 하다니 참으로 격세지감을 느낀다. 젊어서 삼악산을 오를 때 절벽길에서 땀을 뻘뻘 흘리며 숨을 헐떡이던 생각이 떠오르니 감회가 새롭다.

맑은 물가에 춘천 삼악산호수케이블카란 글자가 박힌 시설물이 들어서 있다. 케이블의 길이는 3,619m이며, 국내 최장의 케이블이라 한다. 편도 15분이 걸리며, 66개의 캐빈이 매달려 동시에 운행하니 놀라운 시설이다. 참으로 장관이다.

땀 흘려 올라갔던 삼악산 험한 절벽
쇠줄에 매달려서 단숨에 오고 가니
세상이 너무도 편해 옛 추억이 새롭네

돌아오는 버스에서 "매년 서초구 보훈단체에게 전적지 순례를 다녀올 수 있도록 지원해 주시는… 서초구청에게 매번 감사한 마음을 느낍니다"라고 한 김재권 서초구지회장의 인터뷰 기사를 읽으면서, 나도 전적으로 공감하며 서초구의 지원과 지회장의 수고에 감사의 박수를 보냈다.

술 마신 발

원준연
2005. 9. 천료

술을 전혀 마시지 못하는 나를 두고 주위에서는 무슨 재미로 사냐고 가끔 물은 적이 있다. 술을 멀리한다고 해서 인생이 무미건조한 것은 아니다. 오히려 그 시간에 차를 즐기든지 책을 읽든지 운동을 하든지 유익하고 재밌게 보낼 일은 얼마든지 있다. 다만 시간이 따라주지 않을 뿐이다.

집안의 유전적 내력으로 나는 술을 입에도 대지 않는다. 무슨 술이든 조금만 마시면 얼굴은 물론이요, 온몸이 벌겋게 달아오르고 머리는 띵하고 어지러운 기운이 있다. 뿐만 아니라 속도 울렁거린다. 알코올 도수 1~2도의 아주 약한 모주를 먹어도 크게 다르지 않다. 그러니 술자리는 무진 고역이다. 회식이 끝나고 2차를 다녀 본 경우가 매우 드문 이유다. 다행히도 이런 체질을 아는 주위 분들이 술을 권하지 않아서 좋은데, 가끔은 못난 짓궂은 친구들도 있다.

내가 운영하는 여행모임 '여인회'가 있다. 음주가무가 없는 것을 모토로 하고 있다. 처음에는 술을 즐기는 것을 허용하였는데 버스 안에서나 여행지에서 술을 마시게 되면 꼭 일정에 차질이 생긴다. 일부 여성회원들은 불쾌한 감정을 토로하기도 한다. 사실 술 마시는 모습조차도 보기 싫다. 광해군이 담배를 싫어해서 어른들 앞에서는 담배를 태우지 않는 예절이 만들어진 것에 비유하면 너무 황송한 격이지만, 그러다보니 여인회에는 남자회원들이 하나둘 떠나가고 오히려 음주가무가 없는 분위기를 좋아하는 여성들이 남아서 주류를 차지하게 되었다. 여인회(旅人會)가 여인천하의 여인회(女人會)가 된 사연이다.

술은 듣기 좋은 말로 백약지장(百藥之長)이라고 한다. 온갖 좋은 약 가운데서도 으뜸이라는 뜻이다. 술을 무리 없이 잘 마시면 신체적 정신적 건강에 도움이 된다는 얘기다. 꼿꼿한 자세로 한 점 흐트러짐 없이 술을 맛있게 즐기시는 분들을 보면 존경스러운 면도 있다. 다양한 화제와 구수한 입담으로 좌중을 이끌어 나가시는 분들 중에는 대학 때의 ㅊ은사님도 떠오른다. 이제는 아흔을 넘기셨는데 여전히 건강은 물론 총기도 좋으시단다. 지금도 반주를 즐기시며 스트레스를 풀어내시는지 모르겠다. 술을 즐기지는 않았지만 위스키 올드파의 상징이 된 영국의 토마스 파처럼 무병장수하시기를 기원 드린다.

술은 또 백독지원(百毒之源)이라는 이명도 가지고 있다. 인간에게 해를 끼치는 모든 악의 근원이라는 의미다. 그러한 예는 우리 주위에서 너무 많이 눈에 띄고 매스컴을 통해서도 끊임없이 보도되고 있다. 용기 없는 사람이 술의 힘을 빌어서 고성방가의 객기를 부리는 것은 그나마 봐줄 만하다. 음주운전에 폭력에 차마 입에 담을 수 없는 언행까지 그 해악은 끝이 없다. 더욱 가관인 것은 음주 후의 범죄는 가중처벌해도 모자랄 판인데 대개는 오히려 가볍게 처리되고 만다는 것이다. 그러니 사회가 술 먹은 듯 어지럽고 비틀거린다. 술에 취한 상태로 재판하는 것은 아닐 텐데도 말이다.

나는 집안 내력으로 술을 못 마시기도 하지만 먹어서도 안 되는 질병을 앓고 있다. 기름진 음식을 먹어야 걸린다는 소위 '귀족병'이라는 통풍(痛風)이다. 실상 나는 육식을 별로 탐하지 않는데도 40대 초반에 걸렸다. 민간요법으로 다슬기 한 되를 막걸리 한 되에 넣고 졸여서 나온 엑기스를 두세 차례 마시기도 하였고, 동시에 양약도 처방을 받아서 복용하였다. 어느 쪽의 효험을 본 것인지는 지금도 알 수는 없으나, 수년에 걸쳐서 작은 통증 대여섯 번을 앓고는 이제까지 큰 고통 없이 무난하게 잘 넘기고 있다. 불행 중 다행이랄까.

통풍 질병에는 술이 금기다. 통풍은 깨어진 유리 조각 같은 날카로운 요산의 결정체가 신체의 마디에 쌓여서 바람만 스쳐도 아플 정도의 고통을 안기는 병이다. 그런데 술은 신장에서 요산이 빠져나가는 것을 방해하기 때문에 그렇단다. 모든 술이 다 좋지 않지만 맥주가 가장 나쁘고 와인은 비교적 덜한 것으로 알려져 있다. 그렇다고 와인의 주정을 깔봐서는 아니 된다.

입춘이 지나고 몸을 간지럽히는 봄바람에 못 이겨, 차를 몰고 나섰다. 적상산 중턱에 이르렀는데 정상부는 아직도 얼어있는지 통행이 금지되었다. 되돌아 나오는 길에 '머루와인동굴'이 눈에 띄었다. 참새가 방앗간을 거저 지나치지 않는 격은 아니지만, 포도 아닌 머루 향에 매료된 것인지 발걸음은 이미 와인동굴을 향하고 있다. 5백여 미터 되는 동굴의 끝에는 시음 장소가 있고, 이어서 족욕 체험장이 있는데 특이하게도 와인 족욕이다. 모처럼의 기회라 신청을 하였다. 따뜻한 물에 와인을 반병 정도 부어주었다. 10여 분쯤 담그고 나니 피로도 풀리고 개운한 느낌이다. 자리에서 일어나 한두 걸음을 떼는데, 나무 재질의 박석에 발이 걸려 그만 비틀거렸다. 입이 아닌 발로 술을 마신 것인지 자칫 넘어질 뻔하였다. 얼떨결에 술 취한 기분이 그런 것인지 잠시 느껴보았다고나 할까. 내 몸에는 설령 와인이라도 해롭다는 것을 경고하는 메시지 같기도 하다.

술은 나에게는 백약지장보다는 분명히 백독지원 쪽이다. 마치 천적과도 같은 경우는 아닌지 모르겠다.

숯

장희자
2005. 9. 천료

뼛속까지 스며드는 화염 속에서 탄화되어 새까맣게 변한 것이 숯이다. 화덕 앞에 둥글게 둘러앉아 숯을 피우고 고기를 올려놓았다. 소리 없이 빨간 불길이 일렁인다. 그을음이나 연기가 나지 않고 불티가 날리지 않으며, 얼었던 몸을 따뜻하게 녹여 준다.

식구들이 화로 곁에 옹기종기 둘러앉아 불을 쬐던 생각이 난다. 알불을 재로 꼭꼭 다독여 주면, 다음날 조반을 지을 때까지 불씨가 남아 있다. 가운데를 푹 퍼내고 새로 담아 놓은 화롯불은 성에 낀 방을 덥혀주었다. 알불이 부족할 때는 갈무리해 두었던 숯을 몇 덩이 넣어 간식거리인 밤이나 고구마 감자 같은 것을 굽고 간단한 찌개를 끓이거나 덥혔다. 차례 지내고 남은 각종 전을 석쇠에 얹어 화롯불에 덥혀 먹던 맛은 잊을 수 없다.

참나무나 밤나무 숯은 불 멀미가 난다. 어머니는 불 멀미를 예방하기 위해 굵은 소금을 한 움큼 뿌리셨던 기억이 난다. 신라의 수도 경주에서는 땔감으로 나무를 쓰지 않고 숯을 사용하였다는 기록이 있다.

숯을 창고에 저장하여 두고 썼다. 어머니는 정월에 손 없는 날을 택해 짚불로 독을 소독한 후 가라앉힌 소금물을 부은 다음 말려 놓은 메주를 넣었다. 대추 몇 알과 붉은 고추를 서너 개 넣고 빨갛게 피운 숯을 넣어 두면 메주를 건질 때까지 숯은 불순물을 흡착하고 장이 익도록 도와준다.

산모와 갓 태어난 아기는 면역에 약해 삼칠일 동안 외부인의 출입을 막았다. 숯은 솔과 함께 금줄에 끼워져 새 생명의 탄생을 알려주고 잡귀를 물리치는 문지기다.

숯은 습기를 흡수한다. 선림원에 있던 종은 숯에 쌓여 있어 부식을 막을 수 있었다. 선림원은 10세기 태풍과 홍수가 나서 산이 무너지고 폐사되었다. 1948년 폭우로 땅이 파이며 모습이 드러났을 때 숯에 쌓여 있었다. 종 밑이나 팔만대장경 장경각 밑에는 숯을 묻어 습기의 피해를 막았다.

궁궐이나 절, 정자 같은 건물의 나무 기둥 밑에는 습기의 피해를 막기 위해 숯을 넣고, 개미 같은 해충의 피해를 막기 위해 소금을 넣었다고 한다.

닭을 키웠다. 가끔 힘없이 한쪽에서 꾸벅꾸벅 졸고 있는 닭을 붙잡아 모이주머니를 만지면 딱딱하게 뭉쳐 있을 때가 있다. 이때 모이주머니를 가르고 유리 조각 같은 것을 털어내고 꿰매주면 금방 생기를 찾았다. 모이주머니가 물렁물렁 물이 고여 있는 것 같을 때는 입을 벌리고 숯가루를 넣어주니 살아났다.

박물관 전시실에는 다양한 재료의 가락바퀴가 있다. 가락바퀴는 중앙에 둥근 구멍을 뚫어 섬유에서 실을 뽑을 때 회전을 돕는 부품이다. 돌이나 토기 편을 다듬어 재활용한 것이 많고 간혹 뼈로 만든 것이 있는데 백탄으로 만든 것도 있다. 설명서를 읽지 않으면 색이 비슷해서 뼈로 만든 가락바퀴와 구분하기 힘들다.

철은 용융점이 높아 나무를 태워서는 녹일 수 없다. 숯이 온도를 높여 주어 무기나 농기구를 만들 수 있었다. 숯보다 백탄이 온도를 더 높일 수 있어 철기 생산의 발전을 가져왔다.

숯의 재료는 참나무다. 참나무는 굴피집의 재료가 되기도 한다. 논이 없고 밭농사를 짓는 산촌에서는 볏짚을 구하기 힘들었다. 볏짚 대신 쉽게 구할 수 있는 참나무 껍질로 지붕을 이었다. 서리가 내리면 잎이 떨어지고 성장이 멈춰서 껍질이 단단하다.

숯과 관련된 재미있는 일화가 있다. 꾀가 많고 호기심이 많은 삼천갑자 동방삭을 저승사자가 잡으러 왔다. 꾀가 많아 피해 다니니 잡을 수 없어서 고민하던 저승사자는 냇가에 앉아 돌에다 숯덩이를 문지르고 있었다. 호기심이 많은 삼천갑자 동방삭은 왜 숯을 갈고 있느냐 물었고, 저승사자는 이 숯덩이를 물에 씻으면서 갈면 희게 변한다고 하였다. 삼천 갑자년을 살았어도 검은 숯이 희게 변했다는 말은 듣지 못했소 하자, 저승사자가 냉큼 잡아갔다. 저승사자가 숯을 갈던 내가 탄천이라 전한다.

숯은 제 몸을 태운 후 한 줌 재로 남는다. 사람도 뒤끝이 깨끗해야 한다. 고기를 구우며 눈길은 벌겋게 타오르는 숯에 멈춰 고향 집의 추억을 불러왔다. 꽃보다 더 고운 숯이 깨끗하게 소멸하고 있다.

금붕어와 남편

김형애
2006. 3. 천료

봄이 왔건만 기온이 초겨울 날씨로 내려간 어느 날이었다. 남편은 금붕어의 어항을 바꿔야 한다며 지금까지 살아온 큰 어항에서 금붕어를 꺼내 대야에 건져 놓았다. 혼자 살기에는 너무 크고 물도 많이 담아야 하므로 낭비라며 결정한 듯하다. 남편은 작은 어항에 새로 물을 담고 산소공급기를 설치하였다. 큰 어항에 깔아 주었던 잔돌은 깔지 않아야겠다며 세척하여 정원으로 가지고 나가더니 소쿠리에 담아 양지 바른 곳에 놓았다. 어항은 2층으로 올라가는 계단 옆에 구석진 모퉁이에 자리 잡고 있다. 금붕어가 많았을 때는 거실 정면에 큰 자리를 차지하고 있었다. 하나 십 년이 지나면서 다 죽고 두 마리만 남아서 오래 살았다. 한데 삼 개월 전에 한 마리가 몸을 잘 가누지 못하고 벌렁 누워서 떠 있더니 하루 만에 죽었다. 그들은 17년을 함께 살았다. 죽은 한 마리를 어항에서 꺼내서 철쭉나무가 있는 정원 한구석에 묻어 주었다. 수목장인 셈이다.

그놈을 보내는 마음도 아팠지만 살아 있는 남은

한 마리가 더욱 걱정되었다. 혼자 잘 살 수 있을까.

작은 어항에 물을 채우고 기포 발생기를 설치한 후 금붕어를 옮기려고 하는데 금붕어의 움직임이 심상치 않았다. 지느러미를 신나게 흔들며 다니던 놈이 한자리에 머물러서 입만 뻐금뻐금했다. 내가 옆에서 먼저 그를 발견하고 남편에게 말했다. 금붕어가 시원치 않다고. 남편은 놀라면서 어항 주위를 정리하다가 급히 금붕어에게 다가왔다.

"내가 물을 받아서 하루 정도 지난 후 어항에 물을 부었는데, 오늘 날씨가 따듯한 것 같아서 물을 받아 바로 어항에 부어서 그런가? 추운가? 죽으면 안 되는데…"

그의 말을 듣고서 나는 그를 나무랐다.

"왜 늘 하던 대로 하지 않고, 오늘은 날씨도 추운데 찬물에 넣으니 금붕어가 저렇게 된거야!"라며.

남편은 작은 어항으로 금붕어를 옮겨 넣었다. 그 어항에는 수초도 바닥에 깔렸던 잔돌맹이도 없다. 다만 산소공급기인 기포 발생기만 한편에 달아 주었다. 금붕어의 움직임이 여전히 시원치 않아 보였다. 남편과 나는 걱정을 하며 잠자리에 들었다. 다음 날 아침에 어항을 보니 어항 안이 안개가 서린 듯 뿌옇게 보였다. 금붕어는 이리저리 잘 다니고 있었다. 어항 안을 관찰하던 남편은 저놈이 똥을 싸서, 그것이 풀어져서 저렇게 된 것 같다며 정원으로 나갔다. 난 금붕어가 물이 차서 설사를 한 것이 아닌가 하는 생각을 속으로 했다. 잠시 후 돌아온 남편은 손잡이가 길게 달린 앙증스런 조그마한 조리를 만들어 손에 들고 왔다. 그것을 어항에 넣고 풀어지지 않은 금붕어 똥을 건져내기 시작하였다. 내일 물을 다시 갈아 주어야겠다며, 그는 욕실로 가서 물을 받았다.

남편은 매일 아침 금붕어를 보며 대화한다.

"너 어젯밤에도 똥을 길게 세 덩어리나 쌌어. 참! 더러운 놈!"

그는 욕실에서 자신이 만든 그 똥 조리와 똥을 담을 그릇을 가지고 와서, 어항에 똥을 건져 담는다. 이 일은 아침에만 하는 것이 아니다. 낮에도 수시로 어항을 들여다보며 금붕어 똥을 치운다. 덕분에 어항 물은 깨끗하다. 금붕어도 이곳은 내 세상이라며 큰 지느러미를 휘돌리며 어항 안을 종횡무진한다.

이 금붕어는 올해로 18살이다. 사전에서는 금붕어의 최대한 수명이 15년이라고 한다. 한데 우리 집 금붕어는 3년을 더 살고 있으나 건강하다. 금붕어가 아니라 작은 잉어의 몸집으로 살고 있다. 남편은 금붕어의 먹이를 줄 때마다 고민이다. 살이 찌고 있으니 먹이를 줄여야 되는지, 덩치가 있으니 그냥 주던 대로 주어야 하는지를.

오늘도 금붕어의 똥을 치우면서 남편은 나에게 툭 한마디를 던졌다.

"여보! 난 똥 치는 노인이야. 헤밍웨이는 『노인과 바다』 소설을 썼지만 난 '어분(漁糞)과 노인' 소설을 써야겠네."

봄날의 기운이 올라가 꽃들의 잔치가 곧 펼쳐질 것을 기대하며, 금붕어와 남편이 친구로 오랫동안 살아가기를 바란다.

세월을 꿰매며

정 하 원
2006. 4. 천료

누구나 자기가 원해서 세상에 태어난 사람은 없다. 세상의 조화에 의해서 태어났으니 인간은 자기 의지에 상관없이 생의 질서에 편승해 살아가야 한다. 생의 20%는 성장하면서, 80%는 늙어 가면서 산다. 이 틈바귀 속에 병존하는 희로애락의 파도를 넘나들며 살아가는데 인간의 삶에는 기쁜 일이란 잠시인 듯 사라지고 슬픔은 끝이 보이지 않게 긴 터널인 양 나타나곤 해서 자기 삶의 여정이 슬픔으로만 점철된 것은 아닌가, 하는 자기 비애에 빠지기도 한다. 그러나 인간의 생존구조는 슬픔의 터널에 갇혀서 삶을 살도록 되어지지 않았으니 더 나은 삶의 환경과 그에 따른 존재의 기쁨을 만들기 위해 안간힘을 쏟고 살아가는 것이다.

인간사회는 무형의 윤리 도덕의 바탕 위에 법을 세워 존재케 하고 또 UN이라는 기구를 세워 각 나라와 세계질서 유지를 도모하며 이 지구촌 사람들과의 관계를 형성하며 살고 있다. 그런데도 나만 살겠다고 남을 시궁창에 몰아넣고 그 위에 자기가 서려

한다. 이것은 인간의 질서를 벗어난 행동으로 공도동망(共倒同亡)을 불러올 뿐이다. 거의 일세기 전에 간디 옹이 지적한 "철학 없는 정치, 도덕 없는 경제, 노동 없는 부, 인격 없는 지식, 인간성 없는 과학, 윤리 없는 쾌락, 헌신 없는 종교"라 는 말이 긴 세월이 흐른 지금에 와서도 절절히 가슴에 와닿는다.

21세기 IT(인공지능) 세대인 지금에도 예견이 적중하다 못해 탄복이 나온다. 세월이 흘러 문명이 발달하면 삶의 질이 좋아져야 할 터인데 겉으로 나타나고 있는 외형은 분명 발전을 했다. 그러나 엉뚱하게도 인류가 바라는 방향으로 가지 않고 악의 긴 소굴로만 들어가고 있으니….

바른 세상을 살아가려면 거짓과 진실을 판별할 수 있는 판단력이 있어야 한다. 거짓 정보가 범람하는 현실은 "눈 감으면 코 베어 간다"는 말은 옛말이다. 눈뜨고 있는데도 코 베어 가는 세상으로 격상했다. 거짓을 판별하는 능력과 거짓 정보를 골라 흘려버릴 수 있는 능력배양은 자기를 철저히 고찰해 판별능력을 배양해야 한다. 그러자면 세월을 꿰매는 지혜와 용기를 겸비해야 한다. 굳이 어느 나라 할 것 없이 정치인이라면 정치모리배로 전락해 버려 권모술수를 동원해 권력을 쥐는 데만 혈안이 돼 있으니 나라가 온전히 굴러갈 리가 없다. 국민을 위하는 체만 한다. 이 속임에 넘어가지 않으려면 국민 개개인의 배양된 판별능력으로 선별 가능하다.

오늘날의 일부 젊은이들의 '파랑새 증후군' 현상으로 현실에 노력은 하지 않고 불가능한 꿈만 좇는 무리가 많은데, 노력 없는 성공을 바라는 것은 연목구어(緣木求魚)다. 2030 세대들은 나를 넘어 또한 현실을 넘어설 수 있는 힘을 내 안에서 찾아내는 인내를 길러야 한다.

지금은 인격 없는 지식인이 너무 많다. 지식을 가진 사람이라면 머리와 입에서만 지식을 굴리지 말고 팔다리도 옮겨서 아는 지식만큼 만인 앞에서 실천해야만 가치 있는 지식을 가진 자로 대접을 받을 것이다. 자연이 훼손되고 윤리 도덕이 훼손된 현세를 말세라고 하는 말이 널리 회자 되고 있다. 여기에 종교가 삶의 질을 높여야 함은 불문가지인데 빛을 잃어가고 있다. 종교지도자라면 말할 것도 없지만 그 종교를 믿는 사람들은 헌신할 줄 아는 사람이어야 한다. 구술(口述)로만 봉사하는 종교는 더 나아갈 수 없는 종교로 전락할 것이다.

세월이 가는 것이 아니라 '내'가 간다. 세월은 365일을 공전하며 자전할 뿐 개미 쳇바퀴 돌 듯할 뿐인데 인간은 흘러가는 세월을 하루도 반복해 살 수 없다. 그렇다면 험악한 세상 눈뜨고 있어도 코 베어 가는 세상에서 자기가 자리를 다스릴 수밖에 없다. 듣도 보도 못한 세상이 자꾸만 다가오고 있으니 세월 앞에 내가 나를 이길 수 있는 스스로의 힘을 배양하자

광화문 연가

백승희
2006. 5. 천료

전시회를 관람하고 미술관에서 발길을 돌린다. 단풍 든 벚나무 잎이 꽃비처럼 바람에 뒤챈다. 낙엽 태우는 냄새가 좋다. 물들였던 사연을 남기고 자연에 귀의하는 나무의 편지를 줍는다. 손글씨를 주고받던 연둣빛 잎사귀의 아스라한 기억들, 불꽃처럼 타오르던 그 시간을 현상하고 인화해 내 안의 풍경이 된다.

4월은 대학 신입생들에게 연둣빛이다. 쉬는 시간마다 미팅을 주선하는 친구들의 목소리가 요란하다. 나는 잡아끌어도 미팅에 절대 가지 않겠다고 다짐했다. 하지만 친구의 성화에 기어이 허락하고 말았다. 호기심이 생겼다. 못 이기는 척, 미팅에 참석했다.

첫 미팅이다. D 제과 2층에는 100개의 기대에 찬 눈동자가 반짝였다. 사회자가 같은 낱말카드를 가진 남녀를 원 안에 불러들여 짝을 정해주었다. 선택한 카드는 knock-three times. 순간에 마주친 노크 소리, 사회자는 이게 웬 운명의 장난이냐고 변죽을 울렸다. 웃음소리가 실내에 가득했다. 가장 키가 크고 우람한 남자와 가장 작은 여자가 파트너가 된 것이다. 단박에 스포트라이트를 받았다.

달아오른 얼굴로 뛰쳐나가지도 못했다. 어쩔 줄 모르고 있는 나와는 상관없이 하이라이트인 빙고 게임은 계속되었다. 그제야 큰 몸집에 가려 있던 그의 재치와 하얀 얼굴이 눈에 들어왔다. 숨 가쁘게 이어진 게임에서 우승까지 했다. 긴장이 풀린다. 불편했던 시선에서 벗어났다. 바래다주겠다는 그와 광화문에서 명륜동까지 자연스레 걸었다. 문학 이야기에 보폭을 맞추며 애프터 신청을 흔쾌히 받아들였다.

그와 처음 창경궁 앞에서 만나기로 했던 4월 어느 날, 구두로 약속한 날짜가 요일과 달랐다. 기대하지 않고 일단 나가기로 했다. 그는 약속 장소에 먼저 나와 있었다. 창경궁의 '밤 벚꽃놀이'는 어둠과 조명이 합일한 봄의 혼곤한 춤사위를 펼쳤다. 밤의 화선지에 젊음의 꽃들이 수묵화로 피어났다. 인파에 휩쓸려 다니다 잠깐씩 어색해지면 우리는 문학으로 접속했다. 그의 손에 들려 있던 도스토옙스키의 『죄와 벌』이 눈길을 끌었다. 내가 호기심을 보이자 신이 난 그는 소설 속 인물들을 끌어냈다. 그의 부드럽고 조용한 음성에 실린 죄와 벌의 의미가 새롭게 다가왔다. 많은 인물과 복잡한 내용이 내 주위를 맴돌았다. 그 덕분에 교양과목의 독후감 과제는 A플러스를 받았다. 그 후, 그가 읽었다는 책들이 다음 약속을 이어갔다.

일과처럼 그는 손편지를 날렸다. 그의 글을 읽으며 내면에 다가갈 수 있어 좋았다. 날카로운 글씨체도 곧은 마음처럼 느껴졌다. 편지가 줄지어 날아왔다. 겉봉에 일련번호를 적어 상자에 소중하게 넣었다. 글 속에서 봄이 열리고 잎이 무성한 푸른 시간이 채색되어 갔다.

그가 예쁘다고 했던 하얀 블라우스를 입고 달빛 언덕을 오른다. 학교 근처 좁은 골목으로 들어서자 유럽풍의 카페들이 마주하고 있다. 밖으로 흘러나오는 세레나데의 달콤한 음역을 지나친다. 양고기 굽는

냄새가 거친 돌바닥에서 올라오는 밤공기를 데운다. 라일락 향기가 섞인 밤은 넉넉하고 향긋하다. 전화가 없던 시절, 우연히 달려 가 보면 그는 '테라스 카페'에 있었다.

사각 탁자에 턱을 괴고 그를 바라본다. 물병자리의 별빛이 그의 눈 속으로 옮겨와 출렁인다. 늘 어깨에 메고 다니던 세고비아 기타를 꺼내든 그가 「사랑의 아랑훼스」를 연주한다. 현의 울림은 밤공기에 녹아들어 사람들 가슴에 별이 뜬다.

노천카페를 향한 걸음은 한동안 계속되었다. 긴 머리를 손으로 정돈하고 다시 돌계단을 오른다. 우리가 앉았던 자리에서 반짝이는 눈빛으로 그가 반긴다. 가스등 불빛에 라임 색 벽이 밤의 빛깔로 되살아난다. 우리의 이야기가 골목 안 구석구석에 스며든다. 샐러드를 입에 넣어주던 손길에 밤의 모서리는 부드럽게 매만져진다. 카페의 가스등이 꺼질 때쯤에야 손을 잡고 달빛 언덕을 내려섰다.

길목마다 단풍이 물들었다. 유난히 고궁의 단풍이 고왔다. 팔작지붕을 인 전각의 우아한 멋에 매료되었고 수선스럽지 않은 그곳이 좋았다. 궁궐에는 고귀함과 단아함이 스며 있다. 너른 잔디밭을 거닐며 왕들의 이야기가 바람결에 실려 와 옷깃을 적셨다.

휘어진 덕수궁 돌담의 곡선이 가을의 무늬를 그릴 때였다. 그즈음, 한 사람의 마음도 낙엽을 떨구는 중이었다. 우연히 그가 다른 여자를 만나고 있다는 이야기를 들었다. 삼류 소설의 주인공처럼 남루해진 채, 낙엽이 바람을 타고 추락을 반복하는 거리를 걸었다. 지난 시간이 뿌옜다.

함께 걷던 아름다운 길 위에 첫눈이 흩어진다. 코트 깃을 세워도 한기가 든다. 크리스마스를 앞두고 그에게서 편지가 왔다. 낯익은 글씨체였다. 하지만 뜯어보지 않았다. 대신 결별의 편지를 썼다. 이유 따위는 설명하지 않았다. 눈꽃을 밟고 가라는 말도 하지 않았다. 그동안 받았던 편지를 꺼내 함께 태웠다. 기타 연주로 들려주던 「사랑의 아랑훼스」처럼, 함께 들었던 이브 몽탕의 「고엽」, 에디트 피아프의 「장밋빛 인생」이 뒤섞여 연기로 사라져갔다.

봄은 다시 건너오지 않았다. '광화문 연가'는 그렇게 끝이 났다.

세상이 아름다운 것은

안문자
2006. 7. 천료

뉴욕의 딸에게서 전화가 왔다. 카톡이 아니고 전화가 올 땐 혹시? 하는 염려가 앞선다. "엄마, 나 속았나 봐." "뭐, 뭐? 뭐라고? 속다니." 엄마의 호들갑을 진정시키려는 듯 아이는 "헤헤헤" 웃는다.

퇴근길에 전철역 입구로 부지런히 나오는데 "한국 사람이세요?" 하며 초라한 남자가 다가왔다고. 그는 서울의 연세대학교 교수인데 방금 소매치기를 당했단다. 급히 영사관에 가야 되는데 70불이 필요하니 꾸어 달라는 것. 연세대를 아느냐고 물으며 자기는 거지가 아니라고 한다. 수상쩍긴 해도 측은한 마음에 돈을 털어 40불을 주었더니 실망한 표정을 짓더라나. 그가 기어이 연락처를 적어갔지만 아무래도 속은 것 같단다. 나는 속단하지 말고 기다려보라고 말했다.

잠시 후. 깔깔대며 또 전화했다. "엄마, 너무 웃겨. 남편에게 그 이야기를 했더니 어? 베이지색 바지에 블루 재킷?" 결혼하기 전 자기에게도 같은 이야기(영어로)를 하는 한국인이 있었다고. 5불밖에 없다니까 "에이 씨" 하며 홱 채 가지고 사라졌는데 '에이, 씨'가 무슨 말이냐고 물어봤었다고 한다. 아이는 베이지와 블루였다고 까르르 웃다가 생각나는 듯 "엄마, 그때 그 일도 있었잖아?" 누가 엿듣기라도 하는 듯 속삭인다.

시애틀에서 겪은 일이다. 무더운 여름이었지. 한인들을 위한 봉사기관의 사무실은 큰 행사준비로 북적였다. 역시 전화통도 불이 나는데 "따르릉, 따르릉" 안타까운 사연이 전선을 타고 왔다. 다급한 음성이다. 한국인 가정 네 식구가 라스베이거스의 사막을 운전해오다가 강도를 만나 갖고 있던 돈을 몽땅 털렸단다. 차의 가스도 바닥이 되어 가는데, 도움을 청했던 경찰관은 어쩔 수 없다며 한국인에게 전화하라고 했다지. 다행히 차에 한국 신문이 있어서 이 단체의 전화번호를 찾았다고 했다. 자기네는 벨뷰에 산다며 꼭 갚을 터이니 200불을 웨스턴 유니온으로 보내주면 감사하겠다며 떨리는 목소리로 간청하더란다.

가뜩이나 분망한 사무실 안은 모두들 한마디씩 하며 이 딱한 사정부터 돌봐주기로 했다. 사람 안 다친 게 다행이네. 우리 사무실 전화번호를 발견해서 잘됐지. 빨리빨리 은행 문 닫을라. 성급한 책임자는 정신없이 뛰쳐나갔다. 걱정스러운 표정으로 기다리는 직원들 앞에 은행 문이 닫히기 전에 간신히 송금했다고 헐떡이며 그녀가 나타나자 직원들은 "와!" 환성을 질렀다.

얼마 후, 돈을 잘 찾아 무사히 가고 있으니 벨뷰에 도착하면 꼭 찾아뵙고 갚겠다는 전화가 왔다. 자기는 딸인데 아빠가 운전 중이라 대신 감사드린다고 깍듯한 인사를 보내왔다.

아, 착하고 순진한 사회사업가들. 좋은 일 했다고 흐뭇해하던 젊은 똑똑이들. 그들은 멋지게 당했다. 사람들은 보기 좋게 속아 넘어간 젊은이들에게 이렇게 말하리라. "아니, 요즘이 어떤 세상인데 눈 뜨고 코 베가는 세상 아닌가. 에구, 헛똑똑 했구먼. 쯧쯧"

그러나 나는 아니다. 어처구니없이 속은 그들을 오히려 칭찬하고 싶다. 앞뒤 따지지 않고 어려움에 처한 사람을 무조건 도와줘야겠다는 착한 마음은 아무나 가질 수 없다. 측은지심이 발동하여 희생과 봉사가 몸에 밴 사람들만이 가진 사랑의 발로가 아니겠는가. 죄를 짓고 사는 사람들은 어느 기회에 법으로 또는 무슨 방법으로든 변화되리라 믿는다면 억지일까? 하나님이 눈여겨보는 사람이라면 바르게 세울 것이라 믿고 싶다.

내가 이렇게 말할 수 있는 건 두 목사님의 삶에 감동을 받았기 때문이다. 나는 목사인데도 도저히 이 사람을 사랑할 수 없다. 속이고 또 속이는 그 사람을 죽어도 용서할 수 없다. 목사를 그만두고 싶다며 몸부림쳤지만, 하나님께서 타이르시며 그를 사랑하도록 도와주셨다. 나는 하마터면 더이상 목회는커녕 인간 노릇도 못할 한심한 사람이 될 수밖에 없었을 것이라는 은혜로운 간증을 들려줬다,

우리 가족이 좋아하던 또 한 분은 고아들의 아버지, 거지들의 친구였던 H 목사님이다. 가련한 그들을 먹이며 가르치고 사랑하는데도 속이고 또 속이는 불쌍한 청소년들에게 알고도 속고 모르고도 속았다. '이젠 그만하자고 만류하던 사람들을 향해 목사님은 희망을 가집시다. 우리 실컷 이용당합시다. 그에 대한 책임은 하나님이 지지 않겠어요? 예수님의 십자가는 바로 이들을 위해 지금도 피를 흘리고 있습니다.'라고 눈물로 호소하시던 목사님. 사랑하지 않고는 견딜 수 없는 목사님. 세상에서 손해 보는 삶이 도리어 승리하는 삶이라고 가르치시던 목사님. 자신의 것을 다 내어주고도 속고만 계셨던 목사님이 잘 이해되지 않았지만, 목사님을 속였던 눈물의 씨앗들은 지금 눈부신 나무들로 자라고 또 자라 세상 곳곳에서 큰 숲을 이루고 있다. 자애로운 목사님들, 유능한 사회사업가들, 여러 분야에서 큰 지도자들이 된 이런 분들 때문에 세상의 아름다움은 이어지고 있다.

사기꾼에게 속는 건 한 번으로 족하다. 그러나 정말로 구제불능의 사람들을 만났을 때 나는 어떻게 해야 할까? 내 속에 사랑의 샘을 더 깊게 파야 될 것 같다.

연세대 교수. 그는 어디서 무얼 하고 있을까? 정말로 연세동산의 백양로를 알고나 있을까? 그래도 분명한 건 그도 하나님이 불쌍히 여기는 사람일 게다.

물과 꽃의 정원

최학용
2009. 11. 천료

양평의 세미원. 여기선 해마다 7월 초부터 8월 15일까지 연꽃 잔치가 한창이다. '연꽃 축제'라는 이름으로 부른다. 여러 해 동안 이맘때면 우리 부부는 이곳을 즐겨 찾았다. 연중행사처럼 이곳을 찾는 날, 누가 우리를 기다리기라도 하듯 준비하고 나서는 우리, 서로 기분이 좋은 날이다. 덥기는 하지만 구름 한 점 없는 맑은 날씨 절로 발걸음이 가볍다. 30도가 넘는 더위지만 전철을 이용하니 시원해서 무리 없이 도착했다.

몇 해째 해마다 찾는 연꽃 축제장, 이곳은 경기도 양평군 양서면 양수리 용담지다.

집 근처 상왕십리역에서 전철로 1시간 정도 걸려 도착. 양평역에서 도보로 15분 정도 걸으면 이곳 정문에 이른다. 이름하여 '세미원'이라는 넓은 정원이다.

더위 속에서도 여기저기 인파가 북적인다.

연꽃 만발한 연못마다 꽃의 색깔도 다르고 잎의

크기도 다르다. 연잎으로 머리를 가리면 하늘을 가릴 듯 펼쳐진 커다란 연잎. 여러 가지 색다른 커다란 환한 꽃들이 구경꾼들을 환호하게 한다. 연꽃 정원 중에도 내가 꼽는 백미 중 백미는 붉은 연꽃들이 장관을 이루는 홍련지다. 붉은 꽃들이 돌다리로 이어지는 길을 따라 걷노라면 맑은 물 흐르는 소리도 경쾌하다. 머리 위로는 우거진 숲처럼 큰 나무들이 그늘이 되어 주고 조용한 물소리가 정답게 우리를 반긴다. 이 기분 평소에 쌓였던 피로를 풀어 주는 듯한…, 아니 하늘로 날 듯한 기분 좋은 순간이다. 맑은 물 개울을 건너며 도달한 곳은 장독대 분수라는 곳이다.

한약 탕기 같은 작은 크기부터 시골 장독대에 큰 장독만 한 크기의 항아리에서 규칙적으로 물을 뿜어낸다. 하늘을 향해 내뿜는 물이 더위를 식혀준다. 하늘로 향하는 물줄기 따라 기분도 좋아지는 순간들.

반복되는 시원한 물줄기의 향연이 극치에 달하는 곳이다.

초면인 사람들이 우리 둘의 사진을 찍어준다는 친절함도 꽃 속에서의 기분 때문일 거다. 멋쩍지만 우리 둘이는 어색한 포즈로 낯선 사람 앞에서 쑥스런 포즈를 취하기도 했다.

꽃 속에선 모든 이들이 선남선녀가 되는 것 같다. 여러 장째 찍은 사진을 아들딸에게 보내는 남편. 더위에 물 많이 드시고 조심하라는 메시지 도착이다.

늘 부모를 응원하는 자식들이 오늘도 든든한 우리의 지원군이다.

지난해 어느 문학 모임에서 시 낭송회를 했었다. 여기 커다란 다리 밑에서였다. 20여 명이 함께 했던 시 낭송회! 비가 억수로 내리던 날 거대한 다리 밑에서 낭만적이었던 시 낭송회가 떠오른다.

내가 낭송한 시를 외워본다.

알프스를 추억하다

최학용

알프스 3500미터까지 케이블카로 올랐다.
눈 앞에 펼쳐지는 만년설
만년의 숨결로 날아든다.
말로는 표현할 수 없는 경이로운 풍경
우주와 지구의 시간들
하늘과 땅의 신비가 피부로 스며든다.

이태리 출장 중 보낸 아들의 사진
아들의 환한 표정도 함께 왔다.

1968년 유럽 여행 중 스위스 땅
하늘에 닿을 듯 쌓였던 눈
몽블랑에서의 추억도 꺼내 본다.
아름다웠던 세계
행복했던 시간들이
아쉬운 마음
내 곁으로 와 앉는다.

오늘은 연꽃이 함박웃음을 짓고 곁에 앉는다. 남편의 얼굴에도 백련 닮은 미소가 번진다. 가시연 있는 쪽으로 돌아서 걸음을 옮긴다. 이 보물들을 두고 떠날 생각이 없으니 집에는 언제 가나.

언젠가는

이성숙
2010. 1. 천료

몇 년 만에 가는 고향길, 하늘이 잿빛이다.

큰이모가 엄마처럼 췌장암에 걸렸다는 소식이 왔었다. 길어야 1년을 사실 것이라고 의사가 말했다는데 모른 척하고 있었다. 너무나 고통스러워하던 엄마의 마지막 모습을 이모를 통해 또 보아야 하다니, 다시는 생각조차 싫어서 무심히 지냈는데 계절이 바뀌었다. 문득, 이렇게 넋 놓고 있다가 엄마처럼 제대로 된 인사도 못 하고 이모도 보내게 될까 봐 겁이 났다. 엄마 대신 이모라는데 당장 가 봐야겠다는 나의 말에 바쁜 일정을 취소해가며 남편이 동행을 자청했다.

암 선고를 받은 엄마는 두 달도 채 못살고 우리 곁을 떠났다. 믿어지지 않는 현실과 엄마가 없는 세상은 상상도 안 되었고 죽음 따위는 남의 일이었다. 엄마만큼은 평생 내 곁에 있어 주리라 믿었기에 의사의 오늘이 고비라는 말조차 듣지 않았다. 배에 찬 복수로 눕지도 못하고 열흘을 버티시더니 나와의 마지막 정담을 끝으로 엄마는 떠났다. 새벽까지 수다를 떨다가 잠깐 눈 붙이고 일어났는데 거짓말처럼 엄마가 누워서는 눈도 못 떴다. 이별이 두려워 고마웠다고, 사랑한다는 말 한마디 못하고 보낸 것이 한이 되었는지 한동안은 자면서도 흐느껴 우는 나에게 아침마다 꿈을 꾸었냐며 남편은 물었었다. 슬픔이 나를 삼켜 무의식 속에서도 슬피 울 만큼 엄마의 부재가 충격이었나보다. 뒤따라온 무기력증, 만사가 귀찮았다. 이젠 어떡하지, 엄마 없이 어떻게 살지, 그냥 눈물만 났었다. 강산이 변할 만큼 세월이 흘렀어도 그립고 보고 싶은 마음은 여전하고 엄마가 없는 세상이 너무 허전해서 싫은데 이모가 또 엄마의 전철을 밟아야 하고 이종사촌들은 또 나처럼 이별의 슬픔을 겪어야 한다니 생각만 해도 가슴이 먹먹하다.

세 분 이모와 외숙모가 한자리에 모였다. 큰이모의 화통했던 목소리와 여장부 같던 모습은 간데없고 얼굴은 넘어져 긁힌 상처투성이다. 걱정스러운 표정으로 바라보는 우리에게 큰이모는 엄마처럼 괜찮다고 말하고는 웃었다. 이모들과 외숙모가 정담을 나누며 식사를 하고 우리도 옆자리에 앉아 그들의 이야기에 귀를 기울였다. 언니들에게 투정을 부리는 막내 이모, 여든의 중반이지만 이것저것 배우며 즐겁게 사신다는 둘째 이모, 그들의 이야기를 들으며 웃고만 있는 큰이모. 모처럼의 만남이 즐거운지 시간이 갈수록 웃음소리도 잦다. 아무렇지 않은 듯이 서로를 챙기며 식사를 끝내고 시원한 수박까지 한 조각씩 먹고 헤어질 시간이다. 떨어지지 않는 발걸음, 목이 멘다. 이런 나를 이모들은 꼭 안아주며 엄마 생각나면 언제든 당신네 집으로 오라신다. 만나서 반갑고 즐거웠다기보다 무엇을 빠트린 듯이 허전하다. 승용차로 서너 시간 걸리는 고향이 멀기는 하지만 부모님 살아계실 때는 고속기차를 타고 와서 몇 시간 수다 떨다가 저녁에 가곤 했었는데 이렇게 좋아하시는 것을 이제야 해 드렸다는 죄책감에 마음이 무겁다. 또다시 함께 볼 수 있을까. 모두 배웅하고 차에 오르니 만감이 교차한다.

소중한 사람들이 하나둘 내 곁을 떠날 때마다 삶과 죽음을 생각한다. 아버지 떠나고 50일 후에 엄마를 보내면서 그곳에 아버지가 계시니 맘 편히 가실 수 있겠다는 생각을 했었다. 이제는 힘든 집안일과 밭일에서도 벗어나 편히 쉴 수도 있겠다며 나를 위로하고, 허토를 하면서는 열심히 잘 살다가 훗날 만나러 가겠다고 했고 사십구재 날에는 사진을 끌어안고 목 놓아 울면서 마지막 인사를 했었다.

생로병사의 이치를 누가 거스를 수 있을까마는 엄마의 뒤를 따라 이모가 가신단다. 누구도 피할 수 없는 끝을 향해 모두 가고 있지만 소중한 사람들을 많이 잃어서인지 감정도 무디어진다. 특별히 기쁠 일도, 엄마가 돌아가셨을 때처럼 목 놓아 울 일도 없다. 잠을 자듯이 죽으면 좋겠다고 엄마가 자주 하셨던 말씀을 몇 년 전에 이모도 내게 하셨다.

부모도 배우자도, 친구도 친척도 모두 떠나고 나면 죽음이 덜 무서울까. 개똥밭에 굴러도 이승이 좋다고들 하지만 각자의 복만큼 건강하게 잘 살다가 모두가 잠을 자듯 고통 없이 이 세상 소풍을 끝냈으면 좋겠다.

집으로 돌아오는 길, 하늘은 여전히 잿빛이다.

봉숭아 꽃물

최천숙
2010. 4. 천료

담장 아래
올망졸망 핀
하양, 빨강, 분홍 꽃
봉숭아

색동저고리 입고
열 손톱을 붉게 물들인
손에 손잡고
빙빙 돈다.

훤(晅)한 얼굴에
웃음꽃 피어
뛰어 노는
우리 아이들

봉숭아 꽃물 들이고.

10월 첫날 제주에서 아침에 마을 동네 산책길을 나섰다. 뒤쪽 산등성에는 설문대할망이 길게 누워 있고 앞쪽으로 걸어 나가면 푸른 바다에 떠 있는 섶섬이 보인다.

노랗게 물들어 가는 감귤밭을 지나다가 현무암을 차곡차곡 쌓아 올린 낮은 담 아래 붉은색 봉숭아가 나란히 피어 있었다. 너무나 반가워 가던 길을 멈추고 들여다본다. 꽃잎이 봉황같이 생겨 봉선화(鳳仙花)라고도 부른다. 폰 카메라로 요리조리 찍어 두었다.

“아빠하고 나하고 만든 꽃밭에~ 채송화도 봉숭아도 한창입니다”

어린 시절 많이 불렀던 동요이다.

우리 집 꽃밭에도 봉숭아가 피어 있었다. 아버지께서 꽃을 좋아하셔서 마당에 꽃과 나무가 가득했다.

봉숭아 꽃잎을 따다가 바위에 올려놓고 작은 돌로 짓이긴다. 백반을 조금 넣어 섞어 손톱 위에 올리고 봉숭아 길쭉한 잎을 따다 돌돌 감아 하얀 무명실로 묶는다. 사나흘 밤 지나면 손톱이 빨갛게 물든다는데 한 번도 성공하지 못했다. 봉숭아가 떨어질까 봐 조심해도 하루를 넘기지 못했다. 그래도 붉은 물은 들었다. 다섯 손가락 모두 들인 적도 있고 약지와 새끼손가락에만 들인 적도 있었다. 손톱이 자라나면서 물든 손톱이 점점 잘려나간다. 꽃 물든 손톱이 첫눈 내릴 때까지 남아 있으면 첫사랑이 이루어진다는 말이 있다.

옛날에는 여자뿐 아니라 남자아이도 봉숭아로 손톱을 빨갛게 물들였다고 한다. 이것은 예쁘게 보이게 하려는 것보다 병마(病魔)를 막기 위한 것이었다. 붉은색이 병이나 나쁜 것으로부터 몸을 보호한다는 속설이 있기 때문이다.

집 울타리나 장독대에 붉은 봉선화를 심어 뱀이 집 안으로 들어오지 못하게 한다고 하여 금사화(禁蛇花)라 부르기도 했다.

우리나라 토종의 흰색 봉숭아는 씨앗이 약재로 많이 쓰이는데 몸속의 덩어리나 뼈를 무르게 하는 성질이 있어 각종 염증이나 통증, 암에 좋고 어혈을 풀어 혈액순환을 원활하게 하여 불임증이나 부인병에도 효능이 있다.

요즘에는 매니큐어에 밀려 사라졌지만, 손톱을 봉숭아 꽃잎으로 물들이는 풍습은 본래 잡귀나 병이 들어오지 못하게 하는 방편으로 되살려야 하는 전통 풍속이다.

서리 내리기 전까지 꽃이 핀다는 봉선화를 가을날 남쪽 지방에서 만나니 어린 시절이 떠올라 돌아가신 부모님이 그리워진다.

내년에는 친정집 마당에 핀 봉숭아를 따다가 꽃물을 예쁘게 들여 봐야겠다.

느티나무를 바라보며

김성배
2010. 5. 천료

2012년 10월 인천 동춘동에 이사 와서 청능대로 왕복(16차선의 대로)에 서 있는 느티나무를 발견했다. 단풍의 아름다움과 가지런히 건강하게 서 있는 나무의 모습은 정말 내 가슴을 뿌듯하게 했고 참 아름다운 곳에 이사 왔다는 생각에 엔도르핀이 최고조에 날했나.

몇 주일이 지난 후에 연수구 동춘동 도로와 온 동네를 돌아다녀 보니 공원이 참 많았다.(부수지공원, 동춘공원, 청량 어린이공원, 인더스파크, 센트럴파크) 아파트 사이에 서 있는 향나무 거의 느티나무로 숲을 이루고 있다.

우리 연수구의 구목은 느티나무다. 느티나무는 느릅나무과에 속하는 낙엽활엽 교목이라고도 한다. 우리나라의 모든 지역에서 자란다. 가지는 사방으로 비스듬히 뻗으며 암꽃과 수꽃이 따로 꽃이 핀다. 주로 수액을 포함하여 꽃잎이 없는 꽃을 가지고 열매는 날개가 있거나 다육질이거나 견과처럼 생겼다. 잘 썩지 않고, 물에 잘 견디어 농기구의 자루나 기구를 만들거나, 건축자재로 쓰인다.

우리나라에서는 시골 솔마을 어귀의 정자나무로 널리 심어져 있고, 수령이 1,000년 이상 된 기념물이나 보호수로 지정되어 있다. 이 나무는 우리나라와 중국, 일본, 몽골, 대만이 원산지이다. 시베리아 유럽 등지에 분포한다. 은행나무와 함께 오래오래 사는 나무로 알려져 있다.

우리나라에 있는 수령이 천 년 넘는 나무 60여 그루 중 25그루가 느티나무다. 괴산에 있는 느티나무, 공주 공산성에 있는 3그루의 느티나무는 크기와 나무의 거대한 모습이 공산성을 지키고 그 당시 견훤이 승전가를 부르는 의기양양한 모습을 본 나무로 지금도 하늘 높이 우뚝 서 있다.

오래된 나무의 수피는 진한 회색으로 비늘처럼 떨어지며 피목이 옆으로 길게 만들어진다. 어린 가지에는 털이 나기도 한다. 잎은 어긋나고 잎끝은 뾰족하지만, 잎밑은 둥글거나 심장처럼 약간 들어가 있으며, 잎백은 경계로 양쪽이 서로 다른 모양을 하고 있다. 잎은 가을에 황금색 또는 윤기 있는 구리색으로 물들어 가을의 정취를 물씬 풍기는 가로수와 마을의 정자나무로써 한층 더 사람의 눈과 마음을 즐겁게 한다.

우리 동네 느티나무 그늘에는 온 동네 남녀 어르신들이 다 모인다. 좀 더 서늘한 의자 쪽에는 여성들이 자리 잡고, 건너편 의자에는 남성 어르신들이 모여 앉아 소담을 나눈다. 이곳에 오면 온 동네 소식들을 다 듣고 이야기하고 서로 정을 나눈다.

아파트에 장날이 선다. 현대 대림 쪽에서는 화요일에 서고, 청송 사과가 중심인데 사과 주인(인택사장)은 상술이 좋은 것 같다. 어르신들이 오시면 인사를 먼저 하고 사과 1개를 쪼개서 칼로 껍질을 깎아주고 맛을 보게 한다. 귤도 주면서 맛을 보게 한다. 사과 맛이 내 입에는 제일 좋은 것 같다. 나는 화요일마다 사과를 산다. 사과, 삶은 계란 한 알, 커피 한 잔이 나의 아침 식사이다.

경로당 회장님이 오시면 장날이니까 귤도 사 오시고 바나나도 1개씩 나누어 준다.

이 나무 그늘에 앉아 바람에 따라 정다운 이웃 사랑의 대화 속에 무더운 여름을 잊고 시간을 가는 줄 모른다. 느티나무는 5월에 꽃이 피고, 그늘을 만들어 주고 10월에는 열매를 맺는다. 가을이면 갈색 단풍이 물들어 가로수의 멋을 뽐낸다. 이 나무는 옮겨 심을 경우, 흙이 마르지 않도록 물을 자주 주어야 한다.

기념수로도 쓰이고 넓은 정원에도 심는다. 재목의 결은 약간 거칠지만, 재질이 강하고 질겨서 뒤틀리지 않고 무거우며 무늬와 광택이 아름답다. 또한 잘 썩지 않으며 물에 잘 견디어 농기구의 자루나 가구를 만들거나 건축재로 쓰인다. 요즘에는 분재용 식물로 널리 가꾸고 있다.

이른 봄이면 어린잎을 채취하여 떡에 섞어 쪄서 먹기도 한다.

이 나무의 줄기는 강인한 믿음의 의지를, 고루 퍼진 가지는 조화된 질서를, 단정한 잎들은 예의를 나타내며 옛날부터 마을을 지켜주는 마을 정자나무로 널리 심어온 귀중한 나무 삶의 모습을 바라보면서 나의 남은 삶을 그리어 본다.

여자의 일생

장봉천
2010. 6. 천료

사월의 끝자락에 다대포 해변을 걸었다. 마침 붉게 타오르는 해당화를 발견했다. 바람에 나풀거리는 해당화꽃이 마치 한 여인의 일생인 것처럼 느껴졌다. 거센 파도 소릴 들으며 곱게 꽃을 피운 해당화를 바라보노라면 마치 사랑하는 여인의 일생처럼 여겨진다.

이십 년 전 그해 사월이었다. 법기 수원지를 배경으로 캔버스에 추억에 사로잡힌 그리움을 그려내는 그녀의 손놀림이 바람결에 흔들리고 있었다. 나는 조용히 그녀 곁으로 다가섰다. 미소를 머금고 계속 캔버스에 그리움을 담아내는 그 모습에 영혼은 서서히 젖어 들고 말았다. 마치 오랜 친구 사이처럼 이야기 동무가 되었다.

그녀와의 인연은 그렇게 시작되었다. 독실한 불교 신자로 부처님을 신봉한 그녀는 사랑은 오직 배려 그 자체였다. 그것이 오늘날 20년이 넘도록 구김살 하나 없이 살아온 그녀의 일생이었다. 그 무렵 마지막 공직생활을 앞두고 멀리 떠나간 잊지 못할 한 여인의 미련 때문에, 가슴 아픈 상처가 사나이의 마음을 송두리째 빼앗아버린 그 순간이 차마 말 못할 상처투성이가 아닌가. 내세울 것 하나 없는 나의 손을 잡아준 그녀였다. 매월 받는 연금 이백만 원도 안 되는 수입을 마다치 않고 영원한 벗으로 가슴으로 품어준 애틋한 여인이었다.

봄, 여름 가을, 겨울이 수십 번 바뀌도록 구차한 삶에 대해 내색 하나 없이 살아온 여인의 일생은 아직도 그 모습이 조금도 흐트러짐이 없이 맑고 깨끗하다. 그녀는 의과대학생을 둔 자식을 뒷바라지하면서도 어디 한 번도 얼굴 찌푸린 적이 있었던가. 상처뿐인 한 남자를 만나 행복을 꿈꾸며 살아온 그녀의 사고방식은 오로지 배려와 절약이다. 주어진 삶이 비록 궁핍이 도사리고 있어도 조금도 후회하지 않았다. 오히려 그것을 인생이 살아가는 방식임을 알고 주어진 일에 충실하면서 외부로부터 삶을 구걸하지 않았다. 그리고 부족한 삶에 대해 미련을 갖지 않고, 매달 주어지는 수입을 천금같이 여기며 살아왔다. 그것은 오로지 한 가정의 행복을 염원하기 위해서라 했다.

아침 햇살이 스며드는 창가에 카틀레야, 긴기아난, 대명석곡을 가꾸며 사랑을 속삭이는 아름다운 여인이었다. 난초꽃을 피우기 위해 내 몸같이 아끼며 사랑하는 그녀의 갸륵한 정성은 그 누구도 따를 수 없도록 마음이 풍족했다. 해마다 삼월의 언저리에서 그윽한 향기를 내뿜는 난초의 꽃을 바라보며 우리는 사랑을 속삭였다. 고운 난초꽃 향기처럼 우리 삶은 그렇게 익어만 갔다. 나는 그녀에게서 풍기는 뜨거운 사랑은 믿음과 베풂이라고 생각했다. 그리고 생명을 귀히 여기는 철학을 늘 배우고 익혔다.

나는 그녀가 매일 아침 챙겨주는 모닝커피에 영혼을 적신다. 머그잔에서 모락모락 피어오르는 커피 향기에 웃음을 잃지 않고 무언의 사랑을 나눈다. 찻잔 속의 사랑은 익고 익어서 벌써 20년의 세월이 흘렀다.

그녀의 머리칼이 일흔을 바라보는 억새꽃처럼 하얗게 익어간다. 구김살 없이 살아준 그녀의 일생을 바라보면 늘 미안한 마음 금치 못한다.

이십 년 전이었지, 불교에서 기독교로 돌아온 그녀에게 소정교회에서 하얀 드레스를 입혀 주었다. 그 추억이 새로운 웨딩마치가 눈시울을 적신다. 연약한 사나이의 가슴에 뜨거운 장작불을 지펴준 여인의 모습이 지금, 이 순간까지도 눈에 선하다. 사랑은 종교를 초월한 아름다운 추억이 아닌가. 초심을 잃지 않고 열심히 살아온 사랑한 여인의 일생이 내 가슴을 적신다.

나는 그녀를 사랑하기 때문에, 그녀의 눈빛만 보아도 사랑이 무엇인지 깨닫는다. 바닷가 거센 파도 소리를 삼키는 해당화처럼 향기로운 여자의 일생을 영혼 속에 깊이 담고 살아가련다.

준비된 자에게 기회가 온다

김성윤
2010. 9. 천료

일러스트 GTQi 3급에 합격한지도 벌써 7년이 다 되어간다. 세월이 참으로 빠르다. 시험을 봤지만, 그 후 일러스트를 쳐다보지도 않았다. 이런저런 일들로 할 시간도 없었다. 내 글에 일러스트 시험 과정을 쓴 것을 보고 한 작가분에게 출판에 표지 디자인을 해 보라는 제인을 받았다. 하지만 거절하고 말았다.

컴퓨터가 망가져서 일러스트 프로그램이 날아가고 없었다. 그 후 일러스트 프로그램을 구해야지 하면서 미루고 있었다. 일러스트를 하고 싶다는 것은 재능이 있는 것인지 모르는 일이다. 불편한 손으로 아픈 마음으로 몇 배 시간을 투자해야 했다. 연습할 때는 시간 내에 다 못 했다. 그러나 시험 때 시간에 다 하고 나와서 합격을 했다.

그 후 안 했더니, 다 잊어버렸다. 계속했다면 실력이 쌓였을 것이다. 일러스트는 프로그램만 잘 하면 안 된다. 색깔 감각도 있어야 하고 좋은 아이디어도 있어야 하고 다른 사람들 작품을 많이 보고 지금 유행하는 디자인이 무엇인지도 잘 파악해야 한다. 이것은 아주 섬세한 작업이다.

계속 열심히 했다면 제안을 받았을 때, 거절하지 않고 돈벌이가 되었을 것이다. 후회된다. 신께서 주신 귀한 선물을 노력을 하지 않아 방치했다. 기회가 왔을 때, 준비가 되어 있지 않으면 아무것도 할 수 없다. 그 귀한 선물에 뜻이 있었다. 다시 시작해 보자고 마음을 먹었다.

컴퓨터 하드디스크를 늘리고 그래픽 카드를 깔고 일러스트 프로그램과 포토샵 프로그램을 깔았다. 요즘은 책이 필요가 없다. 유튜브를 찾아보면 일러스트 강의가 다 있다. 요즘 학원비가 없어서 공부를 못 한다는 것은 핑계다. 본인이 시간과 노력만 있다면 충분히 배울 수 있는 세상이 되었다. 강의를 들으면서 7년에 배운 기억들이 다 살아난다. 그때 그렇게 배우기 힘들었는데 세월이 흘러서 해 보니, 재미가 있다.

하루하루 바쁘게 살아가고 있지만, 더 시간을 쪼개어서 조금씩 실력을 쌓아보련다. 많은 일을 하면서 지치고 힘들 때, 조금씩 하다가 보면 실력이 좋아질 것이다. 바쁘게 살아가는 것은 좋은 일이다. 바쁘게 살아가면 아픔도 상처도 잊을 수 있고 무엇인가, 먹고 싶은 생각도 사라지고 돈 쓸 시간도 없다. 그렇게 살다가 보면 희망이 꿈이 되고 꿈이 직업이 될 것이다.

앞으로 하다가 보면 더욱더 좋은 일들이 생길지 모르는 일이다. 또한, 이렇게 살아갈 수 있는 능력과 건강을 주신 신께 감사드린다.

지켜야 산다

이기화
2010. 9. 천료

자연으로 돌아가라는 루소의 말이 생각난다.

물이 아래로 흐르는 것처럼 순리대로 되면 얼마나 좋을까.

옥천에 갔던 때가 있었다. 친구의 딸이 결혼한다 하여 내려갔는데 결혼식이 끝나고 속리산을 가자고 누군가가 얘기를 해서 디들 좋다고 찬성한다. 도착해 이리저리 둘러보다가 시내가 흐르는 다리 밑을 바라보는데 작은 움직임이 있다. 자세히 바라보니 떼 지어 다니는 물고기가 보인다. 송사리일까, 피라미일까 궁금한데 자세히는 볼 수 없다.

문득 어릴 때 고향이 떠오른다. 비만 오면 뭐에 홀린 듯 물고기를 잡으러 얼기미(밑바닥의 구멍이 굵고 큰 체. 어레미의 방언)를 들고 냇가로 뛰어갔다. 풀숲 아래에 얼기미를 대고 발로 풀숲을 훑어 건지면 송사리 미꾸라지가 파닥거린다. 여러 번을 그렇게 하다보면 가끔은 은비늘을 반짝이는 붕어가 잡혀 뛸 듯이 기뻤다.

붕어 한 마리는 송사리보다 몇 배 크고 송사리

여러 마리보다 더 좋았다. 가끔은 빨강 색과 푸른색이 도는 무지갯빛 비늘을 가진 물고기도 잡힐 때가 있는데 이름은 몰라도 신이 났다.

저수지에 가서 가장자리에 얼기미를 넣었다 건지면 이렇게 많이 하고 놀랄 정도로 민물새우가 한주먹씩 잡히곤 했다.

지켜야 할 것은 많지만 언뜻 생각나는 것 몇 가지만 추려 보기로 하였다. 그것들은 사라진 것이 있고 소수만 남은 것이 있다. 잃어버린 것들을 되찾아야 하며 장려하고 신경 써서 잘 보호해야 한다. 토종의 어류와 곤충, 양서류, 조류, 곡식, 채소 등이다.

토종 벼 '은방'이라고 있었다. 양이 많이 나는 통일벼가 나왔는데 일찍 수확할 수 있고 벼 알이 우리나라 토종 벼에 비해 많다는 것이다.

다른 집은 통일벼로 바꾸고 우리 집은 은방이라는 벼를 고집하셨는데 하루는 반장이 우리 집에 찾아와 통일벼가 좋다며 아버지를 설득하였으나 안 바꾼다고 일침을 놓았다. 이유는 통일벼는 찰기가 없고 밥맛이 없다는 것이 이유였다. 한 해 지어보고 어떤 사람은 우리 집에 찾아와 은방볍씨를 바꿔 갔다.

그 통일벼는 정부미라고 나온 것이 있는데 그것이 통일벼의 쌀이었다. 밥맛이 없고 밥알이 붙지 않고 서로 떨어진다. 사람들의 논에서 통일벼가 사라졌다. 집에서 농사짓던 채소도 조선배추, 조선무, 조선밀 등이다. 조선배추는 어렸을 때 먹어보았는데 통이 작고 뿌리가 굵고 맛이 단맛이 난다. 조선무도 작으며 맛이 있다.

미국 밀은 크고 통통한데 비해 조선 밀은 날씬하며 작았다. 조선이라는 말이 들어간 채소나 곡식은 크기가 작으나 맛이 뛰어났는데 양보다는 질이었다. 그 모습을 본 적이 없어 아쉬워하는 중 한국토종씨앗박물관, 한국씨앗도서관협의회, 국제슬로푸드한국협회에서 토종씨앗을 장려한다는 소식이 있어 반갑다.

황인종도 지켜야 할 것 중 하나다. 황인종, 백인종, 흑인종 세 가지

중에 황인종이 제일 열성이기 때문이다. 황인종끼리 결혼했을 때는 황인종 자녀가 태어나지만 백인종과 황인종이 결혼했을 때는 백인종이 태어난다. 백인종이 우성이고 황인종이 열성이기 때문이다. 황인종과 흑인종과 결혼했을 때는 흑인종이 태어난다. 황인종이 열성이고 흑인종이 우성이기 때문이다. 다문화시대 세계화 시대인데 무슨 소리냐고 할지 모르지만 내 것을 지키고 그다음을 생각해야 하기 때문이다. 집안은 엉망으로 어질러 놓고 다른 집을 깨끗이 치운다면 분명이 말이 나온다. 내 일도 안 하면서 다른 사람 것을 도와준다면 이치에 맞지 않는다. 내 일을 해 놓고 상대방 일을 도우면 된다.

토종 물고기도 지켜야 한다. 지금은 냇가에서 살던 토종 물고기와 저수지에 살던 새우 등이 사라지고 있었으니 이유는 바로 해외에서 건너온 덩치 큰 물고기와 개구리 등이 포식해서다. 방송에서 큰입배스나 블루길 배를 열어보니 우리나라 토종 고기들인 쏘가리, 참붕어, 송사리, 피리미, 민물새우, 각시붕어, 다슬기, 버들치, 치어, 붕어들이 들어 있었다.

교란 어종 입에서 다슬기, 곤충, 줄새우도 들어 있다. 공명식 한국생태계교란어종퇴치협회장은 "이렇게 작아보여도 계속 번식이 가능하고 그러니까 인위적으로 개체 수 조절을 해 주지 않으면 개체 수가 증가되는 건 순식간이죠"(KBS 뉴스)라고 말한다.

얼마 전부터 방송에 나오는데 생태학자들이 입을 모아 이렇게 방치하다 보면 토종 고기들이 잡아먹혀 멸종될 거라고도 하였다.

황소개구리, 큰입배스, 블루길이 생태 교란종이고 다음에 나오는 종들도 마찬가지란다. 왕우렁이, 브라운 송어, 미국 가재, 검은 말벌, 피라니아, 독 두꺼비, 미국 메뚜기, 뉴트리아 등이다.

덩치 큰 황소개구리가 처음에 등장했을 때는 단백질 공급원으로 역할을 할 것이라고 뉴스에서 알려 주었다. 보는 사람도 주먹보다 큰 모습을 보며 신통방통하다며 좋아들 했었다.

맨 처음 물고기를 수입해 들여올 때는 방생한다고 사서 강이나 저수지에 넣게 되었다고 한다. 뜻은 좋았으나 결말이 안 좋게 된 예이다.

그것을 사람들이 역행하니 문제가 되는 것이다.

반가운 소식은 토종 어종 방류행사가 열리고 있다는 것이다. 그러나 방류보다 더 급한 것이 생태계 교란종을 퇴치하는 것이다. 생태계 교란종을 퇴치하는 장면이 방송에서도 방영되었고 퇴치하는 데에 열심인 사람들이 있으나 적은 인력으로 어려움이 따르고 있다.

더 많은 인력이 필요하고 경제적 지원이 필요하다. 나라에서 거시적으로 계획하여 무장공비 소탕하듯 이 잡듯 했으면 하는 바람이 있다. 이럴 때 나도 수영만 할 줄 알면 동참하고 싶다.

이참에 수영을 배워 볼까나.

소설 『토지』는 능소화이다

안명영
2010. 11. 천료

소설 『토지』는 1897년 추석부터 1945년 해방까지 하동 평사리 최참판댁 서희와 주변 사람들의 암울하던 시대에 치열하게 살아가는 한(恨)의 이야기를 담고 있다.

박경리는 토지를 1969년 현대문학 9월호에 연재를 시작한 이래 25년에 걸쳐 500여 명의 등장인물에게 맞는 옷을 입히고 개성을 살리며 바위와 이끼까지 의미를 부여한다.

용이 무덤가 소나무 사이 바위에 낀 파란 이끼는 홍이에게 아버지 삶을 회상하게 하고 월선 어머니의 환영을 불러오는 영체가 되기도 한다.

"홍아, 니 본지 참 오래고나. 이자는 나무 아아들 책보 뺏아서 강물에 던지는 그런 짓은 안 하겄제…."

소설 토지를 상징하는 꽃은?

소설 토지 속의 능소화

미색인가 하면 연분홍 빛깔로도 보이는 능소화가

한창 피어 있는 유월, 담장 밖이었다. 비가 걷힌 돌담장은 이끼 빛깔로 파랗게 보이었다. 담장을 기대고 아무렇게나 피어 있는 능소화, 치수는 초당에서 내려오다가 구천이를 보았다. 그는 넋을 잃고 서 있었다. 치수가 가까이 갔을 때도 인적기를 모르는 듯 능소화 옆에 서 있었다.(제1부 제2편 추적과 음모)

서희에게 외로움을 재촉했다. 이를 악물며 열 손톱이 닳아 빠져도 기필코 탈환하리라 맹세하였던 평사리 옛집, 추억은 살아서 구석구석에, 능소화가 피던 울타리며, 버들잎이 떨어지던 연당이며 흔적은 도처에 산재해 있건만 거창한 집은 때때로 낡은 상여틀 같이 느껴진다.(제4부 제1편 생존의 본능)

회령여관에서 당목치마는 벗어버리고 법단 남치마에 옥색 주의(周衣, 두루마기)로 갈아입고 미색 비단 목도리를 목에 감은 기화(봉순)는 서울서도 다방골 일류 기생의 면모가 역력하건만 그의 걸음걸이는 혜관의 법의자락이라도 거머잡아야 온전할 것처럼 불안해 보인다.(제2부 제4편 용정촌과 서울)

소설 토지 속의 능소화 의미

서희는 힘들 때마다 울타리에 피어나던 능소화를 생각하며 일어서고, 봉순이는 미색 비단 목도리로 일류 기생의 면모를 갖춘다. 미색은 엷은 노란색이다.

작가는 능소화의 노란색과 생명력을 소설에 풀어낸다. 능소화는 능가할 능(凌)에 하늘 소(霄)로서 하늘사다리(天梯)를 잡으면 하늘 끝까지 올라갈 수 있는 꽃(花)이다.

능소화는 명예와 여성이라는 꽃말을 가지며 활짝 펴진 채 통째로 떨어진다. 님을 기다리다 기운이 다하여 '툭'하고 떨어지는 이 꽃은 하나의 애절한 사랑을 나타내기에 충분하다.

별당아씨를 두고 최치수와 김환의 애증 설정은 토지의 시작이며 끝이다. 구천이(김환)는 같은 배에서 태어났지만 형은 별당아씨 남편이고 자신은 머슴이라는 신분에 괴로워하다 별당아씨 사랑을 얻었지만 두 사람은 끝없는 도주를 하게 된다. 아버지가 다른 두 아들을 보면서 어느 쪽에도 치우치지 못하는 윤씨 부인은 동학대장 김개주와 불륜의 늪에서 평생 벗어나지 못한다.

상현은 서희가 자기를 배우자로 선택할 것이라 기대하지만 남편으로 길상이를 선택하고 오빠 관계가 좋겠다는 고백에 배신감과 패배의식에 빠지게 된다. 길상의 사랑을 확인받지 못한 봉순은 간도행을 포기하고 국내에 남아 기생(기화)이 된다.

서희와 길상으로부터 상처받은 상현과 기화는 서로 위로하며 양현이라는 딸을 낳게 되고….

서희는 낳은 딸 이상으로 곱게 키운 양현을 아들 윤국이와 결혼시켜 며느리로 곁에 두려한다. 양현은 윤국이를 오빠로서 좋아하지만 영광을 사랑한다고 고백한다. 서희는 이들의 관계를 보면서 진정한 사랑이 무엇인지 조금씩 알아간다. 윤국은 상처를 받고 학도병으로 지원하며 영광이 마저 양현의 곁을 떠난다.

능소화는 어떤 꽃인가

능소화 4그루를 초여름 현관 좌우로 두 그루씩 심었다.

6월 중순 세 그루가 꽃을 피웠다. 줄기 가장자리마다 갈색 대추씨 모양의 주머니가 생기고 끄트머리에 5개의 꽃받침이 벌어지며, 통꽃이 포대처럼 밀려 나오더니 5갈래 꽃잎으로 갈라져 개화한다. 색깔은 뒤쪽은 주황색이며 앞은 진한 감색이다. 트럼펫이 주렁주렁 매달려 가지 각색의 소리가 울려 퍼지는 듯 능소화는 사방팔방 자태를 뽐낸다.

한 그루는 꽃 필 기미가 없다. 며칠을 보내자 개화를 시작하였다. 반가워 요모조모 뜯어보는데 암술 하나에 수술은 네 개이다. 수술은 2개씩 암술을 향하여 몸을 깊숙이 구부려 정중히 예를 표하는 듯하다. 암술은 주걱 모양이며 위 수술보다 조금 길다. 이 같은 얼개는 다양한 곤충에 의하여 가루받이를 위한 장치이다.

소설 토지 상징은 능소화

구천이와 별당아씨가 도장에 갇히고 윤씨 부인이 열어주어 새벽에 산으로 도주한다. 치수는 신식총으로 사격연습을 끝내고 강포수와 수동이를 거느리고 지리산으로 둘을 사냥하러 들어간다. 며느리를 사이에 두고 아들들의 애증을 보면서 가슴속이 검게 타버린 윤씨 부인, 실로 평사리 최참판댁의 부침은 능소화가 피고 지듯….

별당아씨와 치수와 김환, 서희를 두고 상현과 길상, 양현이를 좋아하는 윤국이와 영광의 관계!

담장 너머 피는 애절한 능소화, 수술과 암술의 특이한 구조 등은 소설 토지를 상징하기에 적합하다.

자유데이

김소형
2011. 3. 천료

겨울답지 않게 기분 좋은 바람이 부는 날, 30년 지기 이웃사촌들과 강릉여행을 다녀왔다. 전날 내린 눈으로 차창 밖은 하얀 세상이 펼쳐졌고, 강릉으로 갈수록 점점 더 많은 눈이 쌓여 있어 겨울왕국으로 들어가는 느낌이었다.

그동안 이웃사촌들과는 가족 여행, 부부동반 여행을 자주 했지만, 이번에는 여자들끼리 자유데이를 즐기고 싶어 떠나왔다.

이웃사촌 언니들은 결혼 후 처음 살았던 아파트에서 만나, 아이들의 출생과 성장 과정을 함께한 가족 같은 분들이다. 춘천이라는 낯선 곳에서 아이를 낳고 기르면서 느꼈던, 힘들고 외롭던 시간에 두 손을 꼭 잡아준 소중한 인연이다.

이번 여행을 준비하면서 우리는 아이들, 남편으로부터 나에게 '자유'를 선물하고 싶었다. 내가 매일 해야만 하는 일들에서 잠시 벗어나 게으름도 피웠다. 오직 나만 생각하고, 느끼고, 쉬며 내 안의 소리에 귀를 기울여 보는 시간을 가졌다.

시간의 흐름 속에, 어렵게 느껴지는 것들이 늘어나면서 나도 모르게 동행하는 우울한 마음을 떨쳐낼 필요도 있었다. 지금쯤 큰 소리의 파이팅이 절실했다.

우리는 천천히 바닷가로 걸음을 옮기면서 생각의 속도를 늦춰보았다. 요즘 강릉의 핫플레이스로 뜬다는 아르떼뮤지엄에서는 생각을 허물어 버리기도 했다. 강릉 가면 꼭 먹어 보라는 옥수수라떼를 주문하기 위해 오랜 시간 줄 서서 기다려도 전혀 지루하지 않았다. 오히려 기분 좋은 생각이 더해졌다. 어지러운 생각들이 하나씩 빠져나가면서 예전에 느끼지 못한 기분 좋은 경험이었다.

오랜만의 일탈은 우리를 잠들지 못하게 했고, 시원하게 마신 맥주 한 잔의 달콤함에 취해 거름망 없는 속마음이 쏟아져 나왔다. 하고 싶었던 많은 일이 해야 하는 일의 뒤편으로 밀려났던 적도 있었고, 어쩌다 정말 소원하던 일을 할 수 있는 순간순간이 찾아와도, 매일 내 손길을 기다리는 일들을 먼저 하느라 놓쳐 버렸던 경우도 많았다.

아이들이 조금만 자라면 꼭 하겠다고 숙제처럼 뒤로 미뤄 놓았던 그 일들이 내게는 가장 중요한 일이었을지도 모르는데 우리는 속없이 웃으면서 털어버렸다. 함께 한 시간 속에 대부분 알고 있는 내용이었지만, 그래도 맞장구쳐주는 장단에 목소리는 더 힘이 생겨났다.

어느 순간 거울 속 내 모습이 낯설게 느껴져 울고만 싶을 때도 있었다. 잠이 오지 않아 밤새 외로움에 아플 때도, 느닷없이 누군가의 삶 속에 끌려 들어간 느낌을 받을 때도 있었다. 아무도 대답할 수 없는 질문을 하면서, 상실감으로 마음에는 이미 커다란 구멍이 생겨 버렸다. 어떤 것으로도 그 구멍을 막을 수 없었는데, 그 밤 우리는 서로의 구멍에 뚜껑이 되어 덮어 주었다.

다음 날 새벽, 해가 떠오르는 것을 보려고 바닷가로 나갔다. 조금씩 오르는 해가 하늘에 낮게 떠 있는 검은 구름 속에서도 황금빛으로 반짝였고, 푸른 하늘은 황금 능선에 닿을 것처럼 보였다. 따뜻한 산들바람이 바다에 하얀 잔물결을 일으켰고, 우리는 해가 높이 떠오를 때까지 조용히 그 바다를 지켰다. 이른 봄 같은 온화한 공기와 고요함 때문이었을까, 바람은 일정한 방향으로 부드럽게 불며 우리의 몸과 마음을 감싸 안았다. 그렇게 우리는 그 시간 속에 편안했다.

기억해보면 참 열심히 살았다. 무엇을 위해 그랬냐고 묻는다면, 남들도 다 그렇게 사는 것 아니냐고 반문할 것 같다. 그때는 최선이라고 생각했는데, 왜 그토록 종종거리며 걱정으로 살았을까? 좀 더 느긋하게 기다려줄 수도 있었는데, 왜 그랬을까? 하고 후회도 된다.

일상을 벗어나면 무언가 커다란 행복을 이룰 것 같았는데, 오히려 집에 돌아오니 편안하고 좋다. 우리의 일상에 더 큰 보물이 숨겨져 있다는 파울로 코엘료의 『연금술사』가 생각났다. 행복은 가까운 곳에 늘 있다는 오래된 교훈을 짧은 여행을 다녀오며 다시 깨닫게 된다. 다르게 살고 싶었던 게 아니라, 우리는 다른 시간이 필요했던 거였다.

벌써 봄의 따사로운 무지갯빛 햇살이 내려앉는다. 나는 마음의 창문을 열어 놓으려 한다. 나에게 오는 그것들이 머물지 않고 무사히 통과해 내 안에 상처로 남지 않도록 애쓰고 싶다.

오늘 자유 여행은 시들지 않는 꽃이 되도록 오랫동안 기억할 것이다. 우린 그 꽃을 생각하며 또다시 힘을 얻고 삶의 허기를 달래길 바라본다.

그때 나는

유경희
2011. 4. 천료

tvn에서 주말마다 방영하는 「우리들의 블루스」라는 드라마를 본다. 극중 친형제처럼 서로 의지하던 인권과 호식은 어느 날인가부터 원수지간이 되어 있다. 아래 위층에 살고, 같은 시장에서 일하건만 마주치면 싸우기 일쑤다. 그런 그들의 자식들은 마치 로미오와 줄리엣인 양 서로 사랑한다. 거기다 고등학생인 두 아이 사이에 아기가 생겼단다. 이 일로 시장 한복판에서 싸우다 그들은 유치장에 갇히고 만다.

철창 안에 마주 앉아 인권은 갑자기 왜 그렇게 자신을 싫어하게 됐냐고 묻는다. 호식은 도박하는 자신 때문에 아내가 도망간 날, 딸에게 먹일 밥값도 없어서 도움을 청했을 때 거지 같은 새끼라고 하지 않았느냐, 딸내미 앞세워 앵벌이 시키니까 좋으냐고 하지 않았냐고 따져 묻는다. 인권은 거지 같다고 말한 게 한두 번이 아니었는데 새삼스럽게 왜 그게 문제가 됐는지 이해할 수 없다. 호식이 말한다. 그때 나는 집도 돈도 없는 진짜 거지였다고….

호식은 돈을 빌릴 때마다 인권에게 거지 같다는 말을 들었지만, 그동안은 그 말에 신경도 쓰지 않았다. 그건 자신이 거지가 아니었기 때문이다. 거지가 아닌 사람에게 거지 같다고 하면 그냥 넘길 수 있다. 인간의 마음은 섬세하고 미묘하다. 같은 말을 들어도 상황에 따라 마음이 다르게 반응한다.

그 장면을 보면서 문득 예전의 일이 떠오른다. 수영장 탈의실에서 옷을 갈아입는 나에게 A는 티셔츠가 잘 어울린다며 외출복 해도 되겠다고 말한다. 그냥 고맙다고 하면 될 것을, 나도 모르게 아무리 없이 살아도 이런 싸구려를 외출복으로 입지는 않는다고 내뱉었다. 그러고는 아차 싶었다. 그 티셔츠는 며칠 전 A가 나에게 사 준 것이다. 수영장이나 헬스 등의 탈의실에는 가끔 보따리를 들고 와서 물건을 파는 사람들이 있다. 같이 운동하는 사람들이기도 하고 그 가격이 그리 높지 않기에 대부분 하나씩 사 주곤 한다. 그날도 보따리에서 나온 셔츠들이 예쁘고 싸서 A가 두 개를 구입해 하나를 선물한 것이다.

사실 그때 나는 '싸구려'라는 말이 마음에 맺혀 있었다. 동창회에 간다는 말에 누군가가 부탁도 하지 않았는데 명품 가방을 빌려주겠다고 나섰다. 우리 나이엔 명품 가방을 들고 나가야 동창들에게 무시당하지 않는단다. 차려입고 나가지 않아도 되는 자리라고 하자, 싸구려 가방만 들지 말고 이 기회에 명품 가방 하나 정도는 구입하라고도 했다. 그때 나는 빠듯한 생활비에 아이들 학원비를 대느라 명품 가방은커녕 백화점에 누워 있는 이월 상품도 안 살 때였다. 줄일 수 있는 건 오롯이 내 몫뿐이었다. 그런 상황에서 들은 싸구려 가방이라는 말은 마치 내가 싸구려 취급을 받는 것처럼 자존심이 상했다. A에게 신경질적으로 반응한 건 종로에서 뺨 맞고 한강에서 눈 흘긴 격이다.

그래도 싸구려란 말을 한 사람이 누구였는지 기억나지 않는 걸 보면 그때 나는 아주 힘든 상황은 아니었나 보다. 황당하고 기분 나빴을 A

에게 바로 사과하지 못했음이 마음에 걸릴 뿐이다. 당시엔 싸구려라는 말을 사과하는 게 더 이상하다고 생각했다. 다른 사람이 사 줬으면 싸구려이고, 그가 사 줬으면 싸구려가 아닌 건 아니니 말이다. 지금 생각하니 바로 내 마음을 설명하고 이해를 구했어야 했다. 시간이 지날수록 더욱 말하기 어려워져 찝찝한 상태로 세월은 흘렀다. 내가 수영을 관두고, A는 함께 하던 모임에 나오지 않으면서 소원해졌다. 연락이 끊기게 된 데에는 그날의 실수가 큰 역할을 한 건 아니었나 하는 생각이 가끔 들곤 한다.

사람들은 가까운 사람들에게서 마음의 상처를 입는다. 가까운 사이기에 상처를 숨기고 예전처럼 지내기도 하지만, 오히려 가깝기에 그 상처가 회복되지 않으면 관계가 끊어질 수도 있다. 관계가 끊어지고 원수 사이가 되는 마음의 상처는 우습게도 말 한마디에 시작되기도 하고, 또 한마디 말에 봄눈 녹듯 풀어지기도 한다. 말한 이는 잊어도 들은 이는 잊을 수 없는 그 한마디는 결국 내 상황이 어땠느냐에 달려있는지도 모른다. 인권이도 억울해하며 소리치지 않는가. 내가 너한테 거지 같은 새끼라고 한 게 어디 한두 번이었냐고…. 같은 말이라도 듣는 사람의 상황에 따라 마음의 상처를 입기도 하고 흘려듣기도 한다.

십수 년이 흘렀어도 A에겐 아직 미안한 마음이 남아 있다. 그러나 언젠가 A를 만난다 해도 새삼스럽게 그 이야기를 꺼낼 용기는 없다. 그때 나는 싸구려라는 단어에 마음이 상해있을 때라 무의식적으로 튀어나온 말이었다고 이제 와서 이해를 구하는 것도 우습다. 설령 그때 나는 그랬노라고 양해를 구한들 그가 나를 완전히 이해할 수도 없다. 다만 내가 싸구려 가방 이야기를 한 이가 누구였는지 기억하지 못하는 것처럼, 그 역시 당시에는 기분이 상했겠지만, 지금은 기억하지 못했으면 하는 바람뿐이다.

주말농장

임대순
2011. 7. 천료

주말농장을 한 지가 벌써 3년째다. 코로나가 막 시작되던 때였는데, 처음엔 답답함을 해소하기 위해서였지만, 지금은 한 주일의 낙이 되었다. 상추나 깻잎 같은 싱싱한 푸성귀를 형제와 지인들과 나누어 먹는 것은 즐거움이다. 남편과 함께 매주 야외로 오가며 농장 일도 보고 맛집 들르는 재미도 쏠쏠하다.

지난주도 새벽같이 농장을 들렀다. 요즘 같은 한여름엔 날이 너무 더워 새벽에 움직여야 한다. 수확할 작물은 깻잎, 가지와 방울토마토다. 특히 깻잎은 남편이 좋아하는 푸성귀다. 첫해에는 총각무 씨를 뿌렸었다. 보름이 지나도 싹이 안 났고, 그나마 늦게 나온 놈들은 벌레가 다 먹었다. 열무도 비슷했다. 우리 같은 초보 도시농부에겐 그저 깻잎 같은 튼실한 작물이 좋다. 깻잎도 제대로 크면 아이들 키만큼 자라고, 이파리도 풍성해서 매주 따는데도 늘 그대로다.

깻잎 얘길 조금 더 하자면, 첫해엔 심지도 않은 깻잎이 여기저기 숱하게 나고 있길래, 아마도 지난해 누군가 이 자리에서 깻잎을 키웠나 보다 했다.

남편과 열심히 솎고 또 옮겨 심었다. 이내 노란 좁쌀만 한 꽃이 피었는데, 농장 어르신이 보더니 웃으면서 그건 그냥 깻잎 닮은 잡풀이라 했다. 깻잎과 잡초를 구별하지 못했던 거다.

그밖에 상추와 쑥갓, 아욱과 시금치 정도가 만만하다. 잘 버텨주니 무농약 친환경 재배가 되는 채소인 셈이다. 깻잎은 남편도 좋아하지만, 친정 형제들도 서로 달라고 하니, 정말 신나는 작물이다. 지인 중 한 분은 집 옆 공터에 해마다 참외를 심으셨다. 사람들은 그분이 참외를 좋아해서 심는 줄 알았지만, 아니었다. 지금은 없는, 아내가 좋아했던 참외라 해마다 참외를 심었다고 한다. 이분에게 참외는 그리움이다. 이렇듯 가까운 이가 좋아하는 작물을 가꾼다는 건 유별한 일이다.

내 경우는 꽃이다. 올해엔 3평짜리 밭을 하나 더 얻어서 꽃밭을 만들었다. 몇 해 전부터 배우던 꽃차 재료로 쓰기 위해서다. 여태껏 사거나 꽃밭에서 딴 꽃을 써 왔는데, 올해는 내가 키운 꽃으로 차를 만드는 재미가 너무 좋다. 지금 매주 따고 있는 꽃은 루테인 성분이 많아 눈에 좋다는 메리골드와 식물성 콜라겐이 많다는 금화규다. 둘 다 가을까지 쉬지 않고 핀다.

한쪽엔 비트가 무럭무럭 자라고 있다. 이건 가공할 건강 식물이다. 혈관과 성인병에 특효를 보인다. 꽃차 동우회 동료들이 모두 자기 남편으로 소위 임상시험까지 마친 이야기이므로 보증할 수 있다. 우리 남편은 복용하고 얼마 안 되어 저혈압까지 와서 소동을 피운 적이 있을 정도다.

자리를 옮겨 옆 밭에 심어 놓은 상추밭으로 갔다. 올해 마지막 상추가 될 것 같다. 이쪽 밭은 곧 김장거리를 심기 위해 밭을 갈아엎기 때문이다. 듬뿍 상추까지 한 봉지 채우면 오늘 농장 일은 끝이다. 아직 오전 이른 시간이지만 한여름인지라 땀범벅이다. 너무 이른 시간이라 점심 먹는 재미는 없지만, 대신에 편의점 얼음 커피와 복숭아 티가 있다. 뼛속까지 시원한 이 맛 또한 주말 농사에서 빼놓을 수 없는 즐거움이다.

수확도 재미있지만, 돌아온 뒤의 작업도 재미난다. 깻잎도 간장에 재워야 하고, 가지도 되도록 그날로 쪄두어야 좋다. 무엇보다 꽃들 처리가 시급하다. 시들기 전에 덖어서 꽃차의 향기와 효능을 잘 유지해야 한다. 최근엔 남편도 거든다. 몇 주 전, 메리골드 손질을 한번 돕고 나서부터는 그 일은 계속 남편 일이 되었다. 대신에 나는 더 성질 급한 금화규 꽃을 다룬다. 이것은 정말 타이밍이 중요하다. 아침에 피는 꽃이라 저녁만 되어도 전혀 쓸모없게 시들어 버린다.

오늘도 남편은 뉴스를 들으며 메리골드를 다듬는다. 꽃잎을 살피고 좋은 놈만 골라서 꽃대에 몇 구멍을 낸 후에 전기 팬(건조 시키는 불판)에 잘 꽂아두는 일이다. 구멍 내는 것은 이쑤시개를 사용한다. 꽃대나 꽃잎 상태가 좋지 않은 놈도 괜찮은 부위만 잘 골라서 덖는다. 끝나면 깻잎을 간장에 재운다. 보통은 3장씩 포개어 간장을 한 숟갈 붓고 계속 동서남북 방향으로 돌려가며 반복하는데, 남편은 3장이면 가운데 놈이 맛이 덜 들지도 모른다며 두 장으로 한다. 시간이 더 걸릴 수밖에 없다. 그러지 말라고도 하고 싶지만, 내 잔소리 땜에 혹시 그만둘까 봐 그냥 내버려 두고 있다.

사실 요 몇 해, 그렇게 만들어 병에 넣어둔 각종 꽃차가 거실 한쪽 벽면을 다 차지할 정도다. 가족들에겐 언젠가 꽃차 공방이나 카페를 하게 되면 쓸 것들이라고 했지만, 실은 만드는 과정 자체가 즐겁다.

조만간 본향인 논산에 물려받는 조그만 내 땅이 생길지도 모른다. 된다면 그 땅에 농막을 놓아 세컨드 하우스로 사용할 생각인데, 텃밭도 좀 여유롭게 마련하고 특히 꽃을 많이 심고 싶다. 비슷한 전원생활을 하는 분들의 유튜브 방송을 보면서 금화규를 손질하는 지금 시간이 너무 행복하다. 곁에서 메리골드를 손질하고 있던 남편이 빙그레 웃는다. 은퇴하게 되면 자기 노후가 절대로 심심할 수가 없을 것 같다며.

아카시아 향기처럼

임종학
2012. 3. 천료

나에게 오월의 꽃은 아카시아 꽃이다.

산자락 여기저기 흐드러지게 피어 있는 하얀 꽃, 아카시아는 강인한 번식력과 질긴 생명력이 있다. 또한 사람들이 특별히 관심을 가지고 키우지 않아도 우리 주변의 산야 여기저기에 울창한 군락을 형성한다. 연한 녹색이 나날이 번져가는 오월이면 탐스런 꽃송이가 은밀히 열려, 번민의 늪에서 허둥대는 민초들에게도 아낌없이 그윽한 향기를 내어준다.

이 꽃송이들은 내가 젊은 시절 방문했던 충남 예산 수덕사의 참한 여승처럼 단아하고 인자한 인품을 고스란히 내재하고 있다. 탐스러운 꽃송이가 마치 포도 열매처럼 송이송이 맺힌 채로 꽃 천국을 이루고 있는 모습을 보고 있자면 내 마음도 그녀의 향기에 휘감긴 채 구름 한 점 베개 삼아 푸른 하늘에 안긴다.

내가 아카시아 꽃을 좋아하게 된 동기는 한전 신입사원 시절, 사택에 딸린 밭 한쪽에 취미 삼아 양봉을 하면서부터다. 당시 옆 밭에서 양봉하던 선배의 친절한 기술지도와 배려 덕분에, 양봉에 문외한이었던 내가 양봉을 시작할 수 있었다. 일 년 중 꿀을 수확하는 시기는 아카시아의 계절 오월이 절정이다. 산과 들에 여러 가지 야생화들이 피어나지만, 그중에 아카시아 꽃이 벌들에게 가장 꿀을 넉넉히 내어 주는 주된 밀원이다. 이 무렵이면 벌들의 활동이 왕성하게 펼쳐지면서 부지런히 꿀을 실어 나른다. 먼저 꿀을 실어 온 벌이 팔자 비행을 통해 출발하려는 다른 벌들에게 밀원의 방향과 위치를 알려준다. 팔자 유영의 종 방향은 벌통과 밀원의 직선상 위치를 알려주며, 팔자 유영의 길이는 밀원의 거리를 알려주는 그들만의 의사소통 체계다. 밀원이 멀리 있으면 팔자 유영을 길게 하고 가깝게 있으면 짧게 유영해 벌통을 나와 출발하는 벌들이 밀원을 쉽게 찾을 수 있게 해 준다.

두 통으로 양봉을 시작한 첫해, 생각지도 않게 상당히 많은 양의 꿀을 수확했다. 밭 앞산과 양옆으로 온통 아카시아나무의 밀원이 빽빽하게 우거져 있기 때문이기도 하였다. 꿀을 넉넉히 수확하고 활짝 웃는 내게 선배 양봉가는 '당신 금년에 꿀 운이 매우 좋은 것 같다'고 반 농담을 던졌다. 첫 수확한 꿀은 친척들에게 한 병씩 선물해 주고도 우리 가족이 한 해 동안 먹을 수 있어 매우 흡족했다. 예전에는 산야에 아카시아 꽃이 피기 시작해도 그저 제법 아름답구나 하는 정도였는데, 벌과 친구가 되면서 자연스럽게 아카시아 꽃에 더욱 관심을 가지게 되었다. 유월 초순부터는 아카시아 꽃이 지고 밤나무 꽃이 피기 시작해 밤꿀을 수확한다. 이어서 싸리나무 꽃이나 칡꽃 등이 이른바 잡꿀을 내주긴 하지만 그 수확량이 아카시아 꽃에 비하면 소소한 편이다.

우리 아파트 테라스 전면은 앞산 언저리와 칠, 팔 미터 가까이 맞닿아 있다. 육층 높이의 테라스보다 높게 아카시아 꽃이 무성하게 너부러져 피어 있어, 창문을 열면 아카시아 향기가 훅 들이닥친다. 아카시아 꽃이 만개하고 절정을 이루는 오월 초, 중순경 꽃이 품어내는 청초

한 향기야말로 잔잔하고 넉넉한 행복감을 선물해 준다. 커다란 나뭇가지 한가득 다소곳 자리하고 첼로와 피아노 앙상블로 중년의 멋을 연주하는 아카시아 꽃송이들의 매력에 흠뻑 도취된다. 가만히 눈 감으면 중당(中唐) 산수자연시의 시향에 절로 휘감긴다.

취미 양봉을 통해 벌과 친구가 되면서부터 아카시아 꽃과 친구로 맺어지고 연푸른 오월의 소중한 인연이 되었다. 양봉과 농사일로 귀국귀농 3년 차를 맞는 적광농원(寂光農園) 농부의 가슴속에 '바람을 안아보고 흙을 만져보는 삶이면 족하다'는 어느 시인의 철학적 화두가 항상 머물고 있다.

오월이 오면, 투박하거나 화려하지 않고 아름답고 담백한 양상으로 내 영혼을 건져 올리는 아카시아 꽃향기처럼 가끔 그 여승을 닮아간다.

지팡이

이용희
2012. 9. 천료

하루의 일과처럼 나선다.

걷는 것이 만병통치라도 되는 양 모든 사람들이 걷는 운동을 선호하게 된 것은 벌써 오래다. 저녁을 먹고 나면 어머니께서 뛰지 말고 가만히 누워 있으라고 했다던 전설 같은 날도 있었다. 아침까지 견디기에는 너무 적은 양의 식사로 배가 고플까 봐 걱정을 하신 때문이다.

호랑이 담배 피우던 시절이 있었다는데 지금 우리는 믿어지지 않듯이 요즘의 젊은이들에게는 배고픔이 무엇인지 알 수 있을까 싶다. 배 꺼진다고 뛰지 말라고 했다던 그 시절이 바로 엊그제 같은데 우리는 지금 식사를 하고 나면 배를 꺼지게 하려고 집을 나선다.

우리 집 앞에는 대학이 있고 그 캠퍼스를 지나면 춘천의 지표인 양 봉의산이 앉아 있어 나의 발걸음은 언제나 그곳으로 향한다.

대학의 운동장을 돌아 뒤로 돌아 나가는 길이 완만한 경사여서 준비운동에는 딱 맞다. 그다음 산자락 끝을 밟으며 등산로를 진입한다. 그즈음이면 준비운동도 끝났는데 몸이 무거워진다. 발목의 경사도도 높아진다. 역시 산은 산인가보다.

이즈음이면 고개를 두리번거리면서 찾는 것이 있다. 지팡이다. 집에서부터 들고 나서지 않아 언제나 현장에서 조달을 하는 나의 일회용 지팡이는 어디에서나 구해진다. 바람에 잘려 땅에서 뒹구는 나뭇가지 끝도 지팡이는 될 수 있고 아주 오래된 고목의 썩지 못하는 끝자락도 지팡이로 안성맞춤이다.

운이 좋으면 딱 내 키에 맞는 지팡이가 눈에 띈다. 굵기도 딱 내 손에 잡기 좋은 지팡이를 만날 때면 그날의 좋은 운수라도 보았듯이 기분이 좋아진다. 그 지팡이는 산의 입구에서부터 산을 내려올 때까지 나의 동반자가 된다. 확실히 몸의 균형을 잡아주는 역할을 하고 나의 몸무게를 분산시켜 주는 임무도 능하다. 뿐이 아니라 넘어지거나 다칠 수 있는 모래 길이나 울퉁불퉁한 길에서 보조 역할을 충분히 해낸다.

그뿐이 아니다. 어둡고 음산한 숲길을 지나갈 때는 방어의 무기 역할도 톡톡히 한다. 어쩌면 있을지도 모르는 짐승의 출몰이나 또 그럴 일은 없겠지만 사람의 탈을 쓴 마음이 시커멓고 음흉한 동물을 만날지도 모르는 그 어떤 때에도 분명 나를 지킬 수 있는 든든한 보조자가 될 것은 분명하다.

확실히 빈손일 때보다는 마음도 몸도 편안하다. 비탈길도 오르막길도 이 지팡이와의 박자에 맞추어 따라가다 보면 훤하고 편안한 길로 언제나 나를 인도해 주는 것은 분명하기에 버릇처럼 산의 입구에서 지팡이거리를 찾게 된다.

그런데 어느 날은 그 지팡이의 용도가 이미 끝났는데도 버리지 못하고 집까지 데리고 오는 날이 있다. 이유는 다양하지만 도사 모양의 지팡이처럼 멋이 있다는 이유도 또 너무나 단단한 노간주나무 같은 것은 다음에 다시 활용할 수 있다는 이유도 있다. 또 어느 날은 집에다 가져다 놓은 지팡이와 짝이 될 것 같아 버리지 못하고 집까지 모셔오는 날도 있어서 현관 앞에는 수두룩하게 지팡이가 쌓이기도 한다.

나는 왜 이리 나무 지팡이를 좋아하는지 모르겠다. 어느 산책로에서나 버릇처럼 지팡이를 찾아들고 그날의 산행을 함께 하고는 그동안 정이 들어 집까지 데리고 오는 그 이유가 무엇일까.

내 곁에는 언제나 나의 지팡이로 살아가는 사람이 있다. 아쉬우면 내 힘을 덜어 주고 또 무거우면 지탱해 주는 지팡이. 무서운 일이 생기기도 전에 나를 지켜주고 내가 비틀거리기도 전에 내가 기댈 수 있게 해 주는 지팡이가 있다.

어린 가지에서부터 고목이 될 때까지 내 손을 잡아 주고 나에게 기댈 곳이 되어 주었던 나의 지팡이를 나는 당연한 나의 도구로만 삼고 살았던 것은 아닌지 새삼스럽게 뒤를 돌아본다.

이렇게 지팡이 역할을 하는 것은 집에만 있는 것이 아니어서 운동 고스를 그려 놓은 맵도 나의 행선지를 안내하는 네비도 관광안내 책자도 여행안내 프로그램도 모두 지팡이 역할을 하는 것은 분명하다. 필요한 지식을 알려주거나 모르는 것을 채워 주는 지식의 안내까지 해 주는 온 라인의 지팡이도 여기저기에서 얼마든지 찾아서 쓸 수 있는 세상이다.

가끔은 나도 타인의 지팡이가 되는 날도 있다. 시력이 약해져서 더듬거리는 동료의 손을 잡아 주고 길 안내를 해 주면서 나는 그의 눈에 불을 환하게 밝혀주지는 못하지만 작은 막대 하나가 되어 주는 것으로 즐겁다. 또 가끔은 어떤 길을 가야 할지 갈팡질팡하는 어떤 지인의 지혜로운 안내자가 될 때도 있다. 지팡이는 약한 사람에게 오묘한 지혜와 힘의 원천이 되는 마력을 지닌 것 같아 경이롭다. 이 지팡이에게 언제나 기대고 살아가는 나는 얼마나 나약하고 부족한 존재일까.

오늘도 막대 지팡이 하나를 들고 온 산을 휘돌아 돌고 내려와 산의 끝자락 나무에 세운다.

이처럼 아무 곳에서나 나에게 필요한 때에 나의 손에 잡을 수 있는 막대지팡이는 어쩌면 나의 수호신이라도 되는 것 같은데 오늘도 그 수호신에게 감사를 잊고 살아가는 내가 부끄럽다.

쓰레기 분리수거

윤 석
2012. 10. 천료

재활용 쓰레기는 한 주에 월요일과 목요일만 수거해 간다. 이날을 놓치면 버리지 못해 집 안이 지저분하다. 근래에 심심치 않게 문밖에 내놓은 재활용 쓰레기가 수거 불량으로 번번이 노란 경고장을 받았다. 무엇이 잘못되었길래 퇴짜를 받는 것일까 의문두싱이있다. 길바닥에 뒹굴고 있는 우리집 재활용 쓰레기를 보면서 씁쓸하고 발끈 화가 났다. 정말 너무한 것 아니냐. 투덜대며 누가 볼까 부끄럽기도 해서 얼른 집안으로 내던져 버렸다.

나는 재활용 쓰레기 분리 작업을 곰곰이 되씹어 보았다. 분리의 원칙을 어기고 안이한 생각으로 되나케나 내놓아 수거 거부를 당하는 것 아닌가 싶었다. 아무래도 단독 주택은 재활용 쓰레기를 수거 전에 미리 점검하는 과정이 없기 때문에 분리가 소홀하기 마련이다.

어느 날이다. 아침 운동을 다녀오는 그 시간 때에 깜짝 환경미화요원을 만났다. 젊은 청년이었다. 재활용 쓰레기 수거 거부가 번뜩 떠올라 곧장 따지고 싶었다. 그러나 마음을 추슬러 좋은 말로 분리수거에 대해서 물었다. 그 청년 왈 재활용 쓰레기에 일반 쓰레기가 섞이면 절대 허용이 안 된다고 말하며 물티슈, 화장지, 휴지 등이 발견되면 수거가 경고로 바뀐다고 말했다. 그리고 재활용 쓰레기는 처리 공장에서 다시 분리하는데 그 비용도 만만치 않다고 했다. 그래서 한 번 분리 불량 지적을 받은 집은 보다 더 자세하고 철저히 확인한다고 했다.

우리 집은 나 혼자 사는 것이 아니다. 여러 사람이 함께 살기 때문에 분리가 정상적으로 이뤄지지 않았다. 이 일이 발생한 후 가족들에게 함부로 버리지 말라고 당부했다. 지금은 철저히 분리하고 있다. 그리하고도 재활용 쓰레기를 집 밖에 미리 내놓지 않았다. 환경미화요원이 모아 놓은 쓰레기 더미에 들고 가서 놓았다. 항상 집 가까운 거리에 재활용 쓰레기를 모았다가 한꺼번에 수거차가 실어 가기 때문이다. 미화요원의 수고를 덜어 줄 뿐만 아니라 분리를 잘했는지 못했는지 따지는 염려를 십분 피하기도 했다.

응당 지켜야 할 일을 잘하지 못하면서 이러쿵저러쿵 의심하고 수고하는 환경미화요원을 탓하는 것은 진정한 도리가 아니었다. 내 편의와 내 중심으로 이기적인 세상을 살아가는 것 아닌가 싶었다. 깊이 깨달음을 얻고 용서를 구하고 힘든 일을 하는 그분들을 위해 감사한 마음으로 따뜻한 말 한마디 차 한 잔이라도 불현듯 드리고 싶은 충정이 우러났다. 오늘날 그분들의 노고가 없다면 환경이 미화될 수 없고 집안이 엉망으로 어지러질 수밖에 없다. 추우나 더우나 아랑곳없는 그분들은 감사하고 고마운 분들이다.

지금에 쓰레기는 날로 늘어나고 있다. 여기에 들어가는 국가 예산도 많을 줄 안다. 심각해 가는 쓰레기 문제를 국가와 더불어 다 같이 고민하여 쓰레기를 줄이는데 노력하는 우리 모두가 되었으면 하는 바람이다.

만병통치약

신수희
2012. 11. 천료

70년 전 내가 사랑했던 외할머니 집, 먼 옛날 이야기이다. 그러나 아직까지 세월의 무게를 느끼지 못하고 있었음은 지금도 내 마음에 샛바람이 불고 비가 내리는 날이면 "하늘이 알아서 한다. 걱정하지 마라" 하시던 외할머니가 보고파서 느닷없이 타임머신을 타고 외할머니 집에 서성거릴 때가 많았기 때문이었다.

내가 철이 들기 시작한 초등학교부터 대학교 이학년이 될 때까지 여름방학이 되고 겨울방학이 되면 마산에서 5시간이나 배를 타고 거제도의 외할머니 집에 가서 방학을 보냈다는 것은 어쩌면 엄마의 바람이었는지도 모른다. 항상 외할머니를 보고 싶어 했던 내 엄마는 나를 대신 보내 놓고 외할머니를 향한 그리움을 삭이려고 애썼기 때문이다. 엄마의 효성스런 바람이 전달되었음인지 내 나이가 들어갈수록 자연에 묻힌 외할머니의 집과 그 속에 살고 있는 외삼촌과 외숙모, 이모들의 사랑과 어우러져 있는 자연은 시간이 있을 때마다 나를 그곳으로 가게 만들었다.

청정지역의 섬 마을에 자리 잡은 할머니 집은 하루에 한 번 손님을 실은 버스가 지나가는 신작로가 싸리문 바로 앞에 있었는데 그 앞에는 외삼촌이 물을 대던 이끼 낀 파란 논에 개구리가 뛰어놀았다. 빨간 뱀딸기가 지천으로 깔려 있는 마당 안에는 닭들과 오리들이 대나무로 만든 평상 옆으로 다니면서 모이를 주워 먹고 몇 그루의 하늘수박이 노란 열매를 달고 있을쯤에는 돌담 위에 늘어진 박꽃은 보름달빛에 비춰 새하얀 신부 모습처럼 아름다웠다.

이런 새벽에 외삼촌이 싸리문을 열면 바라보이는 논 앞에는 올라갔다 내려갔다 떼 지은 청둥오리들이 파도 소리에 눈을 맞추고 조금 떨어진 등대 옆에는 마산에서 거제도까지 손님들을 실어 나르는 여객선이 꽃치마를 입은 하얀 파도를 가로지르면서 뚜우… 하고 큰소리로 정오를 알렸다.

할머니의 돌담 옆에 졸졸 흐르는 물소리는 숨 가쁜 생각을 정리해주고 산새들이 어둡기 전 마지막 비행을 즐기고 산바람이 개울을 따라 휘돌아 불어 댈 때는 마당 끝에 서서 하늘과 구름을 보면서 젊은 나이에 돌아가신 막내이모의 그리움들을 나열하곤 했다.

뒷산에 무성한 밤나무, 돌 아래 꿈틀거리던 문어와 해삼 도시에 살던 나는 신기하기만 했고 땅속에서 캐낸 고구마도, 파란 다래의 달콤한 맛도 태어나서 처음 느껴보았다.

내가 태어나서 처음 사랑했던 남자도 외할머니 집 앞바다를 시간 가는 줄 모르게 내 손을 잡고 걸어 다녔고 그 남자와 나는 유난히도 빤짝이던 잔잔한 파도가 달빛때문이라고 생각한 적이 있었다.

언젠가는 내 곁에 있어주지 못할 남자란 걸 외할머니는 알고 있었으면서도 "하늘이 알고 있으니 하늘이 알아서 해 줄 거다."라고 말씀하시곤 했다.

그때는 어려서 잘 몰랐지만 "하늘이 알고 있으니 하늘이 알아서 해 준다"라는 외할머니 말씀은 내가 힘들고 아플 때마다 만병통치약이 되어 내 곁에 되돌아오곤 했다.

내가 37살이 되던 여름날 92살이 된 외할머니는 100세를 채우지 못하고 이 세상을 떠나셨다. 동네 사람들은 장수하였다고 하였지만 나에게는 이 세상을 다 잃은 것처럼 허전하였고 슬프기만 했다.

할머니가 마지막 숨을 몰아쉴 때 할머니가 살아생전에 나에게 부탁했던 하얀 진주알을 잘 삼킬 수 있도록 얼른 할머니 입에 꼭 넣어 주었다. 그것은 할머니가 저승길을 잘 찾아갈 수 있도록 하는 비법이라고 했다. 할머니가 손수 솜 안에 넣어 놓고 키우던 마지막 진주알을 자식도 아닌 나에게 부탁했던 할머니는 얼마나 나를 사랑했는지 지금도 알 것 같다.

동네 사람들과 할머니 꽃상여가 동네를 한 바퀴 돌아 산 중턱을 올리서지 나는 그 자리에 주저앉아 다시는 만날 수 없는 할머니의 추억과 그리움을 하루 종일 토하고 말았다.

많은 세월이 지나 이 세상에서 제일 아름답던 그때의 외할머니 집은 어디로 갔는지 흔적조차 찾아볼 길이 없고 대우조선소가 제자리인 양 파도 소리와 함께 황망히 서 있다. 외할머니와 같이 살던 외삼촌도 외숙모도, 이모들도, 엄마도 세월 따라 다 돌아가시고 "하늘이 알고 있으니 하늘이 알아서 해 준다"는 외할머니의 이야기가 나의 영원한 명약이 되어 지금도 귀에 들리는 것 같다.

그런 제자 그런 스승

장영교
2013. 3. 천료

오늘은 육십 년 만에 제자를 만나는 특별한 날이다. "선생님! 우리 육십 년 만이에요." 작년에 처음 연락이 되었을 때 그 극적인 소회를 더 이상 어떻게 표현해 볼 수가 없을 만큼 감동이 컸다. 말이 육십 년이지 육십 번의 봄 여름 가을 겨울, 꽃 피우고 눈 내리기를 게을리한 적인들 있었을까. 그동안 한 번인들 거르기를 했었겠나, 겹친 적인들 있었겠나.

그렇다고 우리 인생 역시도 그 육십 년 동안을 늘 행복하기만 했을까, 늘 즐거운 날만 있었을까마는 그 하염없는 세월에도 이 못난 사람을 스승이라고 못 잊어, 잊지 않고 찾으려고 애쓰고 노력한 갸륵한 사연들을 듣고 보니 어쩌면 미안하고 오히려 부끄럽기만 했다. 고마워할 자격도 없었거니와 무심히 살아온 세월이 그렇게 허송하기만 했다.

우리는 작년에 처음으로 연락이 닿았을 때 그 특별했던 기적 같은 사연이 너무도 놀라워 당장 뛰어가서 만나고 싶었지만 무서운 코로나에 가로막혀 꼼짝할 수가 없었으니 참고 참았다가 겨우 오늘로 날

짜를 잡은 것이다.

이른 아침을 먹는 둥 마는 둥 대강 해치우고 나섰는데 발걸음이 더도 말고 꼭 소풍 가던 날 같았다.

우리는 그동안 누가 더 변하고 늙고 가 문제가 아니었다.

60년 세월은 나 혼자만의 세월도 아니니 그저 다시 만나는 것만이 우리의 애절한 바람이었을 뿐이다.

제자는 그동안 이 못난 사람을 좋았던 점만을 기억하면서 그토록 찾으려고 노력했는데 나는 뭘 하고 살았던가. 눈물겨운 제자의 순수함과 정성에 그냥 고맙다고 하기보다는 몹시도 부끄럽기만 했다. 과연 내가 스승이란 자격이 있기는 할까. 하여튼 부족하지만 그저 감개가 무량하다는 말밖에는 할 말이 없다.

무엇보다도 내가 지금까지 건강하게 살아 있었다는 것이 오늘 따라 하나님께 감사할 뿐이다. 지난번 동생을 먼저 데려갔을 때 나도 함께 하지 못함을 얼마나 원망했던 하나님이 아닌가.

서울역 대합실로 부지런히 들어서니 열차가 도착할 시간은 아직도 많이 남아 있었다. 먼저 열차에서 내리는 승객들이 나오는 출구부터 확인해 보니 출구는 양쪽으로 있었다.

부산서 오는 10시 46분 KTX가 도착하면 승객은 어느 출구를 이용하는지 정확하게 알아 놓으려고 안내 데스크로 가서 확인하니 그 열차는 9번 레일로 들어오기 때문에 승객은 양쪽 출구를 자기들이 편리한 곳으로 이용할 수밖에 없다는 것이었다.

매우 난감했지만 별다른 수는 없고 양쪽 출구를 부지런히 뛰어다니면서라도 잘 살필 수밖에 없었다.

오늘만큼은 내 행동을 좀 더 민첩하게 빨리 뛰어다니면서 실수 없이 60년 만의 거사를 성공적으로 이룰 수 있어야 할 각오 같은 것으로 마음을 단단히 다짐했다.

이윽고 부산발 열차가 도착한다는 안내 방송이 들리는데 갑자기 절제되지 않은 흥분인가 떨림이 오더니 마음의 동요가 나도 모르게 일어나는 것이 아닌가? 참 오랜만에 느껴보는 사춘기 때나 있을 수 있었던 느낌 같았다. 청춘도 이미 까마아득한 옛날이건만 아무리 오래전에 헤어졌어도 첫사랑(?)만은 역시 달랐다. 떨림도 있었고 흥분도 곁들여지는 것이 참 이상했다. 다 늙어 버린, 육십 년이 지났는데도 감정은 늙지 않고 그대로 살아 있을 수도 있구나.

우선 준비해 간 '조말남! 장영교 여기 있다' 피켓을 먼저 들어 올렸다. 나의 첫사랑이 빨리 보고 나를 얼른 찾으라고 출구에 나오는 사람들을 향해 더 높게 들어 올렸다.

요즘 같은 동영상 만능시대에 내가 지금 하고 있는 이 퍼포먼스는 좀 생소하기도 하고 시대감각이 떨어지는, 어쩌면 우스꽝스러운 아니 촌스러운 장면으로 보이는지 사람들의 시선은 이상한 여자는 아닌가 하는 호기심 찬 눈치들인 것 같았다.

꼭 그렇게 생각할까마는 여자분들은 "누가 오시냐"고 묻기도 했고, 한 중년 남자분은 "이름을 보니 할머니가 오시는 게 틀림없다"고 하길래 "노인이 아니고 제자가 와요" 하니 믿기지 않는지 "저 이름은 우리 할머니 세대에 많이 쓰던 이름"이라며 매우 흥미 있게 가지 않고 옆에서 지켜보고 있었다.

참으로 60년 전 그때 열두 살짜리 5학년, 착하디착한 작고 어린 순수 소녀 하고 스무 살을 넘기기는 해도 철없는 애송이 초년병 교사와의 인연이었는데, 열두 살 차이밖에 나지 않았지만 그 당시 경주에서 영주로 전근이 되었으니 얼마나 먼 거리로 생각되었을까. 나는 그때 아버지 따라 당연히 근무지를 옮겨야 했지만 어린 소녀의 가슴에는 헤어져야 하는 상처도 적지 않았겠는데 그 마음을 조금도 헤아려 줄 생각도 못했으니 지금 생각하면 가슴이 아리도록 미안하다. 정말 더 많이 마음에 걸리는 것은 한 이십 년 전까지도 나의 소식을 알아보려고 영주교육청으로 연락해 보았더니 퇴직한 다음이라서 목적을 이루지 못했다고 했을 때도 너무 많이 미안했다.

참 세월은 많이도 흘렀다. 이제는 얼굴만 기억 못하는 것이 아니라 도저히 60년 전 그때를 유추하기에는 너무도 잔인하리만큼 나이를 먹은 정도가 아니라 인생 막다른 길이라 해도 손색이 없는 지경까지 이르렀다고 해야 하나.

십 년이면 강산도 변한다는데 그 강산을 여섯 번도 더 넘겼으니 상전벽해(桑田碧海)인들 어디 온전하겠는가.

나 역시 태어난 후로 처음 해 보는 오늘 이 퍼포먼스도 말할 수 없이 쑥스럽기는 해도 이 부족한 늙은이를 잊지 않고 그토록 못 잊어 어렵게 찾아 준 꽃보다 더 아름다운 제자에 대한 감사와 고마움이 용기는 물론 자긍심으로 너무나도 큰 힘이 되어 용감해질 수밖에 없었다.

양쪽 출구로 승객들이 나오기 시작하니 나는 이리 뛰고 저리 뛰면서 가슴은 두근거려지고 이쪽일까, 저쪽일까 어느 쪽이든 빨리 나를 발견만 해 달라는 간절한 기도와 함께 마음은 어떤 애절한 첫사랑을 다시 만난다 한들 이만 할까 피켓을 더 높이 들어 올리면서 두리번거렸다.

그때 "아이고 선생님! 우리 선생님!" 뛰어와 매달리듯 껴안으면서 뜨거운 포옹으로 우리는 아주 감격적이고 세기적(?)인 육십 년 만의 재회를 이루어 냈다. 나의 제자 말남이가 이룩한 감동이었다.

이렇게 열두 살짜리 소녀였던 아름다운 나의 제자와 다시 만났다. 이 사건은 내 인생 최대의 결산이요 행복한 시간이었다. 사람마다 다 겪을 수 있는 경험은 물론 아닐 것이다. 누가 뭐래도 무엇보다 더 가치 있고 위대한 내 인생에 알찬 수확이 아닐 수 없었다. 잘 익고 잘 영글고 아름다운 알곡을 가슴에 가득 안고 나는 지금 그대로 행복을 만끽하는데 그는 준비해 온 꽃다발까지 안겨 주었다.

"선생님 너무 반가워요, 건강하셔서 너무너무 고마워요."

아니 꽃다발은 내가 준비해서 맞아야 하는데 또 늙은이가 부족하게도 실수를 했구나.

"오 그래 고맙네. 새벽부터 서둘러 오느라고 많이 피곤하겠구나. 반갑고 고맙고 세월이 많이도 흘렀구먼. 아직도 그대로 예쁘구나." 나는 너무 행복해서 꿈을 꾸는 것 같았다.

온갖 고마운 표현을 다 해 봐도 내 마음을 다 쏟아 놓지는 못했다.

그런데 아까부터 할머니가 오시냐고 궁금해하던 신사분이 다시 와서 "말남이란 이름은 우리 할머니 세대에 많이 쓰신 이름이지요." 하면서 우리들의 만남을 관심 있게 지켜보면서 사제 간의 육십 년의 재회를 축하해 주기도 했다.

육십 년의 세월은 분명히 흘렀어도 우리는 어제라도 만났던 것 이상으로 반갑고 편안하고 즐거웠고 행복한 마음으로 가슴이 확 뚫리는, 말로는 이 기분을 어떻게 다 쏟아 놓을 수가 없었다. 여기에 뭐가 더 필요할까, 시간일까, 더 좋은 장소일까.

우리는 시내로 나와서 와인을 한 잔씩 곁들인 점심을 먹고 손을 잡고 인사동에서 전시회도 돌아보고 비싸지도 않은 인사동 스타일의 옷을 골라서 사기도 하고 즐거웠다.

세월은 고맙게도 서로를 다 가정을 만들어서 이제는 딸 셋을 예쁘게도 잘 키워 모두 결혼을 시켜서 손자까지 보았다니 순리의 삶이 무척 아름다웠다. 노년에 접어들면서 건강이 부족해진 남편을 돌봐야 하는 중책을 맡아 아내로 소임을 다하고 있음도 어쩌면 나와 비슷한 정도가 아니라 똑같았다.

여자의 길은 소녀 제자도 초년병 스승도 별다를 건 없어도 매우 모범적인 한국 여성으로 손색없음이 틀림없었다. 참으로 감사했다. 현모양처(賢母良妻)로서의 후덕함이 더욱 고맙고 이보다 아름다울 수가 없었다.

재미있는 이야기로 추억과 현실을 넘나들다 보니 이야기는 쉽게 끝날 수는 없었다. 그러나 중천의 뉘엿뉘엿 넘어가는 해가 말해 주듯 돌아가야 하는 처지만 가까워 오고 있었다.

다시 헤어져야 할 시간은 어김없이 다가왔다. 나는 준비해 온 자그마한 선물 하나를 기념으로 그의 핸드백에 넣으면서 집에 가서 펴 보라고 했다. 그는 예쁜 비단 지갑을 "선생님 쓰세요." 하면서 내놓았다.

너무도 예쁜 한국적인 비단 지갑을 내가 조금만 젊었어도 얼른 받았을 것이다. 그러나 나는 지금 사진도 다 버리고 앨범은 통째로 정리하는데 이 예쁜 지갑은 정말 젊은이들이 갖고 있어야 오래 사용할 수 있을 것이 아닌가. 나는 받은 셈 치고 도로 가져가라고 애원을 해도 말을 듣지 않고 내 핸드백 밑에 직접 깊이 집어넣었다. 그리고 하는 말.

"선생님 친구분들을 모시고 싶지만 선생님께서 직접 정담 나누시라고 조금 넣었어요."

이 못 말리는 제자를 나는 도저히 따라잡을 수가 없었다.

한국의 전통 중에 가장 아름답다면 아름다운 것 중에도 모든 부모님이라면 누구나 부러워하는 것 중에 출세한(?) 아들이 고향에 돌아와서 부모님 친구분들을 모시고 대접하던 미풍양속을 그대로 실천하고픈 그 마음을 읽으니 내가 무슨 복으로 이런 제자를 두었을까.

빨리 가는 시간은 어쩔 수가 없었다. 돌아가야 하는 기차 시간이 많은 시간을 허락하지는 않아도 우리는 다시 만남을 기약하는 행복한 하루였다. 서로 건강을 부탁하면서 즐거운 시간을 급히 마무리할 수밖에 없었다.

돌아가서 이 극적인 만남, 정확히 61년 만의 재회를 친구들에게 이야기했더니 요즘도 그런 스승이 어디 있느냐고 너야말로 행복하다고 칭찬을 많이 들었다고 했다.

나도 친구들에게 60년 넘어 찾아온 제자를 서울역에서 만난 장면이며, 제자의 끝없는 노력과 의지의 결과로 다시 만난 영광을 자랑했더니 요즘도 그런 제자가 세상에 있기는 있느냐고 모두들 놀라면서 부러워하는 모습이 역력했다. 제자의 뜨거운 정성을 친구들과 나누면서 즐겼다. 이보다 더 행복한 늙은이가 세상 어디에 또 있을까.

계영배

안경환
2013. 1. 천료

물질이 풍족한 세상에 자제할 줄 아는 것도 지혜다. 긴 방학을 지나고 개강 첫날, 방학 중에 일어난 수많은 개인적인 일과 사건, 코로나, 대선 등 굵직한 일들이 많지만 대선이 막바지로 치닫고 있을 때 이어령 교수님이 소천하셨다는 비보가 전해졌다. 2022년 2월 26일 89세로 유명을 달리하신 시대의 지성, 문화계의 별이 졌다. 교수님은 이어령 선생님을 위한 묵념을 하자고 제안했다. 우리 반 선생님 모두는 한마음이 되어 엄숙한 가운데 이어령 선생님의 명복을 빌었다.

처음 별세 소식을 접하고 딱 떠오르는 생각은 평창동에 있는 영인 문학관이었다. 몇 년 전 교수님을 따라 영인 문학관에 간 적이 있었다. 영인 문학관은 이어령의 '영' 자와 부인 강인숙 선생님의 중간자 '인'을 따서 영인 문학관이란 이름을 지었다고 했다. 그 말이 제일 기억에 남았다. 그날 영인 문학관 안에는 소설가 고 최인호의 유작전시회를 하고 있었다. 젊은 날에는 최인호의 소설을 닥치는 대로 보았다. 지금으로 말하면 찐 팬이라고 말할 수 있다. 『별들의 고향』, 『타인의 방』, 『불새』, 『깊고 푸른 밤』, 『바보들의 행진』, 『가족』을 읽을 때는 심장이 쫄깃쫄깃거렸고 젊은 감성을 자극하기에 충분했다. 『유림』, 『해신』, 『공자』 등 여러 권씩 묶인 역사 장편소설도 밤을 새워가며 단숨에 읽어 내렸다.

십수 년 전에는 최인호의 2000년 작 소설 『상도』에 빠져서 행복했었다. 상도는 파란만장했던 삶을 살았던 대상(무역 왕) 임상옥이란 조선 후기의 실존 인물을 그린 역사소설이다. 상도에는 계영배 잔이 자주 나온다. 잔에 술 7할을 부으면 더 이상 잔이 채워지지 않고 아래로 흘러 버려 술을 가득 채울 수 없는 원리로 만들어졌다는 것이다. 임상옥은 부자가 될 때마다 이 술잔을 옆에 두고 보며 마음을 다잡았다고 한다.

또 계영배 잔은 중국의 춘추시대 군주의 올바른 처신을 위해 끝없는 욕망을 경계하며 늘 곁에 놓아두어 마음을 가지런히 했던 그릇 유좌지기(有坐之器)로 불리었다고 전해진다. 서양에도 같은 원리의 컵이 있는데 피타고라스가 만들었다고 피타고라스 컵이라고 한다. 동서양을 막론하고 과욕은 부리지 말라는 뜻으로 전해진다. 지나친 것은 미치지 못함보다 못하다는 과유불급이란 말로도 통하는 것 같다. 어느 때인가는 잔은 차야 맛이라고 술잔이 찰랑찰랑 되도록 술잔을 채운 적도 있었다. 그나마 요즘은 7부, 8부 하면서 좋은 현상인지는 알 수 없지만 술잔에 여유를 두고 술을 따르는 것을 볼 수 있다.

생활 속에서도 쓸데없는 것을 많이 채우고 산다. 얼마 전 15년 쓰던 냉장고가 고장이 났다. 사람 아닌 냉장고도 목숨을 끊기가 어려웠던지 밤새 큰 숨을 내시더니 명을 다해 버렸다. A/S를 불렀더니 주말이라 이틀을 기다려야 했다. 냉장 냉동고가 기능을 다하니 그냥 둘 수가 없어 냉장고 속 물건을 옮기려고 정리를 시작했다. 지난봄에 일행보다 많이 캐어 온 쑥 뭉치, 데쳐서 넣어 놓은 배추와 무청 시래기, 코스트

코에서 사와서 먹다 남은 생굴, 생선 등은 미라가 되어 누워 있고 해마다 몸에 좋은 것이라고 사돈이 보내온 블루베리 알갱이가 허옇게 얼음을 뒤집어쓰고 냉동고를 꽉 채우고 있다. 언제 가는 먹겠지 하고 욕심을 내고 쌓아둔 내가 미련스럽기 짝이 없다. 쓰레기 봉지에 너무 많이 채워 넣어 찢어져서 일이 커지기도 한다. 그게 다 욕심으로 빚어진 것이다. 그때마다 나를 반성하며 소설 속의 계영배 잔을 자주 떠올린다. 계영배 잔은 한자어로는 가득 참을 경계하라는 잔으로 쓰여진다고 하니 소설 속에, 글 속에서 배우며 나를 다독인다.

사람의 욕심은 끝이 없다. 아흔아홉 개를 가진 부자가 한 개를 가진 사람의 한 개를 빼앗아 백 개를 채우고 싶은 게 사람의 욕심이라 했다. 과욕은 양심을 마비시킨다. 항간에는 많은 걸 가졌으면서도 국민의 세금인 법인카드를 마음대로 썼다는 말도 돌고 있다. 그런 사람일수록 차고 넘치면 뱉어 내어야 하는 계영배의 원리를 일깨워 주고 싶다. 특히 정치인과 경제인이 계영배의 의미를 알았으면 하는 마음이다. 세상 사람이 다 그런 것은 아니다. 빼앗기는커녕 어려운 사람을 도와주는 기부천사들도 있다. 내 경우는 수년간 장사를 하고 있다. 힘들 때도 있었지만 얻은 것도 많다. 힘들 때는 맑은 날이 있으면 흐린 날도 있지 하고 마음을 비운다. 요즘은 매출이 없어도 마음을 많이 내려놓고 있다. 그래야 내 마음이 편하다.

소설을 읽고 계영배를 알게 해 준 최인호 선생님, 이어령 교수님, 두 거성이 이제는 이 땅에 안 계신다. 새로운 작품을 만날 수도 없으니 정말 안타깝다.

마음에 와닿는 이어령 교수님의 명언을 소개하며 음미해본다.

> "나이 먹고 세월이 흐르면 시간이 없으니 자기가 좋아하는 일부터 먼저 하라"
> "너무 욕심부리지 말라 하네 사람이 살아가는데 그다지 많은 것이 필요치 않으므로"

HOLE IN ONE (홀인원)

한혜정
2013. 3. 천료

진열장에 전시해 놓은 여러 가지 기념패를 보다가 맑은 크리스털로 된 날씬한 상패가 눈에 띄었다. 남편의 홀인원패다. 남편은 골프 레슨도 받지 않고 책자를 가지고 독학했다는 말을 들었다. 그래서인지 늘 골프 잡지를 보고 곤봉같이 생긴 기구와 퍼팅 연습용 기구를 준비해 놓고 스윙 연습과 공을 굴려 홀에 넣는 연습을 짬짬이 한다. 신중하게 퍼팅하는 것을 보니 매우 재미있게 보여 남편 출근 후 퍼터를 손에 잡고 굴려 보았다. 보기보다 만만치가 않았다. 온 정신을 다 기울여 집중해서 굴려야 옆으로 빠지지 않고 홀로 들어간다. 실패와 성공을 맛보며 자꾸 해 보니 할수록 매력이 있었다.

그 후 가끔씩 남편과 퍼팅내기를 할 때가 있었는데 내가 이길 때가 많았다. 공을 굴려 열 번 연속으로 홀에 넣어야 이기는 것이다. 이기는 사람에게 만 원씩 주기로 했다. 내가 더 많이 성공하는 것을 보고 "어! 나보다 더 잘하네. 소질 있어."라고 칭찬하며 골프채를 사 줘야겠다고 했다. 남편은 내가 수시로 연습하는 것을 모른다. 일정한 기구에서 퍼팅하는 것은 골프장의 그린에서 하는 것보다 쉽기 때문에 연습을 많이 한 내가 돈을 더 땄다. 재미있는 현금 내기 게임이었다.

정년퇴직을 하게 되니 남편은 연습장에서 제대로 골프 레슨을 받으라고 하여 6개월 동안 열심히 레슨을 받은 후 골프코치, 그리고 둘째 딸 내외와 한성CC에서 머리를 올렸다. 즉, 현장체험인 것이다. 그 후부터는 연습장 친구들과 자주 골프장에 나갔다. 나에게 이런 날이 오리라고는 상상도 못했다. 학교 근무할 때와는 딴 세상을 만난 것 같다. 환경에 적응한다더니 골프가 나에게 딱 맞는 운동이라며 너무 좋아했고 자고 깨면 연습장에 가서 시간을 보냈다.

아이들이 엄마가 골프를 시작하여 축하한다고 골프복, 골프용품 등을 선물로 사 오니, 갑자기 내 인생이 화려하게 바뀐 것 같다. 43년 6개월로 정년퇴직하면서 섭섭했던 마음도 차차 기억 속에서 멀어지며 골프 삼매경에 빠졌다. 웬만큼 칠 수 있으니 부담 없이 남편을 따라다니며 행복했다. 국내는 물론 필리핀에서 두 달, 태국에서 두 달, 일본, 중국, 말레이시아 등 가까운 동남아시아에 자주 다니며 골프를 즐겼다. 모두 부부 동반이다. 만일 골프를 안 배웠더라면 남편과 동행하지도 못했을 것이고 얼마나 외로웠을까? 남편 따라 여러 나라의 아름다운 골프장을 감상하며 골프를 치니, “이곳이 천국이구나!” 하고 감탄도 했다. 한편으로는 이렇게 놀고먹어도 되나 하는 자책감도 없지는 않았으나 그것도 잠시뿐이고 동반자들과 잔디 밟고 카트도 타며 즐겁게 공을 날렸다.

남편이 골프에 한창 빠졌을 때는 하루에 두 골프장을 전전하며 공을 치는 것을 보고 모두 미쳤다고 생각했다. 새벽에는 태릉CC, 오후에는 한성CC, 기운이 뻗친 사람들이라고 핀잔을 주기도 했다. 그런데 내가 골프를 치면서부터 이해가 되었다. 부부가 같이 공을 쳐야 무난하고 서로 즐거움을 공유할 것 같다. 매년 한성CC 멤버들끼리 대회를 여는데 그 대회에서 남편은 젊은 사람을 제치고 72타로 우승을 하여 노인이 노익장을 과시했다고 우승컵을 받을 때 많은 박수를 받았다고 했다. 1980년 초부터 싱글, 이글, 우승 등 기념패와 상품으로 기쁨을 맛보는 세월들이었다. 기념패는 집에는 몇 개만 놓고 모두 사무실에 갖다 놓았다.

2001년 9월 22일 일요일이었다. 그날도 역시 골프장에 간다고 하여 힘내서 잘 치고 오라고 쇠고기를 구워 상추와 같이 아침을 차려 주었다. 오늘이 큰딸 생일이라 저녁을 같이 먹기로 한 날이다. 오후에 남편한테서 전화가 왔다. 동서울 컨트리클럽 16번 홀에서 아이언 7번으로 홀인원을 했다는 기쁜 소식이었다. "축하합니다. 정말 잘했어요. 아침에 고기 구워 준 보람이 있네." 나도 너무 기뻤다. 일생에 한 번 있을까 말까 하는 행운의 홀인원을 하였으니 보통 경사가 아니었다. 큰딸의 생일날이니 경사가 겹쳤다.

투명한 크리스털의 홀인원패와 기록 확인서를 보며 즐거운 이야기가 많았다. 친척과 지인들, 친구들로부터 많은 축하를 받아 답례품으로 홀인원 글자와 이름을 새긴 골프우산을 준비하여 사람들에게 나누어 주었다. 특히 평소에 고마웠던 분들한테는 홀인원 핑계로 고급양복 티켓을 돌리기도 했다. 그런데 막상 응원해 준 나에게는 관심이 없는 것 같아 "내 덕분에 홀인원을 했는데 나에겐 아무것도 없어요?"라며 투정 비슷하게 했더니 "무슨 말씀? 내가 모시고 가서 예쁜 옷을 골라줘야지."라고 한다. '좀 기다릴 걸, 엎드려서 절 받았나?' 그렇지만 기분은 좋았다.

일요일, 남편은 시간을 내어 명동 롯데백화점에 가서 여기저기 돌아보고 마담의류점에서 깎은 밍크코트, 우단바지정장, 모직투피스 등 남편이 골라주는 대로 모두 샀다. 사실은 맘에 드는 옷 하나만 사려고 했는데 이것저것 골라주며 입어보라고 하니, 좀 미안했지만 맘먹고 사주는 것 같아 모른 체하고 그대로 다 샀다. 기쁘고 축하 받느라 여러 날 잔치 분위기였다.

이제 나도 홀인원 한 번해 봤으면 좋겠다. 홀인원 하면 5~10년은 재수가 좋다는데 언젠가는 한 번 하겠지 하는 기대를 걸어본다. 골프가 좋은 점은 한 번 실수하면 다음번엔 잘 쳐야지 하는 새로운 각오로 더 신중하게 치게 된다. 또한 동료가 잘 쳤을 때는 "굿샷" 또는 "나이스샷"이라고 칭찬하고 격려하며 우정이 깊어진다. 골프의 뜻을 알아보니 G: Green(잔디) O: Oxygen(산소) L: Light(햇볕) F: Friend(친구)이다. 즉 잔디밭에서 산소를 마시고 햇볕을 받으며 친구들과 어울린다는 아주 심오한 뜻이 있었다. 그런데 쉬운 것만은 아니니, 이건희 회장도 자식하고 골프는 마음대로 되지 않는다고 했단다. 그만큼 어렵다는 뜻이다. 특히 숏 홀(파3홀)에서는 누구나 행운의 홀인원을 기원하며 공을 날린다. 공치는 사람들은 이런 맛에 골프장을 자주 찾을 것이다.

실패와 성공을 되풀이하고 사는 우리의 인생과도 같은 것이 골프라 생각하며, 행여나 꿈같은 홀인원 하나 잡으면 대박 나고 큰 영광이리라. 남편이 보고 싶다.

가을 나그네

오성건
2014. 8. 천료

처서(處暑)만 지나고 나면 더위 걱정은 그다지 안 해도 된다. 조석(朝夕)으로 부는 바람이 가을을 살갑게 느끼게 한다. 그토록 숨 막히는 더위였는데 그것이 이렇게 싹 가시다니 새삼 자연의 섭리가 놀랍고 신기하다. 계절이 바뀔 때마다 사람의 마음도 따라서 조금씩 바뀌는 모양이다. 가을은 사람의 마음을 차분히 가라앉게 한다던데, 나의 경우는 꼭 그렇지 않은 것 같다. 되레 어디에라도 훨훨 길을 떠나보고 싶고 무언가 할 일이 남아 있는 듯, 그런 빗진 마음이니 어인 일일까. 집 안에서는 집 밖을 그리고, 집 밖에서는 집 안을 그리는 야릇한 마음이다.

황혼이 깔릴 무렵이면 한산하던 거리가 제법 붐빈다. 집이 있어 집으로 가는 사람들, 집으로 돌아오는 가장을 기다리는 가족들로 활기가 돈다. 집집마다 하나둘 불이 켜지고 조용하던 가정마다 웃음소리가 들린다. 우리네 인생이 가는 길에는 예측 밖의 일들이 다반사로 일어난다. 그 길에는 창조주의 계획과 섭리로 이루어지리라 생각된다. 나는 방송인이 되어 한평생 한국의 모든 방송이 순기능으로 온 국민이 가족과 함께 웃다가 편히 잠들게 하는 유익한 방송이 되도록 보람있게 후회 없는 젊음을 거기 다 바쳤다. 돌아보면 감사뿐이다. 창밖에 작열하던 여름이 서서히 물러가고 초가을의 맑은 햇살이 화사하게 퍼져 내리고 있다.

나는 지금 내 집 안방에 조용히 앉아서 이 글을 쓰고 있다. 그러면 되었지 않느냐? 그러면 흡족하지 않느냐? 그런데 나는 내 집에 있으면서도 무언가 할 일이 남아 바쁘다는 생각을 하고 있다. 왔으니 살아왔던 아름다운 흔적을 무엇인가 남겨놓아야 한다는 생각이다. 우리네 사람은 이 땅에 살아가는 동안 정녕 나그네가 아닌가? 학교 숙제를 끝내지 못한 학생 기분으로 뭔가를 해야 하고 뭔가를 남겨야 하는 숙명의 바람, 괴나리봇짐을 저마다 힘겹게 등에 지고, 한평생이 다하는 그 날까지 구름에 달 가듯이 가는 존재가 아닌가? 나는 수필가로 시인으로 살아왔으니 가슴 조용히 휘젓는 시와 수필을 남겨야 하지 않느냐고 자문자답 해 본다.

가을이 가까이 오고 있다. 내가 여든세 번째로 맞이하는 가을이다. 해마다 오는 가을이지만 해마다 조금씩 다른 느낌을 안겨다 주면서 이번 가을도 저만치에 오고 있다. 나는 비록 빈손으로 왔다 해도 무엇인가 남기고 가야 한다는 채무자로서 강박관념 같은 꿈을 꾸며 인생을 오늘도 꾸역꾸역 살아가고 있다. 노도(怒濤)가 없는 바다는 바다가 아니며 위험이 따르지 않는 산도 산이 아니듯이 거절을 모르는 신, 원하는 대로 베푸시는 하나님이라면 사람은 설산 꼭대기에까지 기도의 제단을 쌓지는 않으리라. 사랑할수록 사랑하고 기도할수록 기도하는 정진, 그리고 인생사 아픔 가운데 아픔을 배우고 슬픔 가운데 해탈의 의지를 더 기르게 될 능력의 창달(暢達)을 간절히 꿈을 꾸어본다.

문득 공초(空超)의 시 한 구절이 생각나 여기에 적어본다. "꿈속에 꿈을 꾸니 꿈 깨어도 꿈이로다." 기왕 인생이 한바탕 꿈일 바에야 싱싱한 젊음들의 희망에 찬 푸른 꿈처럼 노상 그렇게 신나고 보람된 꿈이라면 얼마나 좋을까? 박영희 시인은 「초몽(初夢)」에서 말하기를, "사람은 70여 년/ 즐거움과 슬픔이/ 섞여서 짜어내진 한 폭의/ 짧은 꿈의 풍경화// 소꿉을 벌려놓은 모래성은/ 즐거움의 내 왕국/ 그러나 저-빛나는 바다는/ 내 눈물의 저수지/"라고 읊었다.

가을은 수확의 계절이기에 결실, 충만, 보람 등의 상징성을 지니는 한편 가을은 여름날의 무성했던 만물과 산과 들이 쇠락해 가는 계절로 소멸, 이별, 상실, 외로움, 쓸쓸함 등의 음울한 이미지로도 오고 있어 인생 나그네의 무상함을 깨닫게 하는 계절이다.

여기 김영랑의 시 「오-매 단풍들것네」를 적어 글을 맺는다. "오-매 단풍들것네/ 장광에 골불은 감잎 날러오와/누이는 놀란 듯이 치어다보며/ 오-매 단풍들것네// 추석이 내일모레 기둘리니/ 바람이 자지어서 걱정이리/ 누이의 마음아 나를 보아라/ 오-매 단풍들것네/"

즐거운 인생

김종복
2013. 8. 천료

손녀가 올해 초등학교에 입학했다. 무슨 과목이 재미있니? 물으니 마술이 재미있다고 했다. 마술이라니 어리둥절했다. 요즘 초등학생 1학년 과목을 알아보니, 국어, 수학, 봄 여름 가을 겨울, 안전한 생활이다. 4계절 이름의 과목은 바른생활, 슬기로운 생활, 즐거운 생활이 통합된 과목이다. 1학기는 봄 여름에 해당하는 활동을, 2학기는 가을 겨울에 해당하는 활동을 통합으로 배운다. 음악 미술 체육도 '4계' 과목에 모두 통합되어 있다. 마술은 방과 후 활동으로 배우는 취미 과목이다. '봄 여름 가을 겨울' 생소한 과목이 내 마음에 쏙 들어온다.

은퇴 후 나는 제일 먼저 대한민국 국립공원의 모든 산을 오르고 싶었다. 사람 일은 한 치 앞도 모른다는 옛말을 증명이나 하듯이, 퇴직 하루 전날 헬스장에서 마무리 운동을 하다가 벨트에 걸려 넘어졌다. 양 무릎을 심하게 다쳤다. 의사는 경사를 피해야 하니 등산은 절대 하지 말라고 당부했다. 나지막한 동산도 안 된다고 했다. 나의 실망은 이루 말할 수가 없었다. 산행만은 그래도 나의 자부심 같은 취미활동이었는데, 못하게 되니 갑자기 할 일이 없어졌다.

"은퇴 3개월 만에 너무 심심해 미치겠어!" 식당 옆자리에서 우연히 이 소리를 듣고 나도 그처럼 될까 봐, 근심했다. 그러나 나의 은퇴 후 12년 세월은 심심할 틈도 없이 훅하고 지나갔다. 등산이나 격한 운동은 못해도, 내가 즐겨 할 수 있는 '즐거운 인생' 과목들이 많이 생겼기 때문이다.

문화원과 주민센터와 도서관의 취미 프로그램은 초등 1학년의 '봄 여름 가을 겨울' 과목처럼 다양했다. 사진, 기타, 가곡, 수필, 한국화, 영화, 요가, 택견에 관심이 갔다. 젊은 날에 해 보고 싶었던 것들이다. 흥미롭고 재미있었다. 공부하러 온 회원들과의 친교의 시간도 즐거웠다.

사진을 찍으며 빛과 구도의 중요성 알게 되었다. 기타를 배우면서 빈 박치임을 알았지만, 그래도 몇 곡 정도는 코드를 잡고 노래할 수 있다. 작은 가곡 발표회를 하면서 올라 본 무대의 떨림과 기쁨을 실감했다. 한국화 그림을 배워 여덟 번째 전시회를 준비 중이다. 수필로 등단하여 작가의 반열에도 들었다. 의사의 추천 운동으로 자전거를 타고 낭만 호반 춘천의 풍광에 늘 감탄했다. 감탄하는 정서(情緖)도 능력이라며 내 자신감을 뿡뿡 추켜세웠다.

국내외 가리지 않고 여행도 많이 다녔다. 아내와 내가 유일하게 일치하는 취미가 여행이다. 알뜰살뜰 세운 아내의 여행계획에 늘 감탄한다. 여행비도 패키지보다 절반 가까이 절약되었다. 덕분에 남의 나라 풍경과 문화를 오래 머물며 누릴 수 있었다.

영화도 많이 보았다. 매주 한 번씩 도서관 시청각실에서 상영하는 시네마 프로그램에 빠지지 않고 참석했다. 독립영화감독을 이곳에서 만났다. 영화의 촬영기법과 세세한 설명으로 영화 감상법을 상당히 키워

주었다.

영화를 보는 것으로 그치지 않고, 인터넷 카페에 영화감상문을 꼬박꼬박 80여 편을 올렸다. 시네마 회장 직분도 맡았다. 해마다 도서관에서 마련해 준 버스를 타고 가을소풍을 갔다. 계획을 세우고 인솔 책임자가 되었다.

남양주 영화 촬영소. 「효자동 이발소」의 촬영지인 서울 종로구 서촌, 「라디오 스타」의 영월, 셀 수 없이 많은 영화를 촬영한 고성과 속초, 모두 만족한 시네마 소풍지였다. 영화를 좋아하는 사람은 다 선하고 재미있다고 혼자 단정을 짓게 되었다. 지나온 열두 해의 즐거운 인생을 주마등처럼 돌려보았다.

즐거운 인생을 위한 여가활동에는 그렇게 많은 돈이 필요하진 않다. 중요한 것은 관심이다. 주변을 잘 살피고 찾으면 돈 들이지 않고도 만족할 만한 거리는 참으로 많다. 어느 교수는 숲에서 새소리와 나무를 구분하는 것만으로도 엄청 즐겁다고 했다. 인생의 봄 여름 가을 겨울 지나는 중에 남들과 비교하지 말고, 자기만의 처지와 공간 속에서 취미의 깊이를 더해간다면 본인의 삶이 저절로 재미있을 것이다. 나의 주마등같은 세월의 장면들도 그러했다.

할아버지는 요새는 뭐가 재미있어요? 마술 시간보다 급식 시간이 더 좋아진 손녀가 물어주면, 한마디로 요약할 과목이 생겼다. '봄 여름 가을 겨울.' 너의 교과 과목과 같지만, 여행 독서 글짓기 그림 영화 자전거 오 솔레미오가 들어있는 통합 교과란다. 그런데 오 솔레미오는 뭐예요? 할아버지의 '즐거운 인생' 주제가란다.

뱀사골 신선길

김선옥
2014. 10. 천료

모처럼 시간을 내어 지리산 가을 단풍 길을 나섰다. 둘레길 걷기는 한산하리라 생각했는데 의외로 관광객이 많았다. 아마 드라마 「지리산」이 사람들의 관심을 부추긴 것 같다. 가을 단풍보다는 천년송 아래에서 두 쌍의 전통 혼례를 치렀다는 드라마 이야기로 왁사시껄하다.

천년송은 임진왜란 전부터 자라 500년쯤 되는 나무로 우산처럼 펼쳐져 마을 사람들은 삼신 마고 할머니로 모셨다고 한다. 정월 초사흗날이면 그 나무 아래에서 당산제를 지내며, 혹여 제사를 거르면 마을에 예상하지 못한 사태나 괴이한 변고가 일어났다고 한다. 이처럼 지리산 와운 마을을 지켜주는 수호신으로 실제로 천년송 아래에서 위를 올려다보면 영험한 기운이 느껴졌다고 했다. 우리나라는 오래된 나무에 얽힌 이야기가 많아 드라마의 단골 소재로 쓰이기에 좋았을 것이다.

말로만 듣던 지리산 탐방 입구에 도착했다. 눈앞엔 화려한 색으로 붉게 물든 단풍잎과 함께 태고의 생명이 살아 숨 쉬는 뱀사골 신선길이란 팻말이 우리를 반겨준다. 지리산 뱀사골 계곡은 1300여 년 전 전설로 인해 이름이 붙여졌다는 안내 문구에서 발길을 멈추었다.

칠월 백중날에 스님 한 명을 뽑아 신선바위에서 기도하게 했다. 다음 날이 되면 매번 스님이 사라져, 사람들은 그 스님이 신선이 되어 승천했다고 믿었다.

그러던 어느 날 한 스님이 그해에 뽑힌 스님 옷자락에 독을 묻혔다. 날이 밝자 신선바위엔 이무기가 죽어 있었다. 이후 이 계곡의 이름은 이무기 즉, 뱀이 죽은 골짜기라는 뜻의 뱀사골이라 한다. 또한, 제물이 되었던 스님들의 넋을 기리기 위해 계곡 입구 마을을 신선이라는 뜻인 반선이라는 주술적인 이름이 새로웠다.

길을 걷는다는 것이 생각보다 쉽지 않다. 마을 가는 좁은 외길을 단풍에 취한 사람들과 매연을 뿜어대는 차량으로 뒤엉켜 걷는 건지 끌려가는 건지 모르겠다. 그렇게 한참을 가다 반선 마을과 와운 마을의 갈라진 길에서 나는 앞서간 일행들이 남겨둔 걷기 방향 표시에 걸음을 멈춘다.

한 박자 숨 고르기를 한 뒤 반선 길에 접어드니 생태 탐방길이 나왔다. 경관이 수려해 주변의 꽃과 나무, 바위를 향하는 눈길에 숲속 쉼터에서 자주 쉬었다.

제승대까지는 옥색 빛이 나는 계곡의 시원한 물소리를 들으며 걸었다. 물길이 바위에 부딪히며 하얗게 부서지는 모습에서 시원한 바람이 느껴졌다.

기암절벽을 타고 떨어지는 폭포와 함께 어우러져 마치 병풍처럼 바위들이 둘러싸고 있다는 병풍소에 도착했다. 그 아래 물이 힘차게 물살을 가르며 마치 용이 머리를 흔들며 승천하는 것 같은 오룡대가 투박한 얼굴로 나를 반겼다.

물가에 앉아 나뭇잎 사이로 맑게 보이는 하늘을 바라보니 신선으로 돌아간 듯한 기분에 사로잡혔다. 함께 앉아 있는 이들의 표정도 평온해 보였다. 아름다운 풍경 속에 머무르다 보면 사람도 아름다워지기 때문인가 보다. 자연은 언제나 자연 그대로의 모습이다. 그 모습을 보고 있으면 마음이 편안해진다. 바람도 쉬어가듯 나도 삶에 쫓기는 마음을 내려놓고 주변 풍경과 함께 호흡하며 가을 정취를 즐긴다.

뱀사골은 드라마로 인해 산을 흔들고 있는 이야기와 달리 변함없이 묵묵히 가을 산을 지키고 있다. 갈바람이 불어오니 하늘마저 투명해져 가을 단풍이 춤추며 색다른 자태를 보여준다. 욕심을 버리고 가벼운 마음이길 원하듯 내리막길이 이어진다.

신선길은 봄에 느리게 걷으며 유채가 만발했던 청산도의 섬세한 걷기하고는 다른 삶의 가치를 배우는 묵직한 체험이다. 청산도는 한 폭의 예쁜 산수화라면 뱀사골은 수묵화 같은 느낌이다.

지금 내가 걷고 있는 길은 과거와 현재, 미래로 이어져 있다. 걷기를 즐기는 사람들은 아무래도 삶에 대해 조금 더 진지하고 충실해 보인다. 오르막도 올라보고 내리막도 내려가 보고 지름길을 통해 위기를 극복하는 경험을 해 봤기 때문이 아닐까 한다. 과거와 미래는 생각하지 않고 걷기로 했지만, 지리산의 둘레길이 모든 조화를 이룬 아름다운 길이란 것을 걸으며 깨닫게 됐다.

내가 지나온 발자국이 뒷사람에게 길이 되듯 그 여정은 삶의 재충전으로 희망을 채우길 바라는 마음이다.

그날들

문정미
2014. 10. 천료

"잊어야 한다면 잊히면 좋겠어."

정말 잊고 싶었던 일들이 머릿속에서 모조리 사라져 버릴 수 있다면 그것처럼 좋은 일은 없을 것 같다. 가슴에 남겨 있는 잔재들이 바람에 먼지 날리듯 텅 비어져 흔적 하나 남기지 않는 백지의 상태가 된다면 좋겠다.

유명 오디션 프로그램에서 통기타를 둘러맨 가수가 노래 속에서 그날들을 이야기한다. 누구에게나 한 번쯤 잊지 못할 사연이 있거나 있을 법한 기억 속의 그날들이 내 마음 깊은 곳에 닫혀 있는 문을 두드려 댄다.

나에게 그날은 추억보다 앞서는 기억이다. 다른 누군가에겐 '그날'이 아름답게 간직될 추억 속의 이야기일 수 있지만 내겐 전혀 그렇지 않다. 오랜 시간이 흘렀음에도 추억으로 남아 있지 않는 그날의 일들이 내 안에 똬리를 틀고 앉아 있다.

사실, 살다 보면 특별한 날들의 기억도 희미해진다고 하던데 난 그렇지 않았다. 잊게 되길 원했지만 잊을 수 없었다. 기억 속의 그날은 결별과 단절이 무엇인지를 확실하게 일깨워 준 날이었다.

감히 첫 번째 그날이라고 할 기억은 온전히 슬픔 덩어리이다. 눈을 감고 그날의 장면을 떠올릴 때마다 아직도 낯선 곳에 버려져 울고 있는 내면 아이의 모습이 보여 가슴이 답답해진다.

열네 살의 어느 봄날, 꽃샘추위에 찬바람이 심하게 불던 날이었다. 쫓겨나듯 갑자기 살던 집을 떠나오게 됐고, 낯선 곳에서 나 홀로 새로운 세계와 부딪혀야 했다.

나는 생면부지의 수많은 얼굴들과 마주하고 서 있었다. 수백 명의 얼굴들이 일제히 나 하나를 향해 있던 그 순간의 그곳을 쉽게 잊어버릴 수가 없다. 마주했던 그날의 기억은 처음 느끼는 당황스러움과 불안감이었다. 워낙 소극적이고 의기소침했던 나는 사람들 앞에 나서서 말 한마디 해 본 적 없던 터였다.

경기도 용인군 남사면 남곡리란 곳에 용동중학교가 있었다. 그날은 입학식이었다. 전교생 360명과 열한 분의 선생님, 교감과 교장이 있는 말 그대로 시골 중학교였다. 학교 운동장에서는 1973학년도 입학식이 진행되고 있었는데, 입학생 명단에 내 이름이 누락됐는지 끝끝내 이름을 불러주질 않았다. 나는 내가 있을 곳이 여기가 아닌가 하는 난처함과 두려움에 온몸이 떨리고 이까지 따닥따닥 떨리고 있었다.

그곳엔 내가 아는 사람이 단 한 명도 없었다. 근동 초등학교에서 초등 시절을 함께 보낸 다른 입학생들과는 사뭇 달랐다. 그들은 6학년 때 친구들과 같이 진학하는 경우가 대부분이라 끼리끼리는 다 알고 있었지만 난 아니었다. 어른들이 사전에 입학 등록을 제대로 해 놓지 않아 명단에서 빠진 거였다는 걸 나중에 알았다.

"저는 가정 사정으로 인해 서울에서 이곳 용동중학교에 입학하게 되었습니다. 제 이름을 찾아 확인해 주세요."

어찌어찌해서 작은 시골 중학교에 입학 허가는 됐지만 아무도 나에게 이곳에 오게 된 이유를 가르쳐 주진 않았다. 그저 내가 설명할 수 있는 건 어제까지 함께 살던 가족을 떠나 낯선 곳에서 언니랑 둘이 의지하며 살아야 한다는 것과 앞으로 다닐 중학교는 서울이 아니라 용동중학교라는 그것이 나의 가정 사정의 전부였다.

나는 그날 그토록 낯선 곳에서 모든 걸 나 혼자 해결해야 하는 상황이었다.

전교생이 모여 있는 넓은 운동장 구령대에서 마이크 소리로 전달된 내 음성은 몹시 떨렸다. 그렇긴 했어도, 갑자기 서울에서 시골로 온 아이가 자신의 입학 사정을 이야기하는데 꽤 똑똑해 보였고, 목소리도 특이해서 귓바퀴에 내 음성이 똑똑히 박혀 들었다고들 했다.

나는 사실, 그날의 그 전날, 느닷없이 약수동 집에서 짐 가방 하나를 챙겨 나왔다. 배웅도 없었고 격려나 위로 그 어떤 설명도 없이 가족에게서 냉정하게 분리됐다.

"용인 언니한테 가서 지내거라!"

서울 동대문 해바라기백화점 대형주차장 한쪽에 고속버스터미널이 있었고 끝 쪽에서 동부고속버스를 타고 용인에 내렸더랬다. 다시 남곡리 배매실 가는 시외버스를 타고 물어물어 언니를 만나 하룻밤 잔 게 다였다.

나는 그날이 싫었다. 기억하지 않았음 했는데 자꾸만 기억이 뚜렷하다. 낙인처럼 가슴에 콕 박혀 있다. 단절의 시간, 두렵도록 새로운 세계, 이질감과 외로움, 불신과 의심투성이의 기나긴 24시간이었다.

그날 저녁, 직장에서 돌아온 언니는 나에게 시골 중학교 입성을 축하한다며 역대급의 화려한 선물을 선사해 주었다. 새빨간 비닐 덮개로 만들어진 작은 노트였다. 글쓰기의 시작으로 일기를 쓰라고 했다. 그러면서 언니가 활동하고 있는 글쓰기 모임에서 만든 『무화과』 동인지를 보여주며 책꽂이에 꽂혀 있는 세계문학전집을 다 읽으라고 했다.

나는 그 보상물에 루비라는 이름을 부여했고, 아담한 단칸방에 흐르는 고요와 적막함에 점차 익숙해져 갔다. 스물네 살 언니에게 날 넘겨버린 엄마는 중학교를 졸업할 때까지 딱 한 번 다녀갔다. 그냥 손님처럼 잠시 서 있다가 바람처럼 가 버렸다.

시골 구석진 곳에서 나는 날마다 혼자였다. 농촌 아이들과 잘 어울릴 수 없었다. 서울깍쟁이라고 따돌리며 놀렸고, 시골 생활 적응하는 게 쉽지 않았다. 물과 기름처럼 겉돌며 아웃사이더 같은 묘한 느낌마저 들었다.

나는 루비를 벗 삼아 미생의 인생을 써 갔다. 열넷, 열다섯, 열여섯까지 외롭고 쓸쓸했던 시간들이 무의미하지 않도록 상념을 메워갔다. 비어 있던 나의 가슴과 영혼을 하나둘 채워가기 위해 부지런히 읽고 자꾸만 썼다. 언젠가 빛나는 날갯짓으로 비상할 그날을 위해 나의 습작기는 시작되었다.

나에게만 허락된 '나의 것들'은 그날부터 차곡차곡 습작노트에 담겨졌다. 동네에서 선물로 받아 키우던 고양이가 눈 속에 파묻혀 얼어 죽은 이야기도 썼고, 무료한 일요일엔 성당 구경을 갔다가 토끼풀만 뜯었던 이야기도 썼다.

짝꿍 데레사와 개울에서 빨래하다가 근처 골프장에서 날아온 공에 이마를 맞고 기절했는데 보건지소에서 안티프라민으로 치료를 끝낸 이야기도 썼다. 부모가 곁에 있었다면 큰 병원에 갈 수 있었을 일을 혹이 주먹만 하게 튀어나와 학교에서는 또 놀림을 당했다.

내겐 그날들이라고 할 수 있는 몇 번의 아픈 기억과 슬픈 기억의 시간들이 아직도 뇌리에 선명하게 남아 있다. 그날의 기억 때문일까, 나는 가끔씩 화창한 봄날에도 으스스 몸살기가 돈다. 이글이글 타오르는 태양 아래 있어도 그날의 일들은 가슴에 썰렁썰렁 파도 더미로 밀려오고 간다.

나는 엄마에게 그렇게 외면당했던 시간들에 대해 이야기한 적은 한 번도 없다. 물론 돌아가실 때까지 절대로 말하지 않을 작정이다. 언니랑 둘이 행복하게 잘 지냈을 거라고 믿고 있는 당신에게 내 씁쓸하고 쓸쓸한 기억을 전달하고 싶지는 않다.

나는 부모 때문에 자식들의 가슴에 남겨질 그날들이 있을까 무던 애를 쓰며 살아간다. 혹여라도 그늘져 슬프고 두려운 결핍의 흔적들이 생길까봐 서른다섯 딸아이를 내 숨 속에 집어넣고 살아간다. 한 번도 꼭 안아준 적 없고 볼 한번 비벼준 적 없던 엄마로 기억될까 봐 얼굴도 만져주고 엉덩이도 두드려 주고 머리도 감겨준다. 가끔씩 등도 밀어 주고 발도 꼭꼭 주물러 준다. 반찬도 자주자주 날라다 주고 사랑한다는 문자도 날마다 보내준다.

무수한 날들이 지나간다. 하루하루가 모여 또다시 특별한 하루하루를 창조해 간다. 아름다운 추억으로 남게 된 그날들도 더러더러 내 인생의 틈바구니에 끼어 있다.

첫사랑이 끝 사랑이 된 고성의 청간바닷가와 신혼여행 갔던 경포 비치호텔, 부천의 박정대산부인과, 세종병원 분만실은 추억의 날들이 됐다.

이젠 어렸던 열네 살의 그날을 보내려고 한다. 남아 있는 기억 속에서 행복한 추억이 되도록 그때의 그날들을 이해하려 한다. 쉼 없이 흐르는 시간들이 희망이 되고 추억으로 담겨질 하루이길 바라면서 아들과 딸에게 사랑한다는 쪽지 몇 줄을 보냈다.

마누라

이영승
2014. 10. 천료

우리말의 표현은 참 풍부하다. 배우자라는 의미를 가진 단어 하나만 보더라도 부인, 아내, 집사람, 마누라 등 실로 많다. 이외에도 국제화 시대에 맞춰 요즘은 와이프(wife)라 부르는 사람도 적지 않다. 그런데 가장 한국적인 표현이라 할 수 있는 '마누라'는 속된 말로 오인되어 사용을 기피한다. 과연 이 호칭이 비하하는 말일까? 마누라가 순수 우리말이라는 설도 있고 아니라는 주장도 있으나 정확히 알 수는 없다. 남자에게 마누라보다 더 소중한 사람은 없기에 먼저 그 말의 어원부터 한번 알아본다.

마누라는 원래 조선시대 왕가에서 성별을 불문하고 마마와 같은 존칭어로 사용되었다고 한다. 왕에서 후궁에 이르기까지 왕실의 일원을 모두 마노라 혹은 말루하(抹樓下)로 불렀는데 19세기 고종실록에 처음으로 존칭어가 아닌 의미로 사용되었으며, 지금은 아내나 중년 여인을 속되게 이르는 말로 인식되고 있다. 동아시아의 전통적 존칭어인 폐하(陛 섬돌 폐), 전하(殿 대궐 전), 저하(邸 집 저) 등은 '건축물 아래에서 예를 갖춘다.'는 의미라니 마노라나 말루하도 '마루 아래에서 예를 갖춘다.'는 의미일 것이다. 그렇다면 '대비 마노라', '대전 마노라'도 마마와 같은 극존칭어로 쓰이지 않았을까 싶다. 당상관 이상 관리에게 사용하던 '영감'의 상대어가 된 것도 같은 무렵으로 추정된다. 어쨌든 마누라는 비하하거나 경시하는 말이 아닌 것은 분명하니 부담 없이 사용해도 무방할 것 같다.

세상에 부부싸움 하지 않는 사람 얼마나 될까? 그 싸움의 승자는 아마도 거의가 아내일 것이다. 예외로 남편이 이기는 사람이 있다면 그는 분명 바보 아니면 폭군이 아닐까 싶다. 나도 지난날 누구 못지않게 부부싸움을 많이 했으며 지금도 적지 않게 싸우고 있다. 다만 그 싸움이 오래 가지는 않으며 자리에서 일어서는 순간 뒤끝은 없었다. 그렇게 다투고 토라지며 살아온 세월이 어언 44년이다. 부부가 정이 없으면 싸울 이유도 없을 테니 다툰다는 것은 그래도 애증이 있다는 뜻이다. 그러기에 아들이나 딸이 부부싸움을 했다는 말이 들려도 우리는 전혀 걱정을 하지 않는다.

나는 웬만하면 마누라 말이 무조건 옳다고 인정하고 가급적 토를 달지 않으려고 노력한다. 그러나 말은 그렇게 하면서도 솔직히 실천은 쉽지 않다. 그동안 마누라와 싸워서 덕본 적 없으며, 상대를 굴복시키고 이겨본들 그 뒤는 도리어 개운치 않았다. 결국 '마누라와 싸움은 지는 게 이기는 것'이라는 말은 만고의 진리가 틀림없다. 나도 젊은 시절에는 아내와의 싸움에 양보를 몰랐으며 긴 세월 함께 살다보니 터득하게 된 지혜이다.

내가 겪은 사례를 하나 들면, 수년 전 뱃살을 빼려고 아파트 계단을 무리하게 오르내린 적이 있다. 현재 살고 있는 아파트는 지하와 옥상까지 합하면 계단이 29층이다. 한 층이 16계단이니 모두 464계단인데 하루 최고 14번까지 오르내린 적도 있다. 1회 왕복에 10분 정도 소요

되니 2시간 넘게 무모한 운동을 한 셈이다. 아내가 지인들이 겪은 사례를 들며 무릎에 해롭다고 여러 차례 만류했으나 나는 한 번도 귀담아듣지 않았다. 몇 개월 후 체중은 3kg 정도 빠졌으나 무릎에 이상이 나타났다. 급히 병원에 가서 진단한 결과 의사로부터 운동을 당장 중단하라는 경고를 받았으며, 후회해도 이미 때는 늦었다. 다행히 지금은 많이 호전되었지만 그로 인해 고생했던 생각을 하면 어이가 없다. 마누라 아닌 다른 사람이 그 같은 충고를 했다면 틀림없이 관심 있게 들었을 것이다. 이외에도 유사한 사례가 많지만 더 이상 발설하면 체면이 손상될 것 같아 이만 멈춘다.

세상에는 어려운 일이 두 가지 있다. 하나는 내 생각을 남의 머리에 넣는 일이고, 다른 하나는 남의 돈을 내 주머니에 넣는 일이다. 앞의 일 하는 사람은 선생님이고 뒤의 일 하는 사람은 사장님이다. 그런데 두 가지 일을 한방에 다하는 사람이 있으니 바로 마누라다. 따라서 선생님에게 대들면 배우기 싫은 사람이고, 사장님에게 항의하면 돈 벌기 싫은 사람이며, 마누라에게 이기려고 하면 살기 싫은 사람이다. 비록 세상에 회자되는 에피소드지만 이 이상 명언은 없을 듯하다.

남자가 피해야 할 3가지 불행이 있는데 초년 출세(出世), 중년 상처(喪妻), 말년 무전(無錢)이란다. 젊어서 출세가 왜 나쁜지를 나는 알지 못했는데 최근 정치권에서 젊은 표심을 얻기 위해 준비 안 된 젊은이에게 감당키 어려운 큰 옷을 입혀 놓고 난리법석 떠는 것을 보고 이해하게 되었다. 말년 무전은 누구나 피하고 싶어도 타고난 복일 테니 어쩔 수 없겠으나 중년 상처만은 모든 남편들이 명심해야 할 것이다.

위대한 그 이름 마눌님! 자식 낳아 키우느라 한평생 오만 고생 다하고, 늙어서까지 영감 위해 온갖 고충 면할 길 없다. 어느 날 그님이 훌쩍 먼저 떠나버리면 홀로 감당하며 살 수 있는 남자 몇이나 될까? 때 늦게 후회한들 무엇하리, 있을 때 잘할지어다!

우리 몸의 건강관리

류춘영
2014. 11. 천료

우리가 병들지 않고 오랫동안 살아가기를 위해서는 날마다 자기의 건강관리를 잘 하여야 한다. 우리 몸의 가장 중요한 건강관리는 음식과 수면과 운동이다. 음식은 위의 75%만 채우고 과식하지 않고 12시 이전에 잠자고 해 뜨기 전에 일어난다. 그리고 열심히 걷다 보면 웬만한 병은 나을 수 있다. 나는 매일 아침 사과 1개와 당근 1개, 계란 1개 그리고 양파와 요구르트 1병을 먹는다. 양파와 요구르트는 믹서기에 갈아서 하루 동안 냉장실에 보관 후 먹는다.

첫째로 감기 예방을 위해서는 매일 1회 식염수로 코를 청소하는데 손잡이가 있는 물컵에 식염수(약국에서 판매)를 5분의 1 정도 채워서 양쪽 코를 청소하는데 한쪽 코를 5회 이상 청소한다. 코로나19의 예방도 된다. 혹시 감기 증상이 있으면 1회 더 추가로 코를 청소한다.

둘째로 치매 예방을 위해서는 걷기 운동과 뇌 운동을 한다. 내가 우리 집 앞 어린이 놀이터 외곽 길(약 250m)을 속보로 걸어서 10회 회전(1주일에 5일 이상), 걷기를 시작한 것도 20년 전의 일이다. 그 당시 나는 기관지 천식으로 세브란스병원에서 처방한 약을 1일 3회씩 먹어야만 했다. 그러나 걷기를 시작한 이후에는 차츰차츰 약을 줄여서 1일 1회만 먹어도 되었고 1년 후부터는 조제된 약은 먹지 않고 입으로 흡입하는 약만 흡입해도 되고 몸의 모든 부분이 건강을 되찾게 되었다. 속보로 걸으면서 호흡은 2번 코로 흡입하고 2번은 입으로 내보낸다.

우리 몸의 발에는 무수한 혈관이 있다. 발은 제2의 심장이다. 발바닥이 지면에 닿을 때마다 피를 펌핑해 위로 올려보낸다. 혈액을 순환시키는 모터의 역할을 한다. 걷기 운동은 고지혈증, 당뇨, 천식, 치매, 고혈압, 심근 경색의 예방운동이다. 발은 우리 몸의 각 기관의 세포에 산소와 영양을 공급할 뿐 아니라 혈관을 청소해 탄성을 유지시켜 준다. 걷기 운동을 하면 근육이 유지되고 새롭게 만들어진다. 근력(근육)은 자극을 주면 향상되고 방치하면 위축된다. 천천히 걸으면 1시간 120kcal, 빨리 걸으면 1시간 300kcal까지 열량을 태운다. 걷기가 달리기보다 좋은 것은 운동 손상이 적기 때문이다. 발은 26개의 뼈와 114개의 인대, 20개의 미세한 근육 그리고 힘줄과 신경이 만들어내는 정교한 합작품이다. 죽음의 자객인 뱃살을 빼는 데는 이 보다 좋은 처방약은 없다. 또한 걷기는 인체 골격을 튼튼하게 유지하는 역할도 한다. 그리고 뇌 운동을 위해서는 매일 아침 5시에 일어나서 성경 암송을 30분간 하고 6시에 새벽예배에 참석하고 귀가하여 옷을 갈아입고 30분간 위와 같이 걷기 운동을 하고 집에서 목욕을 한다.

셋째로 손가락 박수, 눈동자 굴리기 운동, 귀 마사지를 하는데 손가락 박수는 손가락 끝부분과 손목을 소리 나지 않게 치는 박수인데 1일 50회 이상 치면 건강에 매우 도움이 되고 기관지 천식과 혈액 순환이 잘된다. 눈동자 굴리기 운동은 화장실 용기에 앉아서 상하 30번, 좌우 30번, 대각선 30번, 시계 방향으로 10회 회전, 반대 방향으로 10회 회

전, 그리고 손을 비벼서 뜨겁게 하여 눈 위에 3회 눌러 준다. 그리하면 눈이 더 나빠지지는 않는다. 그리고 귀에는 우리 몸의 모든 혈관이 다 연결되어 있기 때문에 귀를 마사지하는데 위, 아래로 당기기 10회, 옆으로 당기기 10회, 그리고 귀 전체 마사지 10회를 1일 3회 반복한다.

날마다 아침에 일어나자 양치질을 하고 인체의 모든 기능을 활성화하기 위해서 더운물을 2컵 먹고 소화 기능 활성화를 위해 식사하기 전 30분에 더운물을 1컵, 혈압을 낮추기 위해 목욕하기 전 1컵을 먹고 뇌졸중과 심장마비 예방을 위해 취침 전 1컵을 먹는다. 그리고 매일 아침 식사 때에는 흑마늘 보통 크기 6쪽을 식사와 같이 먹는다. 흑 마늘은 줄기와 뿌리를 자르고 껍질을 한 겹 벗긴 후 보온밥통으로 11일간 보온으로 해서 만든다.

우리 몸의 건강과 돈도 있을 때 지켜야 보존이 가능하다고 생각된다.

처녀 농군

이영주
2014. 11. 천료

우리집은 화천군 간동면 도송리 병풍산 제일 꼭대기 해발 352m에 전원주택을 짓고 이사 온 지 9년째가 된다.

해마다 점점 집들이 늘어나기 시작하더니 지금은 6채가 되었다.

그중에서도 3년 전부터 남편들이 정년퇴직하면 집을 짓겠다고 임시로 조립식 집을 갖다 놓은 여자 자매가 있다.

천 평을 사서 오백 평씩 나누어 앞으로 집을 짓기 위해 땅을 가꾸면서 정원수를 비롯해 꽃들을 자기의 스타일대로 잘 꾸미고 있고 밭에 채소를 비롯해 고추, 들깨 농사를 짓다가 겨울 오면 인천과 경기도 광주로 떠났다가 강남 갔던 제비가 다시 찾아오는 봄이 오면 다시 돌아오곤 한다. 작년부터 순번에 의해 내가 반장이 되었으니 동네에서 연락할 일이 있거나 면에서 또는 군에서 소식지가 나오면 들르곤 했다.

내가 반장이라 나중엔 이름과 전화번호를 알았지

만, 처음엔 이름을 몰라 지나갈 적마다 보면 밭에서 열심히 일하는 모습을 보고 유행가 가사에 처녀 농군이라는 가사가 생각나 처녀 농군네라 불렀다.

그래서 동네에서는 처녀 농군네라 부르면 어느 어른은 그분들이 처녀냐고 묻는 일도 있었다. 지금은 다들 처녀 농군네라고 하면 알아들었다. 물론 며느리 사위를 둔 처녀 농군이다.

지나가다 보면 더운 여름에도 둘이 앉자 뜨거운 낮에도 밭에 돌을 주워 내고 보석을 찾는 사람들처럼 태양과 싸움을 하고 있다. 요 며칠 전에는 길가에서 좀 먼 곳에서 두 형제는 뭔가를 열심히 하고 있었다.

아내와 같이 가 보니 샘물이 나온다면서 샘을 만들고, 도랑을 만들어 위에서는 설거지와 수박을 비롯한 과일을 샘에 담그고 아래는 빨래하는 빨래터를 만들어 놓았다.

가끔 지나다 보면 빨래하는 방망이 소리가 들렸다. 왜 편한 세탁기가 있는 데 힘든 빨래를 하느냐고 물으면 옷을 샘물에 빨아 방망이를 두들겨 빨면 때가 잘 지고 세탁기에 빤 것보다 더 깨끗하다고 한다.

그런데 도시 사람들이 어떻게 밭일을 그렇게 열심히 잘하는지, 어느 날 차 한잔하면서 고향이 어디냐고 물었더니 홍천 화촌면 구성포리라 했다. 나는 웃으면서 그러면 그렇지 강원도 감자의 DNA가 어느 정도 몸에 남아 있는 것 같다고 하면서 한바탕 웃었다.

내 생각으로는 바로 집 앞에 있는 밭도 혼자서는 200평 정도는 몰라도 500평은 그리 관리하기가 쉽지 않고, 무엇보다 잡초들 때문에 힘들 거라고 했다.

역시나 "요사이는 비가 자주 와서 그런지 집에 좀 며칠 갔다가 오면 잡초들이 언제 그렇게 자랐는지 잡초들을 뽑고 간 티가 안 나요." 한다. 그리고 이곳에 오니 계절의 정확함을 눈과 마음으로 느낀다고 했다. 더욱 다른 것은 이곳에 있다가 집에 가면 그전에는 별로 몰랐는데 이제는 답답하고 공기가 좋지 않아 빨리 이곳으로 오고 싶어진다고 한다. 집에 갔다 오면 공기가 좋은 것을 확실히 느낀다고 했다.

그들 형제가 오고는 길가 주변도 달라졌다. 길가에는 그동안 보지 못했던 해바라기와 백일홍을 언덕길에 심어 요사이 한두 송이씩 피어나기 시작하니 집으로 올라가는 언덕길을 보면서 집에 오르내릴 적마다 꽃길은 걷는 느낌이다. 근래에는 서양 꽃들이 대세를 이루지만 이들로 인해서 추억으로만 간직했던 채송화, 과꽃, 백일홍, 봉숭아를 보면서 손주 녀석들도 가끔 오면 "꽃이 이렇게 예뻐요." 하면서 꽃 이름을 물을 땐, 지난 추억에 잠기곤 한다.

그동안 대지는 타들어 갔지만 요사이는 장마로 인해 연일 비가 내리더니 장마가 끝나나 싶더니 태풍으로 인해 비가 내린다. 더운 날씨에 습도가 연일 높아 푹푹 찌는 날이 계속되고 있다.

운동과 노동은 다르다고 한다. 나는 '내가 즐기면서 하면 운동이고 내가 싫어도 해야 한다면 이것은 노동이 아닐까?' 하는 생각을 한다. 오늘도 차를 운전하며 꽃길을 오르는데 먼 밭 빨래터에서 방망이 두들기는 소리가 난다. 처녀 농군들은 오늘도 즐기면서 운동을 하고 있는지도 모른다.

오늘 아빠들이 휴가를 맞아 가족들이 손주들을 데리고 휴가를 왔나 보다.

밤에는 좀처럼 불이 보이지 않았는데 불들이 환하고 사람들이 웃는 소리가 모처럼 들리는 것을 보니 아마 가족들이 파티를 하나 보다.

오늘은 비가 물러갔는지 하늘엔 모처럼 별이 총총하고 간간이 주변에서는 매미가 힘차게 울어댄다. 며칠 있으면 가을이 병풍산 넘어올 날이 얼마 남지 않은 것 같다.

무기여 잘 있거라

최승희
2015. 3. 천료

때는 세계 1차 대전 당시, 격전지 중 하나였던 이탈리아 동북부 구급차 부대에서 의용군으로 참전한 미국인 장교와 영국인 종군 간호사가 운명 같은 사랑에 빠진다. 포성이 울리고 포탄이 터지는 전장이지만 눈 쌓인 알프스는 그림 같았고, 전쟁터에서 꽃피운 두 젊은 남녀의 사랑은 그야말로 한 편의 드라마다. 전쟁의 광기와 비정함에 진저리를 느끼던 주인공은 간첩으로 몰려 처형될 위기에 놓이자 탈영을 감행해 쫓기는 몸이 되지만, 천신만고 끝에 스위스로 도주한 두 남녀는 아름다운 자연 속에서 평화로운 둘만의 신혼생활을 즐긴다.

영화 「무기여 잘 있거라」는 여주인공이 사산(死産) 후 과다 출혈로 세상을 뜨는 비극적 결말임에도 불구하고, 이탈리아와 스위스의 아름다운 풍광과 감미로운 배경음악 때문인지 영화가 끝난 후에도 한동안 로맨틱한 감상에 빠지게 만든다. 아이와 아내가 세상을 뜬 후 비 내린 황량한 거리를 홀로 걸어가는 주인공 프레데릭 헨리의 뒷모습에선 헤밍웨이 작품

특유의 허무주의가 짙게 느껴지지만, 장교복마저 근사하게 어울리는 미남배우 록 허드슨은 전쟁과 죽음으로 깨져버린 러브스토리를 낭만적으로 느끼게 만든다.

자, 영화는 여기까지.

지금 거실 소파에 반쯤 드러누워 아이스크림을 한 숟갈 크게 퍼먹으며 보고 있는 TV 속 장면은, 믿을 수 없지만 현실이다. 러시아의 우크라이나 침공이 시작될 때만 해도 설마설마하는 마음이 컸을 만큼 전쟁은 영화 속에나 존재하는 비현실적인 개념이었는데, 내 눈앞 화면에선 러시아의 무차별 폭격으로 산부인과와 어린이병원이 무너지는 처참한 현실이 고스란히 중계되는 중이다. 삶의 터전을 떠나 해외로 탈출하려는 사람들의 차량 행렬이 끝도 없이 늘어섰고, 젊은 신혼부부는 결혼식 직후 조국을 지키겠다고 총을 들고 있다. 국가 총동원령으로 인해 나라를 지켜야 하는 가장은, 아내와 아이들을 주변국으로 향하는 피난열차에 태우고 언제 다시 만날 수 있을지 기약 없는 이별을 하며 뜨거운 눈물을 흘릴 뿐이다.

언론으로 접한 내 기억 속 첫 전쟁은 '걸프전'이었는데, 복잡한 정치적 헤게모니나 국제 정세 따위엔 관심도 없던 나이였으니 전쟁은 전혀 피부에 와닿지 않았다. 스커드 미사일을 요격하는 패트리어트 미사일, 레이더망에 포착되지 않는 스텔스 폭격기 등 TV로 중계되는 최첨단 무기의 대향연이 마치 전자오락을 보는 듯했다는 기억만 남아 있다. 인간이 저지른 행위 중 가장 끔찍하고 황폐한 것이 전쟁이라지만, 그건 그냥 매체 속 영상이나 활자일 뿐이었는데… 이제 전쟁은 눈앞의 현실이 되어 전 세계를 경악하게 만들고 있다. 인공지능과 사물인터넷을 논하는 진화된 기술과 지식으로 무장하고 4차 산업시대를 살아가는 현대인들이 전염병에 이어 전쟁 앞에 속수무책으로 스러지는 것을 보면 마치 전 세계가 단체로 1~2세기쯤 뒤로 거슬러 간 것 같은 회의감과 생명이니 존엄성이니 하는 것이 얼마나 지켜내기 어려운 것인가 하는 무력감이 밀려온다.

무력에 의해 약소국의 주권이 침탈당하고 있는 와중에, 전쟁에 비할 바는 아니나 국내에도 제법 큰 이벤트가 있었다. 역대 가장 치열했다는 대선(大選)이 치러지고 개표가 시작되던 날, 초박빙의 상황이 계속되면서 새벽까지 개표방송을 시청한 사람이 나 하나는 아닐 것이다. 밤이 깊어가면서 야식에 반주까지 곁들여 손에 땀을 쥐며 TV를 보고 있는 내 모습은 마치 '축구 한일전' 같은 흥미진진한 빅매치를 시청하는 듯한 형국이었다. 불과 반나절 전, 허울뿐인 전쟁에 대해 목청 높여 비난하던 건 까맣게 잊고 말이다. 선거 결과가 발표되고 밀린 잠을 청한 후 다시 일상으로 돌아오니 그제서야 지구 저편의 불행이 다시 생각났다. 인류애로 연대하는 깨어 있는 시민인 양하던 나는 여전히 이 전쟁을 나와 상관없는 '영화 같은 이야기'로 치부하고 있던 것은 아닌지… 집 근처 슈퍼마켓에 다녀오던 여섯 살 소녀가 러시아군의 폭격에 크게 다쳐 끝내 숨을 거두고 마는 뉴스를 보면서 눈물을 흘리고 있는 지금, 나는 저들의 비극을 혹시 일종의 엔터테인먼트처럼 소비하고 있는 것은 아닌가 스스로를 의심해본다.

미국의 소설가이자 평론가인 수잔 손택의 『타인의 고통』에서 작가는 전쟁과 같은 대재앙에 대한 값싼 연민을 경고한 바 있다. 과연 요즘의 이 감정들은 작가의 지적에서 자유로울 수 있을지 솔직히 자신이 없어진다. 아침에 눈 뜨면 국제면 뉴스부터 확인하고 유튜브로 우크라이나의 피해 상황을 실시간으로 찾아보는 나의 이 마음이 부디 천박하고 알량한 호기심의 발로가 아니기를. 지금은 그저 하루빨리 인간성의 상실과 광기로 점철된 이 전쟁이 끝나기만을 바라본다. "무기여 잘 있거라"라며 영원한 이별을 고하는 마음으로.

C.S. 루이스와 T.S. 엘리엇을 추억하면서

김용관
2015. 4. 천료

C.S. 루이스(C.S. Lewis, 1898~1963)는 영국의 소설가이다. 케임브리지와 옥스퍼드에서 철학과 르네상스 문학을 강의했다. 원래 무신론자였다. 기독교를 비판해오던 학자였다. 특별한 취미도 없었다. 강의, 집필, 친구 만나는 일 등이 일상의 전부였다. 점점 천천히 유신론자가 되어 갔다. 드디어 신앙에 이른 사람이다.

「반지의 제왕」의 저자 톨킨스와의 우정을 변치 않고 평생 유지하며 살았다. 그의 영향으로 30세 때 신앙인이 되었다고 말한다. 그리고 20세기 가장 훌륭한 '순전한 그리스도인'이 된 독특한 사람이다. 그는 성공회 평신도였지만 교파를 초월하여 삼단논법과 같은 논리로 신앙을 증명했다. 20세기에 가장 유명한 기독교 변증론자가 되었다. 그를 일컬어 '회의론자들의 사도'라고 부르기도 한다. 지성인들에게 새로운 시각과 지성을 열어 준 사람으로 평가되고 있다. 루이스 자신도 자신의 깊은 정신적 갈망, 무엇인가를 향한 영혼의 그리움에 해답을 줄 수 있는 것은 기독교뿐이라는 것을 느끼고 회심했다.

어느 면에서는 자기의 딸 이민아 변호사(후에 목사가 됨) 때문에 예수를 믿게 된 고(故) 이어령 교수(1934~2022.2.26)를 연상하게 한다. 이어령 교수는 한국을 대표하는 지성인이었다. '숨쉬는 한 공부'(Under Breating)를 실천하며 60여 권의 저서를 남긴 지성이었다. 그는 『지성에서 영성으로』라는 책의 저술을 통하여 자신의 영혼의 여정을 고백하고 있다.

루이스는 결혼도 하지 않고 53세가 되었다. 미국 여성으로 조이라는 이혼 여성을 만났다. 시인이자 두 아이의 어머니였다. 유대인이며 도도(滔滔)한 공산주의자 출신이었다. 루이스의 저서를 읽으며 그 영향으로 기독교로 회심한 여성이었다. 신기한 일이다. 두 사람은 사랑에 빠져들어 결혼까지 했다. 그때 조이는 골수암을 앓고 있었다. 불치병이었다. 비자(Visa)가 만기가 되자 영국 정부는 연장해 주지 않았다. 병실에서 결혼식을 올리고 영국 국적을 얻게 해 주었다. 그 후 루이스는 병상의 아내 조이를 사랑과 정성으로 보살폈다.

영화 「샤도우 랜드(Shadow land)」는 루이스의 일대기를 영화화한 것이다. 전 남편의 아이 둘을 입양시켜 보살피며 사랑이 암세포를 이겨냈는지 잠깐 결혼 생활을 한다. 2주간 그리스로 낭만적인 신혼여행을 다녀온다. 암세포의 고통에서 잠시 벗어난 시간이었다. 이 행복한 시간을 장차 느끼게 될 고통에 대한 보상이라고 생각했다. 오래지 않아 조이는 죽는다.

루이스의 고백이다. "20대에 내 곁을 스쳐 간 행복을 60대에 누릴 줄은 꿈에도 몰랐다." 결혼 후 3년 여름 조이는 병상에서 생활을 했다. 루이스에게는 이 3년여의 세월이 환희와 행복 그리고 슬픔의 인생이었다. 이때 루이스는 진심으로 조이를 따라 죽기를 원했다. 조이가 죽은 지 3년 후 1963년 11월 22일 루이스도 세상을 떠났다. 미국 대통령

케네디가 텍사스 달러스에서 암살된 날이다.

루이스는 "고통은 우리가 살고 있는 세상의 복원(復元, Restoration, 회복)이 절실히 필요함을 알게 하는 일종의 메가폰(Megaphone)이다."라고 했다. 세계의 수많은 지성인들이 루이스를 가리켜 '이 세상 너머의 세상을 보이며 믿을 수 있게 해 주고, 이를 지킬 수 있었던 것은 루이스가 보여 준 신앙 덕분'이라고 말한다. 그는 세상의 모든 가치를 우상화하지 않으면서도 세상을 끌어안는 안목을 가졌다. 공격적인 세속문화에서 신앙으로 옮겨 간 지성인이었다.

'창조주의 의도를 무시하고 쾌락에 탐닉하면 노예가 된다'고 했다. 쾌락의 '중독'에 빠지는 위험을 경고했다. 육신의 욕망을 규제하고 절제하는 것은 우리 자신을 위해서이다. 세속 문명의 노예가 되는 것은 비극이다. 망하는 지름길이 되기 때문이다. 세상의 좋은 것들을 감사함으로 받아들이고 절제하며 사용하면 유익이 된다.

루이스의 말이다. "우리는 악에 점거당한 땅에서 살고 있다. 진리로 순례자의 여정을 찾아야 한다."

인생의 목표는 자아실현(自我實現)이라고 교육에서는 주장하며 가르친다. 우리는 이를 무비판적으로 듣고 받아들인다. 그러나 자아가 지배적, 결정적인 인생이 되어서는 안 된다. 자아의 탐욕을 거부하고 부인하고 버릴 수 있어야 한다. 그래야 진정한 인생의 행복을 만날 수 있다. '내가 하고 싶은 게 무엇인가?'라고 묻지 말고 '어떻게 사는 것이 진리인가?'라고 물어야 한다. 이 질문에 대답을 잘 하는 것이 참된 인생의 구심점이다. 이것이 바로 신앙이다. 루이스는 사상적으로 혼미한 현대 사회의 선지자 같은 존재였다. 지성인들에게 파송된 선교사와 같았다.

루이스의 말이다. "지구상의 모든 아름다움과 기쁨은 우리가 발견하지 못한 꽃의 향기요, 우리가 들어보지 못한 음악의 메아리이며, 우리가 한 번도 가 보지 못한 나라의 새 소식이다."

물질적으로는 번영을 누리고 살지만 정신적으로는 정처 없이 방황하며 떠돌고 있는 현대이다. 루이스는 『순전한 기독교』, 『고통의 문제』, 『스크루테이프의 편지』, 『사랑의 우화』, 환상 소설 『나니아 연대기』 등 주옥같은 저술을 남겨 주었다.

거의 같은 시대에 영국에서 살았던 시인이자 극작가, 노벨 문학상 수상자인 T.S. 엘리엇(T.S. Eliot, 1898~1965)이 있다. 1960년대 초, 필자가 대학 시절에 처음 만났다. 난해하여 그 뜻도 모른 채 그의 유명한 시 「황무지, The Waste Land」를 읽으며 '4월은 가장 잔인한 달'이라고 읊조렸던 기억이 있다.

4월은 잔인한 달/ 죽은 땅에서 라일락을 키워내고/ 기억과 욕망을 뒤섞고/ 봄비로 잠든 뿌리를 뒤흔든다/ 차라리 겨울에 우리는 따뜻했다/
망각의 눈이 대기를 덮고/ 마른 구근으로 가냘픈 생명만 유지했으니/ 여름이 난데없이 스탄베르거 호수를 건너온 소나기로 몰려왔다/ (중략)
밤에는 대개 책을 읽고 겨울에는 남쪽으로 가지요/ 움켜 쥔 것은 무슨 뿌린가 이 황무지에서 어떤 가지가 자라나는가?/ 사람의 아들이여/
너는 말도 추측도 할 수 없다/ 그저 부서진 우상더미 밖에 모르기에 거기엔 해가 비치고/ 마른 나무는 그늘을 만들지 못하고 귀뚜라미도 울지 않는다/
이 마른 들에는 물소리조차 없다/ 다만 이 붉은 바위 밑에 그림자가 있을 뿐 /(이하 생략)

난해(難解)한 시다. 이해하기 어렵다. 1차 세계대전 후 서구의 황폐한 정신적 상황을 묘사했다. 만물이 생동하는 4월을 잔인한 달이라고 한다. 황무지에도 겨울과 봄은 어김없이 찾아온다. 현재의 삶이 힘들더라도 자신을 위로하고 격려하며 일어설 수 있는 용기가 필요하다. 살아내야만 하는 의지다.

현대에 대한 절망을 시어(詩語)로 읊은 것으로 이해한다. 그는 서구 문명 자체가 위협받는 분수령에 있다고 봤다. 「황무지」는 그 공허감을 그려 낸 시이다. 해법은 제시되지 않았지만 크리스천(Christian)답게 사는 것이 유일한 대안임을 알았다. 한국 근대사에도 4월에는 제주도 4.3 사건, 4.16 세월호 사건. 4.19 혁명이 있었다.

엘리엇과 루이스가 추구했던 근본적인 삶은 비슷한 것 같지만 걸었던 길과 방법은 또 달랐다. 현대 문명에 대한 진단은 두 지성이 같았다. 부패한 신앙, 천박한 문화, 파산 지경의 프로테스탄트 신학, 줄어드는 자연에 대한 경외감, 갈수록 부정확해지는 언어 사용 등을 염려했다. 이 같은 문명 혼돈에 대처할 힘을 갖춘 세력은 교회가 유일하다고 보았으나 현대는 교회가 그 힘을 잃어가고 있다고 보았다. 분배 정의만 실현되면 악(惡)의 문제는 사라지고 이상사회(理想社會)가 될 것으로 알았다. 잘 먹고, 잘 입고, 좋은 집에서 살고, 충분히 교육시키면 이상사회(理想社會)가 될 줄 알았다, 그러나 군중(群衆)은 군중일 뿐이다.

한국 사회도 날이 갈수록 강력 범죄는 증가 추세다. 경제적으로 어렵게 살던 시절보다 도덕성도 퇴보하고 있다. 전통을 떠난 민주주의는 집단 광기(狂氣)로 변질되기 쉽다. 현대 산업사회의 위험성은 인간을 전통과 분리하고, 신앙에서 멀어지게 만들며 집단의 의견만 허용하는 것이다. 도덕률의 전통과 정통을 회복해야 한다. 저마다 기준을 세우고 산다면 개성이 무서우리만큼 중요해질 것이다. 사회 공동체가 불행해진다.

엘리엇은 인간의 원죄(原罪, Original Sin)를 굳게 믿었다. 내면에 존재하는 선(善)을 믿지 않았다. 맹자의 성선설(性善說)을 비판했던 춘추전국시대(春秋戰國時代)에 예(禮)를 강조하던 순자(荀子)의 성악설(性惡說)과 비슷하다. 영국 르네상스 시대의 대서사시, 존 밀턴(J Milton, 1608~1674)의 「실낙원」(Paradise Lost)도 원죄를 주제로 하고 있다.

엘리엇은 인간 사회에서 휴머니즘(Humanism)이 제 기능을 할 수 있을지 의심했다. 신앙적 동기가 뒷받침되지 않으면 인간 본성은 그 높은 기준을 지켜 나가기가 어렵다고 본 것이다. 도스토예프스키(Dostoevsky, 1821~1881)가 했던 말이다. "만약 하나님이 없다면 인간은 어떤 악도 저지를 수 있다."

인간은 하나님 없이도 선(善)해질 수 있는가? 엘리엇의 대답은 'No'이다. 인간에게는 확실한 무엇인가가 필요한 것이다. 오직 기독교만이 인간이 살고 죽는 가치, 즉 거룩한 삶과 죽음, 신성(神性, 神聖), 순결, 겸손, 절제 등을 향한 믿음과 가치관이 곁들여진다는 것이다.

현대문명이 퇴락하고 있다. 어떤 문명도 사회의 이상과 가치 기준을 충족시킬 수는 없다. 부정적인 물결을 막아 내려면 인간에 대한 사랑, 선(善), 행복, 공동체 책임 등 가치 기준들의 실현밖에는 없다는 것이 엘리엇의 주장이었다. 유일하게 남아 있는 분단국가인 우리는 왜 전쟁의 위험이 종식되지 않는 것인가?

날이 갈수록 개인주의, 이기주의, 황금만능주의가 만연하고 있다. 성도덕(性道德)은 무너지고 가정이 붕괴되고 있다. 쾌락주의가 우리 사회를 점령하고 있다. 미덕이 사라지고 있다. 공동체 의식이 약화되고 있다. 대안도 없다. 이 세대를 살아가는 지식인들이 고민하고 해답을 내놓을 수 있을 것 같지도 않다. 이 시대의 종교가 그 해답을 제시해 줘야 옳다. 기독교의 가치 기준이 삶의 역동적인 요인으로 작용해야 한다. 인류의 희망이 여기에 있다. 한국의 기독교는 정치, 경제, 사회, 문화적으로 그 역할을 다하지 못하고 있다. 그 책무를 포기한 것 같아 보인다. 자체의 문제들이 주는 무게에 시달리는 상황이다. 안타까운 일이다.

엘리엇이 남긴 유명한 희곡으로는 「칵테일파티」, 「성당의 살인」이 있으며 시집으로는 『황무지』, 『거룩한 숲』, 『문화 정의론』, 『그리스도교 사회와 사상』 등이 있다.

17~19세기 유럽에서 만개했던 계몽주의는 종교에서 떨어져 나온 사

상으로 인간의 이성(理性)에 의해 세계의 모든 문제가 해결이 가능할 것으로 보았으나 1차, 2차 세계대전을 겪으면서 좌절되었다. 2차 세계대전 후 실존주의 철학이 대두되었으나 수십 년이 흐른 지금 그 능력을 전혀 발휘하지 못하고 있다. 경제적인 부(富)가 인간 문제를 근본적으로 해결 못한다는 것도 우리는 보고 있다. 오히려 인간의 정신은 더 오염되고 퇴폐적인 흐름을 부추긴다.

새뮤얼 헌팅턴(S.P. Huntington, 1927~2008, 하버드 교수)의 『문명의 충돌, The Clash of Civilization』은 우리에게 시사해 주는 바, 눈여겨볼 가치가 있어 보인다. 2차 대전 후 40년 동안 지속된 냉전이 종식되었다. 자본주의가 공산주의에 승리했다. 헌팅턴은 미래 인류의 문제와 갈등과 해결 방안에 대하여 정치 이념이나 철학, 사상이나 예술에 두지 않았다. 그가 가장 주목한 것은 종교 문제였다. 종교로 형성된 문명권이다.

자본주의가 공산주의에 승리한 후에는 인간의 가치관이 동질화되기 시작했다. 동질화는 더 이상 변증법적 작용이 일어나지 않는다. 그러나 중국의 근대화로 새로운 냉전, 경제적 힘이 세계를 움직여 나가는 것 같아 보인다. 헌팅턴은 이에 동의하지 않는다. 지금까지 문명사에서 크게 부각되지 않고 있던 경제외적 가치를 주목한다. '문명의 충돌'이라는 개념이다. '야만'과 대비되는 것이 '문명'이다. 즉 문화적 특질의 집합체인 종교를 따라 형성된 문명권의 대립이다. 기독교권, 이슬람권, 유교권, 불교권, 힌두교권이다. 다른 한 가지는 인구 증가가 세력 균형에 미치는 영향이다. 우리나라는 출산 저하로 초고령 국가로 진입하고 있다.

비서구 사회에서 나타나는 문화적 자각, 서구 문명의 보편성이 야기하는 갈등과 이슬람의 호전성, 유교권 중국의 세력 부상 등이 앞으로의 세계 정세에 큰 영향을 끼치리라고 보인다. 종교에 기반을 둔 문명이 세계 질서, 세계 정치의 다극화, 서구의 영향력 감소, 아시아 문명의 경제력, 정치력의 확대, 이슬람권 인구의 폭발적 증가와 테러 위협 등은 지금까지 볼 수 없었던 갈등을 빚어 낼 것으로 보았다.

인류 역사는 문명사다. 앞으로의 충돌은 문명의 객관적 요소들 중에서 가장 중요한 것이 종교라는 것이다. 문명에 따른 종교 간의 충돌이 가장 심각한 것이 되지 않을까, 하는 것이 헌팅턴의 견해이다.

우리나라는 다종교 국가이다. 국내 정치에도 종교 간의 갈등이 최소화되도록 할 때가 되었다. 모든 종교는 인간 사회에서 필연적으로 발생하는 갈등의 해결과 인류의 평화와 국가의 평화를 위한 역할에 크게 공헌해야 할 것이다. 그 길을 찾아야 한다.

20세기 저명한 철학자 버트런드 러셀(B Russell)은 '철학이 인류의 문제를 해결할 수 없다'고 솔직하게 고백했다. '철학이 상황을 묘사할 수는 있지만 그 문제를 해결할 수는 없다'고 했다, 교육이 인간을 바르게 살아가도록 할 수 있을까? 그렇게 하지 못한다는 것을 우리는 알고 있다. 인간의 본성에 대하여 다시 깊은 생각을 하게 한다. 그렇다고 불교나 유교(유학)가 현대의 세계 문제를 해결할 힘이나 능력이 있어 보이지도 않는다.

영국의 문학이론가이자 비평가인 테리 이글턴(Yerry Eagleton)은 '모든 종교를 송두리째 버릴 때가 아니다. 더는 종교에 휘둘리지 않을 때 사회는 세속화된다. 서구 사회는 그 속도는 달라도 모두 이 방향으로 나아가고 있다'고 했다. 음미해 볼 만한 지적이다.

현재 벌어지고 있는 러시아 푸틴의 우크라이나 무력 침공으로 수많은 양민이 학살당하는 현장은 전 세계 문명인을 분노하게 하고 있다. 미국과 중국의 긴장관계도 종교와는 무관하게 보인다. 오로지 패권경쟁(覇權競爭, Supremacy Competition)과 경제 이익 다툼으로 보인다.

하늘을 나는 택시

양호인
2015. 4. 천료

얼마 전 실어증을 진단받고 사실상 은퇴를 선언한 브루스 윌리스가 주연한 영화에서 하늘을 나는 택시가 자주 등장했다. 제목은 기억나지 않는다. 고층 빌딩이 높게 솟아있는 맨해튼 도심의 상공을 나는 택시는 불과 30여 년 전의 영화의 상상 속 상징물이었으나, 곧 현실로 다가오고 있다.

하늘을 나는 택시라 불리는 도심항공교통(K-UAM)* 사업에 GS칼텍스, 카카오모빌리티, LG유플러스, 제주항공, 파블로 항공, 버티컬 에어로스페이스(영국)가 컨소시엄을 구성해서 진출하기로 했다고 신문**은 전한다. 정유사로 유일하게 참여한 GS칼텍스는 전국의 주유소 네트워크를 이용해 수직 이·착륙장을 구축할 계획이라고 한다.

스물세 살의 나는 좀 엉뚱한 편이었다. 서울에 올라온 후 내 눈에 비친 서울은 전 지역이 건설 현장이었다. 압구정 현대아파트는 이미 건설되어 있었으나 빈집투성이였다. 잠실 주공아파트, 개포 주공아파트, 은마아파트 등은 지은 지 얼마 되지 않았고 교통편도 불편했던 터라 질퍽거리는 비포장도로도 더러 남아 있던 그곳을 사람이 살기에 참 부적당하다고 생각했다. 정말 후진 동네였다. 서울의 중심지인 명륜동 셋집의 방 한 칸에 둥지를 튼 나는 강남에 사는 사람들에게는 좋은 동네 사는 사람으로 부러움의 대상이었다. 사실 강남에 사는 사람이 그리 많지도 않았다. 요즘은 누구도 믿지 않겠지만 말이다. 한 치 앞도 못 본 셈이라고 하면 좀 슬픈가? 그럴 것까지야. 혜화동에서 63인가 69번 버스를 타면 압구정을 거쳐 청담동, 개포동으로 갔다. 글쎄, 시간 반은 족히 걸렸을 것이다. 그 후 서울은 물론이고 경기도의 제1기 신도시를 비롯해 전국의 건설 현장을 거의 가 보았다. 물론 버스 아니면 택시, 화물차 편이다. 이들이 모두 요즘은 시쳇말로 핫한 아파트가 되었다. 수십억 원씩 하는 아파트가 된 이곳은 재건축이 되기도 하고, 재건축 예정지가 되어 '집'을 부의 상징으로 만들어 놓은 범인(犯人) 아닌 범인이 되어 버렸다.

그즈음이다. 조그만 제주에서 살던 내가 서울의 그 모습에 한층 고무되었던 것 같다. 이 꿈 저 꿈 다 버리고 건설업을 하리라 결심했다. 제주에 갔을 때로 기억한다. 아니 서울에서도 제주의 친구들을 만나면 같은 말을 했다. 나는 이다음에 건설업을 해서 큰돈을 벌 것이라고 호언장담했다. "네네 그러셔요"라는 비아냥도 들어가며 열변을 토했다. 건설업을 해서 돈을 벌면 커다란 내 건물을 지을 것이고 옥상에는 비행기 착륙장을 만들어 제주에서 출퇴근하겠다며 큰소리를 펑펑 질렀다. 내가 본 건물들의 옥상이 너무 컸기 때문이다. 충분할 것으로 생각했다. 어떤 친구는 가능한 일이라면 맞장구를 쳤고, 고개를 옆으로 흔들며 혀를 내두르는 친구도 있었다. 한 남자 동창은 쪼그만 게 통만 크다며 코웃음을 웃기도 했다. 글쎄, 그런 반응에 나는 그저 약간 서운했고, 엄청 고무적이었다. 나조차도 실현을 확신하진 못했기 때문일 것이다.

빈정거리는 친구들을 향해 꿈도 못 꾸냐며 웃어넘기기도 하며, 그래도 그 꿈을 잊어버린 적은 없었던 것 같다. 최근 제주에서 만난 친구 중 하나가 그런 나를 기억하며 언제 비행기로 네 건물 옥상에 내릴 수 있냐고 묻는다. 그럼 확실하게 말해준다. 조금 더 기다리라고.

K-UAM이 시작되면 내 빌딩 옥상은 아니어도 하늘을 나는 택시는 타 볼 수는 있게 되었다. 그때 택시비를 내주며 말할 것이다. 꿈은 꿈꾸는 자의 것이라고.

* UAM(Urban Air Mobility)이란 아이디어는 메가시티에 대한 솔루션으로 처음 등장했다. 평면인 땅 위에 도로망을 확충하는 데에는 너무 많은 비용이 들어가지만, 입체로 사용할 수 있는 하늘길은 관제에 따라 더욱 효율적으로 이용할 수 있다. 물론 하늘길을 이용하기 위해서는 신뢰 높고 안정적이며 친환경적인 소형 기체가 필수다. 아울러 현재 항공기가 이용하는 항로와 달리 훨씬 많은 기체가 저고도를 이용하기 때문에 더욱 정밀하고 정확한 관제가 이뤄져야 한다. UAM은 무인기, 즉 드론으로 운용될 것이기에 더 그렇다. 현재로서는 2025년부터 UAM의 첫걸음이 시작될 것으로 예상하고 있다.(www.naver.com 지식백과 참조)

** 매일경제 A17(2022. 5. 12. 일자)

자연인의 즐거운 삶

('쓰리 고(3 GO)'의 삶)

이윤수

2015. 6. 천료

요즈음 '자연인'에 대한 새로운 개념이 더해졌다. 사회나 문화에 얽매이지 않고 생활 전선에서 은퇴한 사회인을 자연인이라고도 부른다. 세월의 무상함을 벗하고 느끼면서 인생의 황혼녘에서 조용히 살아가면서 건강 관리와 종심(從心)으로 조신하고 있는 소시민에게 지인이나 벗님네들이 묻는다.

"요즘 어떻게 지내시는가?" 하고 간간이 안부를 살피는데, "아! 뭐 잘 지내고 있네." 하고 답하면서도 과연 어떻게 보내야 잘한 일일까 하고 자문자답해 본다. 은퇴한 실버 세대들의 삶의 모양새는 비슷비슷하지만 몇 가지 유형으로 분류해 볼 수 있겠다.

첫째 유형은 그동안 직장이라는 굴레 속에 억눌렸던 속박을 벗어던지고 분주하게 참다운 자아 성취를 위해 노력하는 '자아실현'의 삶을 실천하는 부류이다.

둘째 유형은 사회 혹은 종교단체에 나누고 베풀어 주며 봉사하는 '숭덕광업(崇德光業)'의 삶을 추구하는 부류이다.

셋째 유형은 가족(손자 포함)과 형제 친척에게 참회와 연민으로 보답하고자 하는 '희생봉사'의 삶을 영위하는 부류이다.

넷째 유형은 못해 본 젊은 날의 회한을 만회하려는 듯 재(財)테크, 명예 활동, 친교 활동, 취미, 여행, 오락 활동 등의 '취미개척'의 삶을 실행하는 부류이다.

다섯째 유형은 각자 살아온 인생 역정과 가치관이 다르므로 어느 삶, 어느 문화가 우위에 있고 좋다할 수 없으나 '무위자연(無爲自然)'의 삶도 훌륭한 한 가지라고 생각된다.

'무위자연'이란 있는 그대로 억지로 꾸밈없이 자연 그대로 산다는 노장 사상 아닌가. 옛날에는 도가, 신선도, 장생술, 묵가, 현학(玄學) 사상 등 여러 형태로 이어져 오기도 하였다. 하지만 쉽게 접근해 본다면, 세상만사 물 흐르듯이 유유자적하게 살면서 사회의 모든 인위적 욕망을 내려놓고 안빈낙도하는 평상심의 마음으로 사는 것이 아니겠는가. 어찌 보면 요즈음 유행어로 백수와 삼식이처럼 소박하게 건강 관리에 힘쓰면서 단순화한 삶을 사는 모습이리라.

뒤르카임과 머튼이 현대사회의 병리현상인 자살, 범죄, 일탈행위 등을 분석하여 아노미(Anomie)현상이라고 하였는데, 이런 '혼돈과 갈등의 사회' 및 '스트레스 홍수 시대'에서 살고 있는 현대인의 병리현상을 치유할 수 있는 삶이 바로 무위자연의 삶이 아닐까 싶다.

이렇게 단순화한 삶을 위해 도시 생활자들은 명리를 멀리한 소시민의 평범하고 소박한 생활을 찾아 귀촌, 귀농 생활 또는 도시 주변의 주말농장이나 전원주택의 목가적인 삶을 추구하기도 한다.

단순화한 생활의 요체는 간결하고 진솔한 삶을 추구함으로써 담백하고 진정어린 자세로 살아가려는 데에 있다고 할 것이다.

단순화의 궁극점 지향점은 첫째, 자유이다. 자유는 이런저런 속박을 털어내고, 속세의 일과 공연한 분쟁으로부터 벗어남으로써, 마치 천년학이 하늘을 훨훨 나는 듯한 즐거움을 체득할 수 있다.

둘째, 보은하는 생활을 모토로 한다. 지금까지 사회에서 받은 은혜에 대한 보답과 베풂과 나눔의 철학을 실천한다. 지나온 인생살이에서 진 빚(금전적이거나 정신적이거나)을 정리해서 부담을 줄이고 은혜를 갚는 것을 뜻한다.

셋째, 자기 관리를 성실히 하는 생활 자세이다. 특히 신경 쓸 일들을 정리하고, 불필요한 모임을 정리하고, 정신 건강에 유의하면서 공자가 말한 이순(耳順)과 종심(從心)의 생리를 터득하고 실천한다.

인생의 희노애락은 인간 세상의 선과 불선(不善)의 원인이 되고 있으며, 즐거움과 괴로움은 서로 긴밀히 연계되어 있어, 인생의 한 구석에서 자연인이건 사회인이건 공인이건 평이한 생활인이건, 즐거움과 괴로움과 길흉화복으로 점철되는 즐거움의 근원에 대한 다산 선생의 교육훈을 음미해 볼 만하다.

> '즐거움에서 괴로움이 나오니, 괴로움은 즐거움의 뿌리다. 괴로움은 즐거움에서 나오니, 즐거움은 괴로움의 씨앗이다. 괴로움과 즐거움이 서로 낳는 이치는 동(動)과 정(靜), 음과 양이 서로 그 뿌리가 되는 것과 같다.
>
> 사리에 통달한 사람은 이러한 이치를 알아서, 괴로움과 즐거움이 서로 의존하고 있는 이치를 살피고 흥하고 망하는 운수를 헤아린다. 어떤 상황에 대응하면서 자기의 마음이 언제나 다른 무리의 마음과 서로 반대가 되도록 한다. 그러면 괴롭던 마음이 즐겁게 된다.'

지난 세월 동안 벅찬 목표를 향한 경쟁의 소용돌이 속에서 욕심과 일과 생활에 찌든 소극적인 지난날의 삶을 참회하는 입장에서 껄/껄/껄/(참을 걸/ 베풀 걸/ 해볼 걸) 하고 웃을 일이다.

'자연인의 즐거운 삶'이라는 명제는 철학적으로는 매우 심오하고 어려운 듯이 보이나 단순화한 생활에서 다가가면 아주 쉽게 풀어갈 수도 있다. 구름에 달 가듯이 옛 선비나 도인처럼 마음의 욕망을 내려놓고, 돈, 재산, 명예가 없어도 있는 그대로 그저 되는대로 자신의 처지와 분수에 만족하면서 살아가는 그야말로 순수한 자연인으로서 '쓰리 고'(참고/ 베풀고/ 해보고)의 자세로 살아간다면 자연인의 즐거움을 누릴 수 있지 않을까 생각해본다.

마음속 응어리가 된 타히티

최정숙
2015. 6. 천료

인숙이 2박 3일을 보낸 보라보라섬을 떠나는 날, 이른 아침이었다. 라군(Lagoon)의 가장자리로 라군의 물처럼 부드러운 바람이 지나고 있었다. 얼굴을 스치는 바람은 부드러운데 물결은 찰싹찰싹 출렁이고 있었다. 한 팔 길이보다 짧은 간격으로 빨간 생화가 엮인 줄이 물결을 타고 춤을 추었다. 무엇으로 만든 줄이 어떻게 고정이 되었길래 꽃이 잠기거나 고꾸라지지 않고 그렇게 아름답게 일렁였는지 모르겠다. 촛불도 몇 개 둥실거렸다. 꿈같은 광경이었다. 바로 옆에 있는 방갈로에 묵었는데 간밤에 저런 일이 벌어지는 걸 몰랐다는 것이 이상하다는 생각과 함께 몸을 휘감던 신비감이 두려움으로 바뀌려고 했다. 아무래도 기쁨의 의식은 아닌 것 같아 가슴이 먹먹해져서 발길을 돌렸다. 사랑하는 딸을 바다에 묻은 애절한 엄마의 손길일지도 모른다는 생각이 들었다.

좁고 긴 해변은 끝이 보이지 않았고 종일 걸으면 제자리로 돌아오게 될 것 같은 느낌이었다. 20년이 되어 가는 지금도 옅은 하늘색과 밝은 회색으로 가득 찼던 그 아침이 생생하다. 도착한 다음 날 배를 타고 나가서 본 늙은 거북이, 작은 섬에서 점심으로 먹은 야자수 나뭇잎에 놓였던 커다란 생선구이와 여러 가지 폴리네시안 음식, 그들의 춤과 노래, 해변의 평화로움, 사진으로만 봤던 라군의 옥색 물, 그리고 함께 갔던 크리스틴이 지금 인숙의 머릿속 그 해변 위로 모두 펼쳐진다.

타히티에 살고있는 크리스틴은 인숙이 오클랜드대 어학원에서 만난 아줌마 학생이다. 투어 가이드를 하려고 영어 공부를 하다가 단기 연수를 왔었는데, 인숙이가 타히티에 대한 환상을 갖고 있는 것이 놀랍다면서 자기 집으로 초대를 했다. 일남이녀를 둔 프랑스 출신의 이혼녀였는데 남자친구와 동거를 하는 헤이누이라는 작은딸과 커다란 고양이 두 마리와 함께 살고 있었다. 우리 시골의 여름 밥상에 텃밭에서 딴 오이나 풋고추가 올라오듯 그들의 식탁에는 늘 뒤꼍에서 딴 파파야와 아보카도가 놓여 있었다. 인숙은 일주일 내내 호박만 한 파파야를 아침 식사로 먹어치웠다. 가끔 마트에서 파파야를 보면 맛이 없을 것도 뻔하고 값도 비싸지만 하나 사 본다. 타히티에 대한 그리움 때문이다. 타히티 여행의 주목적 중에 하나였던 고갱박물관은, 발을 딛는 감회는 깊었으나 빛바랜 복사품들만 걸려 있어 실망이 컸다.

크리스틴 덕분에 인숙의 일주일은 편안하고 탄탄하게 채워졌다. 검은 화산 모래로 덮여 있는 해수욕장, 유명 호텔에서 하는 전통공연과 골프 코스 등 크리스틴이 운전을 해 주지 않았으면 가 보기 어려웠다. 골프는 당시에 몇 년 하다가 그만둔 운동인데 인숙에게 여러 가지 좋은 경험을 남겨 주었다. 타히티 그린의 잔디는 특이했다. 짤막하고 넓은 잎이 땅에 바짝 붙어서 자라는 것이 생소해 웃음이 나왔다. 멀찍이 혼자 치는 사람 뒤에 인숙 혼자뿐이었다. 라운딩 중에 쿵 소리가 나서 깜짝 놀랐는데 숲에서 나무 열매가 떨어지는 소리였다.

마지막 날 저녁 식사 때는 크리스틴네 가족이 모두 모였다. 나가 사는 자녀들이 왔고 친정엄마도 오셨다. 크리스틴은 연어 회를 차렸고 인숙은 비빔밥을 만들었다. 고추장이 없어 아쉬웠지만 여러 가지 볶은 채소 위에 달걀프라이가 얹어지고 참기름 향이 나니 그럴 듯했다. 다들 맛있다고 잘 먹었다. 식사가 끝나고, 인숙의 일생에 남을 타히티 여행의 막이 내려지는 시간이 되었다. 가족들이 인숙에게 각각 한 마디씩 덕담과 함께 작별 인사를 하면서 조개껍질 목걸이를 걸어 주었다. 동네 문구점에서 팔 것 같은 허술하고 소박한 것들이었지만 인숙에겐 보석처럼 소중하게 느껴졌다.

그 목걸이들을 유리병에 담아 보관 중인데 인숙은 그걸 볼 때 기쁘고 행복하지가 않아서 안 보이는 곳에 두었다. 인생사라니… 그렇게 아름다운 스토리가 아픈 기억이 되었다. 때로는 복통이 올 지경이어서 깊이 생각하거나 오래 생각하지 않는다. 떠나올 때 사례를 잘하고 오지 못한 것 때문이다. 환전했던 돈 중에 기념으로 한 장만 남기고 주었는데 나중에 따져보니 불과 몇 만원이었다. 크리스틴과 헤이누이가 한국에 오고 싶다고 하니 그때 보답을 하리라고 생각을 했다. 그런데 이메일이 끊겼다. 돌아오던 해에는 타히티 행 소포를 받아주는 곳이 없었고, 그다음 해에 우송료를 20만 원이나 들여서 김치를 한 통 보냈는데 아무런 피드백이 오지 않았다. 이런저런 정황이나 시기로 볼 때 자기가 정리를 당했다는 느낌을 지울 수가 없다. 보라보라섬 여행비는 물론 따로 냈고 선물도 했으나 일주일간 숙식과 여러 가지 편의에 대한 보답이 없었다. 크리스틴의 형편이 어떤지를 알아보고 그들의 한국 여행 실현 가능성이 낮다는 것을 알았어야 했다. 역지사지를 잘못한 경우이긴 하지만, 인숙은 사례를 충분히 하고서도 그들이 왔을 때 잘해 주겠다는 생각을 못한 자책감과 부끄러움과 미안함이 그 조개껍질 목걸이들을 보면 생생해진다.

뒤로 가기

박경화
2015. 9. 천료

새벽에 나가는 놀이터 산책이 며칠 새 조금 익숙해졌다. 남편이 뒤로 걷는 한쪽을 두고 반대쪽 길을 걸었는데 천천히 뒤로 걷는 게 어떤 건지 궁금해서 잠시 뒤로 걸어보았다.

별로 크지 않은 놀이터 가장자리 타원형 트랙의 직선 구간을 등나무 넝쿨이 있는 담장 비로 앞까지 갔다가 돌아서서 반대쪽으로 걷는데 오늘은 끝까지 갔다가 돌아서지 않고 그대로 서서 뒤로 걸어본 거다.

앞으로 걸을 때 담장 가까이 가면서 점점 좁아지던 시야가 뒤로 걷기 시작하자 조금씩 넓어지더니 마치 내가 뒤로 가고 있는 곳이 원 전체를 다 볼 수 있는 한 점인 양 그렇게 느껴져서 놀이터 전체가 보이는 곳에 서자 발이 그 자리에 붙어버린 것처럼 더 움직일 수가 없었다. 내가 걸어온 곳이 이랬었구나 하는, 과거와 마주한 것 같다고 할까 「Back to the Future」에서 주인공 마티 맥플라이가 과거로 돌아간 것처럼 그렇게.

진주 시절, 좀 너른 집에 살다가 아파트로 이사하기 며칠 전에 맹장 수술을 했다. 아이와 뭘 하고 있었던 것 같은데 정확하게 어떤 일이었는지 기억나지 않지만 그러다 다리가 당기고 오른쪽 아랫배가 불편해지기 시작했던 것 같다. 맹장염이면 수술을 해야 할 것 같아서 빨래부터 한 다음에 며칠 입을 남편 옷들을 손질했다. 수술을 하게 되면 나 없이 아이와 남편이 좀 덜 불편 하라고 이것저것 챙긴 다음에 아이를 데리고 병원에 가면서 남편에게 전화를 했다.

수술 후 회복이 되기 전에 이사를 하고 내가 아직 움직일 수 없을 때, 둘째를 임신하고 산달이 얼마 남지 않은 동생이 와서 아이도 챙기고 조석도 해 주었다. 제부가 강화에 있는 화천성당에서 시무할 때였는데, 두 돌이 막 지난 큰아이 명주를 두고 와서 마냥 있을 수 없었던 터라 한 주일 정도 있다 갔던 것 같다. 동생을 보내면서 해산구완 할 사람이 없으면 명주를 데리고 와서 몸 풀고 가라고 말했던 것 같다.

시간을 일부러 맞추기라도 한 것처럼 동생이 가자 바로 서울에서 어머님이 오셨다. 수술할 때 연락드리지 않았다고 걱정을 들었지만 야단치시는 것 같지는 않았다. 간단해도 마취하고 받은 수술이라 하시며 소꼬리 한 벌을 사 오셔서 몇 시간 끓여서 먹을 수 있게 해 주시고 회복될 때까지 며칠 봐주시겠다고 하시며 아이를 본가로 데리고 가셨다. 아이가 할머니 두 분한테 가서 며칠 지내는 동안, 엄마한테 가자고 보챌 때마다 '서울서 진주 가는 기차가 오늘은 없다, 내일도 없다' 하신 것 같았다. 두 분 말씀을 믿지 않았는지 진주역에서 엄마를 다시 만난 딸아이는 많이 챙겨 먹이셨는지 통통해진 얼굴로 달려와서 안기며 할머니가 기차가 고장 나서 집에 못 간다고 했다며 눈물을 뚝뚝 흘렸다.

딸아이와 식사 준비를 할 때 늘 친정어머니가 만드시던 음식 이야기를 한다. 생선 요리를 하다가, 오래 전 정동성당 수녀원에 계시던 안젤라 수녀님이 부산 성당에 파견 나가 계신 동안 우리 집을 방문하셨을 때 어머니가 요리하신 도미찜을 대접 받으시고 나서 사람들에게 '그렇게 맛있는 생선 요리를 처음 맛봤다'고 하셨다는 이야기를 했다. 아마 엄마가 서른 번은 했을 도미찜 이야기를 듣고 나서, 외할머니가 계셨으면 참 좋았을 거라며 첫 외손주인 자기를 얼마나 예뻐하셨겠냐고 아쉬워하더니 딸이 내게 물었다. "외할머니가 해 주신 음식 중에 다른 건 또 생각나는 거 없어요?"

아이는 외할머니 음식 중에 내가 녹아 실이 되게 반복하는 숯불에 올린 석쇠 위에 종이를 놓고 구워내시던 '꿀같이 단 불고기' 얘기를 듣고 싶었을지 모르는데, 나는 다른 말을 했다. "진주서 엄마가 맹장수술 받았을 때 너희 할머니가 오셔서 소꼬리 곰국 끓여주고 가셨어." 내가 생각하는 것보다 말이 먼저 나왔다. 아마 어려운 시어머님이 진주 천 리 길을 밤새 기차로 오셔서 중앙시장 정육점에서 사 오신 소꼬리 한 벌을 하루 종일 고아서 조금씩 데우기만 하면 먹을 수 있게 해 주고 가신 기억이 났던 것 같았다.

새벽에 놀이터에 나간 첫날, 초록색 칠을 한 농구공이 타원 모양의 트랙 안쪽 모래 위에 놓여 있더니 다음 날은 그 자리에 배드민턴 라켓 한 개가 모래 속에 반쯤 파묻혀 있었고 오늘은 철봉 아래 올라설 수 있게 만든 받침대가 거꾸로 뒤집힌 채 놓여 있었다. 이 세월에도 아이들은 놀이터에 나와 공놀이도 하고 배드민턴도 치다가 철봉에도 매달려 노는 모양이었다.

한 바퀴 돌면 백 미터 정도 될까 싶은 크지 않은 어린이 놀이터에서, 등나무 넝쿨을 올린 담장 있는 데까지 앞으로 빨리 걸을 때 좁아지던 시야가, 뒤로 천천히 걸으니 점점 더 넓어져서 지나온 내 삶의 궤적들을 다 보여주는 것 같다. 놀이터 끝에 놓인 조경석들과 만나는, 뒤로 더 갈 수 없는 지점에 이르면 그곳이 내 놀이터 전체가 다 보이는 꼭짓점인 걸까.

코로나19가 불러온 그리움

한정남
2018. 1. 천료

3차 접종으로 2년을 규제받았던 방역수칙이 느슨해졌다. 내년부터는 봉사와 공연을 할 수 있겠지! 생각하고 수업을 시작했는데, 델타와 오미크론 변이 바이러스가 들어와 다시 기승을 부린다. 가슴이 답답하여 공연 사진들을 들여다본다. 2002년부터 시작한 공연이 총천연색 컬러로 내 눈에 아지랑이처럼 모락모락 피어오른다.

많은 사진 중에, 국창 조상현 선생님과 문화예술회관에서 함께했던 공연이 먼저 눈에 들어온다. 상청과 하청의 높낮이를 다양하게 내시는 선생님. 심청가 중(中) 심봉사가 공양미 삼백 석에 팔려간 심청을 그리워하다 황후가 되어 만났지만 보지 못해 가슴 태우다 눈을 뜨는 장면을 열창하시던 모습이 눈에 선하다.

제자들은 흥부와 놀부, 형에게 쌀을 얻으러 갔다가 놀부와 형수에게 매만 실컷 맞고, 다리를 절며 흥부가 신세 한탄하며 집으로 돌아오는 익살스러운 창극이다. 우리는 조 선생님이 직접 인생을 봄, 여름, 가을, 겨울에 접목하여 지으신 사철 가를 북 병창으로, 김매기와 신 아리랑도 불렀다. 관객들에게 뜨거운 박수갈채를 받던 날이다.

다음은 무더운 여름 닭갈비 축제였다. 메인 무대에서 다사모 예술단의 춘향과 이도령의 사랑가와 판소리 공연이 끝난 후, 뒤로 유명 가수들의 축하 콘서트가 대성황으로 막을 내리고, 5,4,3,2,1 카운트다운을 외치며 불꽃 축제가 시작되었다. 빨간 불꽃이 기가 막힌 타이밍으로 밤하늘로 퍼져나갔다. 아름다운 오색 불꽃이 까만 밤을 수놓자 터져나온 함성 소리는 춘천을 고요에서 깨우던 날이다. 그날의 사진이 새롭다.

서울 경복궁 공연은 고궁을 찾은 많은 관광객들에게 우리나라의 전통 예술을 알리는 좋은 계기가 되었다. 공연이 끝난 후 고궁에서 많은 사진을 담아 왔다. 다시는 그 젊음으로 돌아갈 수 없으니 탄식이 나온다. 타임머신을 타고 지난 세월로 되돌아가고 싶다는 충동이 내 속에서 꿈들거린다.

내가 판소리를 배우게 된 것은 위가 약한 내가 밥을 못 먹어 많은 고생을 할 때였다. 병원에서 병명이 안 나와 한약방을 찾아갔다. 의원은 내 손목에 맥을 짚었다. 왼쪽 옆구리에서 손바닥만 한 덩어리를 찾아냈다. 나보고 눌러보라고 한다. 손으로 눌러보니 단단한 덩어리가 진짜 있었다. 가슴이 덜컹 내려앉았다. 내 눈이 왕방울만 해져 암인가요? 하며 물었다. 원장님은 스트레스가 쌓인 적 덩어리란다. 암은 아니라며 큰소리를 질러 풀어내야 한다고 당부에 당부를 하셨다.

그래서 시작한 것이 2001년에 경기민요에서 2002년 판소리로 옮겨갔다.

춘천문화예술회관, 국립박물관, 국악회관, KBS 공연장, 김유정 무대, 닭갈비 축제, 소양제, 문화재단의 찾아가는 공연, 서울 경복궁, 서울시의회, 그 많은 공연 사진들이 내 눈에 스크린처럼 지나간다. 소리를 하다 보니 아랫배 속에 있던 적 덩어리도 언제 없어졌는지 사라졌다. 그 후 열심히 공연을 다녔다.

다른 사진 속 어르신들도 별고 없으신지 궁금하고 뵙고 싶다. 나는 판소리 춘천지부를 운영하면서 다사모 예술단(다 같이 사랑하는 모임)을 만들었다. 소외된 분들에게 희망과 즐거움을 드려 나처럼 치유에 도움을 주고, 공연자들에게 봉사정신을 심어주려고 시작했다. 물 흐르듯 잡을 수 없는 세월은 어느새 12년이 흘러갔다. 그동안 병원과 노인복지관, 요양원들을 찾아가다 보니 어르신들과 정이 들었다.

우리가 한복을 입고 공연장을 들어서 "안녕들 하셨어요?" 인사를 하면 초점 잃은 시선으로 허공을 보시거나 맥없이 앉아 계시다 화들짝 놀라 반갑다며 손뼉을 치신다. 우리는 경기민요와 남도민요, 판소리, 사랑가, 북병창, 한국무용, 흥부전 창극, 다양한 프로그램으로 1시간을 즐겁게 해 드린다. 공연이 끝나면 어르신 얼굴들이 함박꽃이다. 박수를 치며 고맙다는 분, 내 손을 잡고 늙지 말라는 분, 다음엔 빨리 오라는 분, 주문도 다양하시던 박꽃 같은 얼굴들이 떠오른다.

손이 굳어 팔이 안 올라가던 아저씨는 몇 년을 지휘자처럼 손을 저으시더니 팔이 올라가셨다. 예쁜 미모에 노래와 춤도 잘 추시는 할머니, 공연이 끝나면 앙코르가 아닌 "곱창 곱창"을 외치며 방바닥에 배를 쭉 깔고 엎드린다. 아이처럼 두 다리로 떼를 쓰며 우리에게 웃음을 주시던 분, 공연 때마다 이별을 아쉬워하던 그 할머니는 우리가 그곳을 떠나오면, 치매라 조금 전 즐겁게 노시던 일들을 까맣게 잊으신단다. 늘 가슴이 안타깝던 그분과 많은 어르신들 얼굴도 스쳐간다. 모든 분들 건강하시길 바라며 위드 코로나 시대가 되어 빠른 시일에 뵙기를 두 손을 모은다.

나이 먹으면 다 그래

이종명
2018. 4. 천료

요즘 대화를 하다가 멈칫멈칫하는 경우가 많아진다. 간혹 이야기를 나누다가 이름이나 지명이 생각나지 않아 "어, 어, 뭐였지?" 하다가 시간이 지나야 생각나는 경우가 자주 반복되어 염려가 된다. 젊었을 때는 처음 본 사람도 인사를 하면 이름과 얼굴을 바로 기억하였다. 요즘에는 한두 번 보아서는 알아보지 못하여 민망할 때가 종종 생기곤 한다.

코로나19로 2년 가까이 만남이 소원(疏遠)했다. 퇴직을 하고 다달이 만나 회포를 풀곤 하던 후배에게서 갑작스런 연락이 왔다. 내일 몇몇이 만나 점심식사를 하려는데 시간을 내서 참석하란다. 반가움에 약속 장소로 가겠노라 하고 전화를 끊었다.

점심 약속이지만 오랜만의 만남이니까 반주는 해야지 하고 시내버스를 이용하기로 하였다. 고맙게도 한 친구에게서 안부 전화와 함께 참석 여부를 확인하는 전화가 왔다. 버스에는 손님이 적어 빈자리가 많았고 내 옆자리도 비어 있었다. 전화를 끊고 핸드폰을 빈 의자에 놓고 오늘 참석하는 친구들의 얼굴을 떠올려 본다.

약속 시간보다 20여 분 일찍 도착할 것 같다. 너무 일찍 오지 않았나 생각하면서 버스에서 내렸다. 뭔가 허전한 것 같아 주머니를 만져보니 핸드폰이 없다. '아차, 버스 의자에 놓았지' 하고 뒤돌아보니 버스는 저 멀리 가고 있었다. 택시를 타고 쫓아가려니 택시가 잡히지 않는다. 짧은 시간이었지만 나에게는 긴 시간이었다. 핸드폰에는 신용카드, 시내버스카드 등이 있고 현금도 얼마간 있었다. 무엇보다 중요한 정보가 많이 저장되어 있기 때문에 잃어버리면 낭패다. 어렵게 택시를 타고 쫓아갔지만 버스가 보였다가 신호등에 막히면 사라지고 보이지 않았다. 내가 탄 택시의 기사는 나이가 많지만 노련하였다. "버스를 쫓아갈 수는 없어요. 돌아서 미리 앞질러 가야 합니다."라며 버스가 오는 길에 먼저 도착할 수 있도록 해 주었다. 버스는 5분 후에 정류장으로 왔다. 버스 기사에게 사정 이야기를 하고 내가 앉았던 자리에서 핸드폰을 찾았다.

우여곡절 끝에 핸드폰을 찾았고, 약속 장소에 늦게 오게 된 사정을 말하였다. 모두가 나이를 먹다 보니 깜박깜박했던 일들이 있었다고 하며 본인들의 이야기를 들려주었다.

현금지급기에서 돈을 찾고 신용카드를 두곤 온 일, 친구에게 돈 빌려주고 자기가 빌렸다고 주기도 하고, 안경을 쓰고 찾은 일, 마스크를 목에 걸고 찾는 일, 택시에 핸드폰을 놓고 내린 일, 현관문을 닫고도 열어 놓고 온 줄 알고 다시 집에 갔던 일 등 비일비재(非一非再)했다.

집에 와서 아내에게 오늘 있었던 일을 이야기했다. 한 친구는 다리미로 옷을 다리다가 전화벨이 울리자 다리미가 핸드폰인 줄 알고 귀에 갖다 대다가 얼굴을 델 뻔했다고 한다.

핸드폰 분실 사건이 있고 한 달이 지났을까? 친구에게서 전화가 왔다. 다달이 회비를 계좌로 입금하고 식사를 나누는 30여 년 이어 온 모임의 총무이다.

“지난달 회비가 입금이 안 되었네.”

“어, 보냈는데, 통장을 확인하고 연락 줄게.”

지난달 모임에 참석하였으면 회비납부 상황을 확인할 수 있었을 텐데 개인적인 일로 1박 2일 여행 다녀오느라 모임에 나가지 못하였다. 나는 전화를 끊고 통장을 확인해 보았다. 연락 온 총무에게 계좌이체 한다는 것이 다른 모임의 친구에게 입금하였다. 잘못 입금한 사항을 친구에게 전하였더니 “나이 먹으면 다 그래”라며 위로한다. 자기도 종종 깜박깜박한다면서 이해해 주는 친구의 말이 고맙다. 나를 위로하는 말이지만 실수하는 일이 자주 일어나 마음 한구석이 울적하고 걱정이 된다.

우리는 나이를 먹으면 그럴 수가 있다지만 이런 증상을 자주 보인다는 것은 좋은 현상은 아니다. 요즘은 남녀노소 누구나 전자기기에 너무 의존하는 것 같다. 나는 젊었을 때 가족, 친구, 직장동료 등 많은 사람들의 전화번호는 외우고 다녔다. 지금 머리에 입력되어 있는 번호는 아내와 딸들이다. 노래도 가사를 외우고 있어 악보를 보지 않고 부를 수 있었다. 지금은 가사를 외울 생각을 하지 않아 노래방 기계의 악보가 없으면 부를 수가 없다.

우리 뇌를 활성화하기 위해서는 전자기기의 의존도를 낮추어야 한다. 깜박깜박하는 현상을 없애기 위해 전화번호와 노래 가사를 외우도록 노력을 해야겠다. 기억력을 높이기 위해 머리 회전에 도움을 주는 읽고, 듣고, 말하고, 쓰고 하는 일을 반복해야 하겠다. 건망증을 예방하고 기억력 향상에 도움이 되는 일을 찾아 행동으로 옮겨야겠다.

다시! 대청봉을 오르며

장정희
2018. 5. 천료

비 온 뒤 설악산은 구름에 살짝 덮여 웅장하고 신비로운 모습이었다.

휴대폰이 카톡카톡 울렸다. 퇴직하고 시간 많은 백수들의 수다방이다. 대청봉을 오르자는 제안이 올라왔다.

하루 이틀 망설이다 냉큼 대답을 했지만 걱정이 이만저만이 아니었다. 여자라고 걱정을 하는 친구들에게 "나 걱정 말고 자네들 걱정이나 하시게" 큰소리를 쳤다. 사실 매일 운동을 하여 단련된 체력을 믿었다. 젊었을 때는 건강을 챙긴다고 매년 대청봉을 오르내렸지만 최근 10년 넘게 높은 산을 오르지 못하였고 한여름이라 내심 걱정이 되었다.

새벽 4시에 간성에서 출발, 속초 친구가 준비해 준 김밥과 물 간식을 챙겨 한계령 정상에 도착하였다. 본격적인 산행에 앞서 운동화 끈을 다시 동여매고 '청춘을 돌려달라'는 현수막을 앞에 놓고 멋들어지게 6명이 함께 인증사진을 찍었다. 5시 30분부터 산을 오르기 시작하였다.

초등 시절의 추억 속 이야기들을 주고받으며 발걸음을 옮겼다. 맨 뒤에서 진두지휘를 하며 따라오는 친구는 2주 전 대청봉을 다녀온 터라 속도 조절을 하면서 다른 친구들이 뒤처지지 않게 도와주었다. 경사도가 높고 한여름이라 땀을 많이 흘려 눈을 뜰 수 없을 정도였다. 중간지점에 너덜지대를 건널 때는 습기가 많아 미끄러워 조심하며 올랐다.

오랫동안 자연을 지키고 있는 수억만 년 된 암석과 나무뿌리가 땅 위 혈관처럼 지탱하고 있는 고목들이 높은 산을 지키고 있어 자연의 위대함에 감탄했다. 고작 백 년도 못 살면서 천 년을 살 것처럼 살아온 자신이 부끄러워졌다.

산은 험하고 몸은 힘들어 숨을 헐떡였지만 용아장성의 자태와 공룡능선이 한눈에 들어오자 지친 피로감이 풀어지며 기운이 났다. 골짜기를 타고 오는 바람에 더위를 식히며 힘든 코스를 한 발 한 발 올랐다. 어느 곳이든 정상에 가까워질수록 산세가 더 가파르고 험난하다.

드디어 중청대피소가 눈앞에 보였다. 몸에서 고통이 사라져 가는 것을 느꼈다. 산을 오르는 희열 때문인가?

먼저 도착한 친구가 점심을 준비하였다. 가져간 김밥과 라면을 끓이고 얼음에 채워온 소맥 한잔을 마주하면서 명산에 올라온 것을 자축하였다. 식사 후 중청봉에서 대청봉을 오르는 길에 낮게 핀 야생화가 마중 나와 발걸음을 멈추게 했다. 혹독한 추위와 바람을 견디어서인지 꽃잎이 무성하다

높은 곳을 오르는 것은 올라갈수록 멀리, 그리고 많이 볼 수 있기 때문이다. 동해 바다와 울산바위, 고성, 속초 시내가 한눈에 들어왔다.

정상에 의연히 버티고 있는 대청봉 표지석 앞에 현수막을 펼쳐 놓고 구름 위에 걸터앉아 운무 속 비경을 바라보며 우정이 가득 담긴 평생 마음에 간직할 귀중한 사진을 카메라에 담았다.

정상을 오른 기쁨도 잠시 내려갈 일이 은근히 걱정이었다. 내려가는 길은 오색 코스가 짧은데 돌계단이라 어려움이 많았고 중간 지점부터는 작은 돌계단이 발을 편하게 디딜 수 없어 지치게 하였다. 친구들 모두 음료수가 없어 갈증을 심하게 느꼈다. 중간 지점 폭포에 도착하여서는 흐르는 계곡물을 벌컥벌컥 마시고 나서 발을 씻으니 피로가 싹 가시는 듯했다. 옆에서 지켜보던 등산객이 그 물을 마셔도 되냐고 물어보기에 "산삼 썩은 물입니다" 했더니 따라 마시는 모습을 보고 함께 웃었다.

대청봉을 오르는 일도 힘들었지만 내리막길이 쉬울 거라 생각했는데 그건 엄청난 착각이었다. 씩씩하던 친구들도 지친 모습이 역력해 보였다.

모든 일에는 오르막과 내리막이 있는데 올라갈 때는 그 하나만의 목표를 향해서 가기 때문에 역경을 이겨내기 쉽지만 내려올 때는 여러 가지 상황에 부딪칠 수 있어 세심한 주의가 필요했었다. 쉬면서 체력을 회복한 후 다시 걷는 발걸음은 한결 가벼웠다. 계곡을 흐르는 청량한 물소리와 숲속의 풍경을 감상하며 무사히 하산하였다.

마중 나온 친구들과 삼겹살에 소주 한잔을 기울이며 등정의 기쁨을 자축하였다. 오랜만에 초등 친구들과 함께한 등산은 마음의 위안이 되었고 돌아오는 일상에 힘이 되었다. 13시간의 등정으로 집중할 수 있는 시간과 건강을 체크하였다. 힘이 들긴 했지만 또 오르고 싶다는 생각이 들었으며 아직도 건강을 유지할 수 있어 감사했다.

"함께 좋은 추억을 만들었으니 가슴속에 오래오래 남을 거야. 친구들 고맙다!"

주전골의 가을 풍경

이상호
2018. 8. 천료

양양군 서면 범부리 고인돌 캠핑장에서 10월 27일부터 1박 2일간 초등학교 동기동창회를 하였다. 졸업한 지 60년이 지났는데도 70명 졸업생 중 건강한 친구들 30여 명이 모였으니 상당하다.

졸업 후 처음 보는 친구도 있었지만 누구라 할 것 없이 모두 곧바로 그 옛날로 되돌아가 훈훈한 분위기였다.

회장단의 세심한 준비로 쾌적하면서도 조용하고 아늑한 캠핑장에서 끼니때마다 고향 맛이 물씬 나는 양육전골, 양미리구이, 설악산 도토리묵 등 향토 음식이 식욕을 돋우고, 직접 재배한 과일이 입맛을 더욱 개운하게 했다. 주관하는 회장단과 고향을 지키는 친구들의 수고와 배려에 많이 고마웠다.

나를 비롯한 객지에서 온 친구들은 만나는 것만으로도 고마운데, 그저 미안한 마음뿐이다. 한동안 이야기꽃을 피우다 저절로 몇 개 그룹으로 나뉘어 다시 즐거운 시간을 가졌다. 고스톱, 술, 환담, 관광 그룹으로 나뉘어졌고, 나는 관광 그룹으로 회장의 승용차로 남설악 오색 주전골 단풍을 보러 갔다. 회장이 객지에서 오는 친구들을 위해 미리 생각해 둔 모양이다.

설악산 부근에서 태어나서 자랐지만 양양 제4경인 주전골은 처음이다. 골짜기의 바위가 마치 동전을 쌓아 놓은 것 같다는 데서 주전골로 명명된 골짜기로, 미국 서부 자이언 캐니언보다 오히려 더 아름다웠다.

녹색말 하나 없는 마알간 명경수 계곡물, 울긋불긋한 아름다운 단풍잎, 하늘을 찌르듯 솟은 푸른 침엽수 전나무, 잣나무, 소나무와 자연이 다듬어 놓은 반들반들한 반석 너레바위, 기묘한 괴석, 우물 안에서 쳐다보는 듯 좁게 보이는 파아란 하늘, 숲에서 멋대로 뛰노는 다람쥐, 잣나무를 분주히 오르내리는 청설모, 그리고 관광객을 위해 만들어 놓은 스릴을 만끽할 수 있는 출렁다리, 적당한 위치마다 설치된 포토존, 알프스가 따로 없다. 우리들의 체력을 감안해서 한계령 중턱 용소 폭포 입구에서 4km 내려오는 코스를 선택했다.

두 시간 정도의 트레킹 코스로 감탄사를 연발해야 하는 환상의 코스였다

이번 동기동창회는 향토 음식을 먹으며 친구들과 환상의 트레킹을 하는 그러면서도 지난 이야기꽃을 피우는 포근한 분위기에서 즐거운 시간을 가졌다.

특히, 우리들은 6.25전쟁 전후의 일도 많고 말도 많던 그 어렵던 난리통에 초등학교 시절을 보낸 세대이고, 더구나, 우리 학구로 38선이 지나가는 비운의 지역으로 이것 때문에 동기인데도 나이 차가 많고, 그야말로 전장의 한가운데서 어려운 유년기를 보낸 남다른 추억과 감회가 있다.

그래서인지 지금도 눈만 감으면 그 시절의 기억이 생생하고 절로 눈물이 나곤 한다. 이제 몇 번이나 더 만나 볼 수 있을는지….

다시 한번 회장단에 고마운 마음을 전하고, 친구들의 건강을 기원하며, 주전골의 아름답던 가을 풍경을 되새겨본다.

부끄러운 이야기

임성규
2018. 11. 천료

당시에는 잘했다 최선을 다했다고 처리한 일이 시간이 지나서 보면 왜 그렇게 했을까 하고 얼굴이 붉어지고 부끄러워지는 때가 있다. 누구에게도 말을 못 하고 가슴앓이를 하게 되지만 그럴 경우는 대부분 일을 객관적이고 공정하게 처리하지 않고 어떤 불순한 동기나 저의를 가지고 급히 하거나 압박을 받아 그 일을 하였기 때문임을 알 수 있다.

80년대 중반 한국은행 은행감독원 검사국에서 검사보고서 심사 업무를 맡고 있었다. 원장님이 바뀌셨고 새로 오신 원장님은 소위 정권 실세인 외부 인사로서 힘이 있는 분이시고 은행 업무에도 밝은 것으로 알려져 임직원 모두 긴장하고 있을 때이다.

G지방은행 검사보고서를 심사했다. 전년 대비 업무 실적도 향상되었고 수익도 늘어났다. 지방은행의 약점인 외환 부분의 실적도 증가되었고 특이할 만한 사고도 없었다. 검사 종합평가를 잘 했다고 쓸 수 있는 정도는 아니지만 문책이나 경고를 할 만한 내용도 없었기에 평범하게 작성된 검사보고서를 국장

님께 올렸다.

오후 전화를 받고 원장실에 다녀온 국장님의 얼굴이 흙빛으로 일그러져 있었다. "G지방은행의 검사 결과 조치가 왜 이리 늦느냐 내가 알기로는 그 은행에 문제가 많다고 하는데 내일 아침 일찍 문제점을 직접 보고하고 내일 중으로 검사보고서를 완결하여 필요한 조치를 취하라."고 하셨다 한다.

큰일이다. 내일 아침까지 요약보고서를 만들 만한 시간이 없는 것도 답답하지만 더 어려운 것은 결재 중인 검사보고서에는 원장님이 말씀하신 문제점이 없다는 것이다. 고민 끝에 결단을 내렸다. "국장님 오늘은 그냥 퇴근하시고 내일 아침 일찍 나오십시오. 어떻게 하든 문제 있는 요약보고서를 만들어 보겠습니다."라고 말씀드리고 보고서를 타이핑할 여직원을 내일 새벽 출근토록 했다.

밤을 새워 고민하고 또 고민하면서 문제가 될 만한 요약보고서를 만들었다.

G지방은행의 업무실적 증가가 서울지점만 증가해 있었고, 서울지점의 실적을 제외하면 오히려 감소하였다는 것을 찾아내어 "지방은행의 설립 취지를 망각하고 지역에서의 업무 신장을 소홀히 했다."라고 적었다. 서울지점의 실적 증가가 H그룹의 외환업무 증가에 따른 여신 취급에 있음을 찾아내어 "규모가 작은 지방은행이 특정 대기업에 대하여 편중여신을 함으로써 은행의 자산 건전성을 해쳤다."고 했다. 1년간 G은행에 대한 민원과 자질구레한 사고들을 찾아내어 일일이 열거하고 "내부 통제가 부실하여 사고의 개연성이 높아졌다."라고 지적했다. 이렇게 하고 나니 문제가 있는 요약보고서 모양이 갖춰졌다. 문책경고는 좀 과한 듯하지만 주의경고는 충분할 만한 보고서가 됐다. 좀 찜찜하지만 문책경고가 적절하다는 결론을 내렸다.

다음 날 아침 일찍 원장실에서 보고를 하고 나오신 국장님의 얼굴이

펴졌다.

원장님께서 그 자리에서 서명하신 요약보고서를 내미셨다. 결재중인 검사보고서가 요약보고서 내용대로 일부 수정되었고 일사천리로 결재를 받아 당일 저녁 필요한 조치가 G은행에 통보되었다.

그 이튿날 석간 경제 신문에 조그마한 기사가 났다. "G지방은행의 J 은행장이 임기를 한 달 정도 앞두고 후진을 위하여 용퇴하였고 그 후임에 실력자 A씨가 내정되었다."라고. 예상을 전혀 못한 것은 아니지만 밤을 새워 일한 업무 처리가 다른 목적으로 이용되었구나 하는 생각이 들며 갑자기 부끄러워졌다. 부끄러워할 필요가 없다고 그 후에 생각을 뒤집어 보기도 했다. "요약보고서가 없는 사실을 지어낸 것도 아니고 있는 사실을 좀 부정적인 측면에서 강조하여 기술한 것뿐이며 문책경고가 좀 과하다고 생각했지만 결국 문책경고는 G은행의 재심 요구를 받아들여 주의 경고로 낮춰졌으니 검사 결과가 부당하게 왜곡되지는 않았으며 G은행장이 임기를 한 달 정도 채우지 못한 것이 외견상 문제가 될 일도 아니고 후진을 위해 용퇴했다 했으니 그분의 명예가 실추된 것도 아니지 않느냐" 하고.

세월이 많이 흘렀고 그 사실을 아는 사람은 이제 나 말고는 아무도 없다. 그래도 다시 그 일을 생각하면 아직도 부끄럽다. 더욱이 그 당시로 다시 돌아간다 해도 그런 업무 처리를 하지 않을 자신이 없는 나를 발견할 때는 더더욱 부끄러워진다.

나라가 불안하고 답답하다. 물가는 오르고 소득은 줄어들어 국민 생활이 말이 아닌데 코로나까지 다시 창궐할 조짐을 보이고 있다.

그런데 정치권은 싸움만 하고 있다. 여권은 전 정권의 무지막지한 적폐를 청산하여 사회 정의를 실현하는 것이 먼저라 이에 몰두하고 있고 야권은 정치탄압을 하고 있다고 맞서고 있다. 이곳저곳에 고소 고발이 난무하고 있고 이에 따른 조사 검사 내사 수사만이 나랏일의 전부인 듯하다.

적폐가 있다면 조속히 청산되어야 하는 것이 맞고 정치 보복은 중단되어야 한다. 조사 검사 내사 수사를 담당하는 사람들은 먼저 불순한 동기나 저의를 가지고 일에 임하지 않아야 하고 그 상대방에 있는 사람들도 거짓과 날조로 양심을 속이는 일은 없어야 한다. 양측 모두 상식과 양심에 비추어 부끄러운 이야기는 만들지 말아야 한다. 그렇게 하여야만 실체적 진실이 규명되고 사회정의가 살아나서 나라가 발전하고 국민생활도 안정될 것이라 믿기 때문에 더욱 그렇다.

산책길 단상

이종옥
2019. 1. 천료

비가 그쳤다. 목동에서 일을 보고 나오는데, 억수 같이 쏟아지는 비를 만났다. 차창의 와이퍼가 좌우로 무섭게 흔들어 대었지만 한 치 앞도 보이지 않는다. 집에 도착하니 언제 그랬느냐는 듯이 조용해졌다. 초저녁인데 졸음이 와서 잠을 자러 간 모양이다. 창문을 열었더니 개구리들이 정적을 깨고 개굴개굴 노래를 부르고 있다. 개구리도 짝이 그리워 마음을 달래려는 걸까.

때때로 낮게 내려앉은 산길을 걸어 본다. 참나무, 자작나무들이 진녹색을 띠고 쑤욱 뻗어 있어 더위가 비켜서 간다. 앉은뱅이처럼 웅크리고 앉은 개암나무, 작지만 예쁘게 피어 있는 하얀 들국화들이 한데 어울려 재잘거린다. 비 개인 날의 산책은 하늘도 맑고 나무들도 생기가 돌아 싱그럽다. 모두 자기 자리에서 자신을 지키며 자란다. 서로 무슨 협상이라도 하였는지 남의 삶에 개입하지 않고 어울려 사는 모습이 사람 사는 세상과는 사뭇 다르다. 좋은 자리 싫은 자리 시샘하지 않는다.

산을 지키는 나무들처럼 주어진 일에 성실하게 과욕부리지 않고 순리의 삶을 살겠다는 것이 나의 지론이고 철학이다. 그런데 백범 봉사상 받을 조건이 되니 서류를 제출하라는 연락이 왔다. 참으로 난감했다. 94년도에 자원봉사를 했다는 이유로 장충체육관에서 대통령으로부터 표창을 받았는데, 그 일로 상을 또 받을 수 없다고 고사하였다. 특별한 업적이 있는 봉사도 아니고, 나보다 노력 봉사를 한 사람들도 많이 있는데, 다른 봉사자를 추천하겠다고 하였다. 백범 선생님처럼 독립운동을 한 것도 아니고 낮은 자리에서 작은 사랑의 마음을 나누어 주었을 뿐이다. 봉사를 하였다고 하기 보다는 내가 더 큰 수혜자라고 할 수 있겠다. 그런데 백범의 봉사상은 또 다른 의미가 있다는 권고였다. "겸손이 지나치면 오만이 된다."는 민 교수의 일침에 승복하였다. 오른손이 한 일을 왼손이 모르게 하라는 성경말씀을 마음에 담고 살았는데.

78년도부터 '얼굴도 없이, 이름도 없이 하나의 생명이 온 천하보다 귀하다'는 생명존중의 정신과 '도움은 전화처럼 가까운 곳에' 있다는 긍정적 삶의 신념을 가지고 고민과 갈등, 위기와 자살 등 복잡한 삶의 문제로 고민하는 사람들에게 희망과 용기를 주겠다는 마음으로 상담봉사를 해 왔다. 나도 젊은 나이에 남편 잃은 슬픔으로 힘든 시기를 지나왔기 때문에, 슬프고 외로운 마음을 이해해 줄 수 있겠다는 생각으로 시작하였다. 그러나 과연 내 생각처럼 어떤 실질적인 도움을 주었는지는 눈으로 확인되지 않아서 때로 회의를 느끼고 봉사의 한계와 부족함을 깨닫고 중도에 그만두려고도 하였다. 그러나 어느 내담자로부터 '고맙습니다. 용기 잃지 않고 열심히 살겠습니다.'는 인사를 받았을 때는 힘을 얻기도 한다. 그래서 이 일을 계속하고 있다. 단 한 사람에게라도 위기의 순간에 희망과 용기를 갖게 할 수 있다면 하는 마음으로 지금까지 해 온 봉사다.

상을 받고는 소감을 말하라 하는데 쑥스러웠다. 단지, 내 작은 도움으로 세상이 조금이라도 밝아질 수 있다면 그리고 어렵고 힘든 위기상황에서 내가 건넨 말 한마디로 위로가 되고 용기가 생겼다면 감사한 것이다.

힘들고 어렵더라도 욕심 부리지 말고, 동산의 나무들처럼 너는 너의 모습대로 나는 나의 모습을 지키면서, 성실하게 이웃과 함께 살아 내는 것으로 자족하면서 살았다. 나는 너를 추슬러 세워 주고 너는 나를 붙들어 보듬어 주며 더불어 사는 것이 인생사가 아니런가. 때로는 길가에 쭈그리고 앉아서 반지꽃도 손에 올려보고, 시엉풀이 피어 놓은 노랑꽃도 바라보는 소소한 기쁨도 맛보면서 사는 것이 사람 사는 세상인 것이다. 그러나 경제활동을 한다는 이유로 세상의 아름다운 삶을 느껴보지 못하고 지나치는 때가 허다하다. 때로는 웃으면서 뒤에서는 눈물을 훔치기도 하고, 서러움이 나를 짓누를 때도 얼굴은 웃고 있을 때도 있다. 그것이 내가 사는 모습이 아닌가 한다. 그런데 주위의 어떤 분들은 내 속마음은 보지 않고 겉모습만 보고 내가 믿는 의지의 신앙이 무엇인지 알고 싶다고 한다.

그것은 일이 있어서 삶의 활력소가 되었고, 일이 있어서 행복하였다. 일이 없었으면 생계를 꾸려 갈 수가 없었고, 사람이 사는 것 같지도 않았을 것이다. 일에서 느끼는 성취감 또한 내 기쁨이고 행복이었다. 해 질 무렵의 해처럼 인생을 아름답고 선하게 진실한 삶을 만들고 싶다는 소박한 마음에 신앙이 나를 지탱해 준 것이 아닌지 모르겠다. 그렇게 사는 동안에 마음도 따뜻해지고 그리움도 슬픔도 지나갔다.

오늘 산책길에서 솔바람이 귓불을 스치며 너무 애쓰지 말고 행복하게 살라고 한다.

수필을 쓴다는 것은 모험일까

김선환
2019. 3. 천료

수필의 대가 문인들의 수필에 대한 소고를 읽고 나면 수필 쓰기가 너무 어렵다는 생각이 든다. 올가을에는 수필집을 출간할 계획이니 수필 소고들을 읽을 때마다 정신이 번쩍 든다. 필자의 경우 좋은 수필에는 못 미치더라도 기본적인 조건을 충족하는 수필을 써야 한다고 생각한다. 문단에는 의외로 수필가가 많다. 수필가가 많다는 일은 수필집이 많이 출간되고 있다는 의미가 된다. 일일이 다 읽으면서 배울 것을 찾는 일 또한 쉽지 않다. 출간되는 책은 많지만 그나마 구하기도 어렵다. 다행스럽게도 소속 문단이나 문학회에서 회원들이 보내주는 수필집들이 있어 빠짐없이 읽어보고 특징을 분석해본다. 이와 더불어 서점에서 구해볼 수 있는 한국의 대표적인 수필들을 읽어본다. 중고등학교에 실려 있는 수필을 모아 출간한 수필집도 구해서 검토해본다. 필자가 수필을 처음 접한 것은 중고등학교 국어교과서를 통해서이다. 그 당시 공부한 수필들은 대부분 요즈음 교과서에도 수록된 명작 수필들이다. 무엇보다도 성인 사회로 입문하기 전 학생으로서 읽어 본 대가들의 수필은 상상력을 발동하여 머리로 그려볼 수 있는 내용들로 가득 찼다. 언젠가는 한번 써 보고 싶은 욕망이 저절로 생겨나게 하였다. 당시가 한국수필이 시작된 후 사십 년 정도 되는 시점이다. 지금은 다시 오십 년이 지난 상황이다. 수필도 나이를 먹고 발전했을까 연구해 볼 만하다.

수필론도 다양하다. 손광성 수필가는 수필은 가치 있는 체험을 정제된 언어로 독자에게 직접 전달하는 열린 형식의 문학이라고 하였다. 그러나 필자의 경우 수필을 오래 쓰고 나서야 정제된 언어가 무엇인지 알게 될 것 같다. 마치 인생을 어느 정도 살고 나서 인생이란 이런 것이라고 이야기할 수 있는 것과 비슷하다. 그렇게 되기 위해서는 다양한 경험을 바탕으로 수필을 많이 써 보아야 한다. 그러나 수필이라고 생각하고 쓴 것이 얼마 되지 않으니 창작한 수필에 대해 묘미를 느끼는 것은커녕 수필의 정의에 부합하는지 항상 의구심이 든다. 이러한 문제는 문학 전반에 대한 생각과도 궤를 같이 한다. 필자가 창작하고 있는 시나 시조 동시도 마찬가지이다. 또 한 가지 중요한 일은 나를 위해 쓰는 글인가 아니면 그나마 읽어 볼 어느 독자까지 고려해서 쓰는 글인가 하는 인식이 필요하다. 서점에서 팔리는 수필집은 얼마 되지 않는다. 그런 책도 시간이 지나면 절판 상태이다. 그다지 좋지 않은 현실 문제에도 불구하고 한 명의 독자라도 있다고 가정하고 읽어볼 가치가 있도록 정성들여 써야 한 편의 수필이 될 것이다.

수필의 주제를 정하는 일 또한 난감하기 짝이 없다. 수필이 자신이 경험한 이야기를 진솔하게 담아내는 것이라는 의견에 반해 대부분의 수필집이 비슷비슷한 신변잡기의 내용으로 치우쳐 있다 하는 비판도 있으니 곰곰이 생각해 보아야 한다. 그렇다고 전문적인 전공 차원의 내용을 쓰고 수필이라고 이야기한다면 긍정할 사람들이 많지 않을 것이다. 신문의 칼럼과 에세이와 산문집 등도 내용에 따라 수필일 수도 있고 아닐 수도 있다고 생각한다. 자주 언급되는 말이지만 수필은 붓 가는 대로 쓰는 것은 아니란 점이다. 미리 내용을 기획하고 어떻게 전개해야 하는지 머릿속으로 그려야 한다. 논리의 모순이 없는지 이전의 주장과 맥락을 같이 하는지 반전인지 확인해야 한다. 다음에 어떤 문체로 써야 하는지 생각해 보아야 한다. 당연하게 문학성을 기본으로 글의 구조를 만들어야 한다. 지금의 입장에서는 뭐가 빠진 것인지 잘 모른다. 어느 정도 시간이 지나야 무엇이 부족하고 잘못된 것인지 알게 될 것이다.

수필의 현실 참여에 대한 사항도 깊이 생각해야 될 부분이다. 수필로서 현실의 문제를 이야기하고 정치적 입장도 표명해야 된다는 주장이 있다. 우려되는 일은 수필로 사회비판이나 정치적인 의사표명을 한다는 것은 가능하지만 효과는 미지수로 생각된다. 적시를 맞추기 어려울 정도로 세상이 너무 빨리 변하고 있기 때문이다.

필자의 생각으론 수필의 내용은 시대성과 시간성을 갖는다는 것이다. 예를 든다면 지금과 같이 세계가 하루 생활권으로 접어들고 텔레비전이나 유튜브 등 영상매체가 실시간 중계하는 시점에서 여행을 가기 어려웠던 시절, 명작이라 불리는 기행수필 등이 지금에도 가능할까 하는 생각이다. 아무리 좋다고 생각되는 수필도 시간이 지나면 낡고 바래진다는 것을 당연하게 받아들이면 마음이 편할 것 같다. 시중에는 얼마든지 읽고 보고 즐기고 할 것들이 많다. 그것은 책으로 된 것이 아니라 영상이나 사진 드라마 다큐 방송 프로그램 등이다. 그런 매체들이 책보다 우선한다는 것을 수필을 창작할 때마다 고려해야 한다.

분명한 것은 다양한 논점과 필자의 고민에도 불구하고 독자에게 감명을 줄 수 있는 좋은 수필은 여전히 존재하며 앞으로도 계속 창작되고 출간될 것이라는 점이다. 필자도 그런 수필집을 선택해서 정독하려고 노력한다. 그리고 일생에 한 편이라도 수필다운 수필을 창작하기를 열망한다.

할머니가 들려주시던 까치

김순자
2019. 3. 천료

모처럼, 동네 한 바퀴를 돌기 위해 언덕길을 따라 걷고 있었다. 순간, 나의 발걸음을 붙잡는 희한한 광경이 펼쳐졌다. 그것을 보는 나의 심장이 두근거리고 떨렸다. 한 마리의 까치가 생쥐를 집요하게 쪼아대는 찰나였다.

나의 인기척이 나자 까치는 쏜살같이 나뭇가지에 올라갔다. 하지만 까치는 나뭇가지에 머무는 내내 생쥐에게서 눈을 떼지 않았다. 주위가 다시 조용해지자, 까치는 달아나던 생쥐를 찾아내 이번엔 매서운 발톱으로 낚아챘다.

이런 광경을 멍하니 바라보던 내 머릿속에는 어린 시절 시골 할머니한테 들은 이야기가 주마등처럼 스쳐 지나갔다. 할머니는 말씀하셨다. “아가야, 저 까치는 반가운 소식을 전하는 새란다. 오늘 그러잖아도 아침부터 창문 밖에서 까치가 ‘깟깟깟’ 지저귀더니 마침내 네가 이렇게 찾아왔구나!”

오늘따라 까치를 보니 두 팔을 벌리며 나를 반갑게 맞아주시던 할머니의 모습이 눈에 선하다.

하지만 오늘 내가 바라본 까치는 할머니가 이야기해 주신 그 반가운 소식을 전하는 까치의 이미지는 아니었다. 발톱으로 생쥐를 움켜쥐고 머리를 아래로 숙여 생쥐를 쪼다가 다시 고개를 들어 주위를 살피는 행동을 반복하고 있었다. 이 모습을 언덕 위에서 바라보는데 순간 마음이 움츠러들었다.

어느덧, 세월이 흘러 나 역시 그 옛날 까치에 대한 아름다운 이야기를 들려주던 할머니의 나이가 되었다. 하지만 그 당시의 할머니는 까치가 생쥐를 무섭게 쪼고 할퀴는 모습을 보지 않으셨다. 그렇기 때문에 까치에 대한 좋은 기억만을 가지고 어린 나에게 까치의 이야기를 종종 해 주셨을 것이다.

차라리 내가 발걸음을 부지런히 옮겼다면 까치가 생쥐를 쪼는 광경을 쳐다보지 않았을 텐데 하는 아쉬움이 생겼다. 또한 까치에 대해서 어린 시절 할머니가 들려준 반가운 소식을 전하는 길조로만 기억되었으리라 믿는다.

하지만 더 이상 까치는 나에게 정다운 동물로 인식되지 않는다. 동시에 생쥐를 노려보던 까치의 매서운 눈초리도 자꾸 떠오른다.

문뜩, 「TV동물농장」에서 보았던 '토끼 새끼 연쇄 죽음' 사건이 생각난다. 한 농장에서 매일 아침마다 찢긴 채 죽어 있는 새끼 토끼 변사체가 발견됐다. 주인은 주변의 철조망이 혹시 뚫려 족제비나 들고양이 혹은 들개 등이 공격한 것이 아닌지 살폈다. 뿐만 아니라 토끼 농장으로 통하는 모든 통로들을 철저히 봉쇄했다.

그럼에도 불구하고 다음 날 아침이면 토끼 새끼는 찢겨져 죽은 처참한 모습으로 발견됐다. 고민 끝에 동물농장 제작진과 농장 주인은 토끼 농장 주변에 CCTV를 설치했다. 다음날에도 여지없이 토끼 새끼는 비참하게 죽어 있었다. 결국 제작진과 농장 주인은 범인을 찾고자 CCTV를 살피는 데 거기에서 놀라운 장면을 발견하게 됐다.

토끼 새끼를 그토록 죽였던 범인은 다름 아닌 까치였다. 까치는 밤마다 토끼 농장으로 내려와 토끼들 주변을 어슬렁거리다가 가장 힘이 없는 어린 토끼 한 마리를 타깃으로 삼아 집중 공격을 가했다. 토끼 새끼는 이리저리 피하지만 마침내 까치 발톱에 찢기고 부리에 쪼이며 결국 죽고 말았다.

솔직히, 이 영상을 볼 때까지만 해도 설마했다. 까치는 작은 벌레를 잡아먹고 곡식이나 주워 먹는다는 고정관념이 나에게 있었다. 그러한 편견이 있었기에 「TV동물농장」 제작진이 시청자들의 호기심을 자극하려고 일종의 시나리오를 짜고 드라마식으로 각색한 것으로 여겼다.

하지만 막상 내 눈앞에서 생쥐를 무자비하게 짓밟는 까치의 모습을 보니 내가 지녔던 생각이 혼란스러웠다.

그동안 쥐가 까치 둥지를 공격해서 까치 새끼나 알을 훔쳐 먹는 걸로 착각하고 있었다. 그런데 전혀 다른 광경을 나는 접하게 됐다. 도망가는 쥐를 쏜살같이 따라잡은 까치는 부리와 발톱으로 쥐를 치며 눈뜨고 볼 수 없을 정도로 참혹하게 죽였다.

이 같은 모습을 목격하기 전 내 머릿속에 기억되는 까치는 "까치 까치 설날은 어저께고요" 노래를 불러 주시던 할머니의 말씀대로 기쁨을 안겨주는 새였다. 그러나 생쥐를 처참하게 죽이는 모습을 본 이후 까치는 눈매가 무섭고 작은 동물을 잡아먹는 사나운 맹금류로 나에게 인식되고 말았다.

그러나 지금 이 순간, 그때 그 시절 초롱초롱 빛나는 밤하늘의 별을 바라보며 할머니가 들려주시던 까치가 그리워지는 것은 왜일까?

떫음이 달콤을 만든다

박 태 희
2019. 3. 천료

해거름 녘 뒷산에 올랐다. 요즘, 저녁이면 야트막한 오름 턱에 앉아 어두워질 때까지 하늘을 보는 습관이 생겼다. 땅 위로 솟구친 소나무 뿌리 위에 앉는다. 감나무 가지에 걸린 노을이 비스듬히 길게 누웠다. 이곳엔 어림잡아 10여 그루의 감나무가 있다. 연초록 잎새들이 나무의 덩치를 키워가는 중이다.

감나무는 온대성 과수로 우리나라 중부 이남에서 재배된다. 잎은 넓고 어긋나며 톱니가 없다. 예로부터 감나무는 7덕5절(七德五節)*이라 하여 마음을 다스리는 수양의 대상이 되었다. 나는 마지막 절(節)에다 까치의 밥이 되어 주는 사랑(博愛)을 덧붙이고 싶다. 감나무는 열매뿐 아니라 잎까지 쓰임새가 다양하다. 단단하고 아름다운 무늬의 목재는 고급 가구의 재료가 된다. 감꼭지는 딸꾹질·구토·야뇨증에 달여 마시면 좋다. 감잎은 비타민C가 풍부해 차로 애용되며 고혈압 치료에 효과가 있다.

어릴 때, 감나무에서 다친 적이 있다. 정확히 기억하지 못하지만, 나무에 올라간 것으로 보아 초등학교 고학년 무렵일 듯하다. 매미를 잡으려고 올라갔다가 가지가 부러지는 바람에 떨어졌다. 한 달여간 깁스를 하고 지냈다. 감나무는 가지가 잘 부러진다. 감나무 가지가 어린아이 하나 감당하지 못할 만큼 약하다는 건 나중에 알았다. 어머니는 당장 감나무를 베어 버리자고 했다. 사실, 과수원에 있는 사과나무나 배나무와 달리 감나무는 집마다 한두 그루는 있었다. 그렇다 보니 감은 먹거리가 변변치 않은 아이들 간식거리로 안성맞춤인 과일이었다. 그런데도 어머니가 굳이 자르자고 한 것은 아들이 다친 탓만이 아닌 듯했다. 뒤란과 조금 떨어진 산자락으로 또 한 그루가 있기도 했거니와, 무엇보다 장독에 그늘을 만들고 잎이 떨어져 쌓이는 것이 못마땅해서다. 아버지는 달랐다. 고욤 일흔이 감 하나만 못하다며** 어머니의 말을 묵살했다. 그러나 며칠 뒤, 나무는 베어졌다. 불미스러운 일의 대가는 대부분 원인을 제공한 것으로 그 값을 치르게 된다. 뿌리까지 잘린 자리에는 김장독을 묻어 두는 움막이 들어섰다.

감 씨를 심으면 감나무가 아닌 고욤나무가 된다는 말이 있다. 감나무의 씨를 뿌려 묘목을 만들면 어미나무의 좋은 형질이 제대로 전달되지 않아 생긴 말이다. 아무리 좋은 품종으로 기른 묘목이라 해도 열매가 크게 퇴화하여 고욤처럼 작고 씨가 많은 돌감나무가 된다. 따라서 접목으로 번식시킨다. 이때 대목(臺木)으로 쓰이는 것이 공교롭게 고욤나무다. 고욤나무는 뿌리와 줄기가 튼튼하다. 고욤나무를 제자리에 심어 놓고 활착되면 감나무 가지를 접목한다. 접을 붙이고 나면 접착 부위에 빗물이 스며들지 못하도록 짚으로 고깔을 만들어 씌운다. 감의 달콤함은 고욤의 떫음에서 온다. 몸통이 잘리는 고욤나무의 고통이 있고 나서야 맛있는 감나무로 성장하는 것이다.

최근, 입양아를 학대해 숨지게 한 사건들이 연이어 알려지면서 충격을 주고 있다. 입양은 부모가 될 사람에게 엄격한 기준이 충족되어야 이루어진다. 육아에 필요한 적정 수준의 재산과 직업, 일정 시간의 소양 교육까지 이수해야 하는 등 입양특례법이 정한 요건을 모두 갖추어야 한다. 이러한 까다로운 절차를 거쳐 입양이 이루어짐에도 입양아에 대한 학대는 끊이지 않고 있다. 입양은 결코 쉬운 일이 아니다. 순수한 마음에 입양하였다가 얼마 되지 않아 파양하는 건 그만큼 힘들다는 방증이다. 낳은 정 못지않은 게 기른 정이라지만 사실 말처럼 간단한 문제가 아니다. 입양해 보지 못한 내가 그들의 삶을 거론하는 게 외람된 것 같아 조심스럽기는 하다. 각자 사연 있는 보따리를 안고 살아가겠지만, 아이를 학대하는 데까지 이르면 문제는 달라진다. 가족은 함께 사는 것만으로도 될 수 있지만, 서로 이해하고 지지하며 감싸주는 꾸준한 노력과 사랑이 있을 때 진정한 가족이 된다.

부모가 된다는 것은 무한한 책임을 동반한다. 입양하여 누군가의 부모가 된다는 것은 더욱더 그렇다. 부모는 누구라도 될 수 있지만, 부모다운 부모가 되는 것은 큰 노력과 자기희생이 따라야 한다. 어떠한 경우도 어른들의 잘못된 신념 때문에 아이들이 고통 받아서는 안 된다. 아이들이 어른들의 세계를 이해할 필요는 없다. 아이들은 어른에게 이해받아야 할 대상이지, 자신의 감정과 생각을 억누르고 어른의 눈치를 살펴야 할 존재가 아니다. 아이들은 부모의 소유물이 아니다. 아이들이 자율적인 인격체임을 인정하는 것이 급선무다. 존중받은 아이가 타인을 존중할 줄 알며 책임 있는 생활을 할 것이다.

아동 인권은 기본적인 권리 중 하나이고 그 권리를 지켜주는 것은 어른들의 몫이다. 아이의 존재는 무엇보다도 소중하고, 아이는 사랑받아 마땅하다고 생각하는, 그저 아무 말 없이 아이를 안아주는 세상. 아이들을 향한 마음의 문을 활짝 열어 놓는다면 그리 어렵지 않을 것이다. 한낱 나무도 제 살에 맞닿은 다른 가지를 열심히 키워 맛있는 과일나무로 만들어 내거늘. 고욤에도 미치지 못하는 마음이 서글퍼진다.

훗날 마당 너른 집에 살게 되면 감나무를 한 그루 키우고 싶다. 감나무를 보면서 7덕5절을 음미만 해도 수양이 될 것 같다. 곶감 빼먹는 즐거움도 누리면서. 너른 잎에 안부 인사 곱게 써서 벗에게 보내는 것도 즐겁지 않을까. 감잎차를 만들어 보기 위해 잎을 한 줌 땄다. 어린 순을 따면 감이 열리지 않는다고 했는데…. 그래도 조금 땄다. 봄의 한 복판에서 이 정도의 욕심은 부려도 되지 않을까.

*7덕5절(七德五節)
감나무는 7덕과 5절이 있다고 하는데, 7덕이라 함은 수명이 길고, 그늘이 짙으며, 새가 둥지를 틀지 않고, 벌레가 생기지 않으며, 가을 단풍이 아름답고, 열매가 맛이 있으며, 낙엽은 훌륭한 거름이 된다 함이요, 5절이라 함은 잎이 넓어 글씨 연습하기 좋아 문이 있고, 나무가 단단하여 화살촉 재료가 되기에 무가 있으며, 열매가 겉과 속이 똑같이 붉어 표리가 같으므로 충이 있고, 홍시는 노인들도 먹을 수 있으므로 효가 있으며, 서리 내리는 늦가을까지 열매가 가지에 달려 있으므로 절이 있다 함이다.

**자질구레한 것이 아무리 많아도 큰 것 하나를 당하지 못함을 이르는 말

베짱이의 노래

조영자
2019. 3. 천료

실직 9개월째.

삶의 그래프는 시간의 비례로 나이를 먹는 것처럼 직선이거나 규칙적이지 않다. 각자의 환경에 따른 선택으로 높고 낮음의 불규칙한 그래프를 그리며 삶을 이어간다. 지금 내 삶의 그래프는 미동이 없는 정지 상태다. 온몸으로 발버둥치고 있지만, 사실상 그 움직임은 미약하여 아무도 알아채지 못한다.

몇 년 전, 주말 봉사활동을 위해 강화도에 간 적이 있다. 새벽에서 일출로 넘어가는 경계의 시간, 마을회관까지 오백여 미터를 앞두고 일차선도로에 접어든다. 곧바로 짙은 안개가 벽처럼 막아섰다. 강화대교를 건너면서 옅은 안개가 보이기는 했지만, 앞차의 비상등에 의지할 수 있었다. 하지만 마을에 들어서는 순간 밀도가 급격하게 달라진 것이다. 도무지 믿기지 않을 만큼 압도적이다. 안개의 농도를 어떻게 표현해야 할까. 어둠보다 더 짙고, 침묵보다 더 깊은, 내가 지나가면 나의 형체가 고스란히 찍힐 것만 같다. 빛은 어둠을 선명하게 뚫지만, 안개는 뚫지 못한다는 것을 알았다. 자동차 헤드라이트는 안개의 저항을 이겨내지 못하고 곧바로 차 앞에 빛을 떨구며 사투를 벌인다. 앞뒤에 차가 있는지 없는지조차도 분간할 수가 없다. 반대 차선에서 차 한 대가 홀연히 나타나 금세 사라진다. 짙은 안개 속에서 세상에 오직 혼자 남았다는 상상으로 한껏 고무되었다. 아무것도 보이지 않는다는 두려움보다 신비로움이 더 가득하다. 그저 태양이 빛의 그물을 던져 안개를 거둬가기 전에 날씨의 유희를 만끽하고 싶었다. 그때의 기분은 희열이었다. 수술대 위에서 마취약이 온몸으로 퍼지면서 섬광처럼 느꼈던 마지막 안락함처럼. 두려움을 가장한 농담이라 해도 어쩔 수 없다. 지금, 왜 그날의 안개를 떠올렸는지 모르겠다. 그날은 눈앞의 안개가 곧 사라질 것이라고 확신했고 지금은 확신이 없는 것이 다를 뿐이다. 다른 시간, 다른 좌표에서 떠올린 같은 기억이 극명하게 다름으로 전해온다.

남편과 아이들이 직장으로 학교로 제 일을 찾아 떠나고 빈집에 남아 있는 나. 아무것도 하지 않는 자신을 스스로 왜곡힌다. 갈수록 비뚤어지게 판단하는 형편없는 이기심을 언제까지 보고만 있을는지. 주차장에 방치된 자동차를 깨웠다. 커다란 두 눈을 깜박이며 맞이한다. 번쩍번쩍 빛나는 다른 차들 사이에 뿌연 먼지를 뒤집어쓰고 있다. 왼쪽 사이드 미러 귀퉁이는 깨지고, 여기저기 긁히고 찌그러진 자국이 그간의 크고 작은 사고를 말해준다. 14년째 동고동락하고 있으니 친구나 다름이 없다. 생명을 위협받았던 순간에도 함께 이겨냈던 고마운 친구다. 내가 나이 든 만큼 낡은 자동차는 내 발소리를 아는 것처럼 미세하게 생기가 돈다. 나의 수많은 길을 함께 달리며 나누었던 이야기와 사소한 비밀들을 공유하는 유일한 사적 공간이기도 하다. 아마도 내 한숨과 눈물을 가장 많이 목격한 친구가 아닐까 싶다. 차갑게 식은 엔진 온도를 올려 줄 시간, 덩달아 내 마음의 온도를 올려볼까 길을 나선다.

경기도 광주의 퇴촌으로 방향을 정했다. 퇴촌에 '책 읽는 베짱이'라는 서재도서관이 있다. 개인의 서재를 도서관으로 개방하여 주민들에게 이용하도록 만든 곳이다. 관내 도서관에서 자원봉사 하면서 자연스럽게 도서관에 관심이 더 생겼다. 물론 김탁환의 장편소설 『당신이 어떻게 내게로 왔을까』에 등장하는 장소라는 특이한 이력이 한몫하기도 했다.

퇴촌면의 우산천을 따라 한참 오른다. 3월 초순의 풍경은 아직 겨울이 뭉그적대고 있어 봄이 머뭇거리는 것 같다. 그래도 햇볕이 드는 곳이면 훈풍이 불어왔는지 곳곳에 밭을 곱게 갈아놓았다. 작은 소나무 정원 안에 개인주택이 소박하게 자리하고 있다. 도서관 위치로는 적합해 보이지 않지만, 영리를 취하는 곳이 아니니 상관없을 수도 있겠다. 운이 좋게도 베짱이를 자처한 도서관 관장과 얘기를 나누게 되었다. 도서관에서는 이용자가 개미가 된다. 개미들이 자율적으로 책을 대여하고 반납한다. 최첨단 디지털시스템이 아닌 스프링 노트에 각자의 필체로 흔적을 남긴다. 그 외에 작가와 함께하는 북 콘서트, 인형극, 그림 전시회 등 다양한 프로그램으로 개미들을 부른다. 그녀는 또 다른 노래를 준비하고 있다고 귀띔을 한다. 그녀와 얘기를 나누다 보니, 어쩌면 도서관 관장 베짱이의 소명을 다하기에는 오히려 더 적당한 곳인지도 모를 일이다. 그렇게 개미들의 응원으로 책을 마련하고, 책을 통해 삶을 이어주는 인연을 만나며 소통하는 베짱이. 개미는 개미들의 시간을 만들고 베짱이는 베짱이의 시간을 만들면 된다. 더는 이솝우화 속의 베짱이는 없다. 그녀의 노랫소리가 아름다운 여운으로 남는다.

집으로 돌아오는 길에 지난 시간을 반추한다. 실직하고 이대로 게으른 베짱이가 되는 건 아닐까 하고 움츠리고 있는 나. 열심히 살고 있다는 타인의 응원을 받고도 어깨를 펴지 못한다. 짙은 안개처럼 거대한 장벽을 스스로 세워놓고 나만의 노래조차 부르지 못하고 있다. 이제 안개 속에서 길을 찾아야 한다. 불완전한 삶의 길에서 앞이 보이지 않는다고 낙담할 필요는 없다. 잠시 멈춰 서서 길을 찾아보자. 조급해

하거나 서두르지 말자. 자세히 살펴보면 좁은 길이라도 분명 있을 테고 그 좁은 길로 가다 보면 넓고 편안한 길을 다시 만나게 될지도 모르기 때문이다. 지금은 잠시 안개 속에서 숨을 고르는 시간이다. 어쩌면 생각했던 것보다 긴 시간이 걸릴지도 모른다. 하지만, 나의 개미들이 항상 들을 수 있도록 베짱이의 노래를 멈추지는 말아야 한다.

마음껏 춤추자

허남국
2019. 3. 천료

자연이 내어주는 맑은 공기와 햇살이 삶의 질을 지배한다. 하루가 향기로운 꽃 한 송이 같기를 희망하며 이른 새벽 대문을 나섰다. 먼 섬 여행을 떠날 수 있는 건강이 뒷받침해 주는 것에 감사기도를 했다. 인천 앞바다 옹진군 대이작도와 풀등 여행이 시작되었다. 맑은 공기와 햇살 가득한 미지의 섬 아름다운 풍경이 설렘으로 다가왔다.

수억만 년 전 자연이 빚은 기암괴석 갯바위와 바다 생물을 관찰할 수 있는 하루가 신비롭게 다가왔다. 썰물 때 모습을 드러내는 금빛 모래 둔덕 풀등을 직접 탐험할 수 있다는 말에 흥분이 되었다. 자연과 함께하다 보면 내가 자연인 듯 신선해지며 평화로울 때가 있다. 오늘이 바로 그런 날이기를 기대해 본다. 코로나 이후 오랜만 뱃길 섬 여행이었다. 새벽길을 달린 버스는 생각보다 이른 아침에 대부도에 도착하였다. 대이작도 여객선 출발 시간이 09:00 단 한 번뿐이었다. 배표를 산 후 금쪽같은 한 시간을 방아머리 선착장에서 보냈다. 대이작도 여객선이 선착장으로 들어왔다.

여행은 목적지 볼거리를 즐기는 것도 중요하지만 집을 나서는 순간부터 오고 가는 과정에서 행복을 느낄 때가 많다. 뱃전에 불어오는 시원한 바람을 한아름 안고 먼바다를 바라보며 한숨 돌리는 달콤한 휴식에서 여행의 맛을 찾을 수 있다. 피어오르는 해무 속으로 희미한 점 하나가 밀려온다. 궁금증 속 작은 점이 점점 커지더니 가까이 다가와 속살을 보여주고 안개 속으로 사라진다.

방아머리 선착장에서부터 배 따라 날아다니는 갈매기 힘이 놀라웠다. 새우깡을 한 봉지 샀다. 하늘로 하나둘 던져본다. 갈매기가 모였다. 배가 나가는 방향으로 바람과 맞서며 새우깡을 찾고 있다. 손끝의 새우깡을 바라보는 눈빛에서 삶의 진솔함을 찾을 수 있다. 한 개의 새우깡을 먹기 위해 있는 힘 다해 바다를 날아다니는 갈매기 눈빛에서 집념과 끈기가 보였다.

새우깡 하나를 높이 쳐든 아이들 얼굴이 근심 반 걱정 반이었다. 머리 위를 날며 먹이를 찾고 있는 갈매기와 손끝으로 무언의 대화로 소통하고 있었다. 먼저 본 한 마리가 새우깡을 채 갔다. 손은 물지 않고 새우깡만 물고 가면 아이들 웃음과 함성이 바다를 메웠다. 갈매기와 눈 맞춤 하다 보면 내 마음도 갈매기 따라 하늘을 날고 있었다.

여객선이 대이작도 항에 도착하였다. 평화롭고 고요한 작은 섬이었다. 코로나로 방문객이 줄어서인지 여객선이 빠져나간 항구는 허전할 만큼 조용하였다. 영화 「섬마을 선생님」을 촬영한 곳으로 '섬마을 선생님 노래비'와 표지석이 있었다. 폐교된 이작분교 주변에는 아카시아꽃이 사슬처럼 주렁주렁 매달려 대이작도 이야기를 들려줄 듯 바람에 살랑이고 있었다.

해안 절벽 산책길 따라 소나무와 소사나무 진초록 숲이 상큼한 섬바람을 내뿜고 있었다. 몸과 마음이 한결 가벼워졌다. 숲속 찔레꽃 향이 유난히 향기롭다. 해안 산책길이 통제되어 산길로 부아산 정상에 올랐다. 바다와 섬이 어깨동무를 한 듯 사방이 아름답게 연결되어 있었다. 멀리 바다 한가운데 떠 있는 금빛 모래 둔덕 풀등이 보였다. 사리 때 물 때 시간이 되면 물 위로 솟아오르는 풀등이 구름 사이 빛 내림 현상으로 더욱 아름답게 보였다. 우리나라에 몇 개 풀등이 있는데 직접 탐험할 수 있는 유일한 곳이었다. 풀등 모터보트 운영자에게 몇 차례 전화 연락을 하였다. 비수기로 배를 운영하지 않는다고 하였다. 낮은 자세로 풍경 사진을 찍으려고 배낭에 메고 온 비닐이 아까웠다. 오늘 여행의 하이라이트인 풀등 탐방이 취소되었다. 작은 풀등 해변 바닷물에 발 담그고 그 시간을 즐겼다.

고운 모래밭에 맨발로 추억의 발자국을 새겼다. 곧 밀물이 들어오면 지워질 잠시 흔적인 줄 알면서 상실의 추억을 남겼다. 수평선 따라 가늘고 길게 이어진 풀등이 하늘과 바다 사이에서 놀다 가라고 소리치는 듯했다. 두고 돌아서야 하는 연인처럼 아쉬움의 시간이 흘렀다. 풀등 탐험을 상상하며 설레던 그 순간이 행복이었다. 썰물 때 빠져나가며 새긴 이별의 시린 말이 쉽게 잊히지 않는 듯 밀물이 밀려오고 있었다.

코로나로 갇혀 있던 오랜 세월을 털어버리고 하루를 즐기기에 충분히 멋있는 섬이었다. 특히 장골 마을 풀등 펜션 주인이 아침 바다에 나가 잡아 왔다는 자연산 회 맛이 천하 일미였다. 서해 작은 섬 대이작도에서 먹은 활어회 식감은 지금까지 맛보지 못한 신선함이었다. 대이작도 하루가 서쪽 바다로 밀려가고 있었다. 서쪽으로 기우는 해 길이만큼 기쁨의 섬 여행 여정이 줄어든다는 것이 아쉬움이었다.

대이작도 몇 시간의 머무름이 행복이고 즐거움이었다. 늘 여행은 아쉬움으로 남는다. 바다는 그만 돌아가라며 밀물로 풀등을 덮었다. 바람에 밀려와 절벽 끝 갯바위에 부서지는 파도는 노래 부르며 다시 바다로 간다. 파란 하늘 날아다니는 갈매기에게 마음껏 춤추자며.

목마름

하홍팔
2019. 4. 천료

"물 좀 주세요. 목말라 죽을 지경이에요." 내가 애지중지하며 키우는 가지와 오이가 잎이 축 늘어져 곧 말라 죽을 것 같다. 물 조리로 부지런히 물을 준다. 물이 내려가면 신기하게도 그 짧은 시간에 그녀석들은 곧바로 머리를 곧두세우고 "감사합니다" 한다. 가뭄이 지속되는 지루한 나날이다. 매일 아침 일어나면 인터넷으로 오늘의 일기예보를 샅샅이 뒤진다. 혹 비 온다는 소식이 있는가 기대하며. 일본 기상청으로 들어가 본다. 동아시아 전체의 일기도를 보고 나름대로 내 예보를 점쳐보기도 한다. 구름이 이쪽으로 올 것 같다. 구름이 끼었다. 머리 위로 흘러간다. 내릴 듯하다가 한 방울도 내려주지 않고 무심히 지나쳐 버린다. 원망 섞인 한숨이 절로 나온다. 시원한 물줄기가 조그만 우리 정원뿐만 아니라 건너편 산들과 들판에 확 뿌려주면 좋으련만.

사람은 간사한가. 남의 집에서 크는 가지나 오이들이 축 늘어져도 별반 관심이 없다. 내 것이 아니니까. 이것을 님비(NIMBY: Not In My Back Yard) 현상이라 하는가. 나와의 이해관계가 밀접히 연결된 때문일까. 한국 버전으로 내로남불이 여기에 해당될까. 요즘 우리의 정치나 온갖 파업들이 난무하는 것을 볼 때 가뭄만큼이나 참 목마르다. 협치나 양보가 전혀 보이지 않는 것 같다. 내가 한 발짝 뒤로 물러서면 손해를 본다고 철저히 믿기 때문일까. 상대에 대한 불신이 피차의 신뢰를 허물어버리기 때문일까.

누구에게나 그렇겠지만 나에게도 적잖은 카톡방이 있어 내 손가락을 분주하게 만든다. 그 가운데 영어로 성경 구절을 암송하는 방이 있다. 처음에는 인사 정도를 하고 개인들의 사정도 잘 모르는데 시간이 지남에 따라 점차 그들의 신상에 대해 듣게 된다. 그런데 이 카톡방은 공기가 무겁다. 그들 중 다수가 암 투병을 하고 있다는 사실 때문이다. 어떤 이는 암이 척추를 통해 온 전신에 전이 되어 희망이 없어 보인다. 얼마 전 그를 방문하였을 때 문자 그대로 피골이 상접되어 있었다. 할 말이 없었다. 그 와중에서도 그는 "내가 꼭 나아서 나도 결혼하고 싶다"는 말을 들었을 때, 그 용기에 감탄했으나 한편으로는 측은한 마음이 내 가슴을 후려쳤다. 그의 앙상한 손을 붙잡고 간절히 기도하였다. 나의 무력함이 절절히 느껴지는 순간이기도 했다. 나는 목사를 길러내는 교수로 평생을, 교회를 담임하지는 않았지만 목사이기도 했기에 내 기도의 능력이 없는 것 같아 마음이 힘들었다. 분명히 하나님은 창조의 하나님이시고, 예수님은 이 땅에 계실 때 각종 질병뿐만 아니라 죽은 자를 살리기도 하셨다. 제자들도 받은 능력으로 병자를 고쳤다. 그런데 왜 지금은 되지 않는 것일까. 기도하면 왜 벌떡 일어나지 못하는 걸까. 나의 믿음이 연약한 탓이려니 하고 스스로 위안(?)을 삼는다. 이러한 때에 나의 갈증, 나의 목마름은 극에 달하는 것 같다. 전지전능하신 하나님의 뜻이 어디에 계신지 알지 못하기에 그저 목마름으로 넘겨야 한다.

한번은 미국 국내를 비행기로 여행할 때이다. 나는 언제나 가능하면 창가에 앉는다. 창밖을 보면서 시시각각 변화는 모습을 만끽하기 위함이다. 위에서 내려다보는 경치는 그저 그만이다. 그 광활한 땅 위로 날면서 저 아래 땅에서 펼쳐지는 산수화들은 여행객의 피로를 떨쳐내기에 제격이다. 그런데 사막 위를 날고 있을 때다. 내 눈을 의심하지 않을 수 없었다. 눈앞에 아름다운 해변이 보였기 때문이다. 여기에 저런 곳이 있었나 하고 고개를 이쪽으로 돌리니 여전히 사막이다. 그런데 고개를 앞으로 다시 돌리면 아름다운 해변이 눈앞에 펼쳐진다. 신기루란 말을 듣기는 했어도 이런 광경은 처음이다. 물에 대한 갈증이 신기루로 나타나는 것 같았다.

우리의 인체는 물과는 떼려야 뗄 수 없는 밀접한 관계를 갖고 있다. 일반적으로 알려진 연구에 의하면, 우리 인체의 70%는 물로 구성되어 있어 물이 모자라면 어떻게 될 것인지를 다음과 같이 적고 있다. 음식은 먹지 않아도 4~6주를 생존할 수 있지만 물이 없으면 1주일도 생존하기가 어렵다고 한다. 수분이 1~3% 부족하면 심한 갈증과 피로감이 엄습하고, 5% 부족하면 혼수상태에 빠질 수 있으며, 10% 이상이면 사망에 이를 수 있다는 것이다. 이와 같이 목마름과 물은 서로 함수관계에 있다고 할 것이다. 이 땅에 존재하는 모든 생명체에는 물이 필수적이다. 그럼에도 물을 제때에 공급해 주지 못해 생명을 단축시키는 우를 범할 때가 참으로 많을 것이다.

독일의 신학자요 목사요 저술가인 징크(Joerg Zink)는 현대인을 다음과 같이 진단하였다. 한 청년이 사하라 사막을 횡단하기 위해 필요한 장비를 다 갖추고 거기에 더하여 꼭 필요한 물도 준비하였다. 그런데 몇 날이 지나자 물이 바닥났다. 그는 마침내 실신하여 기절하였다. 그런데 잠시 후 눈을 떠 보니 야자수와 나뭇잎이 바람에 흔들리는 것이 보였다. 그는 죽을 때가 다 되어 환각이 보이는 것이라 생각했다. 잠시 후에 물소리와 새소리가 희미하게 들렸지만 역시 죽을 때가 되어 환각이라 생각했다. 얼마 후 그는 죽었다. 징크는 물을 곁에 두고도 마실 줄 모르는 이 청년을 오늘날의 현대인에 비유하였다.

우리는 신체적으로, 정신적으로, 정서적으로, 그리고 사회적으로 목마른 시대에 살고 있다. 설사 이런 갖가지의 목마름에 해갈이 있다 할지라도 일시적일 수밖에 없다. 왜냐하면 영구적이지 않기 때문이다. '생로병사'의 테두리에 갇혀 사는 우리에게 '사(死)'를 뛰어넘는 해갈은 없을까. 한번은 예수께서 "누구든지 목마르거든 내게로 와서 마시라"(요 7:37)고 하였다. 그 물은 일상의 물이 아니라 영원한 해갈이 약속된 생명의 샘물이다. 징크의 말처럼, 우리는 혹 온갖 목마름에 시달리면서도 영원한 해갈의 물이 곁에 있는데도 마실 줄 모르는 현대인은 아닐까?

더, 불어

이근영
2019. 8. 천료

몇 해 전 동창회 송년회 때다. 내 건배 순서가 지나고 신문사 기자이던 옆 친구가 건배사를 했다. 내가 일본 음주 문화 얘기를 했던 탓인지, 자기는 파리 특파원을 지냈었으니 불어로 해 보겠다고 했다. 어쩌고저쩌고하더니 마지막에 잔을 내밀며 '더, 불어'라고 외쳤다. 대략 알고 있었던 터라, 우리는 다 같이 '더불어'라고 화답했다. 함께 오래오래 서로 보듬는 친구들이 되자는 뜻이었다. 훈훈했던 밤이었다.

코로나 방역이 풀린 지난 주말엔 좀 걸었다. 마침, 북악산 남측통로도 개방되었다고 해서 호기심도 일었다. 주말 산책길로 다니는 와룡 공원을 지나 아래로 내려가면 삼청동 안내소가 나오는데, 거기서부터 청운대까지가 이번에 추가로 개방된 지역이다. 둘러보니 소규모 군부대가 주둔한 흔적이 보이는 계곡 하나 정도의 공간이다. 특별해 보이진 않았다. 다만, 사람이 막아 놓은 건 언젠가는 뚫리는 법이란 생각은 들었다.

내친김에 정상인 '백악마루'까지 올랐다. 오르며

본 신록도 좋았지만, 인상적이었던 건 사람들이다. 길옆에 앉아 숨 고르는 사람들, 휴게 터에서 싸 온 과일을 먹는 사람들, 아이들을 데리고 온 젊은 부부며 연신 서로를 보살피는 노부부, 모두가 밝은 햇살과 싱그런 신록을 만끽하는 환한 얼굴들이다. 자유 그 자체다. 이토록 자유롭고 싶었던 것을.

사람은 자유로워야 한다. 어떤 이유로든 사람은 구속당하면 괴롭다. 돌이켜보면, 유신 시절 내 대학 때도 우리가 실제로 갈구했던 건 자유였지, 민주 회복과 같은 정치 이념이 아니었다. 그저 마음대로 말할 수 있고 통금 시간 이후에도 마시며 즐길 수 있는 자유, 불시에 들이닥치던 교내 연행이나 장발 단속 같은 게 없는 세상 그런 것들이었다. 남자들이 군대 생활을 불편해하는 것도 직장 생활을 고달파 하는 것도, 어쩔 수 없는 일이긴 하지만, 결국은 몸과 마음이 자유롭지 못해서다. 이미 다 겪어낸 내가 이런 얘기를 하는 게 우습기도 하지만, 그래서 더욱 모든 '반 자유'는 그 자체로 죄악이란 생각을 하게 된다.

고교 때 시험에 잘 나오던 인물 중에 프랑스 계몽주의자인 루소란 사람이 있다. 그는, 사람이 불평등해지기 시작한 건 농경사회 때부터라고 했다. 원시 수렵시대 때까지는 채취한 음식물들을 갖고 다니기도 보관하기도 어려웠으니, 먹을 만큼만 구해 먹고 나머지 시간은 모두가 똑같이 놀며 즐겼다는 거다. 그러다가 인간은 농사를 짓게 되면서 정착했고, 남는 생산물을 지키거나 남의 것을 빼앗는 일이 생겨나면서 집단을 지휘하는 계층이 생겨났다. 바로 그 지점, 그러니까 일하지 않고도 먹고사는 계층이 생겨나면서 인간 불평등이 시작되었다는 주장이다. 이른바, 자연으로 돌아가자는 거였다. 이런 루소의 사상이 후일 프랑스 대혁명에 큰 영향을 끼치는데, 그래서인지 혁명 슬로건도 자유평등 박애다.

그동안 각국에서 보인 코로나 방역은 그런 지배계층의 실력은 물론이고, 동시에 자유에 대한 인식 레벨도 알게 한다. 개인의 자유가 으뜸인 서구와 집단 이익이 우선인 동양권은 좋은 대비다. 이 나라 코로나 방역도 한때 세계인들의 부러움을 사기도 했지만, 결과적으로 두 가지 상반된 평가가 공존한다. 과연 잘한 걸까, 잘못한 걸까? 글쎄다, 다만 그동안에 많은 영세 자영업자들이 폐업하고 생업을 잃은 건 깊이 생각해야 할 일일 것이다. 함께하지 못했기 때문이다.

사피엔스란 종명을 가진 인류는 역사적으로 자연 파괴 전문가이기도 하다. 그런 사피엔스에게, 해로운 세균은 박멸하는 것이 마땅했다. 하지만, 박멸에 성공한 건 천연두 균 하나뿐이다. 페스트며 스페인 독감이며 그 세균들 모두는 어떤 형태로든 우리 주변에 남아 있는 것이다. 코로나도 마찬가지다. '오미크론'이라는 살짝 약한 모습을 하고, 숙주인 사람들과 함께 오래 살아가겠다며 손짓하고 있다. 이미 공존의 길로 들어선 것이다.

돌아오는 길은 청계천으로 잡았다. 다리 아래 그늘엔 오손도손 사람들이 모여 앉아 있고, 물 위로는 청둥오리 한 쌍이 그 아래로는 물고기들이 유영한다. 내버려 두면 이리도 잘 더불어 가는 걸. 나도 잠시 앉아 보온병 커피를 따랐다. 그들과 함께하고 싶어서였다.

함께 가는 길

장용식
2019. 9. 천료

올해는 한 달이 빠르다 하더니 유월 중순인데도 30도를 오르락내리락한다. 밖에 나가면 유월의 햇살이 너무나 뜨겁다. 그러다 보니 남해안 진동만에는 청수가 생겨나고 있다. 청수가 생기면 산소량이 없어 고기, 조개 바다의 생태계가 망가지고 만다. 올해는 비가 내리지 않아 청수가 예전보다 두 달 정도 앞서 생겨나고 있다. 모든 곡식은 비가 부족해 말라 가고 있다. 다음 주부터는 장마가 찾아온다는데 올해는 얼마나 많은 비가 내려 어떤 피해를 얼마만큼 줄는지 참으로 걱정이 앞선다. 올 2022년도 벌써 절반을 남겨 놓고 있다. 정말 세월은 왜 이리 잘도 흘러 갈까, 빨라도 너무나 빠르다.

그러고 보니 나만의 아내와 만난 지도 46년이 되어 버렸다. 언제 어느 세월 속에 묻혀 여기까지 와 버렸을까. 그러고 보니 우리 부부는 그저 일 속에 묻혀 일만 하느라고 46년 동안 단 둘이서 여행 한 번 가 보지도 못했다. 자녀를 가르치고 결혼하면 시간이 나겠지 했지만 노후를 생각하면 일한다고 시간이 나질 않는다. 일에 쫓기다 보니 걱정거리가 생겼다. 나나 아내나 치매만큼은 걸리지 말고 늙었으면 하는 소원이다. 아무리 소원이라도 그러한 것만큼은 뜻대로 안 되는 게 병이지만 어찌 됐든 소원을 기도해본다. 하지만 요즘 아내가 정신을 깜빡깜빡한다. 물건을 사고도 현금을 줘야 하는데 뭘 줘야 할지를 모른다. 병원에 가서도 마찬가지. 카드를 줘야 하나 통장을 줘야 하나 무얼 줘야 하나 우두커니 서 있다. 몇 년 전부터 김해중앙병원에서 한 달에 한 번씩 약을 타 먹지만 요즘 들어서 더 심하다. 사람이 살아가면서 자신의 정신줄 만큼은 놓지 말아야 하는데 내가 병원 갈 때면 항상 옆에 따라 다니지만 내게는 큰 근심 걱정거리가 생겨났다. 나도 보이지 않아 지팡이에 의지해 살아가고 있는데 아내마저 만약 정신줄을 놓는다면 어찌해야 할지. 아직 둘이서 여행도 가 보지 못했는데 아내 칠순 때 여행 한번 가려고 열심히 돈을 모으고 있는데, 앞으로 사 년을 더 기다려야 하는데, 제발 지금 이 상태에서 더 이상 진전되지 않기를 기도해본다.

그동안 둘이 만나 결혼을 해 자녀를 기르고, 가르치고, 결혼을 시키고, 이제는 손자 손녀들이 내년이면 대학을 가는데… 우리 부부는 그 긴 시간 동안 참으로 열심히 살아왔다. 넘어지면 일어서고 또 넘어지면 또다시 일어나 근심 걱정 없이 여기까지 걸어왔는데 남은 인생 끝까지 함께 길을 걸어갔으면 좋으련만… 부디 정신 잃지 말고 함께 하기를 기도해본다.

사랑의 기적

류 진
2020. 1. 천료

신록이 가득한 아파트 단지를 나와 버스 정류장으로 향한다. 서울이 직장인 나는 집이 경기도 죽전이라 좌석버스를 타고 출근한다. 교통이 편리한 우리나라 참 좋은 나라다.

오랫동안 버스를 타고 다니다 보면 사람들의 성향을 파악할 수 있고, 마스크를 썼어도 눈빛으로 차가움과 따뜻함 그리고 행동하는 모습에서 성품을 알 수가 있다.

버스 안에서 주위 상관없이 수다를 떠는 사람들이 있다. 작은 소리도 계속 듣다 보면 여간 거슬리지 않는데 큰 소리로 얘기하면서 초지일관 끝까지 '나 몰라라'다. 어떤 사람은 버스를 타면서부터 시작해서 내릴 때까지 통화하면서 본인 사생활을 다 노출해도 아랑곳하지 않는다. 또 뒷좌석에 승객이 앉아 있는데도 혼자 가는 것처럼 의자를 뒤로 젖히고 핸드폰을 보면서 가고 있는 사람. 배짱 한번 두둑하다.

창피함이 없어진 사회, 분별력이 없는 사회, 예의에 벗어나는 행동을 해도 부끄럽지 않은 사회 슬퍼진다. 코로나로 인해 서로 조심하여 그전에 비하면 많이 좋아졌으나 시간이 지나고 익숙해지면서 점점 희미해진다.

서로의 정을 느낄 수 있는 일도 있었다.

30대로 보이는 여자 승객이 급하게 올라온다. 교통카드도, 현금도 없다며 앞에서 난처해한다. 그걸 보고 있던 아가씨가 말을 건넨다. “제가 내줄게요, 온라인으로 돈 보내주세요.” 따뜻한 마음과 세상 좋아진 것을 새삼 느꼈다.

나라면 도와주고 싶어도 우물쭈물했을 것이고, 그리고 그 돈 받을 생각은 못 했을 것이다. 요즘 세대들의 현명한 처세인 것 같다. 모든 것을 더치페이로 하는 세대, 서로 눈치 안 보며 부담없이 만날 수 있는 것은 배울 점이다.

한번은 버스가 도착하는 것을 보고 뛰어가서 탑승했다. 타자마자 빈자리가 보여 앉았는데 계속 옆에 앉은 여자가 나를 쳐다보며 눈치를 준다. 그런가 보다 생각했는데 이뿔씨 “지기요. 뒤에 빈지리 있는데 기기 가서 앉으세요.” 순간 당황하여 아무 말도 못 하고 “아 네” 하며 뒤쪽 빈자리에 앉았다.

그때부터 내 가슴이 콩닥거린다. 누구한테 거절당했다는 마음이 들어 씁쓸하고 화가 치밀었다. 마음을 가라앉히려 속으로 기도하고 나니 평안해진다.

코로나로 인해 상대방의 행동이 이해가 되며 나한테 주는 메시지 ‘너도 알게 모르게 누군가를 혹은 무엇인가를 거절했을 수도 있다.’라고 말씀하신다. 나를 뒤돌아보는 좋은 계기가 됐다.

서로 배려하고, 품어주고, 따뜻한 시선으로 바라보고, 사랑할 수 있는 마음. 그런 사회가 오리라 기대하며 사랑의 기적으로 세상이 아름다워지길 소망한다.

웃음, 노후의 보약

김휘규
2020. 1. 천료

행복한 인생은 인간의 꿈이다. 그런데 요즘 거울 앞에 서면 산란하다. 희끗희끗하던 머리카락이 정수리에 분화구를 만들더니 아예 이마까지 넘보고 있다. 눈썹은 굵고 길어져 흉하다. 눈가와 입가에 잔주름이 늘어간다. 눈은 흐릿해져서 돋보기 없이는 신문을 읽을 수 없고, 가는 귀가 먹었는지 말귀를 잘못 알아들어 실수를 거듭한다. 팔다리 관절은 뻑뻑해져 빨리 움직이지 못한다. 엇그제 다녀온 음식점 간판이 기억나지 않아 당황스럽다. 벌써 이렇게 쓸모없이 되었나 싶어 다가오는 세월이 두렵고 불안하다. 세상의 시시비비를 가리는 데도 이제는 관심이 없어진다.

몇 년 전 TV로 방송되었던 가황(歌皇) 나훈아의 콘서트 한 장면이 떠올랐다. 그의 노래 중에 '테스 형'이 도대체 누군가 궁금했었다. 알고 보니 2500년 전의 철인(哲人) 소크라테스였다. 그의 기발한 발상에 파안대소했다. 빠르고 밝은 리듬인데도 꿈꾸었던 사랑과 행복을 이루지 못한 인생의 슬픈 감정이 배어 있었다. 그런데 소크라테스에게 세상이 왜 이다지도 아프냐며 어린 아이 투정하듯 하소연하는 소절은 마치 실수와 상처투성인 나의 이야기인 듯하여 마음이 아렸다.

돌이켜 반세기 전, 가난했던 청춘 시절을 바라본다. 가난은 수치였고 용기를 갉아먹는 좀 벌레였다. 가난은 불행의 친구이고 행복의 원수였다. 행복한 세상을 만나려면 우선 가난부터 넘어야 했다. 직장 생활은 기대 이상으로 술술 잘 풀렸다. 한 계단씩 직위가 오를 때마다 흥이 났고 사는 맛이 났다. 어린 시절 꿈꾸었던 행복한 삶이 어렴풋이 보이는 듯하여 마음이 벅차올랐다. 그런데 행복은 신기루 같았다. 금방이라도 잡힐 듯 가까이 있다가도 정작 한순간 낚아채고 보면 분란거리만 남겨 안겨주고 사라졌다.

행복한 인생은 이룰 수 없는 꿈이었다. 실망스러웠다. 가슴속 응어리진 감정부터 털어내야 한다고 생각했다. 섭섭하고 아쉽고 고통스러웠던 감정을 정화하고, 내 안의 화(火)를 밖으로 버려야 내가 살 것 같았다. 대부분 용서와 화해가 없는 슬프고 아픈 기억들이다. 그 기억들은 인정받고 싶은 욕망의 뒤편에 있는 열등감과 잘난 줄 착각하는 우월감이 남긴 쓰레기들이다. 아이러니하게도 소크라테스가 제자들이 탈옥을 권유하였음에도 굳이 독배를 마시고 죽음을 택한 이유나 수많은 사상가, 철학자, 제자백가의 알쏭달쏭한 행복론에도 정답은 없었다.

이욕(利慾)은 지옥으로 가는 길이요, 탐애(貪愛)는 고해(苦海)이니 욕망을 내려놓고 진리를 깨우치라는 부처님 말씀을 화두로 삼기에는 시간이 없다. 하느님 나라에 들어가려면 가진 재물을 모두 팔아 필요한 사람에게 나누어 주고, 원수까지 사랑하라는 예수님의 가르침을 온전히 따를 자신이 없다. 그렇다고 단 한 번뿐인 인생인데 기죽어 있을 수 없다. 세상이 아플 때, 마음이 허전할 때는 「테스형」의 노랫말처럼 한바탕 턱 빠지게 웃고 넘길 수 있으면 좋으련만.

웃음은 하늘이 내려준 복이었다. 심리학자 소냐 류보머스키(Sonja Lyubomirsky)는 사는 동안 행복한 천국을 미리 맛보려면 자주 웃고, 억지로도 웃고, 크게 웃으라고 말한다. 사람은 모두 행복하기 위해 태어난 귀한 존재이나 마음에 화를 다스려야 한다고 했던 탁닛한 스님도 화를 버리려면 행복한 표정을 짓는 연습이 필요하단다. 옛말에 웃으면 복이 온다는 말과 상통한다. 풍자와 해학, 유머가 있는 만담, 광대놀이, 마당놀이와 인기몰이 했던 코미디, 개그 프로그램이 인기를 끌었던 이유는 응어리진 감정을 풀어주었기 때문이었다. 웃음은 오래전부터 정서적 고통뿐만 아니라 외과수술 환자의 고통을 줄여주는 데 활용했었다. 의학적으로 웃음은 뇌에서 통증을 줄이는 신경전달물질의 분비를 증가시켜 고통을 줄여 주고, 스트레스와 면역력을 높인다고 알려졌다. 실제 통증이 심한 환자들에게 코미디 프로그램을 시청하게 하였더니 놀랍게도 15분간 박장대소하면 2시간 동안 통증을 느끼지 못했다고 한다.

인간의 길흉화복(吉凶禍福)은 하늘의 뜻이라고 했다. 세상사가 자신의 의지대로 이루지 못했다고 후회한다고 달라지지 않는다. 결국 빈손이라 허망할 것이다. 더는 욕심내지 말아야 한다. 건강하고 오래 살려고 몸에 좋다는 값비싼 영양제와 보약을 찾기보다 마음속에 쌓인 쓰레기를 청소하고, 화(火)를 버리려면 자주 웃고 크게 웃어야겠다. 미소만 지어도 마음에 꽃이 피고, 자주 웃고 크게 웃는 사람이 행복해진다고 하지 않았던가. 내 마음속에 웃음꽃이 피어야 행복한 세상인 것을 모르고 우물가에서 숭늉 찾듯 엉뚱한 곳에서 헤맨 셈이다. 늦었지만 잠자리에 누워서 고마운 미소를 짓고, 아침에 일어나면 창문 밖 세상을 향해 환호하며 웃고, 산과 들의 색깔이 바뀌고 계절 따라 피는 작은 풀꽃의 신비한 생명을 보고 감탄해서 박장대소하며 살아보련다. 웃음이 보약이면 좋겠다.

후제(後際)를 위하여

신영숙
2020. 3. 천료

단풍이 붉게 물든 계절이다.

시간은 소리 없이 빠르게 지나가고, 우리는 주어진 삶을 성실히 살아내고 있다. 20대에 사랑하는 연인으로 만나 결혼을 하고 부부라는 이름으로 한 가정을 이루었다. 세월이 흘러 어느새 20대가 된 아이들. 중년이 된 남편과 내 머리에는 조금씩 시리가 내리고 있다.

공중파 방송에 「동치미」라는 프로그램이 있다. 시청자들의 답답한 속을 동치미처럼 시원하게 풀어주는 프로다. 여러 분야의 사람들이 출연하여 자신이 살아오면서 겪은 일들을 재밌고 솔직하게 털어놓는다. 이번 주 주제는 '하나뿐인 내 편'. 그들의 이야기를 듣다 보니 결론이 모두 똑같다. 함께할 때는 옆 사람의 소중함을 몰랐다고. 하지만 항상 그 자리를 지켜줄 것 같은 그 사람이 없을 때야 비로소 후회하게 된다고, 자꾸 못해 준 것만 생각나서 미안한 마음이 끝없이 밀려온다고 했다. 그래서 평범하고 일상적인 사소한 것들이지만 그것들을 놓치고 살지 말자는 내용으로 방송은 마무리되었다.

나와 남편도 마찬가지라는 생각이 들었다. 하루하루 반복되는 똑같은 일상 속에서 우리 부부는 점점 감정이 메말라가고 있었다. 어릴 때는 소풍을 가도 설레고 명절이 다가와도 설렜다. 시골 마당에 단풍이 빨갛게 물들고 감나무에 홍시가 익어갈 때쯤 변화하는 계절에도 마음이 설렜다. 그런데 젊었을 때 느꼈던 그 설렘이라는 감정을 잊고 산 지 너무 오래되었다. 아니 잃어버렸는지도 모르겠다. 그래서 더 늦기 전에 용기를 냈다. 마음속 깊이 먼지가 뽀얗게 쌓여 빛이 바랜 채 방치되어 있던 그 설렘을 찾아보기로 한 것이다.

시작의 처음은, 몇 년 전 내 생일날이었다. 갑작스럽게 남편과 함께 부산으로 여행을 가게 된 것이다. 남편은 느닷없는 부산 여행 제의를 흔쾌하게 받아주었다. 직장 생활하며 바쁘게 살다 보니, 여행을 떠나기란 좀처럼 쉽지 않았다. 부산은 한 번도 가 보지 못했다. 남편과 둘이서 떠나는 여행도 처음이었다. 1박 2일의 부산 여행은 짧았지만 오래도록 기억에 남을 만한 시간이었다. 너무 즐겁고 행복했다. 다시 연애하는 기분이 들었다. 어둠을 뚫고 집으로 오는 길, 어쩌면 인생이란 작은 행복을 찾아 웃는 이런 시간을 위해 살아가는 것이 아닐까 하는 생각이 들었다. 그 뒤로 매년, 남편과 나는 생일날은 하루 휴가를 내고 가까운 곳이라도 여행을 다녀오기로 약속했다. 그래야 서로 함께 한 여행이 기억되어 훗날 우리 둘에게 추억으로 공유할 수 있는 시간으로 남게 될 테니까 말이다.

반려자(伴侶者)는 영어로 better half다. 더 나은 내 반쪽이라는 의미다. '더 나은 내 반쪽'이라는 말은 오래된 말이다. 로마의 시인 호라티우스와 스타티우스는 작품에서 그 단어를 쓸 때 지금의 뜻처럼 부인이나 남편으로 뜻을 한정하지 않았다. 영혼의 반쪽 같은 가까운 친구를 그렇게 표현했다고 한다. 그러나 지금은 주로 남편이나 부인, 또는 결혼을 하지 않았더라도 인생을 함께하는 동반자를 그렇게 표현하고 있다.

반려자를 만나는 것은 무엇과도 견줄 수 없는 우주적 사건이다. 일생을 그대로 머물러 함께 가는 사람이다. 다만 함께 가되 상대를 내 것으로 붙잡아두지 않고 서로가 앞으로 잘 나아가도록 도와주는 존재여야 한다. 그것이 아름다운 삶, 아름다운 마무리로 가는 길이다.

남편의 반려자는 나다. 나의 반려자는 남편이다. 우리는 함께 살아가고 있다. 살면서 이혼을 꿈꿔보지 않는 부부가 있을까. 돋아 있던 젊은 날의 가시들은 어느새 다 무뎌져 버렸다. 신혼을 지나 중년의 시기를 함께하고 있는 우리. 혼자 살아온 날보다 함께 살아온 날이 훨씬 많은 우리. 노년으로 가는 시간들도 추억으로 기억될 수 있는 따뜻한 동행이기에 많은 이야기를 만들어 가고 싶다. 마음이 부자인 사람이 진짜 행복한 사람일 테니까 말이다.

당신은 나의 영원한 반려자. 당신을 사랑합니다.

> 당신은 내 반려자이고 나는 당신을 사랑합니다.
>
> 지금까지 그래왔듯이 당신은 자유롭게 어디든 갈 수 있지만, 그대로 머물러 있기를 바랍니다. 나는 내가 당신의 발전에 걸림돌이 되지 않았으면 합니다. 오히려 모든 가능한 방법으로 당신이 앞으로 나아가도록 돕고 싶습니다. 바로 그것이 우정의 참뜻이며, 나는 당신의 진정한 친구가 되기를 간절히 바라고 있습니다.
>
> – 헬렌 니어링『아름다운 삶, 사랑 그리고 마무리』중에서

히포크라테스 선서

최정란
2020. 3. 천료

"나는 양심과 위엄을 가지고 의료직을 수행한다." 의사가 되기 전 엄숙한 마음으로 인류 봉사를 다짐하며 하는 선서의 내용 일부이다. 의사는 선서하면서 약한 환자를 가엾이 여기고 사람을 사랑하는 마음을 깊이 새길 것이다. 이런 마음으로 환자를 돌보는 의사는 환자로부터 존경을 받고 스스로는 위엄을 지닌다.

5월 19일 오후 4시 20분에 일어난 사고는 내게 악몽이었다. 어머니 집의 뒤꼍 석축에서 자갈이 깔린 마당으로 떨어지며 나는 잠시 정신을 잃었었다. 수술하기 전 마취 상태처럼 몽롱한 몸을 겨우 일으켜 일어나 앉으려는데 왼쪽 손목이 너무나 아파 쳐다보니 손목이 틀어져 있었다. 순간 부러졌구나, 하는 생각에 병원을 가야겠기에 남동생에게 전화하니 안 받는다. '119를 부를까?' 잠시 생각하다가 다친 손이 왼손이라 오른손으로 운전을 해서 12km를 내려왔다.

집에 도착해 오기로 한 남동생을 기다리는 잠깐의 시간조차 무시무시한 통증에 몸을 떨었다. 남동생의 차를 타고 대로변을 따라 내려가다가 O.K정형외과란 병원을 찾아갔다. 그곳에 가서 이름을 대고 부러진 것 같다며 손목을 보여주고 접수했다. 차례를 기다리는데 잠시 후 간호사가 이름을 부르며 다가오더니, 골다공증 검사를 하자고 한다. "지금 골다공증 검사가 문제가 아니고 부러진 손목을 고쳐서 안 아프게 해 달라고요." 하니 "골다공증 때문에 그럴 수도 있어서요" 한다. "아픈 걸 먼저 해결해 주세요. 순서가 틀렸잖아요." 했더니 "아 네!" 하더니 저쪽으로 가 버렸다.

잠시 후 다른 간호사가 내 이름을 부르면서 오더니 또 골다공증 검사를 하자고 한다. 벌떡 일어나면서 "사람 죽이겠네."라며 일갈하고 그곳을 나왔다. 남동생의 차를 타고 길을 건너는데 '현대정형외과'란 간판이 보였다. 병원을 들어서며 손목을 보여주니 바로 엑스레이부터 찍었다. 손목이 그냥 부러진 게 아니라 산산조각이 났다며 내일 의뢰서를 써 줄 테니 대학병원으로 가서 수술하란다. "수술 안 하면 왼손은 영영 못 씁니다."라고 하더니 간호사를 불러 손목을 잡게 하고는 양 끝을 늘려 뼈를 맞춰주는데 통증이 대단했다. 반깁스를 하고서 집으로 돌아오는데 뼈를 맞춰만 주었을 뿐인데 통증이 반으로 줄었다.

다음 날 의뢰서를 들고 강대 병원을 가니 원무과 직원이 환자가 많아 오늘 진료가 될지 모르겠다기에 가슴이 철렁했다. 몇 시간을 기다려 진료를 보며 5일 후로 수술 날을 잡았다. 수술 후 회진을 온 의사가 손목이 너무 산산조각이 나서 맞추느라 힘들었다 하면서 혹시 골다공증이 있냐고 묻는다. 3년 전 어깨 통증으로 무척 고생했는데 그때 춘천의 여러 병원을 전전하다 서울에 있는 유명한 대학병원까지 갔었지만, 소용이 없었다. 그 무렵 지인이 O.K정형외과를 추천하길래 갔더니, 골다공증 검사를 하자며 만 65세 미만은 의료보험 적용이 안 되는데 괜찮냐 묻기에 아픈데 그게 대수냐며 그냥 했다. 그때 골다공증 수치가 -2.8이 나왔는데 이 나이에 이런 수치는 드물다고 하며 뼈 주사를 맞으라고 해서 맞았다.

골다공증에 대해 아는 게 없으니 도대체 그 수치가 어느 정도라는 것인지 알 수 없었다. 집에 돌아와 인터넷으로 공부하니 그 수치는 70대 후반의 수치였다. 그리고 몇 번 더 방문해 주사를 맞아도 통증이 안 나아서 삼성신경외과를 갔다. 거기서 어깨에 석회가 좀 있고 염증도 심하다 해서 주사를 맞다가 물어봤다. O.K에서 골다공증 수치가 높다고 했는데 그것도 어깨 통증과 관련이 있느냐고 물으니 의사가 고개를 갸웃하더니 "우리 병원 기계가 들여온 지 얼마 안 되었는데 한번 해 보실래요?" 하기에 거기서 또 했더니 골다공증 전 단계로 나왔다. 그래서 3개월에 한 번씩 주사를 맞으며 O.K를 안 갔더니 그 후 O.K에서 전화도 오고 문자도 왔지만 다신 안 갔다. 말을 끝내며 "어째서 병원마다 수치가 틀리는지요?" 물으니 "그럼, 여기서 한번 해 보실래요?" 하기에 내친김에 또 했다. 결과는 삼성과 같은 전 단계로 나왔다.

퇴원 후 지인을 만나 손목을 보여주며 이야기하다가 또 다른 나의 오류를 발견했다. 다치던 날 119를 부르지 않고 입술을 덜덜 떨며 자가운전으로 내려왔다는 내 말에 그 사람이 의아한 듯 나를 한참을 쳐다보았다. 그러더니 왜 사람이 그렇게 미련하냐며 119를 불렀으면 고통은 훨씬 덜했을 거라 말했다. 전문가들이 부목을 대서 일단 안전하게 이송했을 것이고 병원 측과 협의하여 도착 시 의료진이 기다렸다가 바로 필요한 처치를 해 주었을 거라 말했다.

생각해 보니 그랬다. 자가운전으로 내려오는 동안 고통스러워서 손목을 마구 움직였고 병원 두 군데를 거치면서 통증은 보태졌다. 다음 날 몇 시간을 기다려 겨우 진료를 보고 5일이나 기다렸다 수술했다. 슬픔도, 아픔도 참는 게 익숙했고 참는 게 다른 사람을 불편하지 않게 하는 것이란 구시대적 발상이 통증을 키웠고 회복을 더디게 했다. 때론 적당한 엄살도 필요한 것인데 자기 오판이 화를 키웠다. 몸도 마음도 아플 때는 아프다, 슬플 때는 슬프다, 표현하는 것이 나를 위하는 것이고 그렇게 하는 것이, 마음의 상처를 덜 받는다는 걸 아프면서 배웠다. 자기표현에 능한 사람이 대우도 받는다.

다친 지 두 달이 넘어 이제는 손목도 어느 정도 좋아졌다. 한 달에 한 번씩 병원을 가야 하고 1년 후 손목에 박힌 철심을 제거하는 수술을 해야 하지만 어느 정도 일상을 회복했다. 3년 전 어깨통증 때부터 뼈의 중요성을 절실히 느꼈었는데 이번에 다치면서 부러진 손목 사진을 보니 손목뼈가 텅 비어 있었다. 의사도 그 부분을 가리키며 텅 비어 있어서 콘크리트 시술을 했노라 설명했다. 이제부턴 뼈를 채우는 노력이 필요할 것이다. 과연 어느 병원을 찾아가야 양심적인 의사가 환자의 고통을 진정성 있게 위로하며 환자의 입장을 배려한 진료를 해줄까? 내가 정녕 그런 의사를 찾을 수는 있을까?

O.K정형외과는 진료비가 비싼 골다공증 검사를 남발하면서 연관되는 주사까지 맞기를 권했다. 환자가 부담하는 고액의 진료비에 눈이 어두워 환자를 자기의 돈벌이 도구로 취급한 것이다. 아무리 돈이 중하다 한들 산산이 조각 난 손목을 안고 들어온 환자를 응급으로 뼈를 맞추어서 고통을 줄여준 후 골다공증 검사를 하자고 해야 이치에 맞는 것이다. 오직 돈벌이에만 혈안이 되어 환자의 고통을 외면한 채 고액의 검사만 종용하는 병원과 그 병원의 의사를 의사라 말할 수 있을까? 이제 나는 그런 가짜 의사 말고 진짜 의사를 찾아 나서야 한다. 어딜 가야 진짜 의사를 만나 뼈를 채우고 건강을 회복할 수 있을까? 곰곰이 생각해 보아도 진정 알 수 없으니 지금 나는 참으로 막막하다.

차 한 잔

사혜나
2020. 4. 천료

라디오로 음악을 들으며 향기 진한 사과차를 끓인다. 차의 향이 사과꽃으로 피어나 찻잔을 잡은 손이 이파리처럼 보인다. 너무 가볍지도 무겁지도 않은 음악의 선율이 허공에서 너울댄다. 팀파니의 한 소절이 무거운 음으로 음악의 한 악절 위로 쿵하고 뛰어 내린 순간 상큼한 향의 사과 한 알이 또르르 내 앞으로 굴러와 멈춘다. 그리고 향긋한 차가 담긴 찻잔에서 따스한 온기가 전해진다.

친정아버지께서 크리스마스 날 아침 하늘색 도자기 잔에 따라 주시던 사과차가 떠올랐다. 그날 눈이 내리는 창밖은 고요했고, 체크 무늬의 붉은색 술이 달린 식탁에서 마셨던 시나몬 향의 차는 마법처럼 신비로웠다. 지금도 사과차는 눈송이처럼 생긴 동그란 과자 슈네발과 어울려 크리스마스 분위기를 고운 빛깔로 물들여 놓는다. 그 어느 때보다 나는 차 마시는 시간과 차의 향기 그 모두가 좋다. 그래서 눈이 내리는 날이면 차를 만들어 시나몬을 조금 뿌려서 마시곤 한다. 사과가 근사한 차로 탄생하는 순간

나는 행복한 여자가 된다. 외출에서 돌아와 밖에서 얼었던 몸이 사르르 녹으면 마음마저 온기로 가득해진다.

괴테는 언젠가 이렇게 말을 했다고 한다. "나는 항상 어른이지만 크리스마스가 되면 아이가 된다." 나도 그런 것 같다. 사과차를 좋아하는 내가 사과를 좋아하지 않을 리는 없다. 나는 곧잘 음식을 만들 때도 많은 부분 넣어 사용한다. 크리스마스가 되기 몇 주 전부터 크리스마스 장식을 걸고 사과파이를 굽는다. 아이들이 일을 찾아 모두 떠나 있어 크리스마스를 같이 보내지 못하는 때도 있지만, 사과파이가 오븐 속에서 익어갈 때의 냄새는 온 식구와 같이 있는 느낌이다.

차의 효능은 몸을 녹이는 것 뿐 아니라 위로와 위안으로 우리의 촉각에 바늘처럼 일어나는 감정을 잠재우기도 하는 것 같다. 남편과 사소한 일로 말다툼을 한 뒤 서로의 방에서 냉전을 벌이던 날이었다. 나는 주방으로 가서 아침에 끓여놓은 차 한 잔을 들고 창밖을 내다보며 마시는데, 사과의 달콤한 향과 온기가 어느 순간 연금술처럼 마음을 편안하게 녹이는 것을 느낄 수 있었다. 나는 남편에게도 예쁜 찻잔에 사과차를 따라 쟁반에 받쳐 들고 방으로 들어가 먼저 손을 내밀었다. 평소의 내 성격을 아는 남편은 의외의 행동에 미소로 나를 반기며 다시금 명랑한 일상으로 되돌아갔다.

카페에 앉아 팝송을 들으면서 카페모카를 조금씩 음미하며 마시는 것도 겨울이라는 계절에 마시는 차 한 잔의 풍경이다. 기다리던 친구가 문을 열고 들어서면 차 한 잔의 풍경은 행복하고 따사로운 풍경이 된다.

나는 계절에 상관없이 일상에서 차 마시는 것이 습관이 된 듯하다. 여름에는 주로 차가운 과일차를 음용하고, 겨울에는 따뜻한 차를 음용하는데 녹차, 홍차, 보이차 등으로 종류가 다양하다.

딸아이가 배낭여행을 다녀오면서 영국과 네덜란드에서 홍차와 티백으로 되어 있는 과일차를 사 온 적이 있다. 그것으로 나는 더 깊은 차의 맛과 색깔, 그리고 먼 곳으로부터 온 이국의 향취를 마시며 뭉클한 모녀의 정을 다시 한번 확인할 수 있었다.

어느 날 거리를 걸어가다 어느 상점 유리 너머의 다기들을 구경했다. 그곳에서 나는 청자의 다기 세트를 보았다. 푸른색 쟁반에 작은 잔과 찻주전자의 조화가 아름다웠다. 그 다기 세트를 보니 언젠가 작은 행사에 참석했던 날이 떠올랐다. 그날 나는 설명을 들으며 시연하는 사람들의 모습을 유심히 보았다. 나는 다관을 갖추어 녹차의 향과 색을 음미하면서 마시고 싶다는 마음이 들었다. 나는 상점으로 들어가 찻잔과 찻주전자를 들어보기도 하면서 차를 제대로 마시려면 때로는 다구도 필요하다는 것을 알게 되었다. 다구에는 물주전자, 찻주전자, 차호, 귀때그릇, 개수그릇, 찻잔과 찻잔받침, 차시, 차행주, 주전자받침, 찻상 등이 있었다.

달력을 보고 입추가 지나갔다는 사실을 알았다. 아직은 더위가 채 가시지는 않았지만 가끔은 살에 닿는 바람의 느낌에서 서서히 가을이 다가오고 있다는 느낌을 받기도 한다. 나는 다구를 구입하여 가을과 겨울을 따뜻한 시간으로 바꾸어 볼 계획을 세워 본다. 그러기 위해서 본격적인 차의 예법에 대한 것들을 숙지도 해 볼 참이다.

나의 어린 시절 눈이 많이 내리던 날 마시던 향긋하고 따뜻한 차처럼, 녹차의 은은한 색처럼 나의 일상도 곱게 물들이고 싶다.

6학년 6반의 신중년

나 종 경
2020. 5. 천료

주말마다 광주에서 순천 가는 고속버스를 탄다. 코로나 이후에는 좌석 배치가 세 줄로 되어 있는 28인승 우등고속을 탄다. 한 줄 좌석을 잡기 위해서다. 버스도 기차처럼 모바일로 예매하고 발권까지 하기 때문에 편리하다. 사람과의 접촉을 피해서 좋고 불필요한 절차를 건너뛰어서 편하다. 이날도 여느 때와 마찬가지로 일찍 버스에 올라탔다. 날씨가 무더울 때는 에어컨을 빵빵(?)하게 틀어놓은, 시원한 버스에 탑승해서 기다리는 것이 피서의 한 방법이다. 내 자리는 언제나 12번, 독립된 1인 좌석이다. 미리 예매를 하니 가능하다. 왼쪽에는 60대 남성이 두 줄 좌석의 창쪽에 앉아 있다. 내가 두 번째로 탑승하고 뒤이어 20대 후반으로 보이는 청년이 들어왔다.

"어! 거기 제 자린데요."

청년이 자기 자리에 앉아 있는 60대 남성을 보고 당황해한다.

"아무 데나 앉어~. 자리 많은데 뭐."

청년은 쭈뼛쭈뼛하다가, 원래 남성의 자리가 바로 옆 좌석이라는 것을 확인하고 내측 남성의 옆에 앉았다. 창쪽에 앉으려고 미리 예매를 했을 텐데 졸지에 자리를 빼앗긴 꼴이다. 별 방법이 없었다. 따져서 자기 자리를 차지하거나 포기하고 남성의 자리에 앉는 수밖에 없다. 청년은 쉽게 상황을 받아들였다. 지켜보는 내가 미안한 마음이 들었다. 본인이 받아들이는데 섣불리 나섰다가 일을 키울 수도 있다는 생각에 모른 척했다.

"여수 가는 차를 놓쳐서 순천 가는 차를 탔는디~ 자리가 많네."

남성은 물어보지도 않는데 혼잣말을 큰소리로 내뱉었다. 전혀 미안해하는 기색이 없다. 가장 먼저 탑승해서 자리가 많이 비었다 생각하고, 자기방식대로 결정해서 알리는 방식이었다. 터미널에 가는 도중에 예매하기도 하고, 거리두기가 풀린 요즘은 거의 만차가 돼서 출발하는 분위기를 모르는 것 같았다.

차가 어떻고, 날씨가 어떻고, 코로나가 어떻고…. 남성은 주변을 전혀 의식하지 않고 말을 이어갔다. 자신의 말을 옆에 앉은 청년이 공감한다고 생각하는 것일까. 옆에 앉은 청년은 고개를 반대쪽으로 돌리고 있다. 급기야 어디론가 전화를 걸더니 20여 분 동안 사적인 대화까지 이어갔다. 좌석이 거의 차서 다들 듣고 있어야 했다. 귀도 입처럼 닫을 수 있으면 좋겠다는 생각이 들었다. 이런 일이 어쩌다 한 번 일어날 것 같지만 그렇지 않다. 때로는 아주머니가, 때로는 아저씨가, 젊은 친구들끼리 자기만의 공간처럼 사적 대화를 하는 경우를 너무 자주 본다. 주말마다 버스를 이용하면서 받는 제일 큰 스트레스다.

60대 남성의 그런 행동이 예사롭게 보이지 않은 것은, 같은 연배의 동병상련일까. 나이 들어 존중받지는 못할망정 손가락질 당하지는 말아야겠다는 생각이 든다. 나만의 세상보다는 함께 하는 세상이 더 가치 있다는 것을 체험한 '노인' 아닌가. 하지만 6학년 6반(66세)의 노인은 어색하다. 노인복지법은 65세 이상의 연령을 노인으로 규정하고 있다. 만 65세가 되면 노인으로서의 여러 가지 혜택이 주어진다. 보편적 복지혜택으로 기초연금도 받는다. 지하철 이용료가 무료이고 KTX나 새마을호 무궁화호는 30% 할인이 적용된다. 일부 항공요금과 여객선 운임도 10~20% 할인된다. 의료비나 통신비 지원 혜택도 주어진다. 고궁이나 박물관 기타 공공기관에서 운영하는 시설에는 대부분 입장료가 할인된다. 노인으로서 변화를 체감할 수 있다.

현실에서 60대를 노인이라고 하기에는 나부터 인정하기 어렵다. 평균수명이 늘어나면서 이미 100세 시대 아닌가. UN이 발표한 새로운 연령 기준은 0~17세는 미성년, 18~65세는 청년, 66~79세는 중년, 80~99세는 노인, 100세 이상은 장수노인이다. 이 기준으로 보면 나는 중년이다. 정부는 50~69세까지를 신중년으로 구분해 정책을 펼치고 있다. 50세 전후에 퇴직한 사람들이 은퇴로 인해 고령자나 노인 취급당하지 않고 활력있는 생활인이 되도록 한다는 것이다. 이 연령대는 전체 인구의 30%를 차지하고 있다. 2026년에는 32.3%로 3명 중 1명이 신중년이 된다.

이들의 삶이 사회문화와 국가의 건강성에 미치는 영향은 결코 적지 않을 것이다. 신중년이라는 단어 역시 60대 중반인 나에게도 생소하고 낯설다. 노인이라고 하기는 그렇고, 법으로 규정된 고령자는 더욱 아니다. 어떻게 살아야 할까. 나이 들면서 버스의 그 남성처럼, '꼰대'가 되지 말아야 될 이유가 여기에 있다. 사고방식에서, 행동양식에서, 사회변화에서, 혁신 마인드에서, 표현방식에서, 휴대폰이나 컴퓨터 사용에서, '고령자=꼰대'라는 프레임에 나도 모르게 빠지는 일은 없도록 살아야 할 텐데.

도투말의 아버지

임혜순
2020. 6. 천료

우리 아버지는 육 남매 중 둘째로 1910년에 태어나셨다. 삼성 이병철 회장과 동갑이시다. 아버지의 고향이 바로 낙동강 지류인 반변천을 끼고 있는 산동네이다.

깊은 산골은 아니지만 넓은 들이 없고 몟골 논다랑이의 천수답과 밭떼기로 일 년 양식이 빠듯한 빈농가들이 모두 애옥한 삶을 살고 있었으나 인심만은 진더웠다. 바로 여기가 예천 임씨 집성촌 도투말이다.

어느 날 아버지께 왜 마을 이름이 도투말이지요? 물었더니 본디는 '돝'은 돼지, '두'는 머리란 뜻으로 돼지머리 모양으로 생긴 마을이어서 돝두마을이었는데 사람들이 모두 베틀에 올리는 도투말로 생각하고 그렇게 불렀다고 하셨다.

아버지께선 유일하게 도투말에서 보통학교를 나오신 분이다. 학교에서 우등상으로 책을 받아오시면 할아버지께선 대뜸 호통을 치셨다고 한다. "돈도 없는데 웬 책은 또 가져 왔느냐?"고. "아베요 이 책은 돈 주고 산 게 아이시더 상으로 받아 왔니더" 하면

할아버지께서는 "니도 인젠 학교 그만두고 집안일을 거들어라. 꼴도 베고 밭도 매야지, 앞집 니 육촌은 밥술이나 먹는 집인데도 학교 그만두었는데 니도 그만둬라" 하셨단다.

그런 구박 속에서 월사금도 제때 못 내면서 시오리길을 책보를 허리에 메고 산 넘고 물 건너 고생고생 끝에 안동보통학교를 졸업하셨다.

그리곤 곧장 읍내의 유명한 한약방에 취직하여 일을 하시면서 틈틈이 의서를 읽고 한방 공부를 시작하셨고 피나는 노력 끝에 약종상 시험에 합격하여 자격증을 취득하셨다. 그러다 보니 결혼 시기를 놓치고 이십삼 세의 노총각이 되고 말았다. 사촌 육촌 동생들은 모두 십육칠 세에 결혼을 했는데 우리 아버지는 이십삼 세의 노총각으로 제수씨들 보기에 민망하여 처신이 곤란했다. 그러나 멧골 처녀에게 장가들 생각은 없었다고 한다. 아버지는 키가 헌칠하고 인물이 좋으셨다. 말하자면 신언서판이 하나 나무랄 데가 없었다. 마침 그때 노처녀인 우리 엄마와 약국 어른의 중매로 혼인이 이루어지게 되었다.

외할아버지가 일찍 계명하여 신학문을 하시고 여자도 교육을 받아야 한다며 보통학교를 보내셨다. 학교를 졸업하고 웃 학교를 가느냐, 마느냐 하다 그만 이십 세의 노처녀가 되고 말았다. 엄마는 아버지 얼굴도 한 번 못 보고 결혼이 결정되었으니 얼마나 답답하고 궁금했을까? 초례를 치르는 날 온 집안 대소가가 웅성거리는데 대문을 들어서는 신랑을 보고 모두 이구동성으로 "아이고 신랑이 인물도 참 좋다." 여기저기서 감탄하는 소리가 엄마 귀에 들려오나 고개를 들고 쳐다볼 수가 없어 예를 치른 밤 촛불 아래에서 가만히 고개를 들어 보았다고 하셨다. 우리 어머니의 버전, "얘야, 너 아부지를 처음 보고 나니 온갖 근심이 다 사라지더라." 그 얼굴 속에 아버지의 인품이 확 드러난 것이다.

막상 도투말로 신행을 오니 찢어지게 가난한 집안이라 상객으로 오신 우리 외할아버지는 하도 기가 막혀 건넛방에 앉아 고개를 들고 시커멓게 그을린 천장만 쳐다보고 눈물을 삼키셨다고 했다.

외할아버지는 의성 김 씨 학봉 선생의 자손으로 꼿꼿한 기개를 가지신 양반이셨다. 이 장인어른의 모습을 지켜본 아버지는 안절부절하면서 외할아버지 기색만 살피셨다고 한다. 얼마나 마음을 졸였을까?

결혼 후 어머니께선 낫 놓고 'ㄱ' 자도 모르는 시동생뻘들을 밤에 모아 놓고 호롱불 밑에서 한글을 가르치기 시작했다. 일어도 가르쳤다. 우리 어머니는 도투말에서 아버지 다음으로 존경을 받는 분이 되셨다. 그렇게 가난한 집에 시집을 왔어도 아버지 한 분을 쳐다보고 역경을 이기셨다. 보릿고개쯤에는 양식이 떨어져 시래기죽을 먹어도 그렇게 맛이 있었고, 모처럼 국수를 하면 물을 한 솥 부어서 삶은 다음 버지게(넓은 옹기그릇)에 퍼서 시렁 밑에 두었다가 부르면 그 많은 식구에 어른부터 차례로 드리고 나면 나중엔 멀건 국물에 나물 이파리만 몇 개 둥둥 뜨는데 어머니는 그것도 맛이 있었다고 한다. "아이구 얄궂어라! 새댁이가 양반댁에서 왔다고 하면서 걸신들린 것처럼 눈치 없이 퍼먹는다."고 흉을 보더라 했다.

아버지 어머니가 읍내로 새살림을 나고 나는 안동 읍에서 태어났다.

내가 초등학교 이 학년 때 아버지께서 읍내에서 한약방을 차리셨다. 누렇게 찌든 의서를 정리할 때 거기 옛날 아버지가 학교 다닐 때의 학습물이 나왔다. 통신부를 보니 국어 열점, 산술 열점, 잇과 열점, 미술 여덟 점, 체조 일곱 점이었다. "아버지 체조가 왜 일곱 점이어요?" "얘야 아침에 멀건 조당수(좁쌀 죽) 한 그릇을 먹고 시오리를 뛰어 학교를 가면 배는 다 꺼지고 허기가 저서 체조 시간에 잘할 수가 없었단다."

나는 눈시울이 뜨끈해졌다. 가엾은 울 아부지! 아버지께선 그 지긋지긋한 가난 속에서 온갖 고생을 다 했지만 부모님께는 효를 다 하셨고 도투말의 대소사와 연사간의 일들을 모두 보살펴서 도투말의 기둥이라고 했다.

많은 세월이 흘렀다. 그리운 도투말! 자애로운 아버님의 얼굴!

노자와 치에의 소설인 『오래된 집 무너지는 거리』처럼 이제는 모두 빈집들이다. 우리 아버지가 약 업을 하셔서 그런지 친손 외손들 중에는 의사가 많다. 아버지가 아신다면 얼마나 기뻐하실까?

인내와 기쁨, 그리고 성장

이다경
2020. 9. 천료

순간순간이 오늘도 참 소중하고 귀하게 다가온다.

나와 남편은 어느새 초등학생 학부모가 되어있었고, 마냥 누워 겨우 뒤집기를 하던 그 아이는 어느덧 초등학교 1학년이 되었다.

우리 가족은 서로가 바쁘지만, 최대한 함께 시간을 보내려고 노력한다.

남편은 퇴근하면 꼭 나와 대화하고 싶어 하고, 나는 아침에 일어나면 남편과 일찍 대화하며 아침을 맞이하고 싶어 한다. 그러나 안타깝게도 나는 아침형 유형에 속하고 남편은 저녁형 유형에 속한다.

그래서 밤에 내가 일찍 잠이 들어 늦게 퇴근하는 남편과 이야기 나누지 못한 날은 가족들에게 귀여운 핀잔을 듣는다. 딸은 유독 엄마와 아빠가 함께 시간을 보내며 노는 것을 좋아하기에 더욱 그 모습을 기대하기도 한다.

그런 우리 부부에게 올해는 여러 기회가 생겼다.

우선 함께 교회에서 교구장을 맡게 되었고, 또 각자의 일터에서도 나름 바쁘게 하루하루를 보내고 있다.

그러한 과정에서 우리는 인내와 한걸음 성장이 필요했다. 그리고 우리는 삶의 모습에서나 인간관계에 있어서나 업그레이드가 되어야 함을 느꼈다.

그러한 자리에 있으면서 사람을 품고 가정을 품고, 더 많이 이해하려고 노력해야 했고 나의 조금은 소극적인 인간관계는 한 발 더 다가가는 적극적 자세로 변해야만 했다.

쉽지 않았고 지금도 계속 성장해 가는 중이지만, 변해가는 내 모습에 난 감사할 뿐이다.

벌써 올해도 반이 넘어갔다. 다른 해 같았으면, 나는 자격증 시험공부를 하기 위해 계획하고, 스펙과 나의 사적인 생활에만 집중했을 수도 있다. 하지만 올해는 다르다. 사랑을 통한 사람의 열매를 기쁘게 맺어가고 있는 중이다.

오늘도 그래서 변함없이, 우리 부부가 맡고 있는 공동체의 새로운 가정들 명단을 정리하고 그 귀함을 느끼면서 한 명 한 명 모니터에 써 내려갔다. 나의 이러한 변화가 난 아직도 신기할 따름이다. 물론 어려움도 있었고 시행착오도 있었지만, 그 흔들림 속에서마저도 난 기쁨과 감사를 찾는 방법을 터득해가고 있으니 말이다.

가끔 내 주변 지인들은, "다경아, 올해 너무 애쓰고 많은 것을 맡았으니 내년에는 조금 편하게 지내렴." 이렇게 말하기도 한다. 사실 이 말도 틀린 말은 아니다. 연락해야 할 사람들이 많다 보니 핸드폰을 사용하는 시간이 많이 늘었다. 그래서 가끔 배터리가 방전되면 오히려 마음이 편하기도 한 것이 어느 정도 솔직한 심정이다.

그런데 더욱 놀라운 것은 나의 일들은 서로가 서로에게 시너지 효과를 주고 있었다. 어느 하나 소홀해지고 싶지 않은 적잖은 욕심도 생겼고 말이다. 무리하지는 않지만, 내가 나의 한계선을 긋고 싶지는 않다.

이렇게 변화해가는 2022년이라는 시간을 훗날 회상하게 된다면, 난

참 뿌듯하고 행복할 것 같다. 열심도, 열정도 몸과 마음이 건강해야 할 수 있는 것이다. 내가 자신할 수는 없지만, 그래도 이만큼 많은 일들을 차근히 해 나갈 수 있는 마음과 건강이 주어짐에, 난 더욱 노력하고 한 발 한 발 디디며 해결해 갈 것이다.

이 밖에도 아직도 나의 마음속에는 하고 싶은 일, 해야 할 일들이 많이 있다.

그래도 과유불급(過猶不及)은 하지 않겠다고 늘 다짐하고 있다.

어떠한 일을 해 나가다 보면, 늘 플러스 마이너스가 있기 마련이다. 즉, 기회비용이 있다는 말이다.

그렇기에 인내할 부분이 생기기도 하고, 또 그로 인해 얻는 기쁨은 오히려 배가 되기도 한다. 그러한 시간을 거치면서 우리는 흔히 '성장했다, 성숙했다'고 말한다.

오늘도 난 새로운 기분으로 기분 좋게 새 아침을 맞이한다.

내 곁에 어떠한 일들로, 어떠한 소중한 사람들로 하루가 채워질지 설레고 기대된다.

인내할 일이 생기고, 해야 할 일들이 눈앞에 많이 보이더라도, 선한 영향력으로 오늘이라는 시간을, 기쁨의 열매를 많이 맺는 멋진 하루로 만들어 보자. 파이팅!

존재감에 대하여

안 훈
2020. 10. 천료

아들에게는 딸이 둘 있다.

금년 9세, 6세 된 어여쁜 아이들이다.

늦게 결혼하여 3년 터울 딸을 둘 두었으니 아들의 기꺼움이야 하늘 높은 줄 모른다. 나 역시 마찬가지다.

큰손녀에 대한 사랑이 막강하다 보니 둘째가 태어났을 때 큰손녀 아이가 혹여라도 사랑이 나뉘는 것 때문에 상처를 받을까 저어하여 그 애 앞에서 작은애를 예뻐라 하는 것을 극도로 자제했다.

그런데 그 작은애가 두 살 되면서부터 설 때만 잠깐씩 와서 보는 할아버지 할머니한테 무시로 자신의 존재감을 똑 부러지게 인식시키는 것 아닌가. '나도 있다' 혹은 '나 있다'는 식의 무언의 행동들을 보면서 우리 내외는 그 아이의 존재감을 은밀하게 인정해주곤 했다.

결혼하면서부터 시어머님을 모시고 살았다. 30년이다. 그 30년의 가족 관계가 아무리 노력을 해도 쉽기만 했겠는가.

나의 친정어머님은 살림에 문외한인 딸을 배려해 자신이 데리고 있던 가사 도우미를 설득, 나의 결혼과 더불어 나의 집 가사를 돕도록 해 주셨다. 내가 가사에 미숙한 까닭에 혹여라도 시어머님이 가사를 맡게 되는 볼썽없는 일을 예방하기 위함이었다.

시어머님은 이화여전 자수과 출신, 친정어머니는 경성사범(현 서울 사범대) 출신이다. 교육을 충분히 받은 분들이란 얘기다. 그러니까 사리 분별력의 기본은 갖추신 분들이란 뜻이다.

고부 관계에 있어 시모의 높은 학력이 때로는 탈이 되는 경우가 종종 있다. 아파트가 아닌 주택에서 살 때 바로 담 하나 사이 둔 이웃집이 시인 강민 씨 집이었는데 우리와 같은 가족 구성이어서 아주 가까이 지낸 일이 있었다. 그 댁 어른은 교육을 전혀 받지 않은 분이었다. 그분은 손자 손녀 며느리에게 대체로 수수무탈한 분이었다. 우리의 경우는 손자 손녀의 육아, 교육 문제에선 서로 의견이 엇갈려 더러 부딪히곤 했다.

여의도와 강남에 살 때 두 번 다 모두 1층이었는데 나의 시어머님은 라인 28세대의 E여대 출신 주부들의 선배분으로 깍듯이 대접 받았다. 이른바 교분을 통해 존재감을 드러내신 것 아닌가 생각된다.(당시 나는 출퇴근을 하는 관계로 같은 아파트, 같은 라인이라 해도 누가 사는지조차 모르는 처지였다)

존재감…

무릇 사람은 누구나 존재감으로 살고 있다.

나는 누구인가. 무얼 하는 사람인가.

인간의 역사는 엄밀히 말하면 거기서부터 시작한다 해도 틀린 말은 아닐 것이다. 역사를 만들어 온 수많은 걸출한 인물들도 밝히고 보면 결국 그 자신의 존재감으로부터 그 모든 것들을 이루어 냈고 그것이 하나의 실록으로 인류의 대역사를 만들어 온 것 아닌가.

인간의 욕구가 다양한 만큼 그 존재감의 결과물 또한 복잡, 미묘, 다기하여 오늘날의 굉대(宏大)한 문명사회를 만들어 가고 있는 것이라 할 때 존재감이야말로 인간이 살아가는 가장 큰 원동력이 아닌가 싶다.

만일 사람에게 나면서부터 개인을 인정하는 이름을 주지 않고 무명(無名)으로 살게 했다면 오늘날에 이르는 인류 역사가 과연 이루어졌을지 되짚어볼 만한 일일 것이다.

하나님의 점지(?)로 세상에 뚝 떨어진 그 날부터 어린 날은 누구의 자녀라는 존재감으로, 그다음은 그 자신이 무얼 하는 사람인가로, 죽음을 맞는 순간까지 그 누구도 아닌 자신이 누구인가를 인식하는 존재감을 껴안고 씨름하며 눈을 감는 것이 바로 인간의 삶이 아닌가.

존재감, 인간이 갖고 있는 이 존재감이 막강한 역사를 만들고 위대한 예술문화를 탄생케 하고 막강한 과학을 도출, 오늘의 4차 산업, 혹은 5G 시대를 이끌어 낸 것 아닌지? 까닭에 이로 인한 분쟁 또한 만만치 않게 일어난다. 사람 사는 세상에서 첩첩이 일어나는 모든 분쟁과 갈등의 근저에는 바로 이 존재감이 원인으로 지목된다고도 볼 수 있다.

크게는 국가와 국가 관계, 사회와 사회, 가정과 가정, 개인 대 개인에 이르는 모든 관계 속에서 빈발하는 수없는 갈등들. 그것들은 결국 존재감의 갈등으로 압축해볼 수 있다는 얘기다.

그리고 그것은 바로 '나는 누구인가'로 귀결되는 것… 그렇다.

나는 누구인가?

인간은 나면서부터 이 원초적 질문에 부대끼고 시달리는 것 아닌가.

아주 어린 날, 초등학교 2년 때부터인가, 나는 문득 이 질문이 떠올라 괴롭기 시작했다.

한밤에 공부를 하려고 책상 앞에 앉아 있노라면 끊임없이 떠오르는 생각이 '나는 누구인가'라는 원초적 질문이었다.

존재감, 그때로부터 나를 괴롭히는 명제는 언제나 존재감의 문제였다.

학교를 다니던 때는 학생이라는 입장에서 공부를 잘하면 되는 것으로, PD, 그리고 기자로 한창 열나게 뛸 때는 일을 잘하는 것으로 존재감을 채웠다.

또 가정에서는 누구누구의 엄마로, 며느리로, 아내로 존재감이 부각되었지만 그것은 너무 힘들고 아파서 완벽하고자 하면 할수록 부실하기 그지없었다.

그러나 그때까지는 그 '모든 것'들이 '나'를 절실히 원했기 때문에 그런대로 몫을 해내었으나 나이가 들면서 그 '모든 것'들이 나에게서 떠나고 '나'만 덩그마니 남은 때로부터 '나'의 존재감은 끊임없이 흔들리기 시작했다.

나는 누구인가.

체코의 작가 밀란 쿤데라의 소설에 『참을 수 없는 존재의 가벼움』이라는 것이 있다. 1980년대 소설 '베스트 10'에 꼽히었던 이 소설은 자유로움을 추구하는 외과의사 토마시, 그를 사랑하는 여종업원 출신의 테레사, 화가 사비나와 그녀의 애인 프란츠 등 4명의 남녀가 격동기의 프라하를 배경으로 펼치는 사랑과 삶을 통해 인간 존재가 '참을 수 없는 가벼운 존재'인 것을 깨닫게 한다.

삶의 무게와 획일성에서 벗어나고자 하는 철학적 담론을 가벼움과 무거움이라는 이분법적 조명으로 추구한 이 작품이 최근 다시 떠오른 것은 아마도 제목에서 던지는 메시지 때문이 아닐까.

아니면 최근 들어 끊임없이 흔들리는 나의 존재감 때문인지도 모른다.

설령 내게 주어진, 혹은 부과된 삶을 열심히 살았다한들 지금 그것들은 모두 비산되어 흔적하고 있지 않다.

밀란 쿤데라는 외과의사 토마시가 다시는 메스를 쥘 수 없는 정도로 손가락이 굳어버린, 막다른 곳에 이르러 '그런데 어디로 가지'로 시련의 끝을 보인다.

지금 나는 수없이 묻는다.

나는 누구인가.

무엇을 했던 것인가.

살아가는 목적

박찬승
2020. 11. 천료

하지가 갓 지났을 뿐인데 그새 열대야가 시작되었다. 장마철인데다 날씨가 덥다 보니 밤잠을 설치기 일쑤다. 열기를 듬뿍 담은 공기는 대지 위의 모든 생명체에 속속들이 스며들었다. 오전부터 전국이 불가마가 된 느낌이다. 하늘은 가끔 빗줄기를 내려 열기를 식혀 보지만, 그마저 대기와 같은 편이 되었다. 어저께 등산 중 산중턱을 오르던 중년의 낯선 여성이 가쁜 숨을 몰아쉬면서 뱉은 말이 생각난다. "아이구야, 건강해지려다 돌아가시겄네."

오늘도 새벽에 창가를 때리는 빗소리에 잠을 깼다. 시계를 보니 아직 일어나기에는 좀 이른 시간. 조용히 라디오를 켰다. 종교방송으로 사람이 사는 목적에 대해 어느 목사님이 설교를 하고 있었다. "사람이 사는 목적은 하나님께 영광을 돌리기 위한 것이다." 귀가 솔깃했다. 계속 설교를 듣다보니, 어느덧 날이 밝았다. 오던 비도 그치고 밖은 조용해졌지만, 내 머릿속은 라디오에서 들었던 '사는 목적'에 대한 생각으로 모든 기능이 멈춰 버렸다. 종교인은 그렇다손 치더라도 일반인들은 어떻게 생각할까?

허공에 질문을 던져놓고 생각하니, 머릿속에 무언가 맴돌기는 하는데 선뜻 말하기가 어렵다. 어렸을 때 친구들끼리 나눴던 말이 생각난다. 바보스런 짓을 하는 친구에게 "너 왜 사니?" 하고 놀려댔었다. 그러고는 서로 웃었다. 더 이상 할 말이 없었기 때문이다.

아침에 뉴스를 보니, 안타까운 소식이 전해진다. 제주도에 한 달간 체험학습을 떠난다던 어린이가 완도 앞바다에서 부모와 함께 불행한 소식으로 전해진다. 부모가 경제적 어려움을 겪으면서 10살 된 어린 딸을 데리고 극단적인 선택을 한 것이다. 그래도 되는 것인가? 가슴 한 구석이 먹먹해진다. 자녀의 생명이 부모의 소유물이 아닌데, 경제적 어려움이 그들의 모든 삶을 삼켜버렸다.

아침 일찍 대형마트 앞에 많은 사람들이 줄을 서고 있다. 마트가 개장을 하려면 3시간도 더 남았는데 그늘을 찾아 줄이 만들어져 있다. 무언가 선착순 판매를 하는가 보다. 기다리는 줄에는 아이들도 많은 것으로 보아 어린이 관련 행사인 것 같다. 저렇게 오랜 시간 기다렸다가 마침내 물건을 손에 넣는 순간, 저들은 하루를 시작하는 삶에 희열을 느낄 것 같다.

길을 나선다. 왕복 6차선 도로를 꽉 메운 각종 차량이 물 흐르듯이 어딘가를 향해 끊임없이 흘러가고 있다. 목적지에 다다르면 용무를 마치고 또 다른 목적지를 향해 달릴 것이다. 우리네 인생도 차량의 물결처럼 저렇게 어딘가로 흘러가고 있는 것은 아닌지….

금요장터로 발길을 돌린다. 2차선 도로의 한쪽 편 보도블록 위에 끝이 보이지 않을 정도로 부스를 설치하고 물건을 판다. 주민들이 풋풋한 시골 냄새를 맡으며 신선한 과일이며 야채, 생선 등 먹거리를 둘러본다. 우리가 살아가는 데 필요한 모든 물건이 풍성하게 진열되어 있다. 돼지국밥을 파는 아저씨가 오가는 사람들을 힐끗 쳐다보지만, 어느

새 네 개의 가마솥에서 뿜어내는 뿌연 수증기에 얼굴이 묻혀버렸다.

맛 좋은 과일 판매로 정평이 난 과일 부스 사장님의 눈과 손이 바쁘다. 옆의 양말 부스 사장님은 앞의 나무그늘 밑 낚시의자에 앉아 졸고 있다. 한여름의 열기를 온몸으로 감내하며 하루를 고단하게 살아가는 이들에게서 삶의 한 단면을 보는 것 같다. 어쩌면 굵은 땀방울을 닦아가며 치열한 삶을 이겨내는 이들이, 진정 인간이 살아가는 목적을 보여주는 것은 아닐까?

우리는 살아가면서 무엇을 이루려하는가? 뜬금없는 질문을 받으면 사람마다 다른 답을 하게 될 것이다. 어떤 스포츠맨은 올림픽에서 금메달을 목표로 고된 훈련을 이겨낸다 할 것이고, 어떤 예술인은 세계 최고의 걸작을 남기기 위해 혼신의 힘을 기울인다고 말할 것이다. 어떤 이는 돈을 벌어 부자가 되기 위해 일한다고 할 것이고, 청소년은 미래의 훌륭한 사람이 되기 위해 오늘도 열심히 공부한다고 말할 것이나. 정이 많은 노부모는 자식들 잘되는 것을 보기 위해서 신다고 말할 것이고, 남을 위하는 마음이 강한 어떤 이는 오늘도 봉사하며 기쁨과 보람으로 산다고 말할 것이다. 이 모두가 훌륭한 일을 하면서 기쁨과 만족을 얻고 행복을 추구하는 방도(方道)일 것이다.

한편, 경쟁심이 강한 어떤 사람은 오늘도 남에게 뒤지지 않기 위해 뼈 빠지게 일한다 할 것이고, 힘들게 살아가는 어떤 이는 죽지 못해 산다고 말할지도 모른다.

사람마다 사는 목적을 달리해도 그것은 하나의 수단과 과정의 차이일 뿐, 인간의 근원적인 삶의 목적은 되지 못한다. 영국의 역사학자 아놀드 J. 토인비 교수는 사람이 사는 목적은 "사랑하고 예지를 활용하며 창조해 가는 것"이라 했다. 자기 자신을 잊고 다른 사람, 다른 생명체, 우주, 우주의 배후에 있는 것을 사랑해야 한다는 것이다. 또한 의식적인 이성(理性)에 입각한 생각과 마음으로 사물의 이치를 깨닫고 판단하는 능력을 키워야 하며, 불완전한 우주를 좋은 방향으로 바꾸도록 끊임없이 창조해야 한다는 것이다.

작은 성공의 경험을 수없이 누적시켜야 큰 성공을 얻는 것처럼, 우리 인생도 하루하루의 눈물과 땀방울, 보람이 어우러져 한 사람의 인생을 결정짓는다. 그런 점에서 사람이 살아가는 목적은 늘 밝고 건강한 마음으로 주위와 타협하며, 소질에 맞는 일을 찾아 성실하게 살면 되지 않을까? 그리하면 신념이 만들어지고, 삶의 방향이 설정되어, 인간의 근원적인 삶의 목적인 행복이 추구될 것으로 생각된다.

세상에 가장 친절한 언어

신영애
2020. 12. 천료

인상이 참 좋아 보이시네요. 사람을 편하게 하는 면이 있으신 듯해요. 늘 웃는 모습이신 게 살아온 세월이 행복이었나 봐요.

최근 10년 사이에 사람들을 만나면서 가장 많이 들었던 말이다. 우리 속담에 "웃는 얼굴에 침 못 뱉는다"는 말이 있다. 환하게 웃는 얼굴을 보면 상대방까지 기분이 좋아진다. 왠지 모든 일이 즐겁고 좋은 방향으로 흘러갈 것만 같은 생각이 든다. 웃는 얼굴은 빙그레 웃는 모습이든 목젖이 보이도록 호탕하게 웃는 모습이든 상대방도 미소를 짓게 하는 전염성이 있다. 미소는 경계를 부드럽게 하고 상대방에게 호의적이게도 한다. 그런 미소에 적대감을 드러내놓고 대하기는 쉽지 않다. 특히 어린아이의 천진난만한 웃음 속에는 세상의 시기와 질투 따위는 아직 전염되지 않은 깨끗함이 느껴진다. 이럴 때는 그저 감사하고 경외감마저 든다. 부디 저 따뜻한 미소로 계속 살아갈 수 있기를. 그 순수함을 잃지 말기를.

나는 어떤 누구를 대하든 얼굴을 마주하게 되면 늘 웃음 띤 미소를 보낸다. 그러다 보니 예쁘다는 말보다 아름답다거나 인상이 좋아 보인다는 말을 많이 듣는다. 서비스업에 종사하다 보니 그렇다고 하기에는 이유가 너무 진부하다. 그렇다고 나에게 매일 햇살 가득한 날만 있었을까. 어느 인생의 길목에서 삶에 된서리를 맞았던 적도 있다. 그러나 낙천적이고 긍정적인 성격은 다행히 삶의 상처조차 오래 머무르게 하지 않았다.

"넌 웃을 때가 제일 예뻐"라고 말해준 가족과 친구들의 말 한마디가 나에게 몇 배의 행복을 가져왔다. 두 아이를 키우면서 맞벌이를 하다 보니 주변에 도움을 받을 일이 많았다. 힘들지 않느냐고 물어오는 사람들에게 솔직하게 힘들어요, 그렇지만 참을만하다고 웃으면서 말을 한 적이 있다. 그에게 나는 육아와 직장 생활이 힘들기는 하지만 잘 참고 이겨내고 있는 것으로 읽힌 듯했다. 그런데도 늘 웃고 있어서 대단하다고 했다. 그들은 나를 긍정적으로 살아온 사람, 험난한 세상살이에도 꿋꿋하게 웃어온 사람으로 나의 가치를 높여 주었다. 그러고 보면 나에게 삶은 익숙하거나 순조롭지만은 않았지만 불편하다기보다는 편하게 즐기는 마음이 강한 듯했다. 대체로 괜찮은 일상들과 가만히 내 말을 들어주는 몇몇 사람들 덕분이다.

내가 아는 사람 중에 A와 B는 서로 외모나 성격이 대조적인 사람이다. A는 늘 웃음을 짓는 모습이다. 말도 상냥하고 부드럽다. 그와 얘기를 하다 보면 왠지 나도 그렇게 해야 할 것 같은 생각이 강하게 들 정도이다. 상대방과 대화를 할 때면 예의 그 환한 미소와 함께 주억주억 고갯짓해 가면서 이야기를 잘 들어준다. 때로 불편한 얘기가 오갈 때조차 그의 얼굴에는 미소가 떠나지 않는다. 그냥 다 이해한다는 듯한 미소. 그런 그와 얘기를 나누다 보면 저절로 기분이 좋아지고 편안해짐을 느낀다.

반면 B의 첫인상은 화난 모습 같았다. 그의 언어는 상냥함이다. 친절함이 몸에 배어 있다. 늘 상대방에게 기회를 먼저 주고 귀 기울여 들어준다. 넉넉함이 있다. 의견을 제시할 때도 여러 번 반복하여 말하는 경우가 거의 없다. 그런 사람임에도 불구하고 그는 인상 때문에 종종 오해를 받기도 했다. 강해 보인다는 인상 때문에 고민이었던 그에게 나는 지나가는 말로 미소가 참 아름답다고 한마디 했다. 그러자 어느 순간부터 그는 사람들을 만날 때 환하게 웃고 있음을 볼 수 있었다. 그에게 콤플렉스였던 인상은 환한 웃음 덕분에 그가 의식하지 못하는 가운데 상당히 매력적인 미소를 소유하게 된 것이다. 상대방을 배려하고 존중하는 습관이 몸에 잘 배어 있는 그의 미소는 하회탈처럼 온화하게 느껴졌다. 그의 이미지가 좋아졌음은 더 말할 나위도 없다.

물론 상황에 맞지 않는 웃음이나 미소는 자칫 오해를 불러올 수도 있다. 자신의 실수나 불편한 순간을 적당히 웃음으로 넘기는 경우는 그 사람의 진정성마저 잃어버리게 한다. 모든 상황에 무조건 웃어야 하는 것은 아니다. 그러나 기왕 웃을 거라면 미소도 좋지만 크게 소리 내어 웃어 보는 것도 좋다. 박장대소는 건강에도 좋다고 하니 크게 소리 내어 웃고 볼 일이다. 많이 웃는 사람은 엔도르핀을 상승하게 하여 면역력이 좋아져서 병도 잘 걸리지 않는다고 한다. 습관화된 표정일지라도 자주 웃다 보면 미소가 자연스러워지며 더불어 아름다운 표정을 갖게 된다. 주름이 생기는 것을 두려워할 필요가 없다. 웃음으로써 생긴 주름은 인상을 편안하게 하고 관상학적으로도 좋은 주름이라고 한다. 아름다운 미소에서 나오는 주름은 생각만 해도 멋지지 않은가? 친절한 언어를 동반한 미소는 더불어 살아가는 우리 삶에 기분 좋은 행복 바이러스를 가져오고 영양가 높은 비타민이 될 것이다. 미소 짓는 아름다운 표정은 언어보다 훨씬 강하다.

자가진단

송재범
2021. 3. 천료

화장실 좌변기에 앉자마자 아랫배가 뒤틀리듯 싸한 통증을 동반하더니 곧바로 코를 찌르는 악취와 함께 물줄기처럼 변을 쏟아냈다. 이마엔 식은땀이 흐르고 안면근육이 찡그리도록 뒤틀리는 아픔에 아랫배를 움켜쥐어야 하는 요상한 모습을 연출해야 했다. 이내 싸르르 통증만 간헐적으로 엄습해 왔다. 흰 화장지에 선명하게 찍힌 선홍빛 혈변….

덜컥 겁이 났다. 이게 뭐지? 뭔 일이지? 왜 그런 거지? 지난밤 과음한 탓이려니 하고 무심코 지나치려다가 다시금 곰곰이 생각해 봤다. 언제부턴가 정확히 기억나지 않지만 왼쪽 아랫배가 가벼운 통증을 동반하다가 사라지곤 하던 것이 여러 차례 반복되었던 것이다. 아픔의 정도가 그리 심하지 않고 근육이 뻐근할 정도의 약한 통증이라 진통제로 버티고 그냥 지나치곤 했던 기간이 족히 1년이 넘은 것 같다.

만사가 귀찮다. 졸음이 쏟아졌다. 식은땀이 자주 났다. 변이 가늘어지고, 혈색은 황달처럼 샛노랗고, 식욕은 떨어지고, 서 있으면 앉고 싶고, 앉아 있으면 눕고 싶고, 가슴은 콱 막힌 듯 답답하다. 아랫배엔 기분 나쁠 정도의 통증이 왔다 사라지는 반복 주기가 시간이 갈수록 점점 빨라지곤 했다. 점점 헤어날 수 없는 늪지로 빠져드는 느낌이다.

즉시 검색창에 클릭, 검색한 증상과 내가 처해 있는 아픔의 증상과 일치했다. 발생의 원인과 동기도 비슷하다. 왼쪽 아랫배는 장인데…. 소장엔 병이 잘 걸리지 않는다. 그렇담 대장에 문제가 있다는 말인데? 대장에 심각한 문제가 발생한 것이 분명하다. 암이다! 대장암! 대장암이다! 왜 하필 암이란 말인가? 말도 안 돼! 내가 암에 걸릴 이유가 없다. 내가 뭘 그리 잘못한 게 많은가? 무슨 죄를 많이 졌기에… 숨이 콱 막혔다.

"여보 낼 병원에 같이 가 봐요!"

식구의 겁에 질린 걱정스런 목소리가 나에게 들릴 리 없다. 병원에 가는 것을 죽기보다 더 싫어하는 나다. 내 스스로 병원 문을 열고 들어가 의사 앞에서 내 배 속의 창자들이 무사한지 검사해 달라는 것은 자존심이 허락지 않았다. 아픔의 통증이 심해 땅바닥에 쓰러질 정도로 정신을 잃어 다른 사람 손에 이끌려 병원 침대에 뉘어진다면 몰라도…. 정말 겁이 났다. 정말 내가 암이라면 어찌해야 하는가? 암에 걸리면 시한부 인생이라는데, 길어야 6개월? 1년? 가슴이 답답하다. 숨이 콱 막힌다. 아직 젊고 할 일도 많은데, 하고 싶은 일도 산더미처럼 쌓여 있는데, 아직 건강하신 어머님이 계신데, 남아 있는 식구와 애들은? 유서를 미리 써 두어야 하는가? 목이 말랐다. 목이 바싹바싹 타들어갔다. 물 한잔 마시고 싶다.

"아빠! 여기 물!"

단숨에 물 한 컵을 들이켰다. 이내 졸음이 쏟아졌다. 천사의 미소가 흐릿해지는가 싶더니 차디찬 동굴 속으로 몸이 빨려 들어갔다. 희미한 기억의 통로 속으로 깊게 빠져들었다.

– 어릴 적 고향의 모습이다. 학교 수업이 끝나면 책가방을 집어 던지고 개울가로 달려갔다. 개울가 둑 둔덕에 매어 놓은 누렁이 황소를 이끌고 연하고 싱싱한 풀이 많은 곳으로 이동하면서 소가 배불리 뜯어 먹도록 하는 것이다. 어느 날 소의 고삐를 풀어 놓고 친구들과 개울가 맑은 물에서 멱을 감고 놀았다. 물이 너무 맑아 물속의 물고기가 노는 모습이 훤히 보인다. 물속의 하얀 모래, 모래무지, 피라미, 붕어, 민물고둥, 방개, 지름챙이 등등.

한여름의 자지러지는 듯 울어대는 매미 소리, 깊은 골짜기로 찾아드는 뻐꾸기 소리, 장끼 소리, 눈부신 백사장의 열기와 개구쟁이들의 땀 냄새로 범벅이 된 해맑은 웃음소리에 시간 가는 줄도 몰랐다. 떠들고 노는데 정신이 팔려 해가 저무는 것도 잊었다. 어둑어둑해질 때쯤 누렁이 황소가 생각이 났다. 누렁이 황소가 열심히 풀을 뜯어 먹고 있어야 할 곳에 없었다. 친구들과 찾아 나섰지만 찾을 수가 없다. 이미 사방에 어둠이 깔려 있었다. 풀이 죽어 넋이 빠진 모습으로 너털너털 집으로 돌아왔다. 누렁이는 외양간에 있었다. 주둥이를 구스에 처박고 여물을 우적우적 씹고 있다. 나를 보며 누렁이 황소는 히죽히죽 웃고 있었다. –

컴컴한 동굴 속에서 가늘고 희미한 불빛이 새어 들어 왔다. 깊은 수렁에 빠졌던 몸이 한 발 한 발 빠져나오는 느낌이다. 깊은 잠에서 깨어났다. 꿈을 꾼 것인가? 왜 어릴 적 고향의 모습이 꿈에 나타난 것이지?

"선생님 내시경 검사 끝났습니다. 신경과민성 대장염입니다. 아무 걱정 마시고 몸조리 잘 하십시오. 그리고 대장에 여러 개의 용종이 보여서 떼어 냈습니다. 용종은 암이 아니니 안심하셔도 됩니다."

자식들의 꾀에 병원에 눕게 되었다. 죽으면 죽었지 온정신으로 병원을 가지 않을 거라는 내 고집을 안 큰딸이 물에 수면제를 타 먹여 반은 죽여서 병원에 끌고 왔던 것이다.

"휴~우!"

나도 모르게 깊은 한숨이 튀어 나왔다.

사진사 탓

양희옥
2021. 3. 천료

몇 년 만에 사진관을 찾았다. 모 문학회에서 최근 3개월 전에 찍은 사진과 원고를 보내 달라고 했기 때문에 최신판 내 모습을 찍기 위해서다. 되도록 좋은 내 모습을 사진에 담기 위해 미장원에 가서 머리에 힘도 주고 그 더운 날씨에 화장도 하고 갔다. 근 2km 정도 되는 거리를 걸어서 가고 나니 땀범벅이 돼 버렸다. 화장이 지워지지 않게 조심스레 땀을 닦고 나서 사진을 찍었다. 뒷날 찾으러 가서 사진 속의 나를 보고 깜짝 놀랐다. 세웠던 머리카락은 납작하게 누웠고, 아래턱은 어항 같이 퍼져있고, 눈꺼풀은 처져 있고, 눈동자는 누구를 잡아먹을 듯 힘이 들어 있고, 목엔 잔주름이 그대로 드러나 있었다. 아무리 봐도 콩밭 매는 촌순이다. 그 사진을 본 순간 화가 머리끝까지 올라왔다. 사진사에게 따지듯이 항의를 했다.

"어제 내가 뽀샵 좀 해 달라고 했는데 이게 뭐예요!" 사진사는 컴퓨터에 내 사진 두 장을 올려놓고 내게 무안을 주었다.

“이 정도였는데 이렇게 많이 수정을 했다고요.” 하며 나에게 비아냥거리듯 말했다. 나는 지갑 속에 든 몇 년 전에 찍었던 사진을 꺼내 보이며 따졌다.

“같은 사람인데 이 사진은 왜 이렇게 잘 나왔나요?”

“사진은 찍을 때마다 다르게 나온 거예요. 그리고 그때는 젊었을 때잖아요.”

이 사진 찍은 때가 불과 몇 년 안 됐어요. 아무리 그렇지만 이렇게 차이가 나요? 이 사진관 기술이 이것밖에 안 되는 줄 모르고 이 염천더위에 헛걸음했네요. 이런 촌순이를 내 작품에 붙일 수 없으니 여기서 처리하세요! 하고 뒤도 안 돌아보고 사진관을 나와 버렸다. 도저히 그 사진 속의 여인을 나라고 인정하기 싫어서였다. 돈은 이미 다 지불해 버렸으니 돈만 날아가 버린 셈이다. 그 더운 날 땀 뻘뻘 흘리며 그곳까지 가서 찍은 사진이 그렇게 나를 실망시킬 줄이야. 돌아오는 길에 내내 서운하고 분해서 견딜 수가 없었다. 젊어선 이목구비가 또렷하고 피부가 깨끗해서 밉단 소리는 듣지 않았는데 이번에 찍은 사진속의 나는 전혀 아니었다. 그렇지만 그 사진 속의 여인은 분명 내가 맞다. 지금의 나를 몰라봤을 뿐이다. 그러나 인정하기 싫었다.

화장대 앞에 앉아서 화장을 하고 나면 자기 만족감에 아직은 봐 줄만 하네 하고 혼자서 자존감을 세웠던 나다. 그리고 모임에 나가면 왜 선생님은 늙을 줄을 모르냐고 하면 그 말이 사실인 줄 알았다. 그런데 콩밭 매는 촌 순이 같이 생긴 여인이 바로 나라니 도저히 믿기지 않았다. 머리카락이 빠져서 정수리가 훤하고, 머리카락에 힘이 없고, 반백이 넘어서 염색을 하면 며칠 안 가서 또 하얗게 솟아올라온 모발, 얼굴엔 왕 주름이 선명하게 골 져가고, 목주름은 자글자글, 이런 자신을 망각하고 지금도 젊고 팽팽한 줄 알고 사진사 탓만 하다니 참으로 부끄럽기 그지없다.

밤새 생각에 잠긴 나머지 이제 지금의 나를 인정하기로 했다. 이 나이에 독야청청 하리라고 맘먹은 것이 착각이고 욕심이다. 옛 어른들도 몸이야 늙어도 마음만은 청춘이라고 했다. 이제야 그 뜻을 알 것 같다. 나도 피할 수 없는 노년의 길로 들어왔다는 것을 잊은 것뿐이다.

집에 와 생각하니 못난 나를 데려오지 않고 사진관에 버려둔 것이 너무했단 생각이 든다.

손목시계

이한재
2021. 3. 천료

지난 연말에 손목시계를 바꿨다. 스마트폰 사용이 일상화되면서 손목시계는 외부 활동할 때만 이따금씩 차고 다녔을 뿐 집에서는 사용을 거의 안 했다. 필요성을 그다지 느끼지 못했고 손목에 차는 것도 부담스럽게 느껴졌기 때문이다. 단지 시간을 보려면 휴대폰으로 확인할 수 있어 필수품으로 생각되지 않았다. 가끔 새로운 것으로 바꾸면서 학창 시절부터 수십 년간을 줄곧 차고 다녔던 손목시계를 오륙여 년 전부터 차지 않고 다녔다. 처음에는 무엇인가 허전한 감도 있었으나 습관이 되니 오히려 홀가분하기도 했다. 손목시계를 교체하여 다시 차게 된 것은 기능과 편리성이 월등히 향상되었기 때문이다. 그래서 요즘은 낮에는 물론 잠잘 때도 차고 지낸다.

지금까지 살면서 아마도 수십 번도 넘게 손목시계를 바꾼 것 같다. 최근에 전자손목시계는 일반 대중에게 아주 저렴한 가격으로 보급되고 있어 그 기능보다는 외부 패션에 맞춰서 교체하는 것 같다. 단순히 시간만 보려면 1만 원 정도의 낮은 가격으로 구매하여 착용해도 기능상으로는 전혀 문제가 없는 것 같다. 물론 시간을 알리는 기능적인 것 등은 단순하지만 아주 고가의 세계적인 명품 브랜드 손목시계도 여러 종류가 있다고 한다. 한국인들에게 소위 금딱지 시계라고 불리고 있는 롤렉스(Rolex) 손목시계는 5억 원이 훌쩍 넘는 것도 있고 가격도 여러 종류가 있다고 하지만 2천만 원에서 5천만 원 사이가 많이 팔린다고 한다. 명품을 좋아하는 국내 롤렉스 마니아가 많은지 요즘도 스위스 수도 제네바에 있는 롤렉스 본사 매장에는 한국인들의 구매 행렬이 계속되고 있다고 한다. 삼십여 년 전에도 그랬던 것 같다. 그때도 한국 단체 여행객들이 스위스 가면 롤렉스 매장, 런던 가면 버버리코트 매장을 여행코스의 필수항목으로 삼았던 것 같다.

전자시계는 시침이나 분침 등이 바늘로 표시되기도 하고 숫자로 표시되기도 하지만 바늘이나 숫자 등을 사용자 임의대로 변경하는 기능도 있다고 한다. 전자시계는 대부분 배터리를 넣어 움직이지만 태엽시계는 시계 안쪽에 아주 얇고 긴 강철 띠를 돌돌 말아 그 풀리는 힘으로 시계바늘을 움직인다. 그러므로 주기적으로 태엽을 감아 주어야 한다. 시계태엽을 감는 것을 시계에 밥을 준다고 말하기도 했다. 젊은 시절에 집에서 벽걸이 태엽시계에 며칠 간격으로 밥을 줬던 것을 생각하면 격세지감이 든다.

요즘은 대부분 사라졌지만 70~80년대까지도 태엽시계가 대부분이었다. 하기야 지금도 우리 집 거실 전화 탁자 위에는 태엽식 회중시계가 놓여 있다. 고가는 아니지만 시계 본체와 줄을 금도금한 것으로 해외 생활하면서 구입하여 주머니에 넣고 다녔다. 요즘은 단지 장식용으로만 놓여 있는데 고풍스런 탁자와 매치가 잘 되는 것 같다. 소위 말하는 금딱지 롤렉스 등의 명품 시계는 지금도 태엽식이 많다고 한다. 내가 아끼고 기억에 남은 손목시계도 태엽식이었다. 결혼 선물로 받은 것인데 회사원 한 달분 월급 정도였으니 꽤 고가인 셈이었다. 그러나 안타깝게 십여 년 정도 사용하다가 현장 근무 중 불의의 가스사고로 분실되었다가 훗날 되찾았으나 기능이 저하되어 폐기하였다.

요즘 웬만한 전자손목시계는 구매 가격과는 상관없이 시간을 알리는 정확도는 대부분 양호하다. 또한 다양한 기능성도 비슷한 것 같다. 그러나 착용자의 체내에서 일어나는 신체 변화를 분석하는 기능 등은 차이가 있는 것 같다. 예를 들면 걷기나 수영 등 운동할 때의 상태를 나타내는 기능 등은 엇비슷한 것 같다. 다만 갑자기 넘어져 위급할 때뿐만 아니라 평시에도 심장 관련 기능 등을 분석하여 다른 사람에게 알려주는 방법에서 차이가 있는 듯하다. 또한 스마트폰이 주위에 있으면 전화 송수신은 물론 수시로 일어나는 뉴스 듣기와 카카오톡 등의 기능을 죄다 조작할 수 있다. 조그마한 시계 안에 그토록 많은 기능이 있는 줄은 미처 몰랐다. 그렇다고 가격이 상대적으로 비싸지도 않아서 세계적인 브랜드 스마트폰의 절반 정도인 것 같다.

사용하기 전에는 별로 관심이 없었으나 손목시계를 차고 있으면 시계가 자체적으로 진맥(診脈)을 통하여 밤낮없이 계속하여 체내 변화를 분석하여 알려주니 참으로 유용하다. 한의사가 병을 진찰하기 위하여 사람 손목의 맥을 짚어 보는 것처럼 손목시계도 진맥을 그것도 밤낮으로 계속하여 할 수 있고 넘어져 위험에 처해도 타인에게 급히 알려주는 기능 등이 있다. 한의학에서는 병을 진찰하기 위하여 손목 등의 맥을 짚어 보고 대부분의 체내 증상을 알아낸다고 한다. 논어의 위정편에서 나오는 온고지신(溫故知新)은 공자의 말로 '옛것을 익히고 그것을 미루어서 새것을 안다'는 뜻이다. 수세기 동안 고전적으로 내려온 진맥에 의한 의술을 일부분이라도 근래에 와서 손목시계가 담당할 수 있도록 하는 것 같다.

스마트폰이 출시되기 전, 전화 통화나 문자 메시지 위주로 사용했던 저성능 피처폰을 사용할 무렵에는 스마트폰이 새로 출시되어도 혁신적인 내용 등을 잘못 이해했던 것처럼 쪼그마하지만 다방면의 기능을 가지고 있는 전자손목시계의 효용성을 오판할 뻔했다. 중국 정부가 서방세계의 내정 간섭에 거부감을 드러낼 때 이따금씩 사용하는 '신발론(신발이 발에 맞고 안 맞고는 자신이 신어 봐야 안다)'처럼 지인으로부터 좋다는 이야기를 많이 들었으나 선입견만 가지고 별로라고 생각했는데 실제로 착용해 보니 손목시계의 다양한 진면목을 알게 되었다. 스마트폰이 진화를 계속하는 것처럼 손목시계뿐만 아니라 삼라만상이 진화를 거듭하고 있는 것 같다.

이제야 알게 된 이야기

전명주
2021. 4. 천료

올해도 벌써 세 번째 계절이 오고 있다. 옷장을 열어 여름옷은 개어 뒤쪽으로 밀어 넣고, 두툼한 니트며 코트들을 꺼내어 앞쪽으로 걸어 둔다. 내친김에 냉장고도 싹싹 기분 좋게 청소하고 책장도 괜히 챙겨본다. 정리를 하다 공연 프로그램북을 모아둔 칸에 손이 간다. 그 책자들을 바라보고 있자면 자기만 아는 장소에 도토리를 잔뜩 쟁여둔 다람쥐처럼 흐뭇해진다. 자고로 청소할 때는 청소를 목표로 삼아야지 이렇게 하나씩 꺼내 추억을 소환하다간 그날 일이 못 끝날게 뻔한데도 유난히 사진이 예뻤던 뮤지컬 「매디슨 카운티의 다리」 프로그램북을 다시 뒤적인다.

『매디슨 카운티의 다리』라는 책이 출간되어 세상이 한바탕 로버트 킨케이드와 프란체스카의 스캔들로 떠들썩했을 때 나는 대학교 1학년이었다. 그때는 그들의 이야기가 가슴 졸이며 읽은 것 치고는 결말이 어째 좀 싱겁다고 느껴졌다. 사랑하기에 떠난다니 도대체 그게 어느 시절의 결말이냔 말이다. 실화를 바탕으로 했다니 더더욱 안타깝다. 그렇게 좋다면서 왜 모든 것을 포기하고 서로를 택할 수 없었나. 이왕 사랑을 할 거라면 안나 카레니나처럼 모든 것을 버리고 끝까지 자신을 불태우든가, 아이다처럼 사랑하는 이와 기꺼이 돌무덤에 함께 묻혀 죽든가. 슬프더라도 뭔가 확실하게 끝맺음을 해 줬으면 좀 덜 서운할 텐데.

시간이 지나 그 유명한 이야기는 영화가 되었고 멋지게 상상했던 사진작가 로버트는 화면에선 전혀 다른 모습으로 나타났다. 이제는 썩 멋져 보이지 않는 옛날 배우 클린트 이스트우드와 메릴 스트립이 그 싱거운 사랑 이야기를 스크린에서 재생했다. 이상한 것은 나이든 배우들의 모습을 보자니 이야기는 좀 덜 싱거워지고 슬픔은 깊어졌다. 재미있는 이야기는 두고두고 회자될 수밖에 없는지라 이들의 이야기는 뮤지컬로 만들어져 무대 위까지 오르게 되었다. 움직이는 배우들을 눈앞에서 직접 보니 감정이입이 잘 돼서일까, 아니면 이제야 프란체스카를 이해할 만한 때가 된 것일까. 이제 매디슨 카운티의 다리는 세상 가장 아름답고 슬픈 사연이 되어 주책맞게 나를 울리는 사랑 이야기가 되었다. 맘 둘 곳 없이 세상을 떠돌던 사진작가 로버트는 이미 누군가의 아내인 줄 알면서도 프란체스카에게 자신의 맘을 고백한다. “애매함으로 둘러싸인 이 우주에서, 이런 확실한 감정은 한 번 오는 거요. 몇 번을 다시 살더라도, 다시는 오지 않을 것이오.” “내가 누군지 당신도 잘 알잖아요. 어떻게 떠나요….” 자신의 삶에 마지막이 될지도 모를 운명적인 사랑에도 프란체스카는 대단하지 않을 가족과의 일상 속에 힘겹게 남는다. 소리 내어 사랑을 떠들어대는 대신 그녀는 로버트를 평생 가슴속에 깊이 간직해 그들의 사랑을 지켜냈다. 찰나의 사랑 이야기 대신 서로에게 영원이 되기를 택했다. 덕분에 로버트는 죽는 날까지 그런 프란체스카를 기억하고 추억하며 기다리는, 어쩌면 힘들지만 한편으론 설레는 삶을 살았을지도 모른다.

창밖을 보니 모든 계절이 한꺼번에 담겨 있는 것 같다. 여전히 여름인 양 파란 잎사귀를 날리고 있는 나무가 있는가 하면 노랗게 바랜 은행잎이 힘겹게 달려 있기도 하고 깜짝 놀랄 만큼 빨개져 버린 단풍이 있다. 스포츠 센터에서 반팔을 입고 나오는 이가 있는가 하면 아예 한겨울 코트를 입은 사람도 보인다. 어떤 여자는 하늘거리는 원피스 위에 가디건을 걸치고 걸어간다. 우리는 계절이 언제 어떻게 변하는지 정확히 알지 못한다. 내가 어떻게 나이를 먹어가는지 사실 알 수가 없다. 누군가가 내 마음속에 어떻게 들어와 있는지도 쉽게 헤아리지 못한다. 그저 미움이고 인연이고 다 시간이 흐른 뒤에야 깨닫게 되는 것 같다.

사랑쯤은 언제든 할 수 있다고 자신하며 대상도 없이 혼자서 들끓던 밤을 보내던 시절엔 알지 못했다. 주저하고 망설이는 계절의 설렘이라는 것이 얼마나 쓸쓸하고 슬픈 일인지. 함부로 사랑할 수 있었던 그때엔 알지 못했다. 무엇 하나 쉽게 포기할 수 없는 시간이 얼마나 서럽고 추운 건지. 버리지도 못하고 옷장 깊숙이 넣어둔 붉은 악마 티셔츠처럼 한때는 치열했으나 지금은 시들해져 버린 것들이 아프다. 제법 많은 계절에 시달려본 나는 이제 무서운 것도 고만 없어졌다. 고맙다. 아프지 않았다면 보이지 않았을 것들에. 그래봤자 남의 이야기에 빠져 허우적대느라 책장 정리는 내일에나 다시 해야 할 것 같다. 계절이 낭만을 부추기니 막연히 사무치는 건 내 탓이 아니다.

잠자리 눈

김정원
2021. 8. 천료

출퇴근은 전철로 하고 있어 전철 에스컬레이터를 타고 내려가는데 의자 위에 있는 뭔가가 눈에 띄는 거야. 가까이 가 보니 핸드폰이었어. “나 좀 주인에게 돌려주세요.”라는 말풍선이 그려지는 상상을 하며 난 핸드폰을 챙겨서 얼른 뛰었지. 그리고 역무실에 갖다 주고 다시 뛰었어. 전철이 들어온다는 안내방송이 들렸거든. 기분이 좋았어. 내가 착한 사람이 된 거 같았지. 다음 날 여유 있게 전철역에 들어서는데 CCTV가 여기저기 있는 거야. 어제 핸드폰을 보자마자 들고뛰는 나의 모습도 녹화됐겠지? 누군가 내 모습을 봤다면 충분히 나를 오해할 수 있겠다는 생각이 들더군.

내가 일하는 작업실을 가려면 전철역에서 25~30분 정도 걸어야 해. 출퇴근 시간은 운동 시간이야. 비가 오나 눈이 오나 바람이 부나 유행가 가사처럼 걷곤 하지. 작년 겨울 몹시 추운 날 택시를 타려고 했는데 택시가 잡히지 않았어. 날은 어둡고 바람도 많이 불었지. 난 모자에 부츠에 목도리를 두르고 인적이 드문 거리를 용감하게, 씩씩하게 걸었어. 다행히 10분 정도 지나니까 춥지 않았지. 그런데 집에 와서 샤워를 하고 나니 정강이가 가려운 거야. 가려운데 참을 수 있나. 그래서 그냥 맘 놓고 긁어댔어. 그 가려움이 며칠 가더라고.

봄이 되어 정강이를 보니 얼룩얼룩 심하게 자국이 생겼어. 난 혼자 진단했지. '지난겨울 동상에 걸린 거 같다.'라고 말이지. 겨울에 꽁꽁 싸매고 다닐 때는 몰랐는데 여름이 되니 정강이를 내놓을 일이 많아졌어. 난 팔에 심한 화상 흉터가 있는데 별로 신경 쓰지 않아. 그러니까 내 정강이에 흔적도 신경 쓰지 않겠다는 거야. 그런데 다리가 왜 그러냐고 한 사람, 두 사람, 관심을 보이네. 그때부터 신경이 쓰였어. 난 사우나에 가서 그 얼룩을 지우려고 집중적으로 때를 밀어 댔지. 그게 그린 것도 아닌데 지워지겠어? 하지만 조금씩 흐려지는 거 같아. 기분 탓인지 모르겠지만.

나의 사우나 방문 시간은 늦은 밤이나 이른 아침이야. 사람이 없거든. 어느 때는 나 혼자밖에 없어. 완전 독탕. 혼자 있을 때는 가끔 마스크를 벗기도 해. 마스크를 쓰고 사우나에 있는 게 여간 답답한 일이 아니거든. 사람들이 탕 안에서는 물론 한증막에서도 마스크를 쓰고 있는 걸 보면 말 잘 듣는 어른들 같아. 어느 날 이렇게 말 잘 듣는 어른들이 온탕에서 반신욕하며 핸드폰을 하고 있는 걸 봤어. 그걸 보면서 감탄했지. '기술 좋아졌네. 완전 방수? 저건 좀 비싸겠지? 어라, 심지어 통화까지 하네.' 그때 난 좀 불안했어. 저 통화가 영상 통화로 바뀌면 어떻게 되지? 누군가 사진을 찍거나 동영상 촬영을 한다면? 순간 핸드폰을 들고 있는 사람들을 보게 됐고, 멀리하게 됐고, 의심하게 됐지. 사우나에서 마스크 착용이 의무화가 된 거처럼 사우나에 입장할 때는 핸드폰을 휴대할 수 없다고 해야 하지 않을까?

전철을 타면 열에 아홉은 모두 핸드폰을 보고 있어. 길을 걷는 사람의 열의 아홉도 핸드폰이 있지. 홀라당 벗고 탕 속에 들어갈 때도 핸드폰을 하고 있으니 마치 손에 붙어 있는 신체 부위 같아. 우리가 핸드폰을 보는 거처럼 CCTV가 우리를 보고 있다는 걸 잊으면 안 돼. 도로에도, 거리에도, 엘리베이터 안에도, 아파트 단지 내에도 은행, 관공서, 백화점, 주차장 등 머리 위에 CCTV는 24시간 돌아가고 있어. 2만 개가 넘는 잠자리 눈 같은 카메라가 우리의 일거수일투족을 감시하고 있다고. 감시라고 생각하지 않는 건 시선을 느끼지 못하기 때문이겠지. 그렇게 불편함 없이 살고 있는 우리는 이미 수만 개의 눈에 길들여졌는지도 몰라. 어쩌면 조만간 개인용 CCTV가 의무화되어 몸에 장착하고 다녀야 하는 날이 올지도 모르지. 그러면 우리의 동선은 인터넷으로 조회가 될 거야. 죄를 지으면 경찰이 오기 전 자수하고 약간의 실수를 했다고 해도 반성문을 내야 할지도 몰라. 그런데 성실히 눈을 뜨고 있는 CCTV가 고맙지 않은 건 왜일까?

거절

이우재
2021. 8. 천료

호텔 창문으로 커다란 날개를 활짝 편 빨간 새가 창을 부수고 뛰어들었다. 비명 소리와 함께 침대에서 굴러떨어졌다. 꿈이길 얼마나 다행인지, 가슴을 쓸어내리고 창밖을 내다보았다. 아기의 미소 같은 하늘엔 색색의 날개를 활짝 펴고 커다란 새처럼 하늘을 활공하는 패러글라이딩 부대가 구름처럼 띠다니고 있었다. 이른 아침 호텔 창밖은 패러글라이딩 부대의 낙하비행으로 여행의 시작을 설레게 하고 있다.

세상엔 해야 할 일도 많고 하고 싶은 일도 많다. 그래서인지 사람들은 자신만의 버킷리스트를 작성해 두고 있다. 나도 패러글라이딩을 버킷리스트 중 하나로 목록에 저장을 했었다. 그리고 드디어 오늘 패러글라이딩에 도전하는 날이다. 오래전부터 늘 두렵고 무섭다는 생각에 엄두를 내지 못했었다. 남들이 하는 모습만 보면서 부러워하고 놀라워하기만 했었다. 하나 머뭇거리기엔 내게도 시간이 많이 남아 있는 것이 아니라는 생각을 했다. 물론 팔십 세까지도 패러글라이딩을 할 수 있다고 한다. 하지만 지금이 아니면 나이가 들수록 도전하기에 더욱 힘든 스포츠라는 생각이 들었다. 지금 가장 젊은 나이, 건강할 때 해야 하는 게 맞다. 인생의 후반을 살아가게 되면서 하고 싶은 것은 미루지 말고 지금 해야 한다는 생각으로 바뀌었고 과감히 도전하기 시작했다.

익스트림을 즐기고 있는 하늘에서 비명이 들려오면 주변 사람들의 머리는 자연스레 하늘로 향한다. 그곳엔 360도 회전을 반복하며 활공을 즐기는 사람들의 비명 소리로 하늘을 가득 채우고 있다. 지상에서는 마치 자신이 타는 것처럼 쫄깃한 마음으로 그들을 바라보는 사람들의 입이 먹이를 보채는 새끼 새처럼 하늘을 향해 다물 줄 모르고 열려 있다. 활공을 마치고 착륙 장소에 도착한 비행 수트를 입은 사람들은 마치 전투비행을 마친 전투원들처럼 서로 하이파이브를 하고 있다. 입이 터질듯이 웃으며 대단한 경험을 서로 나누는 모습은 전우애를 나누는 영화의 한 장면처럼 보이기까지 한다. 오늘 저녁 해 질 무렵이면 나도 저들과 같은 전우애를 나눌 수 있을 것이라는 생각으로 흥분하고 있다.

단양이라는 지역은 평화롭고 다소곳하며 단정한 지역이라는 느낌이 든다. 특히 도담삼봉과 건너편 마을을 바라보고 있으면 한옥 집에서 한복의 치맛자락이 마당을 조용히 쓸고 지나가는 듯한 소리가 들릴 듯 정적이고 소박하다. 늦은 아침 식사를 마치고 단양 이곳저곳을 구경하는데 이마에 와서 부딪히는 차가운 물방울이 느껴졌다. 어느새 하늘엔 군데군데 시커먼 구름이 포진을 하고 있다. 금방이라도 비를 뿌릴 듯 바람마저 합세해 힘 빠진 태양을 밀어내고 있다. 아침까지만 해도 화창하던 하늘이어서 비가 올 것이라는 생각은 꿈에도 못했다. 일기예보를 미리 확인하지 않은 실수였다. 한두 방울 떨어지던 비가 어느새 소나기처럼 내리기 시작했다. 이럴 줄 알았으면 어제 탔어야 했는데 괜히 미뤘다 싶었다. 비는 산 중턱에 구름을 걸쳐놓고 약을 올리듯이 오락가락 내리고 있다 몇 해 전 터키 여행 때 카파도키아에서 열기구를 타기로 했었다. 예쁜 별처럼 떠다니는 열기구들의 모습을 사진으로 보고 터키행을 결정했었다. 그 넓은 하늘을 화려한 열기구를 타고 상공을 누빌 생각에 잠을 설치기까지 했다. 하지만 바람 때문에 결국 열기구를 타지 못하고 돌아온 걸 생각하면 오늘의 비행이 들뜨지 않을 수 없었다. 터키를 자유여행으로 갔었다면 다른 일정을 포기하고 카파도키아에 머물다 열기구를 타고 왔을 것이다. 다음 기회에 라는 아쉬움과 미련을 카파도키아의 바람에게 맡겨두고 떠나올 수밖에 없었다.

터키 올림푸스산에 올라갔을 때 나는 또 한 번 좌절했었다. 까마득히 높은 정상은 구름에 가려 보이지도 않았다. 하늘은 내게 가까이 오지 말라고 밀어내는 듯했다. 신들이 살았다는 올림푸스산은 케이블카를 타고 올라가면서 구름 속을 지나가야 한다. 올라가는 도중에 구름이 걷히면서 맑은 하늘과 손에 닿을 듯한 구름과 지상의 풍경을 보면서 놀라워한다고 한다. 아름다운 풍경은커녕 나는 시커먼 구름과 함께 정상에 올랐다. 정상은 그냥 서 있기 힘들 정도의 바람과 비와 짙은 구름으로 앞이 보이지도 않았다. 간신히 내가 이곳에 왔다 간다는 인증샷만 한 장 남기고 내려와야 했었다.

비는 계속 오락가락했다. 이러지도 저러지도 못하게 애를 태웠다. 비가 멈추어도 구름이 낮게 깔려 위험하기 때문에 열기구 타기는 어려울 것 같다는 업체의 연락을 받고 나니 마음이 더 심란해졌다. 하늘은 이번에도 나를 거절하는 듯 도전을 허락하지 않았다. 하늘이 이기나 내가 이기나 기어이 하늘을 접수하겠다는 오기가 발동했다. 일정을 하루 더 미루려는데 함께 간 친구가 말렸다. 하늘이 우리에게 아직 마음을 열 생각이 없는 것 같은데 억지로 하면 안 되는 일이 있는 거라며 다음을 기약하자고 했다. 몹시 서운했지만 하늘이 내게 마음을 열 때까지 바다를 먼저 접수하러 가야겠다. 나의 도전은 진행 중이다.

들어는 보았나, 공마당 르네상스를!

곽영주
2021. 9. 천료

어릴 때 집 앞에는 넓은 공마당이 있었다. 지금은 마을버스 종점으로 사용되고 있는데 아마 사용료가 꽤 되리라. 그 시절 공마당의 주인은 그곳을 놀이터로 아무런 대가 없이 아이들에게 제공했다. 보통의 주인이라면 벽을 쌓고 울타리를 쳤을 텐데 그곳의 주인은 노는 아이들에게 단 한 번의 제재와 규제도 없었다. 덕분에 올림픽 버금가는 다양한 경기가 하루도 빠짐없이 개최되었다. 아마도 비 오는 날은 유일하게 쉬는 날이었지 싶다. 반면에 눈이 내리면 바로 동계 올림픽으로 전환되어 눈싸움과 간이 봅슬레이 선수들이 제 세상을 만나 추운 만큼 화이팅하는 소리는 더 컸었던 듯 활기찼다.

학교가 끝나고 나면 아이들은 부르지 않아도 언제나 공마당으로 모여들었다. 그리곤 제각각 구미 당기는 놀이에 꼬질꼬질 땀 빼며 얼굴이 발갛게 익을 정도로 놀았다. 어스름 해 질 녘이 되어 이 집 저 집 담넘어 '개똥아, 소똥아 저녁 먹자' 하고 엄마가 부르면 더 놀고 싶은 마음을 억누르고 기어들어간다.

우리집 담 넘어 메인 스타디움을 보고 있자면 남자 아이들의 전유물인 딱지치기가 연중 무휴로 열렸다. 그만큼 인기 종목이었음이 분명하다. 그 이유는, 제작이 쉽고 재료에 구애를 받지 않는 장점이 있다. 딱지치기는 선수들이 팔을 얼마만큼 올리고 어느 순간 스냅을 줘야하는지 나름의 놀라운 스킬로 상대방 딱지를 휘몰아친다. 딱지는 어떻게 그리도 자존심 없이 훌러덩 뒤집어지는지, 유능한 선수들의 경기에서는 선수끼리도 존경이 묻어나는 감탄의 탄성이 울렸다. '와아!' 그 선수는 언제나 두둑이 오만가지 딱지를 싹 쓸어가곤 했다.

구슬치기는 스스로 생산을 할 수 없이 사야 하는 한계가 있었으므로 대중적인 경기는 아니었지 싶다. 우리 집에도 구슬치기 타짜 버금가는 선수로, 셋째 오빠가 경기에 나갔다 하면 주머니 가득 이고 지고 들고 온 전리품으로 책상 서랍에는 오색찬란한 구슬이 가득 차 있었다.

여자아이들의 주 종목인 고무줄놀이는, 체조 선수들의 몸짓이 연상되는 춤 신의 실루엣으로 기술이 꽤 다양했다. 고무줄을 디리에 걸고 넘기도 하고 꼬기도 하며, 고무줄을 자근자근 발로 밟기도 하고 고무줄을 타고 뱅뱅 돌기도 한다. 고무줄이 머리 위로 올라가면 손을 땅에 짚고 다리로 고무줄을 당기는 난이도 최상의 기술을 선보이기도 하는데 나는 긴 다리의 능력자를 부러워하지 않을 수 없었다. 고무줄을 잡고 있는 상대 선수들은 노래까지 불러주어 노래에 맞는 모션이 있는 종합 예술 경기였다. 나는 도저히 할 수도 없었고 구경에 의의를 뒀었는데, 운 좋게 서 있다가 몇 번 깍두기의 신분으로 참여한 경력은 있었다.

또 다른 종목으로 돌을 세워 놓고 넘어뜨리는 망까기가 있었는데, 이 종목은 거리감과 집중력 없이는 어려운 경기였다. 그렇지만 십중팔구 깨부숴 넘어뜨리는 선수들에게 나는 소심한 관람객으로 경이에 찬 박수를 보내기도 했다.

보기에도 재미났던 종목으로는 땅따먹기로, 어린아이의 욕심보가 훤히 드러나 보이는 경기였는데 장차 땅투기의 싹수가 점쳐지는 미래의 복부인을 볼 수 있었고 여기에서 양산됐을 가능성이 심히 크다. 이 경기는 진즉에 보이콧을 했어야 했는데….

올림픽의 꽃으로 피날레의 마라톤이 있다면 우리 동네 지형을 이용한 스케일이 큰, 다방구가 있었다. 그 놀이는 운동장을 벗어나 도망로가 사방팔방인데, 도망 다니느라 심장이 두근두근 걷잡을 수 없었고, 잡힌 이를 슬금슬금 가서 풀어줘야 하는 임무로, 심장이 콩닥콩닥 뛰는 긴장감이 큰 경기였다. 다방구는 어수룩 달밤까지 할 수 있는 피날레의 최고 경기임에 누구 하나 이의는 없을 것이다.

공마당 올림픽은, 각종 놀이에서 관심만 있다면 누구나 참여의 기회가 주어졌다. 이것만으로도 올림픽 정신 이상의 가치가 있었다. 어느 누구의 기획이나 계획 없이 동네 아이들이 자연스럽게 어울려 노는 놀이 문화였고, 그렇게 뛰놀던 놀이 속에서 건강하고 건전한 성장이 이루어졌을 것이다.

지금은 아파트나 동네 구석구석에 필수적으로 만들어 놓은 놀이터가 있다. 그 놀이터에서 뛰고 놀 주인공들은 엄마의 교육열과 아빠의 학구열에 학원 구석구석에 자리 잡고 앉아 있다. 그리고 본인은 이용도 안 할 미래의 첨단 놀이터를 설계하기 위해 부모가 원하는 가치를 수용하며 매진한다. 이런 애석한 현실 속에 지난날 딱지치기, 고무줄놀이, 다방구의 추억을 더듬어 보며 모든 공마당 선수들에게 화이팅을 외쳐 본다.

손주들 놀이 문화 부흥을 위하여!

이것이 바로 공마당 르네상스다.

초심

한지나
2021. 9. 천료

사방이 고요한 늦은 밤이다. 모두가 잠들어 있는 시간. 오롯이 나만의 시간을 갖는다. 오랜만에 갖게 된 소중한 시간 속에서 나는 글을 쓰려고 책상에 다가간다.

낮에는 햇빛 속에서 저마다 모습을 뽐내지만, 빛을 잃은 밤에는 모두가 숨어 버린다. 낮 동안 세상사에 눈과 귀가 열려 있었던 나도 밤이 되면 비로소 하늘의 달과 별들을 올려다본다. 새삼 우주의 신비함에 취하고 어둠은 나를 사유의 뜨락으로 이끌어 간다. 생각은 무한히 뻗어가고 가슴엔 어느새 밤하늘의 별들이 들어와 반짝인다. 주위는 여전히 어둠에 묻혀 있고 책상 위의 불빛만이 유일한 등대지만 마음속엔 또 다른 불이 켜진다.

글 감을 생각하며 천천히 창밖으로 시선을 옮긴다. 어스름 달빛에 두루뭉술한 형체로 흔들리고 있는 키 큰 향나무가 눈에 들어온다. 어둠 속에서도 바람은 잠을 자지 않는다. 바람에 흔들리면서 나무는 몸매가 단단해지고 튼실한 열매를 맺는다. 어느 시인은 '흔들리지 않고 피는 꽃이 어디 있으랴 / 흔들리지 않고 가는 사람이 어디 있으랴' 하고 노래했다. 꽃이 아름다운 것은 흔들리는 바람을 온몸으로 받으면서 쓰러지지 않고 강인하게 피워내기 때문이다. 살아 있는 것들은 모두 흔들린다. 나 또한 무수히 흔들리면서 살아온 세월의 무게가 가볍지 않음을 느낀다.

처음 글쓰기를 결심했던 때가 생각난다. 공허한 가슴 속으로 가을바람이 시리게 드나들고 어깨는 자꾸만 처져갔다. 의욕이 떨어지고 종종 무력감을 느끼면서 이대로 사그라질 수 없다는 생각이 들었다. 그런 나를 일으켜 세우고 싶었다. 허전한 마음을 채우고 싶었다. 열망이 배움을 풀무질했다. 아득한 문학소녀 시절의 꿈을 떠올리며 수필 공부를 시작했다. 여러 수필가의 좋은 작품을 접할 때면 가물었던 마음이 단비로 촉촉이 젖는다. 나도 글 한번 써 보고 싶다는 바람이 바라만 보고 동경했던 저편의 세계를 마침내 내 삶으로 끌어들였다.

간절함으로 시작한 글쓰기는 조금씩 내 생활을 변화시켜 주었다. 글을 쓰는 동안 자신을 돌아보게 되고 차츰 깊은 성찰의 시간도 갖게 되었다. 보고 느낀 것을 쓰고자 하니 사물을 좀 더 자세히 관찰하게 되었다. 관심을 가지고 오랫동안 보고 있으니 모든 것이 정다웠다. 세상이 어여쁘게 보이니 모처럼 마음에도 환한 햇볕이 들어왔다.

시인 마야 안젤로는 '인생은 숨을 쉰 횟수가 아니라 숨 막힐 정도로 벅찬 순간을 얼마나 많이 가졌는가로 평가된다.'라고 했다. 벅찬 순간은 그냥 주어지지 않는다. 마음을 열고 스스로 얻어내야 한다. 거창하지 않아도 소소함 속에서도 기쁨과 감사를 느낄 수 있는 따뜻하고 긍정적인 감성들이 모여 가슴을 벅차게 해 준다. 나무나 풀은 햇살과 바람, 비로도 속을 튼실하게 꽉 채우지만, 우리는 세월과 함께한 수많은 이들과 공유했던 경험의 순간들이 기억의 회로에 차곡차곡 쌓이면서 채워진다. 때로는 자연의 아름다움과 신비로움이 진한 감동을 안겨주기도 한다. 가슴 뛰는 순간들과 의미 있는 경험들이 많아질수록 우리의 내면은 풍성해질 것이다.

시간이 흐를수록 글쓰기는 생각보다 어려운 작업이란 걸 깨닫게 된다. 단거리가 아닌 장거리 경주이기에 욕심만으로 덤벼서는 안 될 것 같다. 그릇이 차야 물이 넘쳐나듯 내 속엔 글을 써낼 만큼 기본이 되어 있는가를 돌아보는 일부터 시작해야 할 것이다. 많은 체험과 충분한 독서로 내적으로 성숙해져 자기 정립이 되어 있는지를 살피며 차근차근 준비해야 하겠다. 글 감이 정해지면 어떻게 풀어나갈 것인가 생각하며 줄거리를 단락별로 엮어본다. 알맞은 어휘 선택은 또 얼마나 어려운가. 어느 정도 구성이 되면 먼 길을 떠나듯 마음을 다잡고 신발끈을 알맞게 조인다. 그리고 구도자의 숨결로 꾸준히 걸어가도록 한다. 공을 들이고 노력을 해야 소중한 것을 얻게 될 것이기 때문이다.

나는 누군가의 마음에 작은 감동을 주거나 공감할 수 있는 글, 가슴이 따뜻해지는 글을 쓰고 싶다. 그러나 아직은 부족한 글솜씨 탓에 변죽만 울리는 정도이다. 필력을 높이려면 생각의 지평을 넓히고 내면을 키우는 노력을 더 해야겠다. 무엇보다 부지런한 습작이 필수가 아닐까 생각한다.

봄이 되면 하루가 다르게 변하는 나무를 보면서 탄성이 절로 나온다. 앙상한 모습으로 혹독한 겨울을 견뎌온 나무, 버석거리는 소리가 날 만큼 메말랐던 가지가 수줍게 눈을 비비며 새순을 조금씩 밀어낸다. 나무는 새순이 돋아 잎으로 자라고 때가 되면 꽃이 피어 열매가 맺도록 온몸으로 햇볕을 맞으면서 비를 머금고 바람을 껴안는다. 물 위에 떠 있는 오리도 평화롭게 보이지만 보이지 않는 물밑에서는 많은 일을 한다. 글 쓰는 일도 많은 탐구를 하면서 준비하고 쓸 때는 정성을 다하려고 많은 노력을 한다. 힘들고 외로운 일이지만 나는 오늘도 묵묵히 길을 나선다.

내게 글쓰기는 평소에 다니지 않았던 새길을 걷고 있는 기분이다. 가보지 않았기에 늘 상상 속에만 존재하던 길을 어느 날 내가 걷기 시작했다. 새로운 길을 가다 보면 낯설고 두려워 주저앉고 싶어질 때 뜻밖의 친구를 만나기도 한다. 그건 기쁨이다. 그 기쁨은 팍팍한 현실과 고단한 삶을 말 없이 위로해 주고 등을 쓸어 주기도 한다. 글을 쓰면서 뿌듯하고 행복한 순간들도 많이 경험한다. 한 생명이 잉태되어 달을 채워 세상에 나오듯이 글쓰기 또한 내 속에 있는 경험들과 생각을 정리하여 적절하게 펼쳐 소생시키는 일이다. 잘 익은 글은 향기가 나고 맛 좋은 열매가 되지만 그런 글 한 편 건지려면 얼마나 많은 불면의 밤을 보내야 하는지.

가끔 나는 좋은 글을 쓰기에는 시간이 부족하고 여건이 안 된다고 푸념한다. 하지만 내 정성이 부족함을 탓해야 한다. 내 속에 있는 문제와 이유를 밖에서 찾고 변명을 늘어놓는 부끄러운 일이기 때문이다. 거북이걸음이지만 그래도 꾸준히 하자고 다짐한다. 아직도 하고 싶은 일과 열정이 있다는 것은 내게는 큰 축복이다. 글과 함께 발전하는 내 모습을 꿈꾸는 것도 행복한 상상이다. 간절함으로 시작한 초심을 잃지 않고 오랫동안 좋은 글을 쓰면서 벅찬 순간들을 자주 경험하고 싶다.

따뜻한 선물

김동희
2021. 12. 천료

갑자기 비가 내린다. 예고도 없었는데, 강변에 운동 나갔다가 별안간 비를 맞았다. 다행히 잠깐 오다가 멎으면서 어둡던 하늘이 해맑게 웃는다. 우산도 준비 안 했던 터라 모자가 쫄딱 젖었다. 우리네 살아가는 길에도, 예기치 못한 일이 일어나 황당하듯이. 빗물을 털어 본다. 손수건으로 물기를 닦고 고개를 들어 하늘을 살핀다. 언제 그랬냐는 듯, 새초롬한 하늘 표정이 밝아, 집에 들어가기는 싫다.

쑥부쟁이는 눈길 한 번 주지 않는 구석진 곳에 피었어도 비를 맞고도 의연하다. 주춤거리지 않고 가녀린 꽃잎이 다시 일어서려 애쓰고 있다. 제 몫을 다하려는 들꽃의 습성이 애잔해 온다.

둔치엔 잡풀들이 가득하다. 강변의 잡초 위엔 풀잎마다 빗방울이 구슬처럼 영롱하게 달린다. 물방울은 저녁 햇살에 투영되어 온통 보석을 뿌려놓은 듯 휘황찬란하다. 풀잎에 맺힌 빛나는 구슬, 그 구슬을 지나는 반짝이는 햇살. 금방울 은방울을 뿌려놓은 것 같아 강변은 무아지경이다.

“와-아” 이 순간 강변을 지나는 사람만이 볼 수 있는 아름다운 선물이구나. 내 영혼을 뛰게 한 황홀경에 빠져버렸다. 바라볼수록 행복하다. 재미있게 읽히는 한 권의 책처럼 눈을 뗄 수가 없다. 문득 졸음 같은 충만함을 느낀다. 우리 삶에 신기루 같이 찾아온 행복도 이럴까? 이 순간 여기에 서 있는 것만으로도 행운이다. 어머니 가시고서 사람들을 더 깊이 사랑하고, 삶을 더 넓게 바라보게 된 것 같은 따뜻한 선물이다. 감사가 넘치니 절로 흐뭇해진다. 혼자 보기 아깝다. 얼른 가까운 친구에게 전화를 걸었다. 진정 아름다움의 초대이다.

내 감성과 잘 맞는 친구가 헐레벌떡 뛰어왔다. 하지만 스르르 황홀경이 사라진 다음이다. 아! 하고 감탄하며 서 있는 사이 어느새 빛나던 보석들은 숨어버리고 말았다.

따끈한 가을볕에 고운 구슬들이 자취 없이 사라졌다. 찰나의 황홀경! 신기루 같다. 설레는 마음을 누르지 못해 호들갑 떨던 일이 머쓱해졌다. 선물 주려던 내 오지랖에 주눅이 들면서 미안해진다. 기회는 이처럼 순식간에 오는 건가. 그 순간을 놓치면 항상 이렇게 망연자실하게 된다. 긴긴 행복은 없는 걸까.

노자의 『도덕경』에 ‘족함을 아는 자가 부자다.’ 했다.

하지만 이렇게 순간순간 우리의 영혼을 기쁨에 떨게 하는 순간들은 얼마나 되었을까. 행복이란 잘 발견하지 못하고 지나치는 것인지도 모른다. 삶이란 과정의 자잘한 체험들 속에 숨어 있기 때문인가. 다만 그것이 짧아, 오래 머물지 못하는 인생의 오묘한 맛을 조금은 알 것 같다. 행복은 역시 계획대로 안되는가 보다. 푸른 잎도 언젠가는 낙엽이 되고 눈을 부시게 하던 꽃들도 마침내 떨어지는 게 아닌가. 이 세상에 영원한 것은 없는 거라는 걸 새삼 깨닫는다.

기다리지 않아도 시간은 강물처럼 흐른다. 그런데도 우리 인간은 기다리고 또 기다리게 된다. 우리 인생은 짧고 시간은 쉬지 않고 흘러가는데도.

‘어리석은 자는 멀리서 행복을 찾고 현명한 자는 자신의 발치에서 행복을 키워 간다.' 한다. 인생에 대한 넉넉한 관조는 내공 없이는 불가능하다. 다른 사람의 생각에 공감할 수 있는 여유는 귀한 것이 아닌가.

눈 앞에 펼쳐진 황홀경에 넋을 빼기고 나니 갑자기 젖었던 몸이 추워진다. 친구와 오래 걷지도 못하고 들어오게 되었다. 그래도 친구는 콧바람이 좋다며 싱글벙글이다.

말라가는 풀들이 서걱이며 쓸쓸함을 채운다. 강변을 걸으며 바라본 저녁 햇살은 잊을 수 없게 되었다. 잿빛 같던 내 마음에 한줄기 생명의 환희를 불러 준 선물이다.

'노래 부르기 좋아하는 사람은 언제 어디서나 노래를 발견한다.'라는 스웨덴 속담이 있다.

오늘은 멋진 노래를 감상한 행운의 날이다. 살아가면서 역경이란 신(神)이 내린 시험이 아닐까 생각된다. 그 시험을 통해 사람은 성숙해진다. 오늘 갑자기 맞은 한줄기 소나기도 시험이라는 생각을 해 본다. 내 영혼을 뛰게 하여 준 찰나의 황홀경이었다. 그 짧은 순간이 내 삶에 깨우침을 얻게 한 따뜻한 선물이었다. 살면서 이런 기회를 몇 번이나 잡을 수 있을까.

냇가에서 고운 정경을 한없이 바라보았던 그 순간이 내 맘속에 긴 여운으로 남는다. 그 찬란함이 보고 싶고 그립다. 그래, 나도 내 잃어버린 시간들을 되찾자. 내 인생길에도 어김없이 노을이 찾아든다. 마지막 저문 노을을 미소로 품을 수 있는 사람이 되었으면 좋겠다. 타들어가는 석양의 해넘이를 지켜보듯 행복했던 순간들만 기억하자.

내 영혼이 즐거웠던 아름다운 기억들을 틈틈이 엮어 가자. 내 고적할 노년을 위해. 새들이 보금자리를 찾아 드는, 저녁 무렵 같은 평화를 줄 것이다. 비가 끝난 하늘이 명쾌하다. 시냇물 소리, 바람결도 청량하다. 갑작스러운 비는 따뜻한 선물을 촉촉이 안고 오나 보다. 내 사유를 깊게 한 깨우침과 함께.

나는 영원한 미스 고

고 진 숙
2022. 1. 천료

미스 고가 보고 싶다는 아줌마의 문자를 받자마자 바로 연락을 드렸다. 전화기 너머로 들려오는 목소리는 오랫동안 시간이 흘렀지만 예전 그대로이다.

아줌마와 처음 만난 건 1985년 내가 이십 대 후반이었을 때였다. 충정로 근처 디귿자 형(型)의 한옥에서였는데, 시골에서 올라와 처음으로 자취를 하며 살던 집이었다. 아줌마의 집은 넓은 마루에 피아노까지 있어서 그곳 분위기에 익숙하기 전까지는 아줌마가 주인인 줄 알았다. 나와 똑같은 세입자였다는 것은 나중에 친해지면서 알게 되었다.

아줌마는 아저씨가 직장을 다녀도 생활비가 부족했는지 서점을 운영했다. 초등생인 큰딸과 막내아들을 학교에 보내고 나면 온종일 서점에서 보냈다. 아저씨가 일찍 퇴근하는 날은 아저씨가 아이들 저녁을 챙겨주었지만, 그렇지 않은 날이 많았다. 서점 문 닫는 시간이 밤 열 시라 아이들끼리 지내는 것이 걱정이었다. 그런 날은 내가 서툰 솜씨로 아이들이 좋아하는 카레밥을 해 주거나 떡볶이 같은 것을 만들어서 챙겨주었다. 숙제도 봐주고 재미있는 놀이도 했다. 친해지면서 아이들은 자연스럽게 나를 “미스 고 언니, 누나!”라고 불렀다. 막내아들은 초롱초롱한 눈을 반짝이며 “미스 고 누나는 미스코리아보다 더 예뻐!” 하고 말하곤 했다. 캄캄한 밤에 어린 두 남매만 있었더라면 무서웠을 시간. 그 시간을 함께해 준 ‘미스 고 언니, 누나’가 엄마 손길만큼은 못해도 위로가 되었던 모양이다. 아주머니는 나를 한식구처럼 대해주었다. 식사할 때면 함께 불러 밥을 함께 먹게 해 주었다.

나는 직업도 없이 지내던 터라 틈만 나면 아줌마네 책방으로 갔다. 취직하고서는 퇴근길에 꼭 들러오곤 했다. 쉬는 날에도 서점으로 출근하다시피 했다. 새로 나온 잡지와 책을 읽고 있으면 가진 것이 없었지만 책을 한 장 한 장 넘길 때마다 배가 부른 듯했다. 아줌마는 마치 내 외로운 영혼을 채워주려는 의무를 띤 사람 같았다. 어느 날은 성경책을 주면서 “미스 고가 교회를 다니면 내 마음이 너무 기쁘겠다.”고 했다. 누구의 도움 없이 혼자 비티고 있는 내게 뭔가 해 주고 싶어 하는 아줌마의 정이 진하게 가슴속을 파고들었다. 아줌마를 따라 교회를 다니기 시작했다. 새벽 기도에도, 주일에도, 오산리 기도원에도 늘 동행했다. 그렇게 열심히 다니던 교회는 아주머니와 헤어지면서 멀어졌다. 지금은 불교 신자가 되었지만, 그때 믿음의 싹이 텄던 것 같다.

아주머니도 참 외로웠나 보다. 누구에게도 말 못할 사연이라며 내겐 자주 넋두리처럼 하곤 했다. 착하게만 보이던 아저씨는 자주 사고를 쳤던 것 같다. 서점에서 발행했던 만기 회수된 가계수표를 사용했고, 도박벽도 불쑥불쑥 나타났다. 어떤 날은 월급봉투를 술집에 몽땅 털리기도 했다. 아줌마 마음은 폭폭 썩어 들어갔다. 그 모든 일은 아줌마가 감당해야만 할 몫이었다.

그러다가 그곳이 재개발되면서 아주머니네와 헤어져야 했다. 아주머니는 은평구 응암동 쪽에 자그마한 빌라를 마련해서 갔다. 전세 살았던 집보다 좁아 보였지만 내 집이라며 좋아하던 모습이 눈에 선하다. 나는 외삼촌이 살고 있던 지금 이 동네로 이사했다. 일하면서 여성이 전문적으로 할 수 있는 일, 내가 하고 싶은 일이 무엇인지 고민하다 보니 궁퉁이가 생겼는데 책과 관련된 일이었다. 출판사에 취직하여 마케팅 일을 하면서 출판에 관련된 공부를 배워갔다. 아줌마도 나도 바쁘게 지냈지만 짬짬이 만났다. 그럴 때마다 아줌마는 '미스 고'가 잘 살아가고 있는 모습이 보기 좋다고 늘 칭찬을 아끼지 않았다.

아줌마의 생활은 여전히 나아지지 않은 눈치다. 아이들 등록금이 부족하다는 이야기도 가끔 했다. 무리를 했는지 쓰러져 수술까지 받고 죽을 고비를 넘기기도 했지만 어려움을 잘 넘겼다. 이제는 아이들도 다 짝을 찾아 보내고, 믿음 생활도 잘하며 지낸다고 했다. 아줌마는 아팠던 흔적을 느낄 수 없을 만큼 건강해져 아저씨와 행복한 노후를 보내고 있다.

아줌마나 나나 서로 의지하며 꿋꿋하게 버텨낸 시절이었다. 아저씨 대신 가장의 자리를 끌어가느라 힘든 시간을 보내면서도 세상 물정 모르던 사회 초년생이었던 나를 한식구처럼 대하며 다독여 주었다. 캄캄한 저녁, 아이들과 함께했던 시간도 내가 더 큰 위로를 받았던 시간이었다. 아주머니는 울타리 같은 존재였다. 살면서 네 잎 클로버처럼 찾아온 첫 번째 행운이었다. 이제는 서울이 고향인 것처럼 느껴진다. 고향을 떠난 내가 흔들림 없이 뿌리를 내릴 수 있었던 것도 순전히 아줌마 덕분이다.

아줌마를 생각하면 늘 먹먹해진다. 지긋지긋하고도 신산했던 그 시절을 봄날 같은 날로 기억할 수 있게 해 주니까. "미스 고!"는 영원한 내 삶의 지표다.

여름이 다 가기 전에 아줌마가 좋아하는 열무국수라도 먹어야겠다.

넷째로 태어나

최 정 옥
2022. 3. 천료

세상 만물은 생성(生成)과 소멸이 있게 마련이다. 그러다보면 자연히 순번이 정해진다. 첫째, 둘째가 정해지지만 자신이 마음대로 순서를 고를 수는 없다.

우리나라 역사를 보면 첫째인 장자의 권리는 대단했다. 왕실에서는 첫 번째 왕사난이 용상에 앉을 수 있었다. 그 왕자가 아닌 다른 왕자가 출중하면 궁중에서 비극이 일어나기 마련이다. 장자로 태어난다는 것은 행운이지만 동생보다 모자란다고 느끼는 형은 자신의 권리 주장을 못한다고 생각해서 고민이 많았을 게다.

이토록 처음이라는 것은 대단히 중요했다. 보통 가정에서도 장남이 부모의 재산을 몽땅 물려받을 권리가 있었다. 물론 지금은 모든 자녀들이 똑같이 부모님 유산을 나누어 갖는 법을 제정했다. 이런 평등한 권리가 생긴 역사는 얼마 되지 않는다.

내가 자란 환경도 마찬가지다. 나는 우리 집에서 네 번째이다. 오빠 두 분 다음은 언니이고, 그리고 남동생과 여동생 이렇게 육 남매 속에서 자랐다. 남자가 우위였던 육십여 년 전의 이야기다. 그 어려웠던 시절에 나는 늘 편파적인 취급을 받으면서 자랐다. 여자가 하대 받는 속에서 네 번째인 나는 한의 응어리를 키워가며 살았다.

가세가 넉넉하지 못한 터라 늘 학자금이 부족했다. 매달 주는 월사금은 제일 먼저 큰오빠, 그다음 작은오빠, 언니까지 차례로 받고 나면 그때부터 나는 초조하게 기다려야 했다. 그런데 그 네 번째 월사금을 받는 것도 내가 아니고 남동생이었다. 남자가 우위인 시절이었으니까.

다섯 번째도 내 차례는 아니었다. 여동생은 막내니까 귀염둥이라서 마냥 기다리게 할 수 없었다. 제일 끝에 받는 것이 의례히 넷째인 나였다. 그래도 불평 한번 못하고 애태우며 한없이 기다려야만 했다.

생활 형편이 어려웠던지라 육 남매 모두에게 학자금을 한꺼번에 줄 수는 없었다. 그래서 우리는 여유가 있을 때마다 학비를 받는 형편이었다. 나는 중간고사, 기말고사 때까지 항상 미납자가 되곤 하였다.

그 시절에는 담임선생님이 월사금 거두는 일까지 할 때였다. 월사금을 기한 내에 납부해야 정상인데, 그러지 못한 탓에 늘 주눅 들어 지내야 했다. 밀린 월사금 때문에 담임에게 문제 학생으로 찍히기 마련이었다. 친구들은 다 시험공부에 열중하고 있을 때 나는 교무실 담임선생 책상 앞에서 무릎을 꿇고 벌을 서야만 했다. 왜 학생인 내가 월사금 미납으로 벌을 받아야 하는가? 서럽고 억울했다. 그리고 교무실에 계신 선생님들을 보기도 창피했다.

감수성이 예민한 여학생 시절 내 모습은 초라하기 그지없었을 게다. 자존심 상하는 일이기도 했다. 그렇다고 학교를 그만 둘 생각은 전혀 하지 못했다. 성격은 점점 어두워져 갔지만 세월이 지나면 내게도 좋은 시절이 오리라는 희망은 잃지 않고 살았다. 그 시절 귀한 대접을 받는 첫째가 부러웠고 사랑을 듬뿍 받는 막내가 한없이 부러웠다. 앞쪽에서도 중간이고 뒤쪽에서도 중간이 되는 넷째는 하찮은 존재일 뿐이었다.

편파적 사랑을 주는 것은 어머니가 더 심했다. 아버지께서는 차례 관계없이 딸들을 사랑하셨다. 나에게는 영리하다며 특히 사랑을 주셨다. 중학교 합격자 발표를 친히 보러 와서 축하해 주시던 기억이 새롭다. 그러던 아버지께서는 고등학교 일 학년 때 갑자기 돌아가셨다. 그로부터 나는 더욱 외로웠다. 세상 누구도 내 편은 없었기에 용돈은 자신이 해결하면서 열심히 살았다.

어머니란 말은 세상에서 가장 아름다운 단어로 꼽는다. 나는 솔직히 어머니는 단어로만 좋아하고 실제 사랑을 주던 어머니의 모습은 떠오르지 않는다. 너무나 아들만을 사랑하던 어머니였기에….

지금 나에게는 세 자녀가 있다. 그들에게 사랑을 똑같이 나누어 주려고 항상 부단히 노력했다. 지금 그 아이들이 집안 대소사를 똑같이 나누어 하면서 불평 없이 시모 긴에 친밀하게 지내는 모습을 보면 내 노력이 헛되지 않았음을 느낀다. 결혼하여 어머니가 된 지금도 어린 시절 내 어머니를 도무지 이해할 수 없었다. 언젠가 집에 오신 어머니께 나도 자식인데 왜 그토록 무관심했냐고 물었더니 하시는 말씀이 신경 안 써도 뭐든 혼자 잘 해결하기 때문이란다. 나의 빈틈없는 성격 탓이란다. 어린 시절 사랑을 베풀어주는 애잔한 어머니의 모습을 기억하고 싶은데….

여느 집에서는 딸이 아기를 출산하면 친정어머니가 산후조리를 해 주셨다. 내게는 그런 애틋한 추억이란 것도 없다. 그래서 항상 아쉬움으로 남아 있다.

이제 내가 돌아가신 어머니 나이가 되고 보니 효도 한번 제대로 한 적이 없었던 것 같다. 살기 바빠서 늘 미루기만 했다. 출가한 딸인 내 집에 자주 오셨던 기억이 떠오른다. 나를 사랑해서 보고 싶으셨던 것일까? 넷째로 클 때 무관심했던 모습은 당신의 딸에 대한 독특한 사랑법이었나 보다.

사랑은 냄새도 없고 맛도 모르며 빛깔도 없고 모양이 어떤지도 모른다. 어머니의 나에 대한 사랑은 관심을 두지 않는 것, 그래서 내가 일찍 자립할 수 있도록 하는 것이 사랑 표현이었는지 모른다. 신은 모든 사람들에게 일일이 사랑을 줄 수 없어 어머니를 대신 세상에 보냈다고 하지 않던가? 세상 모든 어머니는 햇볕이 대지를 비추듯 모든 자녀를 사랑으로 물들게 한다.

언제 어디서나 어머니를 생각하면 코끝이 찡하다.

오디션을 세 번이나 봤지만

강일권
2022. 4. 천료

TV에서 「미스트 트롯」을 한동안 열심히 보았다.

오디션에 참가한 젊은이들의 치열한 경쟁에 열광했고, 운집한 관객과 현란한 무대에도 전혀 기죽지 않고 자신이 갈고닦은 실력을 극대화하는 장면은 참으로 대단했다. 그들의 공연은 정말 훌륭했고, 지금도 진행 중이지만, 나에게는 오래진 애틋한 화면과 진한 아쉬움을 불러와 이제는 보고 싶은 마음이 사라졌다.

나도 내 생애 트로트 가수의 잠재력을 인정받은 오디션(?)이 적어도 세 번은 있었는데, 나는 그때 뭘 했는지 반추하게 된다.

내 가수 자질의 첫 번째 발현은 초등학교 6학년 때다. 소 꼴 먹이러 산에 갔는데, 다른 소는 주위에 보이지 않고, 우리 소만 동떨어져 있어 노래로 파적을 삼았는지 모르겠다.

오후 따사로운 햇볕을 비스듬히 받으며, 소는 열심히 풀을 뜯고 있고, 무료한 나는 밭 돌담에 등을 기대고 서서 조용히 노래를 부른 것 같다.

'아, 목동들의~' 하는 대니 보이다.

그런데 노래가 끝날 즈음, 옥수수밭 한가운데서 인기척이 났다. 동네 누나였다. 미소를 띠며 천천히 돌담으로 다가온 누나는 '니 노래 잘하네!' 하며, 한 번 더 불러 보라고 하는 게 아닌가.

갑자기 노래를 더 부르라는 말에 나는 당황스러웠고, 또한 누가 내 노래를 몰래 듣고 있었다는 사실이 부끄러웠다. 그렇지만 내심 난생처음, 내 노래를 알아주는 사람이 있다는 것에 가슴이 뿌듯한 느낌도 들었다.

두 번째 자질의 검정은 고등학교 때, 자습 시간이다. 통제되지 않은 교실은 마치 도떼기시장을 방불케 했다. 나는 책상에 앉아 오른손으로 턱을 괴고, 노래 한 곡을 흥얼거렸다. 무심결에 부른 노랜데, 옆에 앉은 친구가 '야, 너 그 배호 노래? 한 번 더 불러봐라' 하는 것이 아닌가. 이 친구가 유심히 나를 경청하고 있었던 모양이다.

남 앞에서 주눅 들지 않고 부를 숫기는 없었던 터라 사양했다. 그러나 거듭된 강요에 못 이겨 교단 위로 올라가서 그 노래를 다시 불렀다. 이왕 부르는 김에 이놈들에게 내 실력을 확실히 보여주자는 속내도 조금은 있었다.

노래가 시작되자 시끄럽던 실내가 갑자기 조용해지고, 끝나자 박수가 우렁찼다. 어수선한 교실 분위기를 내가 노래로 전환하고자 하는 것으로 착각하고, 그 용기에 박수를 보냈는지, 아니면 진짜 배호처럼 불러서 박수로 화답했는지는 잘 모르겠다. 사실 노래를 끝낸 나는 자신의 열창에 짜릿한 희열을 느낄 정도였다. 그리고는 그게 다였다.

배호 노래는 내가 가장 잘 부르는 트로트인데, 그럴 만한 이유가 좀 있었다.

고1 때 대학을 갓 졸업한 예쁜 음악 선생님이 오셨다. 성악 전공인 선생님은 1주에 한 번 있는 음악 시간에 반드시 두 곡씩 가르쳐 주셨다. 음악 시간이 되면 선생님에 한 발짝이라도 더 다가가 앉으려는 학생들의 열기는 뜨거웠고, 그 열기는 고스란히 가창력으로 치환되어 학기 말 발표 수업에서 선생님을 놀라게 했다. 그 이전도 그 이후도 그렇게 열심히 노래를 배워 본 적이 없다.

나는 젊음의 열기와 향기까지 묻혀 온 가곡을 같이 자취하던 재수생, 동네 형님께 가르쳤고, 호혜로 배호 노래를 물려받았다. 형님은 배호 노래를 정말 잘했다.

통영 문화동 적산가옥의 북쪽 음침한 다다미방에서 수행한 리허설은 일요일이 되면 시원하게 탁 트인 대청마루와 큰 방으로 옮겨졌다. 마루에 우뚝 서면, 우측으로 중앙동 능선, 좌측으로 꽃집과 그 너머로 통영초교와 북신동이 병풍처럼 둘러섰고, 앞으로 남망산과 강구안이 굽어보여, 무대는 가히 환상적이었다.

나전 칠기 하는 젊은 주인도 노래를 무척 좋아해, 대청은 무대로, 큰 방은 노래방으로 자연스럽게 이용할 수 있도록 했고, 그는 형과 듀엣으로 노래를 부르기도 했다. 평화롭고 따스한 휴일, 온 집안은 노래의 향기로 가득했다. 10월에 형님이 소원을 이뤄 떠나기 전까지는.

톱스타가 사라진 무대는 처연한 신세로 전락했고, 노래는 오랜 세월 세파(細波)에 묻혀 버렸다. 그러나 우리 인생에서 삼세번은 어디엔가 예비해 두고 있다. 까마득한 두 번의 무대를 뒤로하고, 어느 날 세 번째 무대가 펼쳐졌다.

어느 조직이든 연말이면 송년회를 한다. 실습선 근무 시절, 선원들과 횟집에서 회를 시작한다. 먹고 마시고 하다가 형님, 동생 소리가 불쑥불쑥 나오면 국면 전환이 필요한 시점임을 금방 알아차려야 한다.

2차로 노래방이다. 장내가 정리되면 의전상 나에게 먼저 한 곡 권한다. 그러나 두 번째 마이크는 언제 돌아올지 기약이 없다. 식구가 많다보니 그렇기도 하거니와 술로 정신이 박약해진 사회자가 선장은 안중에 없고, 자기 멋대로 마이크 권을 행사한다. 마이크 타령을 하고 싶지만, 지금은 술이 계급장을 다 떼어버렸는데, 무슨 마이크냐고 반문하면 할 말이 궁색해질 소지가 다분하다.

그래그래, 니들끼리 많이 많이 불러라. 항해사에게 귀띔하고, 짐짓 화장실 가는 몸짓으로 자리를 뜬다. 술이 거나하게 되었으니, 일단 집 가까이는 가야 한다. 우리 아파트 앞에는 둘러봐도 노래방은 없고, 멀리 전광판이 하나 눈에 들어온다. 혼자 노래방에 왔다는 것이 좀 쑥스럽지만, 불콰한 주기로 덮었다.

일단 1시간을 넣고 불렀다. 혼자서 부르니 그렇게 좋을 수가 없다. 아무도 마이크 빨리 돌리라고 않지, 노래나 표정이나 몸짓에 대해 이렇다 저렇다 신경 쓸 이유가 없지, 점수를 매기지 않지, 내 절대 공간이다. 언제 시간이 갔는지, 1시간 더 추가했다. 2시간을 부르고 나니 이제 대충 마쳐도 될 시간인데, 아직 20분이 남아 있다.

이건 다 불러야지. 몇 곡을 더 부르고 나니 목소리가 칼칼해진다. 그런데 시간은 여전히 20분을 남기고 있다. 시간이 아까워 또 불렀다. 그런데 20분은 아직 그대로 있다. 무슨 일이지? 주인을 불러 기기에 이상이 생겼다고 전했다.

그때야 실토한다.

"노래가 더 듣고 싶어 자꾸 넣었어요."

응? 하, 이 얼마나 듣기 좋은 말이더냐. 여주인도 배호 노래를 무척 좋아한단다. 그러더니 이제 진짜 마지막이라고 하며 20분을 더 넣어준다.

박수갈채를 보내는 관객을 만났는데, 모가지가 쪼개진들 대수냐.

죽으라고 더 불렀다. 그리고 무대를 떠나는 등 뒤로 내 팬은 이렇게 말했다.

"자주 오셔서 배호 노래 좀 들려주세요."

목이 갈라져 다음날은 종일 묵언수행 했다.

이제는 세월 따라 목이 건삽(乾澁)해져 서걱서걱하는 가을바람 소리가 난다. 나는 남들이 가지지 못한 특별한 능력 하나를 가지고 있다. 나쁜 머리에 한 번 들어와 박히면 긴 세월에도 결코 녹여내지 못하는 강기(強記)다.

세 번의 오디션을 보고도 아무런 행동을 하지 않은 아쉬움이 돌에 새겨져 있다.

'간절함도 없었으면서 꿈도 야무지다.'라는 말과 함께.

말년운

김병기
2022. 4. 천료

"자네 운을 믿나?"

"무슨 소린가. 갑자기 운이라니."

"아하, 누군 운이 좋아 출세하고 운 나빠서 감옥도 가고 그렇지 않던가."

"어허 자네 지금 정치 얘기하는가."

"아니, 그냥 하는 얘기네."

"무슨 소린가."

"아, 시간이 나서 운을 조금 공부했다네."

"퇴직하시니 한가하다는 말씀인가, 자네."

"그래, 자네 운을 한번 보겠나?"

"됐네 이 사람아, 이 나이에 무슨 운을 봐."

"궁금할 텐데 한 번 보는 것도 괜찮지 않나?"

"그래, 한 번 봐 주게."

"초년운, 중년운, 말년운, 어딜 알고 싶나?"

"아니 자네 날 놀리나, 이 나이에 말년운을 보지 지난 년을 왜 보나."

"지난 년이라니, 지금 부인 말고 다른 여자가 예전에 자네에게 있었나?"

"허허, 놀리지 말게. 그래 말년운을 봐 주게."

"초년, 중년 없이 말년운만 보겠다고, 지금 자네 초년 아닌가."

"자네. 왜 이러나, 초년이라니."

"늘 시작하는 해가 초년 아닌가, 처음 시기를 말하는 것 아닌가."

"어허 말장난 말고, 봐 줄 거야 말거야?"

"뭘 알고 싶나? 안다고 좋은 일이 있을지 나쁜 일이 있을지 모르는데."

"자네 날 놀리나? 운을 봐 준다더니 무슨 얘기야."

"그래. 초년, 중년, 지내고 말년인 우리가 무슨 운을 믿고 더 좋을 게 있다고 알고 싶어 하는지, 그냥 해 본 얘기네."

"참. 서운하네, 자네, 무슨 큰 덕 볼려고 한 게 아닌데 그런 소리를 들으니 섭섭하네."

"그래, 미안하네. 보통 운은 초년운, 중년운, 말년운, 3개로 운을 잡네."

"그래, 그게 무슨 의미가 있는가."

"아니, 3개라는 얘기지, 큰 뜻은 없다네."

"무슨 얘기야 그게."

"사람마다 달라 그렇다는 얘기지. 마흔에 세상 떠난 사람, 일흔에 떠난 사람, 초년, 중년, 말년을 잡기 어렵다는 얘기지. 불행하게 고등학교 학생이 세상을 떠나기도 하니."

"무슨 얘기를 하려고 그래?"

"운도 3개로 정리하는 우리 삶이라, 3을 말하고 싶어서."

"에이, 왜 이래? 팔팔주점 삼삼하게 생긴 아줌마 얼굴이 삼삼해서 하는 소리여."

"아니, 3은 하늘, 땅, 사람이, 해, 달, 지구가, 아버지, 어머니, 자식이 어울려서 그려"

"무슨 얘기여, 자네."

"지구에 발붙이고 사는 우리가 3으로 산다는 생각이 들어서 그래."

"그게 무슨 소리여?"

"자네와 내 얘기라네."

"무슨 얘긴데?"

"자식으로, 부모로, 조상으로 살아간다네."

"그게 무슨 얘기여?"

"30년 동안 부모님 자식으로 홀로서기를 배우지, 30년은 부모 노릇으로 배운 것을 자식에게 가르치지, 그 뒤에는 할아버지, 할머니라는 조상으로 사는거지."

"허허, 그게 무슨 소리여?"

"아버지, 어머니를 부르며 사는 30년, 아버지, 어머니 소리를 듣는 30년을 지나면 환갑이 되지, 갑으로 되돌아오지, 육십갑자, 예순, 여섯 순으로, 60살이 되지, 그 뒤로는 할아버지, 할머니라는 조상으로 물러날 시간이 되는 거지."

"어허 자네 왜 그래? 아직 한창인 땐데."

"맞네, 자네 얘기가. 한창이지. 늘 한창으로 사는 게 우리 삶인데, 그렇다고 그래, 한창 잘 나간다고, 그래."

"어허 한창인데, 한창이 한 번이네, 이제 보니."

"그렇다네, 자네와 나, 늘 한창이네, 그리 살아왔지, 그래 자네 운을 믿나, 말년운을 보고 싶나?"

영혼이 절규한다면

박봉희
2022. 4. 천료

올해 칠십육 세 되신 오빠는 코로나에 걸려 새벽에 기침만 심하게 하시다가 그만 돌아가셨습니다. 지병인 당뇨에 주사 알레르기로 인한 백신 예방주사를 맞지 않는 것이 치명타였으며 보건소에 가서 진단키트 결과를 내일로 기다리던 중 새벽에 안타깝게 가족과 생이별을 하고 말았습니다.

거의 한평생을 오로지 가족만을 위하여 헌신적으로 일에만 전념하다시피 하다가 세상을 떠났습니다.

사랑하는 가족과 아무런 말도 한마디 나누지 못하고 입은 옷 그대로 119에 실려 영안실에서 3일 동안 대기 후 장례를 치를 수 있었습니다.

그때가 오미크론이 한창 확산되던 3월 초여서 화장장이 없어서 순번을 기다린 후에야 장례를 치렀습니다.

이승과의 아무런 준비도 없이 세상을 떠나 정신을 차렸을 때는 이미 저세상에 가 있었으니, 영혼이 볼 때는 얼마나 황당했겠으며, 가족이 보고 싶어 애를 태웠을지… 돌아올 수 없는 강 언덕에 앉아 하염없이 아내와 가족의 이름을 부르며 "소라야! 지훈아! 내가 왜 여기에! 이기 아닌데!"라며 절규하듯 가족의 이름을 부르며 소리도, 대답도, 들리지 않는 허공을 바라보며, 혼비백산된 영혼은 잽싸게 날아와 살던 집 창문을 두드리며, 맥없이 창가에 기대어 오가는 가족의 모습을 바라보며 낙심하지는 않는지….

부모님처럼 의지하며 인정 많던 오빠를 이젠 영영 볼 수 없다는 허탈감에 빠져 먼 하늘만 바라보았습니다. 죽음이 임박하였을 때 가족을 보며 서로 헤어짐을 가졌던 시간이 그나마 고마웠던 시간으로 기억되어 코로나 오기 전의 장례 풍속도를 떠올려 봅니다.

바이러스에 감염된 환자로 분류되어 어떻게 싸서 바이러스로 보낸 줄도 모른 채 그냥 그렇게 허망하게 이 세상을 떠나게 되었으니, 가족의 입장에서도 황당하기 그지없는 허무함이었습니다,

먼 나라 남의 나라 이야기가 아닌 나의 이야기가 되어 오래전에 돌아가신 친정어머니의 죽음도 떠올랐습니다.

하루 만에 식중독으로 돌아가시기 직전, 의식이 있었던 상태에서 "우리 집 장롱 밑에 돈 많이 있으니, 나 좀 살려 달라"고 절규하듯 애원하셨답니다.

한 인간의 개인적인 욕심으로 만든 오빠의 죽음은 심하게 견디기 힘든 기침만 하다가 가셨는데, 엄마의 죽음이 위로가 되는 것은 무슨 연유일까요? 뜻하지 않게 만난 모자(母子)는 서로 부둥켜안고 어리둥절해하고 있을는지.

오빠의 영혼을 달래기 위하여 매일 밤 위령기도를 하며 영원한 안식을 비니까 그나마 마음의 치유는 조금씩 옅어져 갑니다.

지금의 시대에는 전혀 예상 밖의 죽음이 기다리고 있으니 미리부터 이별을 위한 준비도 갖추어 놓아야 되겠습니다.

이제 제가 걸어온 수없는 발걸음에 인내를 주셨고, 가정에 화목을

주셨으니 감사할 따름입니다.

나이를 먹는다는 것은 죽음으로 한 발짝씩 다가가는 초연의 삶으로 먼저 가신 가족과 재회의 기쁨을 나눌 수 있다는 희망 속에, 내 영혼이 절규하지 않고 가벼이 날 수만 있다면, 주변을 따뜻하게 데워가는 마지막 행보에 정성 쏟겠습니다.

이기 아인데, 이것이 아닌데….

한 장의 사진을 보면서

박찬숙
2022. 4. 천료

얼마 전 고향 친구가 사진을 하나 보내왔다. 고창 청보리밭 사진이었다. 푸른 보리밭을 생각하고 갔는데 가서 보니 반청 반황이더란다. 벌써 보리가 누렇게 익어가는 모습이었다. 하기사 금년은 6월 5일이 보리 망종으로 이 주일 정도 남았으니 그럴만도 하겠다.

오늘은 남도지역 출사다. 원래 고창 청보리밭으로 출사 가려다가 이끼 계곡으로 방향을 바꾸었다. 이른 새벽 열차를 타고 가면서 보는 차창 밖의 풍경은 평온하고 몽환적이다. 때마침 새벽안개가 도시 속에서 떠오르는 태양과 어울려 환상적인 빛을 연출한다. 어렸을 때 저 몽환적인 안개 속으로 아버지가 쟁기 지고 소를 몰고 가는 풍경이 눈에 선하다. 이제 그런 전원 풍경은 꿈속에서나 볼 수밖에 없게 되었다. 대부분의 농촌은 도시화되어 아파트가 들어섰기 때문이다.

열차가 두 시간 정도 지나니 넓다란 평야지가 보

인다. 만경 평야의 한쪽 자락을 열차가 지나간다. 스마트폰을 꺼내 셔터를 눌렀다. 보리가 누렇게 익어가고 일부 논에는 보내기 준비하느라 논에 물을 대고 분주한 모습이다.

전주에서 내려 동료(홍민기 작가)를 만나 굽이굽이 돌고 돌아 완주 만덕산 아래에 있는 계곡을 찾았다. 계곡엔 최근에 비가 많이 와서 수량이 풍부하다. 이끼와 하얀 물줄기가 연출하는 풍경은 한 폭의 수묵화가 되기에 충분하다. 계곡 입구에 들어서니 모기, 날파리 등이 먼저 반긴다. 손으로 그들을 쫓아 내기 바쁘다. 혹시나 해서 긴팔을 입고 온 것이 다행이라는 생각이 든다. 도착 첫 장소부터 열심히 카메라 셔터를 누르니 시간이 지체된다고 저 위 더 좋은 데가 있으니 대충하고 빨리 올라가잔다.

홍 작가는 최근 비가 많이 와 수량은 풍부하나 이끼가 물줄기에 씻겨가 기대하던 이끼가 아니라고 안타까워한다. 그래도 처음 찍어보는 이끼 계곡이라 초보 진사인 나는 셔터를 누르는 것만으로도 행복하다. 골프를 처음 치러 필드 나가는 것을 머리를 올린다고 한다. 처녀가 시집가면 머리 올린다고 하는데 처음 골프 치러 가는 것이 신부가 시집가는 것처럼 가슴이 설레기 때문이란다. 뭐 꼭 그것하고 똑같다고는 할 수 없으나 이끼 계곡에서의 첫 출사는 머리 올리는 것 하고 비슷한 기분이다.

너무 들떠서일까? 계곡을 따라 올라가다 바위에 낀 이끼에 쭉 미끄러져 어이쿠 소리와 함께 그대로 앞으로 고꾸라진다. 그 와중에 오른손에 든 카메라는 물밖에 두고 왼쪽으로 넘어졌다. 왼쪽 무릎이 계곡에 있는 바위에 부딪혀 쓰라리고 아프다. 신발은 물에 잠겨 물이 흥건하다. 잠시 한적한 곳에 자리 잡고 신발 속의 양발을 벗어 쥐어짜니 물이 한 사발은 나온 것 같다. 다리 쪽 바지를 들쳐 보니 왼쪽 무릎이 세 군데, 오른쪽 무릎이 한 군데 타박상이다. 이제사 쓰라리고, 아픈

게 더 크게 다가온다. 그런데 카메라는 멀쩡하다. 불행 중 다행이라고 할까? 문득 여자분들이 명품백을 들고 길을 가다가 비를 맞을 때 가방을 머리에 이고 가면 그 가방은 짜가요, 가슴에 안고 가는 것은 진품이라는 말이 생각나 피식 웃음이 나온다. 몸은 다쳤어도 카메라가 멀쩡해 다행이라고 생각하다니….

정신없이 사진을 찍다 보니 어느새 12시가 지난다. 인근에 있는 화심순두부 집에 갔다. 60년 전통이라는 원조순두부 집이다. 점심에 먹는 화심순두부의 얼근한 맛에 가슴이 훈훈하다. 글자 그대로 화심(和心)이다.

두 번째 가 보는 곳은 위봉폭포다. 도로에서 그리 멀지 않은 곳에 있다. 깎아지른 듯한 곳에 폭포 아래쪽으로 데크로 길이 잘 나 있어 많은 사람들이 즐겨 찾는다. 폭포의 물줄기가 시원하다. 대략 30미터는 되는 것 같다. 폭포도 구경하고 이끼도 찍고 일석이조다. 위에서, 옆에서, 아래쪽에서 사진 찍기에 바쁘다. 한참을 찍다가 더 좋은 곳을 찾아 폭포 아래 계곡으로 내려가려고 보니 경사가 가파르고 바위에 물기가 많다. 발걸음을 옮기려니 다리가 후들거린다. 나이 들면 제일 먼저 다리부터 허약해진다더니 그 말이 맞는 것 같다.

홍 작가는 계곡 아래로 내려갔으나 나는 아까 넘어진 것도 생각나 더 이상 폭포 바로 밑에서 내려가지 않고 폭포 아래에서 풍경을 즐겼다. 사진 찍는 중의 망중한이다. 세상의 온갖 시름을 저 폭포가 전부 앗아가는 것 같다. 거기엔 세상의 시름도 코로나도 까칠한 정치도 암울한 경제도 없는 것 같다. 이만한 자유와 여유를 갖는 것에 행복감을 느낀다. "참 아름다워라" 찬송가가 절로 나온다. 아, 좋다. 여기에 황진이같이 아리따운 여인네가 있으면 벽계수가 부럽지 않을 것 같은 생각도 든다. 고려 말 송도의 박연폭포 앞에서 황진이가 벽계수를 상대로 지었던 시 구절이 생각나 조용히 읊조려 본다.

"청산리 벽계수야 수이감을 자랑 마라/ 일도 창해 하면 다시 오기 어려우니/ 명월이 만공산하니 쉬어간들 어떠리"

집에 도착해 가지고 간 가방을 정리하다 보니 『수필창작론』이라는 책이 없다. 열차 안에서 책을 읽다가 놓고 온 것이다. 허탈하다. 여행을 갈 때마다 무엇인가 빠뜨리고 왔는데 이번엔 책이다. 책을 놓고 오고 추억을 가져왔다고 위로해 본다. 카메라에 들어 있는 사진을 정리하는 것은 또 하나의 일이다. 그래도 재미있다. 저장된 사진을 컴퓨터로 옮겨 한 장씩 들여다본다. 항상 아쉬움이 있다. 왜 좀 더 잘 찍지 못할까? 탄식도 해 보지만 그래도 다음엔 더 잘 찍어야지 하는 다짐 속에 힘든 것도 묻힌다. 제일 잘 찍은 한 장을 들여다본다.

이 사진 한 장 속에 새벽 열차, 평화로운 농촌 풍경, 잃어 버린 수필책, 쓰라린 무릎 상처, 화심순두부, 송도삼절을 생각해 보는 폭포 아래서의 망중한이 들어 있다.

그래 바로 이 맛이야! 이만한 행복이 어디 또 있으랴.

춤추는 주전자

정호백
2022. 5. 천료

동네 이장댁 모내기하는 날, 이앙기에 모판을 올려주는 일을 도왔다. 꽤 힘든 일이라 출출했는데, 오토바이 소리와 함께 탕수육과 볶음밥이 배달됐다. 나와 이장, 이앙기 기사, 단 3명이 단출하게 점심을 해결했다. 논두렁 점심은 실로 오랜만이었다. 나 어릴 적에는 동네 사람 다 모여 왁자지껄 모내기했다. 점심 후 쉬면서 그 시절로 돌아가니 기억이 파노라마처럼 펼쳐졌다.

모내기 전날. 엄마의 명령으로 나와 동생 둘은 족대와 양동이를, 누나와 여동생은 바구니를 들고 대문을 나섰다. 우리는 마을 어귀 냇가에서 족대로 물길을 막고, 도랑 안 수풀을 헤집으며 고기를 몰았다. 사냥꾼의 현란한 행동에 숨어 있던 물고기들이 족대 안으로 몰렸다. 그러길 여러 번 만에 물고기를 한 양동이 채우고, 이번엔 논으로 들어가서 바닥에 기어 다니는 우렁이를 한 바구니 주워 담았다.

신나게 사냥을 마친 우리는 의기양양하게 엄마 앞에 획득물을 턱 내려놓았다. 누나와 여동생도 봄나물 가득 찬 바구니를 자랑스럽게 쓱 내밀었다. 저녁에 추어탕을 맛있게 끓여 달라고 하자 엄마는 씩 웃기만 했다. 허기진 우리 앞에 나온 저녁 밥상은 의외로 단출하여 밥을 먹고도 허전했다.

저녁밥을 물리자 작은엄마가 오고 누나도 부엌으로 들어갔다. 장작 타는 소리와 물 끓는 소리, 설거지 소리가 악기 연주처럼 들렸다. 잠시 후 우리 앞에 삶은 우렁이가 한 그릇 들어왔다. 입이 떡 벌어지게 좋아하는 건 잠시. 우렁이 속을 발려 갖고 오라고 한다. 초라한 저녁을 먹었기에 우렁이를 야금야금 먹기도 하며 임무를 완수하였다. 그렇게 보람차고 피곤한 하루가 지나갔다.

다음날, 어둠이 걷히기 무섭게 아버지는 새벽밥 요기를 하고 소를 몰고 나갔다. 이번엔 아랫집 아주머니도 합세해 네 명이 부엌에서 분주하게 움직였다. 작은엄마와 누나는 논에 새참을 갖다 주고 온 것 같았다. 어제는 영문도 모른 채 엄마가 시키는 대로 했는데, 모든 게 모내기 준비였나는 걸 알았다.

모내기 날 부엌 풍경. 안방에서 부엌으로 난 쪽문을 통해 보면 음식 만드는 광경이 한눈에 들어온다. 향기에 끌려 먼저 눈에 띄는 음식이 멍게 넣은 미역생채무침이다. 빨간 멍게와 짙은 미역 색이 조화롭고 향기 또한 으뜸이다.

작은 엄마는 빠른 손놀림으로 달래, 냉이와 머위잎을 마술사처럼 무쳐낸다. 우렁이는 된장에 미나리와 버무려져 입맛을 돋운다. 데쳐서 돌돌 말린 쪽파에는 참기름 간장 먹은 달래가 얹혀 있다. 쪽파 무침에서 혹한의 겨울을 견딘 진한 향이 난다. 아궁이 앞 숯불에 놓인 석쇠엔 꽁치가 '투두둑' 소금을 튀기며 구워진다. 화롯불에는 미나리와 파를 넣은 파전이 지글지글 익는다.

큰 가마솥의 밥은 김을 모락모락 올리며 다음 단계를 재촉한다. 가마솥 밥을 함지박에 옮겨 담을 때, 미리 익혀 놓은 팥을 켜켜이 넣는

다. 팥을 따로 익혀 넣어야 밥에 팥물이 번지지 않는다. 이게 모내기 날 먹는 '못밥'이다. 하얀 쌀밥에 진한 팥 무늬 못밥은 영양밥이자 엄마의 예술 밥이다. 또한, 못밥 속 팥에는 그해 풍년을 기원하는 민간 신앙적 의미를 품고 있다.

이제 가마솥에 남은 누룽지가 노릇하게 익으면 그건 우리 몫이다. 미꾸라지 추어탕도 궁금하고 엊저녁 엉성한 밥에 실망도 했지만, 모내기 일꾼과 먹을 맛있는 점심에 기분이 한껏 들떴다.

읍내에서 울려 퍼지는 정오 사이렌 소리를 시작으로 점심밥 행렬이 출발했다. 엄마들은 음식을 담은 큰 함지박을, 누나는 작은 함지박을 똬리 받힌 머리에 이었다. 막걸리 주전자를 든 내가 행렬 제일 앞에 섰다. 배에서 꼬르륵 소리가 났지만 애써 첫걸음을 가볍게 떼었다.

논이 가까워지면서 일꾼들의 구성진 노랫가락이 들리고, 나도 덩달아 신바람이 났다. 점심밥 행렬이 보이자 일꾼들의 신바람에 모내기 분위기는 절정에 다다랐다. 이 분위기에 젖어 나도 모르게 주전자를 흔들며 덩실덩실 날 듯 논두렁을 달음박질쳤다. 누나가 "엄마, 재 손의 주전자 춤추는 것 좀 봐" 하며 소리치자, 모두 나의 신나는 행동과 춤추는 주전자를 보며 깔깔 웃었다.

논 머리에 도착하자 파노라마는 이어진다. 활활 타는 장작불 위에 놓인 솥단지가 눈에 띈다. 추어탕의 구수한 냄새가 들판에 은은하게 퍼진다. "아~! 내가 잡은 물고기…, 추어탕…", 역시 추어탕은 내 기대를 저버리지 않았다.

이윽고 함지박의 베 보자기가 열리고 논두렁 성찬이 펼쳐진다. 역시 멍게 향이 제일 먼저 퍼진다. 들판의 풀 향기 속에 바다 향이 퍼지고, 파릇한 봄 색에 붉은 멍게 색이 조화롭다.

밤새 음식 준비한 노고와 농사일의 피곤함이 모두 날아가며, 화기애애한 모습이 이어진다. 맛있게 먹는 일꾼들의 환한 표정에 나의 속 좁은 실망감과 허기는 단숨에 사라진다.

갑자기 일꾼 한 사람이 소리한다. 모내기할 때 부르는 논두렁 노래이다. 이어서 다른 일꾼이 소리를 이어받고, 술잔이 일꾼들의 손으로 전달되면서 주전자도 덩실덩실 춤을 춘다.

요즘 논두렁에선 보기 힘든 풍경이다. 농업기계화로 일꾼도 단출하여 배달음식이나 가까운 식당에서 새참을 해결한다. 이는 시대적 추세로 노동시간 절약과 아낙들의 노고를 덜어 준다는 면에서는 획기적이다. 그렇다 하더라도 그 시절 정겨운 풍경이 어쩔 수 없이 그립다.

초인(超人)

허원봉
2022. 5. 천료

어머니는 그야말로 초인이셨습니다.

노산으로 45세에 막내인 나를 출산하셨는데, 불과 한 달 후 민족의 비극 6·25가 터졌습니다. 8남매가 딸린 온 식구들이 올망졸망 피란 보따리를 쌌습니다. 나는 신생아인 덕분에, 광목 끈으로 묶은 종이 상자에 담겨 형들에게 안겨 갔지요. 우리 식구들은 고향에서 수십 리 떨어진 신봉이라는 곳에 잠시 머물다가 다시 집으로 돌아왔습니다.

중공군들이 우리 집을 징발해서 숙소로 썼는데, 우리 어머니는 어린애가 장티푸스에 걸렸으니 죽어도 못 나간다고 버텨 안방을 지키셨대요. 어머니의 힘은 위대합니다. 그러나 우리 어머니가 위대한 것은 이것뿐이 아니랍니다.

전쟁이 끝나고 시골집에서 8남매를 키우시며, 면사무소에 다니시던 아버지를 대신하여 집안 살림을 도맡아 꾸리셨어요. 물론 출근 전과 퇴근 후 아버지께서 힘껏 도와주시기는 했지만, 대부분 어머님 몫이라 어머니는 그야말로 손톱이 자랄 틈이 없고, 지문이 지워지도록 집안일을 하셨답니다. 그러면 무슨 일을 그리도 많이 하셨을까요. 한 마디로 자그마치 일곱 가지의 공장을 운영하셨답니다.

첫째가 두부 공장입니다. 이른 봄에 밭을 갈고 씨앗을 뿌려 콩을 가꿉니다. 가을이면 콩을 베어 말리고 도리깨로 털어 광에 들여 쌓습니다. 그리고는 일 년 내내 때때로 두부를 만드시는데, 지금처럼 콩을 가는 믹서가 있는 것도 아니고, 그저 밤새 불린 콩을 맷돌에 한 숟가락씩 떠 넣으며 갈아 냅니다. 나도 옆에서 맷돌을 돌려 보았는데, 몇 바퀴만 돌려도 어깨가 아파서 오른손, 왼손을 번갈아 써야 되더군요. 콩물을 만든 후 끓이고 또 간수를 섞어 짜는 몇 가지 공정을 거쳐야 우리 입에 들어가는 두부가 완성됩니다.

둘째는 섬유 공장입니다. 역시 이른 봄에 목화를 심고 가을에 솜을 따서 씨앗을 뺍니다. 그리고는 물레질을 통해 실을 뽑아내지요. 그 실을 날줄, 씨줄로 엮어 무명을 짜셨으니, 그 품이 얼마나 많이 들었을까요. 어니 그뿐입니까. 마를 심이 베이시 찐 후 그 껍질을 벗겨냅니다. 그것을 가늘게 실을 만들어 베옷을 만들어 내니, 지금 여인들은 상상이나 하겠어요. 또 있지요. 봄에 누에 알을 틔워 누에를 기릅니다. 때맞추어 뽕잎을 따다가 먹여야지요. 누에가 병에 걸리지 않도록 잘 건사해야 합니다. 누에가 고치를 지으면, 그것을 삶아서 명주실을 뽑아냅니다. 겨우 실을 뽑으면 베틀에 거는 것처럼 천을 짜서 가족들 옷을 지어 입히셨어요. 참으로 눈물겹도록 힘든 공정이랍니다.

셋째는 엿 공장이에요. 옥수수나 쌀 등을 쪄서 길금가루와 버무립니다. 적당히 발효되면 끓여서 단술을 만듭니다. 베주머니에 넣어 짠 후, 다시 커다란 가마솥에 엿물이 설설 끓도록 아궁이에 붙어 앉아 불을 때며 졸입니다. 그러면 조청이나 엿이 됩니다. 이때 자칫 불을 못 맞추면 눌어붙어 엿을 망치기 일쑤지요.

넷째는 양조장입니다. 술밥을 만들고 누룩에 버무려 항아리에 넣고 안방 아랫목에 온도를 맞추어 발효시킵니다. 종류에 따라 또 몇 가지 공정을 거쳐야 제사상에 올릴 술이 빚어진답니다.

또 방앗간도 운영하셨어요. 벼, 보리, 고추 등 추수해서 거두어들인 농작물들을 찧으려면 디딜방아를 밟아야 합니다. 두 사람이 같이 해야 하는데, 한 사람은 방아확에서 곡식을 뒤적거려야 합니다. 방아질도 얼마나 힘들고 오래 걸리는지 보통 품이 아니랍니다.

이밖에도 양계장, 양돈장, 소, 염소까지 키우셨으니 그저 하루해가 번쩍 지나갑니다. 먹이 챙겨주고 거름 치우며 살펴 주지 않으면 병도 들고 족제비가 물어가는 수도 있지요.

쪽문을 열고 나가면 뒷밭에 온갖 과일나무를 심어 과수원을 만드셨어요. 복숭아, 배, 자두, 살구, 포도 등등. 이것들도 어머니 손이 가지 않으면 제대로 열매가 열릴 수 없습니다.

두부, 섬유, 엿, 양조, 방앗간, 축산, 과수 등 이렇게 많은 일거리를 혼자 해내시던 우리 어머니는 지금 생각하면 가히 초인이라 아니할 수 없습니다. 어머님께서는 이처럼 뼈마디가 휠만큼 고단한 노동으로 우리 여덟 남매를 잘 키워 내셨어요. 날이 저물면 희미한 등잔불 밑에서 한 창 크면서 해어진 자식들의 옷가지들을 깁느라고 밤늦도록 잠도 제대로 못 주무셨지요. 그토록 끝없던 어머니의 고생을 생각하면 지금도 가슴이 먹먹합니다.

그렇게 바쁜 중에도 어머니는 마당 가운데 예쁜 꽃들을 가꾸셨습니다. 백합, 나리, 매화, 난초, 봉숭아, 채송화, 백일홍, 해바라기, 분꽃, 과꽃 장다리꽃 등, 우리 마당은 봄부터 가을까지 예쁜 꽃으로 가득했어요. 아마도 정성껏 가꾸신 아름다운 꽃을 보며 키워진 감수성은 우리 자손들이 그림을 그리고 글도 쓰며 악기도 즐길 줄 아는 바탕이 되었나 봅니다.

그렇게 고생만 하시다가 말년에는 왼쪽 몸을 못 쓰는 병마에 시달리셨어요. 자식들로 인해, 즐거움보다는 걱정만 가득 안고 사시다 돌아가신 어머님입니다. 생전에 좀 더 잘 모시지 못한 죄책감만이 가슴에 사무칩니다.

어머니, 하늘나라에서는 그 많던 일감, 가득하던 걱정 모두 내려놓고 편히 쉬고 계신가요? 부모님 덕분에 저희들은 무럭무럭 자라나는 아이들을 바라보며 이렇게 잘 지낸답니다. 어머니, 고맙습니다. 머지않아 뵙게 될 그날까지 평안을 누리십시오. 걱정 없는 하늘나라에서 부디 편안히 영면하십시오.

편집후기

수필문학추천작가회 사화집 제30호『이제야 알게 된 이야기』출간을 진심으로 축하합니다.

우리는 '수필문학추천작가회'라는 동인들의 인연으로 모여 서로의 존재와 가치를 소중히 이어가고 있습니다. 그동안 수많은 신입회원과 반가운 인연도 있었고, 예기치 않은 작고 문인과 이별의 아픔도 있었습니다. 하지만 세월은 새로운 인연을 끊임없이 맺어주고 아픔도 치유해주며 오늘에 이르도록 이끌어 왔습니다.

우리가 작가로서 글을 쓰는 이유는 명백합니다. 자신의 인생 가치를 높이는 것은 물론 다른 사람의 삶에도 긍정적인 영향을 미치기 때문입니다. 글을 읽고 쓰는 거룩함과 짜릿함은 우리 인생의 그 무엇과도 비교할 수 없는 가치이므로 글쓰기라는 지평선을 향해 더욱 묵묵히 나아갈 때입니다. 10년이면 강산도 변한다고 했는데 이번 사화집 발간이 드디어 강산이 세 번이나 변한 서른 번째 뜻깊은 돌을 맞이했습니다. 그러니 어찌 감개무량하지 않을 수 있으며, 함께 자축하지 않을 수 있겠습니까?

수필문학추천작가회

연간사화집 2022 / 30호

이번 사화집 발간에 5명의 편집위원(강미애, 이영승, 조영자, 박태희, 전명주)이 구성되어 편집과정에 직접 참여했습니다. 2022년 10월 27일 편집위원 5명 전원과 강병욱 대표, 류진 편집국장이 수필문학사에 모여 편집 방향과 제목을 선정하고 초교를 교정하는 등 3차에 걸쳐 성심껏 교정을 보았습니다. 그러함에도 불구하고 혹여 회원님들의 주옥같은 작품에 누가 되었다면 넓은 마음으로 양해를 부탁드립니다.

세계정세가 진대미문의 위기를 치닫고 있으며 국내 상황도 코로나 극복과 경제 불황 등으로 어느 때보다 어려움에 직면하고 있습니다. 이러한 시기에 우리가 발간하는 소중한 사화집이 작은 위로라도 되었으면 하는 마음 간절합니다. 그리고 수필문학추천작가회가 앞으로 역사와 전통을 이어나갈 수 있도록 더욱 관심 가져 주실 것을 부탁드리며, 사화집 30호 발간을 묶어주신 월간 『수필문학』 강병욱 대표님께 감사를 드립니다.

편집위원: 강미애, 이영승, 조영자, 박태희, 전명주

수필문학추천작가회 연간사화집
2022 / 30호

이제야 알게 된 이야기

2021년 12월 5일 초판 인쇄
2021년 12월 10일 초판 발행

지은이 / 수필문학추천작가회

발행인 / 강병욱
발행처 / 도서출판 교음사
편　집 / 수필문학사 편집부

03147 서울 종로구 삼일대로 457 수운회관 1308호
Tel (02) 737-7081, 739-7879(Fax)
E-mail : gyoeum@daum.net
등록 / 제2007-000052호

값 16,000원

ISBN 978-89-7814-882-5 03810